ÖSTERREICHISCHE INDUSTRIEGESCHICHTE

1955 bis 2005

Die ergriffene Chance

Herausgegeben von
Österreichische Industriegeschichte GmbH, Linz

Ferdinand Lacina
Dionys Lehner
Peter Mitterbauer
Andreas Resch
Roman Sandgruber
Gertrude Tumpel-Gugerell

unter Mitarbeit von
Peter Mooslechner und
Christoph Neumayer

UEBERREUTER

Die »Österreichische Industriegeschichte« ist insbesondere durch die großzügige Unterstützung der Stiftung »Dr. Robert und Lina Thyll-Dürr«, Stansstad, Schweiz, zustande gekommen.
Dank gebührt u. a. auch den Sponsoren Vereinigte Färbereien GmbH,
Bank Austria Creditanstalt Aktiengesellschaft, OMV AG, voestalpine AG,
Leitner + Leitner – Wirtschaftsprüfer und Steuerberater, Linz,
Alfred N. Schindler und der Berndorf AG für die geleistete Unterstützung.

Autoren: Dkfm. Ferdinand Lacina
Dr. Dionys Lehner
DI Peter Mitterbauer
a.o. Univ.-Prof. Dr. Andreas Resch
o. Univ.-Prof. Dr. Roman Sandgruber
Dr. Gertrude Tumpel-Gugerell

Co-Autoren: Mag. Dr. Peter Mooslechner
Mag. Christoph Neumayer

Herausgeber: Österreichische Industriegeschichte GmbH, Linz
mit den Gesellschaftern
Dr. Günther Chaloupek
Dr. Johannes Jetschgo
Dkfm. Ferdinand Lacina
Dr. Dionys Lehner (Vorsitz)
o. Univ.-Prof. Dr. Roman Sandgruber
KR Dr. Werner Schrotta

Koordination: Mag. Sigrid Scheichl

Lektorat: Irmgard Dober

Bildrecherche: o. Univ.-Prof. Dr. Roman Sandgruber
Mag. Sigrid Scheichl
unter Mitarbeit von
Dr. Angela Feldmann
Ing. Manfred Getzner
Dr. Dionys Lehner

Fotografie: Prof. Gerhard Trumler sowie Ignacio Martinez

Layout: Good Look – Kurt Lackner
Computergrafik: Joseph Koó, Wien
Umschlag: Maria Schuster
Umschlagbild: OMV, Raffinerie Schwechat, 2005, Fotograf: Christian Postl

ISBN 3-8000-3930-3

Druck: Druckerei Theiss GmbH, A-9431 St. Stefan i. L.
7 6 5 4 3 2 1

Ueberreuter im Internet: www.ueberreuter.at

Inhalt

Die Industrielandschaft wird zur Kulturlandschaft: Oskar Kokoschka porträtierte Linz aus einer neuen Perspektive, nicht vom Pöstlingberg, sondern vom Pfennigberg, nicht die Barockstadt, sondern die Industriestadt. Oskar Kokoschka, Blick auf Linz, Öl auf Leinwand, 1955

EINLEITUNG

»Der Tag der Freiheit«: Zeitungsschlagzeilen am 15. Mai 1955

ÖSTERREICH ÜBER ALLES, WANN ES NUR WILL! Das ist der Titel des 1684 erschienenen Buches, das für ein Jahrhundert zu der am häufigsten verbreiteten Denkschrift volkswirtschaftlichen Inhalts im deutschen Sprachraum wurde. Der Autor Philipp Wilhelm von Hörnigk gab damit den gedanklichen Boden vor, auf dem eine gesunde österreichische Industrie- und Wirtschaftspolitik zu stehen habe.
Das dreibändige Werk über die österreichische Industriegeschichte vom 17. Jahrhundert bis zur Gegenwart ist eine Analyse dieses von Hörnigk angesprochenen Willens, der Fähigkeit, diesen Willen unternehmerisch umzusetzen, der Chance, die der Staat wirtschaftspolitisch seinen Bürgern als Erfindern und Unternehmern gab, und des Kapitals, das zur Realisierung der Unternehmungsziele zur Verfügung stand.
Das Werk umfasst folgende Perioden, die eine vergleichbare Intensität der Veränderung festhalten und dabei immer kürzer werden:

Band I: 1700–1848 »Die vorhandene Chance«
Band II: 1848–1955 »Die verpasste Chance«
Band III: 1955–2005 »Die ergriffene Chance«

Von den drei Bänden ist Band I im Oktober 2003 und Band II im Oktober 2004 erschienen. Band I umfasst die vorindustrielle Phase der Protoindustrie des 18. Jahrhunderts und die Frühphase der Industrialisierung – damit die industrielle Revolution des auslaufenden 18. Jahrhunderts und der ersten Hälfte des 19. Jahrhunderts. Trotz steten Kapitalmangels und der enormen Lücken im Handel waren die industriellen Chancen Österreichs in dieser Periode ausreichend vorhanden.
Band II beschreibt, wie die Industrialisierung ihre volle Dynamik, Produktvielfalt und Kaufkraftexplosion entfalten konnte. Österreich gelang es aber nicht, die sich eröffnenden

Glücklicher Abschied: Sowjetische Besatzungssoldaten verlassen Österreich. Sommer 1955

Chancen ausreichend wahrzunehmen. Vor allem in der zweiten Periodenhälfte von 1914 bis 1955 waren die äußeren Kriseneinflüsse so dramatisch, dass die Industrie ständig extreme, atypische Anpassungen bewältigen musste, die den industriellen Aufbau massiv erschwerten und kostspielig waren.

Der neue Band III bringt die stürmische Aufbauphase nach dem Zweiten Weltkrieg und die anfänglich zentrale Bedeutung der grundstofflastigen verstaatlichten Industrie zur Darstellung. Im vierten Quartal des 20. Jahrhunderts ist es gelungen, trotz Kapitalmangels und des Fehlens multinationaler Konzerne die industrielle Chance zu ergreifen. Der Rückzug des Staates aus Industrie und Finanzsektor, eine positive begleitende Wirtschaftspolitik und vor allem ein innovatives, global denkendes Unternehmertum mit dem Hintergrund einer aufgeschlossenen Arbeiterschaft begründen diesen Erfolg.
In dem für Oktober 2030 geplanten Band IV dieser Industriegeschichte wird sich zeigen, wie nachhaltig der eingeschlagene Weg weiter gegangen werden kann.

Die vorliegende Darstellung der Industriegeschichte Österreichs bezieht sich ganz auf die Grenzen des heutigen Österreichs. Das Werk richtet sich nicht in erster Linie an den historisch vorgebildeten Leser. Die Absicht ist vielmehr, dem direkt und indirekt an der Industrie Interessierten ein lebendiges Bild der Geschichte der österreichischen Industrie zu vermitteln. Der Blick auf die industrielle Vergangenheit ist oft geeignet, ein besseres Verständnis für die industriellen Probleme der Gegenwart zu bewirken.
Das Ziel, einen erweiterten Leserkreis anzusprechen, soll durch eine homogene Struktur und eine weitgehende Visualisierung der Inhalte erreicht werden. Der nachstehende Aufbau gilt für alle drei Bände:

I. Zusammenfassung
II. Aspekte, die Impulse des Zeitgeistes
III. Branchen, die führenden Industriezweige
IV. Internationaler Vergleich
V. Nationalökonomie/Wirtschaftswissenschaft in Österreich
VI. Ausblick

I. DIE ERGRIFFENE CHANCE – EINE ZUSAMMENFASSUNG

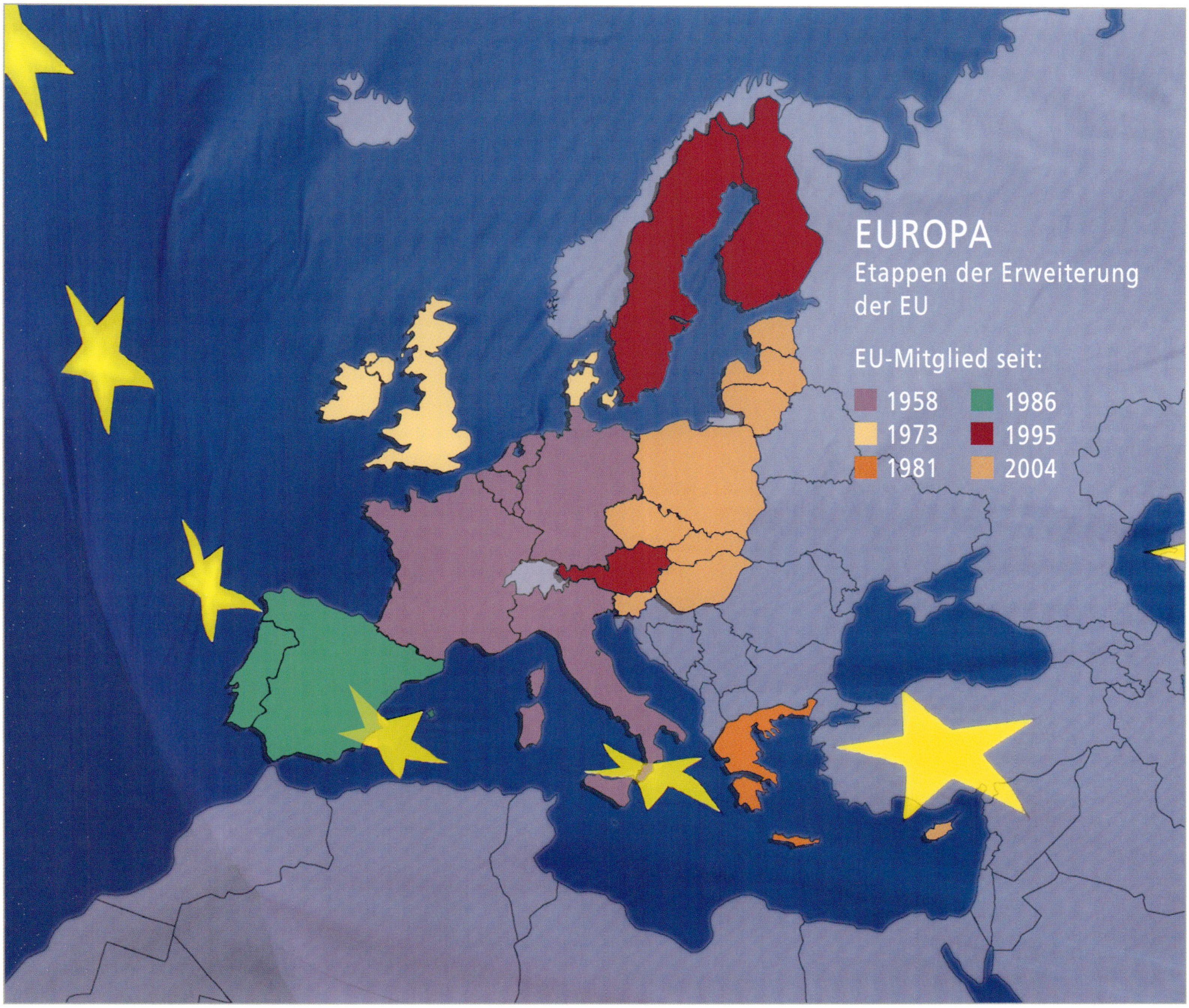

Die EU wächst – Europa wächst zusammen: Die Etappen der EU-Erweiterung 1958 bis 2004

Die Zeit von 1945 bis 2005 ist, seit die Mark Österreich im Jahr 1156 zu einem Herzogtum aufgewertet wurde, die erste 60-Jahres-Periode ohne Krieg. Der Wettbewerb der europäischen Nationen wird mit wirtschaftlichen Mitteln und nicht mehr mit Waffen ausgetragen.

Von 1955 bis 1980 tat sich Österreich in der wirtschaftspolitischen Ausrichtung noch schwer, wenn auch die Nachfrage der Nachkriegszeit und die Erfolge im Export einen beachtlichen industriellen Aufbau erlaubten. Man versuchte nicht ohne Erfolg einen eigenen Weg zu gehen. Die volkswirtschaftlichen österreichspezifischen Gehversuche und Ausrichtungen finden sich in Begriffen wie Raab-Kamitz-Kurs, Austromarxismus und Austro-Keynesianismus wieder.

Mit der zweiten Ölkrise 1979 ging in Österreich die Phase der Vollbeschäftigung zu Ende. Die Internationalisierung und Globalisierung des Wirtschaftslebens gewann an Gewicht. Der selbstständige Weg in der Wirtschaftspolitik begann sich einem kleinen Land zunehmend zu verschließen und die Anpassungserfordernisse an die von außen auf das Land einwirkenden Marktkräfte rückten in den Vordergrund. Österreich hat sich hier bewährt. Der Staat zog sich zunehmend aus seiner Position als Unternehmer zurück und schuf wirtschaftsfreundlichere Rahmenbedingungen. Die Periode 1980 bis 2005 hat so manche traditionellen Unternehmungen zu einem dynamischen Anpassungsprozess gezwungen und junge, inzwischen teilweise große Unternehmen sind entstanden. Im Freiraum, der vom Staat geschaffen wurde, entstand ein neuer Typus von Unternehmer, aber auch Arbeitnehmer. Diese neue Generation kennt keine Schwellenangst vor Umbrüchen und hat einen fast selbstverständlichen Bezug zur Globalisierung und zur Internationalisierung von Absatz und Beschaffung. Österreich ist es gelungen, in zahlreichen Branchen die industrielle Chance zu ergreifen und auszubauen.

Aspekte

Industrie schafft Wirtschaftswachstum: Die große Welle der Industrialisierung erfolgte in Österreich erst nach dem Zweiten Weltkrieg. Damals war das Land von seiner Bevölkerungsstruktur her ein Agrarstaat, noch 1951 betrug der Anteil der Beschäftigung in der Landwirtschaft 32,6 Prozent.

Die Industrie wurde zum Schrittmacher des Wirtschaftswachstums, das in den Fünfzigerjahren 6,1 Prozent und in der langen Aufschwungphase 1967 bis 1974 immer noch 5,3 Prozent betrug. In beiden Perioden überstieg das Wachstum der Industrie 7 Prozent. Nachdem der Magen wieder satt, die Kleiderschränke ausreichend gefüllt und die Grundwohnbedürfnisse befriedigt waren, verlagerte sich das Kaufinteresse auf elektrische Haushaltsgeräte, Unterhaltungselektronik, Fahrzeuge sowie Freizeit- und Sportgeräte. Der Schwerpunkt der industriellen Impulse lag in Österreich auf der Schwer- und Investitionsgüterindustrie, deren Produktionsniveau 1959 jenes der Vorkriegszeit um das Drei- bis Vierfache überstieg. Demgegenüber betrug die Steigerung in der Leichtindustrie je nach Branche nur 30 bis 90 Prozent.

Der industrielle Aufbau benötigte massiv zusätzliche Arbeitskräfte. Diese kamen aus der Landwirtschaft, die sich 1945 noch mit mittelalterlichen Hektarerträgen begnügen musste. Rasche Mechanisierung und Spezialisierung führten zu einem starken Beschäftigungsrückgang, der von 1961 bis 1993 mehr als zwei Drittel oder 519.000 Personen ausmachte. Nach Nahrungsmittelmangel, Hungersnot und Hamsterkäufen der Nachkriegszeit wurde die Landwirtschaft durch die Industrialisierung ein Überschusssektor mit schwer absetzbarem Produktionsvolumen.

Die steigende Produktivität in der Industrie ließ die Beschäftigung in den letzten zwei Jahrzehnten des 20. Jahrhunderts deutlich zurückgehen. Der Dienstleistungssektor wurde zum neuen expansiven Zweig der Volkswirtschaft. Aber auch hier führten Mechanisierung und EDV-Systeme zu einer »Industrialisierung«. Zugleich hat die Verkaufsorganisation in der Industrie zunehmend Gewicht erhalten. Im modernen Industriestaat sind die Grenzen zwischen Industrie und Dienstleistung fließend geworden.

Innovationen: Forschung und Entwicklung sind unverändert der entscheidende Motor für das Wirtschaftswachstum in industrialisierten Ländern. Die vorhandenen Rahmenbedingungen haben dabei eine große Bedeutung. Hier ist Österreich im internationalen Vergleich sowohl mit seinem universitären Ausbildungssystem als auch mit den vorhandenen Förderungssystemen gut positioniert. Die Forschungsquote, die in Österreich bis in die Achtzigerjahre bei rund 1 Prozent des Bruttoinlandsprodukts lag, hat sich inzwischen auf 2,35 Prozent erhöht, liegt aber immer noch unter dem EU-Ziel von 3 Prozent. Zudem ist der schwach entwickelte Private-Equity- und Venture-Capital-Markt ein Hindernis für die Markterschließung von neu entwickelten Produkten.
Trotzdem ist es Österreich gelungen, durch innovative Produktentwicklung im internationalen Konkurrenzkampf erfolgreich zu sein. Hervorragende Erfinderpersönlichkeiten prägten die von ihnen auf- oder mitaufgebauten Unternehmen nachhaltig: etwa Carl Reichert seine Optischen Werke, Paul Schwarzkopf die Plansee-Werke, Johann Eibl die Immuno, Hans List die AVL List GmbH, Ernst Fehrer die E. Fehrer AG und Dietrich Mateschitz die Red Bull GmbH. Groß sind auch die Beiträge von Industriegruppen, die durch ihre Innovationskultur das Bild der österreichischen Industrielandschaft bestimmen. Im Vordergrund stehen Unternehmungen im Eisen-, Stahl- und Maschinenbau, die in der Regel in österreichischem Besitz stehen. Beispiele bedeutender Entwicklungen sind das in Linz und Donawitz entwickelte LD-Verfahren, das Corex®-Verfahren der voestalpine AG, die Langschienen aus Donawitz, die pulvermetallurgischen Produkte der Plansee-Werke, das Viscomatic-Getriebe für Allrad-Fahrzeuge der Steyr-Werke, die Spritzgussmaschinen von Engel, die Bahnbaumaschinen von Plasser & Theurer und die Mini-Erdbewegungsgeräte von Neuson.
Bedeutend ist auch die Stellung der Elektroindustrie, die mit den beiden großen Töchtern der ausländischen Gesellschaften Philips und Siemens einen Schwerpunkt hat. Philips betreibt sieben Innovationszentren in Österreich und Siemens ist mit einem Forschungsaufwand von 15 Prozent des Umsatzes oder 3.994 Millionen Euro im Jahr 2004 der heimische »Forschungskaiser«. Aber auch österreichischen Unternehmen gelingt es, sich mit ihren Produkten auf den Weltmärkten zu behaupten, etwa der AT&S mit ihren Leiterplatten, der SEZ AG mit ihren Waferreinigungsanlagen, der Tyco Electronics Corporation mit ihren Relais und der Epcos OHG mit ihren Mikrowellenfiltern und piezoelektrischen Transformatoren.

Industrie und Handel: Der Handel in seiner Eigenschaft, ein fertiges Produkt mit maßvollem Kapitaleinsatz und Risiko mit guter Verdienstchance an den Kunden weiterzuvermitteln, hat auch in der Literatur oft einen zwiespältigen Platz eingenommen. Das Sprichwort »ist der Handel noch so klein, bringt er mehr als Arbeit ein« gewichtet den Weg des Produkts zum Konsumenten stärker als die Herstellung des Produkts selber.
Der Handel selbst hat Produktivitätssteigerungen, Modernisierungsprozesse und Konzentrationen erlebt, die mit der Industrie vergleichbar sind. Es begann in den frühen Fünfzigerjahren mit der Einführung der Selbstbedienungsläden und dem Aufkommen des Versandhandels. Rasch wachsende Genossenschaften und Handelsketten verdrängten die kleinen Versorgungseinheiten, die bei der Nahversorgung die entscheidende Rolle spielten. Das stark steigende Sortiment und immer

Botschafterkonferenz im Fünfeck: Die vier Alliierten und Österreich bei den Wiener Verhandlungen, 2. bis 12. Mai 1955

EXTRA-AUSGABE

Neuer KURIER

Sonntag, 15. Mai 1955

50 Groschen

Wir sind frei

Der Staatsvertrag unterzeichnet

Wien, 15. Mai (Eigenbericht). Österreich ist frei! Heute vormittag, pünktlich nach dem Protokoll, traten die Außenminister Ingenieur Dr. h. c. Leopold Figl (Österreich), John Foster Dulles (USA), Wjacheslaw Molotow (UdSSR), Harold MacMillan (Großbritannien) und Antoine Pinay (Frankreich) um 11.20 Uhr im großen Marmorsaal des Wiener Belvederes zusammen und setzten ihre Unterschriften unter das Dokument, auf das Österreich zehn Jahre lang gewartet hat: den Staatsvertrag. Die Unterzeichnung dauerte drei Minuten.

»Wir sind frei«: »Kurier«-Extraausgabe

globaler werdende Massenangebote führten zu wesentlich größeren Verkaufsflächen und der Verlagerung von Shopping-Centern und Fachmärkten an den Stadtrand. Diskonterketten haben ein neues Preis-Leistungs-Verhältnis in der Güterverteilung gebracht. Besonders groß ist heute die Konzentration im Lebensmittelhandel, wo Rewe (unter anderem Billa, Merkur, Penny), SPAR, Hofer und ADEG mehr als 80 Prozent des österreichischen Marktes beherrschen.

Die Trends zur Modernisierung des Handels setzen sich fort. Verkaufsflächen werden größer, der Einkauf erlebnisreicher, Diskontpreise aggressiver, Fachmärkte spezialisierter und das Internet erschließt eine neue Option des Einkaufens. Der Wettbewerb der Handelsketten untereinander hat sich intensiviert und gleichzeitig ist die Macht gegenüber den Produzenten gestiegen.

Fast grenzenlose Mobilität: Die Zunahme des Verkehrs in der zweiten Hälfte des 20. Jahrhunderts ist sowohl für den Güter- als auch für den Personenverkehr gewaltig. Im persönlichen Bereich hat die Mobilität Raum zum Ausleben eines »Freiheitsgefühls« geschaffen, nachdem die Industrialisierung zu Einkommensverhältnissen geführt hat, die deutlich über dem Bedarf für die Grundbedürfnisse bei Nahrung, Bekleidung und Wohnung liegen.

Im Gegensatz zu den USA und Deutschland, wo das Schienennetz seit 1919 um rund ein Drittel zurückgegangen ist, blieb in Österreich das Schienennetz mit gut 6.000 Kilometern fast unverändert. Anders als bei der Bahn mit ihren starken Nord-Süd- und Ost-West-Achsen ist bei der Donauschifffahrt, die im österreichischen Abschnitt über 16 größere Häfen verfügt, der Industriehafen der voestalpine AG der eindeutige Schwerpunkt. Das gegenwärtige Jahresvolumen von rund fünf Millionen Tonnen ist zwanzigmal größer als jenes vor dem Zweiten Weltkrieg und macht zwei Drittel des Volumens aller österreichischen Häfen aus.

Die Verkehrsentwicklung in der zweiten Hälfte des 20. Jahrhunderts steht aber ganz im Zeichen des Automobils. Zwischen 1965 und 2000 nahm die Anzahl der PKWs und Kombis um 400 Prozent zu, während die Steigerung bei Kraftfahrzeugen insgesamt nur 200 Prozent ausmachte. Im Jahr 2000 verfügte jeder zweite Einwohner Österreichs über einen PKW. Knapp zwei Drittel der Neuzulassungen betrafen Dieselfahrzeuge, was Österreich in diesem Bereich zum Rekordhalter in Europa macht. 1998 umfasste das österreichische Straßennetz 106.361 Kilometer.
Auch das jüngste Transportmittel Flugzeug ist Ausdruck der neuen Mobilität. Österreich verfügt über sechs internationale Flughäfen und wurde im Jahr 2000 von 270 Luftfahrtunternehmen angeflogen.
Der für die Industrie wichtige Gütertransport ist heute von der Straße geprägt. 1999 wurden 331 Millionen Tonnen auf der Straße, 74 Millionen Tonnen auf der Schiene, 57 Millionen Tonnen über Rohrleitungen und 10 Millionen Tonnen auf dem Wasser transportiert. Die durchschnittliche Transportweite pro Tonne war aber auf der Schiene mit 204 Kilometern fast dreimal so hoch wie auf der Straße. Der alpenquerende Güterverkehr ist ein großer Interessenschwerpunkt der EU und alternative Straßenverbindungen oder die Schiene stehen im Zentrum einer heftigen ökologischen Diskussion.

Energieboom und Energiekrise: Das energiearme Österreich mit Strukturschwächen, die nicht zuletzt auf einen Mangel an konkurrenzfähiger Energie zurückzuführen waren, wurde nach 1945 zu einem der am besten mit Energie versorgten Länder Europas. Wasserkraft und Öl waren die großen neuen Energieträger.
Mit dem Ausbau der vier Laufwerke der Ennsgruppe, mit den Werken Gerlos und Lavamünd und vor allem aber durch das hoch-

UNO-Standort Wien: Das Vienna International Center (VIC) oder landläufig die »UNO-City« wurde 1979 eröffnet: Wien ist neben New York und Genf dritter Hauptsitz der Vereinten Nationen. Die Internationalen Organisationen beschäftigen in Wien ca. 4.500 Mitarbeiter, 1.339 davon sind Österreicher.

Kraft der Arbeit: Auch in der modernen Industriegesellschaft steht der Mensch im Mittelpunkt. voestalpine AG 2005

Die Galerie der Bundeskanzler: Ironimus (Gustav Peichl), 2004

gepriesene Tauernkraftwerk Glockner-Kaprun wurde Österreich zum bedeutenden Stromexportland. Zudem floss auch das im Osten Österreichs geförderte Öl reichlich. Zwischen 1945 und 1955 waren es 21 Millionen Tonnen, fünfmal mehr als in der Zeit der Zugehörigkeit zum Dritten Reich. Der mengenmäßige Ertrag ging in der Folge aber kontinuierlich zurück. Erdgas wurde ein neuer bedeutender Energieträger, zunächst für die Industrie, später auch für die privaten Haushalte.

Ab 1958 zeichnete sich ein neuerlicher Umschwung in der Energiebilanz ab. Durch die Verbilligung der ausländischen Energie, die Abnahme der eigenen Lagerstätten und vor allem aber durch den massiven Anstieg des Verbrauchs nahm die Importabhängigkeit dramatisch zu. Der bedeutende Ausbau der Donaukraftwerke und die Ausweitung des Gasversorgungsnetzes vermochten diese Entwicklung nicht aufzuhalten.

Entscheidend zur Energieabhängigkeit trug aber auch die zunehmende Ablehnung von Energieerzeugungsanlagen durch die Bevölkerung bei. 1978 wurde mit einer knappen Mehrheit von 50,5 Prozent der Stimmen die Inbetriebnahme des fertig gestellten Atomkraftwerks Zwentendorf abgelehnt. Massive Proteste verhinderten die Errichtung der Kraftwerke Gmunden, Molln und besonders konfliktreich das Donaukraftwerk Hainburg. 2001 machten Wasserkraft und erneuerbare Energie zwar 71 Prozent der österreichischen Energieproduktion aus, diese deckte aber nur noch rund 32 Prozent des inländischen Bruttoverbrauchs.

Exporterfolge: Bereits 1950 wurde das reale Exportvolumen des Vorkriegsjahres übertroffen. Da auch die Importe boomten, waren die Sorgen um die negative Leistungsbilanz groß. Dem versuchte man mit dem Ausfuhrförderungsgesetz von 1953, das über Abschreibungsregelungen und Umsatzsteuerrückvergütungen die Exporte stimulierte, entgegenzuwirken. 1954 wurden zudem die Exportrisikogarantien wesentlich erweitert.

Die Abhängigkeit vom Import technischer Güter und der Wunsch nach besserer Integration in den Wirtschaftsraum der westlichen Industrieländer führte 1954 zur Bindung des Schillings an den US-Dollar und nach der Flexibilisierung des Dollars in den Siebzigerjahren zur Bindung an die Deutsche Mark. Die Mitgliedschaft in der EFTA ließ den Exportanteil in diesem Wirtschaftraum steigen, dies erfolgte aber zu Lasten des Anteils in die wirtschaftlich bedeutendere EWG. Das Leistungsbilanzdefizit von 4,4 Prozent des Bruttoinlandsprodukts im

Leopold Figl (1945–1953)

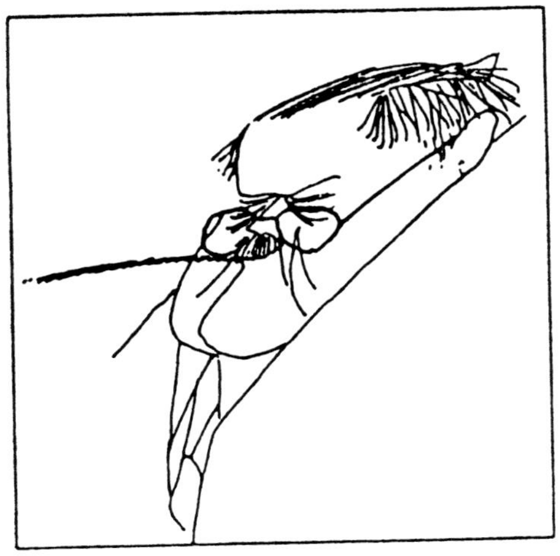

Julius Raab (1953–1961)

Alfons Gorbach (1961–1964)

Josef Klaus (1964–1970)

Bruno Kreisky (1970–1983)

Fred Sinowatz (1983–1986)

Franz Vranitzky (1986–1997)

Viktor Klima (1997–2000)

Wolfgang Schüssel (ab 2000)

Jahr 1976 wurde durch eine die Nachfrage dämpfende restriktive Budget- und Steuerpolitik auf 1,1 Prozent 1978 gesenkt.

In den Achtziger- und Neunzigerjahren begann sich das Umfeld für die eigenen Exporte zu verhärten. Die OECD drängte auf Abbau der Subventionen im Exportbereich und 1995 internationalisierten auch die WTO- und EU-Mitgliedschaft die Spielregeln. Gleichzeitig verschärfte sich der globale Wettbewerb. Doch gerade in dieser Zeit konnte sich das österreichische Unternehmertum mit eigenständigen Entwicklungen und Weiterentwicklungen auf den Weltmärkten vermehrt durchsetzen und von der inländischen Förderpolitik unabhängig machen. Die Handelsbilanz begann sich zu verbessern und 2002 wurde zum ersten Mal ein Überschuss erzielt. Der Weg bleibt weiterhin steinig, aber die erreichte Marktstellung spricht für das Potenzial der österreichischen Exportindustrie.

Vom GATT zur WTO: Das internationale Finanzsystem wurde 1944 im Abkommen von Bretton Woods auf neue Beine gestellt. Kern war ein System von fixen Wechselkursen und freier Konvertibilität mit einem an das Gold gebundenen US-Dollar als Leitwährung. 1947 wurde zwischen 43 Ländern das »General Agreement on Tariffs and Trade« (GATT) vereinbart, das für fast ein halbes Jahrhundert den internationalen Handel regelte und in den verschiedenen Verhandlungsrunden die durchschnittlichen Zölle für Industriewaren bis Ende der Siebzigerjahre auf 6,3 Prozent senkte. Österreich trat dem GATT 1951 bei. Das Konzept fixer Wechselkurse wurde 1971 durch ein System flexibler Wechselkurse abgelöst.

Im letzten Quartal des 20. Jahrhunderts hatten sich Handels- und Kapitalströme weltweit beschleunigt ausgedehnt. Während sich von 1975 bis 2000 das Weltbruttoinlandsprodukt verdoppelte, haben sich der Welthandel verfünffacht und die Weltkapitalströme verdreißigfacht. Durch die 1995 erfolgte Gründung der »World Trade Organization« (WTO) als Nachfolgeinstitution des GATT wurde die Globalisierung noch einmal intensiviert und der Handel mit Dienstleistungen und der Schutz von geistigem Eigentum mit in das Regelwerk einbezogen. Zugleich aber nahm der Widerstand der »non-governmental organizations« (NGOs) gegen die Globalisierung zu. Die Volatilität der kurzfristigen Kapitalströme, die Handhabung der Direktinvestitionen und die preislichen Spielregeln des Güteraustausches standen im Vordergrund der Kritik.

Österreich reagierte auf die Verschärfung des internationalen Wettbewerbs zunächst mit starken Interventionen. In den Siebzigerjahren wurden mit dem Instrument Kontrollbank die Exportgarantien erheblich ausgedehnt und in den Achtzigerjahren wirkte ein massives staatliches System der Direktförderung mehr strukturerhaltend als die internationale Konkurrenzfähigkeit fördernd. In den späten Achtzigerjahren und anfangs der Neunzigerjahre erfolgte die wirtschaftspolitische Konzentration auf eine nachhaltige Standortpolitik nach internationalen Maßstäben. Die Steuerreformen von 1989 und 1993 erhöhten die Wettbewerbsfähigkeit der Industrie und ein modernes Stiftungsrecht verbesserte die Nachhaltigkeit der Firmen, auch über den Erbvorgang hinaus.

Vom Staatsvertrag zum EU-Mitgliedsstaat: 1955, im Jahr des Staatsvertrags, lag das österreichische Bruttoinlandsprodukt rund 50 Prozent über jenem vor dem Ersten und Zweiten Weltkrieg. Das hohe Wirtschaftswachstum brachte Österreich bis Mitte der Siebzigerjahre gegenüber anderen westeuropäischen Ländern auf die Überholspur. Die Startphase nach dem Krieg, entscheidend unterstützt durch die Marshallplan-Hilfen, war von einem außerordentlichen, durch die Nachkriegsnachfrage ausgelösten Investitionsboom geprägt. Das Investitionsvolumen ging aber 1958 bis 1968 von 24 auf 16 Prozent des Bruttoinlandsprodukts zurück. Der zunehmende Wettbewerb

in Europa und im Welthandel verschärfte die Konkurrenzsituation spürbar. Die Staaten, und so auch Österreich, versuchten mit zentral gesteuerten Maßnahmen zu intervenieren. Das Vertrauen in die Beherrschbarkeit konjunktureller und struktureller Krisen war groß. In Österreich spielte die Sozialpartnerschaft zwischen Wirtschaftskammer, Landwirtschaftskammer, Industriellenvereinigung, Arbeiterkammer und der Gewerkschaft eine wichtige Rolle beim Interventionskonsens. Die neuen Instrumentarien reichten von einer steuerlichen Investitionsbegünstigung über die Exportfinanzierung und die Exportrisikogarantie bis zu den direkten Förderungen. Die internationalen Ereignisse der Siebziger- und vor allem Achtzigerjahre zeigten aber deutlich die Grenzen nationaler Handlungsmöglichkeiten. 1971 wurde das System der fixen Wechselkurse zugunsten flexibler Wechselkurse aufgegeben, 1973 und 1979 führten Ölpreisschocks die Weltwirtschaft in eine Stagflation und 1989 wirbelte der Zusammenbruch des sowjetischen Machtbereichs die für Österreich wichtigen Märkte in Ost- und Mitteleuropa durch. Nicht zuletzt als Reaktion auf diese Entwicklung setzte Österreich neben der auf unternehmerisches und privates Eigenkapital ausgerichteten Steuerreformen von 1989 und 1993 mit dem Beitritt zur EU und zur Europäischen Währungsgemeinschaft zwei wichtige Schritte, die aber auch eine teilweise Aufgabe von Souveränität bedeuteten. Die Einführung des Euro im Jahr 2002 war dabei der wohl weniger dramatische Schritt, war doch der Schilling schon 25 Jahre lang fest an die Deutsche Mark gebunden gewesen. Umfangreiche Anpassungen zog aber die Mitgliedschaft in der EU nach sich. Durch den Beitritt von zehn neuen Mitgliedern im Mai 2004 haben sich die Chancen und Risiken der Integration noch einmal erhöht. Die globale Entwicklung, vor allem die Weltmarktfähigkeit der asiatischen Volkswirtschaften, hat das europäische Wirtschafts- und Sozialmodell in Frage gestellt. Europa und so auch

Der Eiserne Vorhang fällt: Die Außenminister Alois Mock und Gyula Horn bei Klingenbach an der burgenländisch-ungarischen Grenze, 27. Juni 1989

Österreich stehen vor großen Anforderungen an die eigene Innovations- und Strukturanpassungsfähigkeit.

Banken und Kapitalmarkt: Nach turbulenten Nachkriegsjahren wurden 1955 mit dem Kapitalmarktgesetz Maßnahmen zur Normalisierung des Finanzsektors ergriffen. Mit staatlicher Unterstützung konnten die Banken wieder Bilanz legen. Das Nationalbankgesetz aus dem gleichen Jahr schuf zeitgemäße Instrumentarien im Bereich der Mindestreserven und Offenmarktpolitik und verankerte die Unabhängigkeit der Nationalbank. Primäres Ziel war Preisstabilität. Die Freigabe der Eröffnung von Filialen liberalisierte den Bankensektor im Wettbewerb um die Einlagen der Kunden, belastet aber die Kostenstruktur des Bankensystems bis in die Gegenwart.
Die Banken waren im internationalen Vergleich relativ klein und nur begrenzt leistungsfähig. Erst die Novelle zum Kreditwesengesetz von 1986 führte das Bankensystem an die internationalen Standards heran und setzte die Ertragszielsetzung vor die Bilanzsummenmaximierung. Die Eigenkapitalquote in Prozent der Bilanzsumme ist zwar von 2,4 Prozent im Jahr 1953 auf 4,4 Prozent im Jahr 2000 und damit auf einen ähnlichen Wert wie in Deutschland geklettert, liegt aber deutlich unter der Schweiz mit 6 Prozent oder den USA mit 8,5 Prozent.
Die Entwicklung in Österreich ging in Richtung Universalbanken. Dieser Prozess wirkte zusätzlich wettbewerbsverstärkend und zeigte die Systemschwächen beinhart auf. Es folgte eine Welle von Fusionen und Restrukturierungen, die durch den zunehmenden Rückzug des Staates aus Industrieunternehmen und Finanzsektor beschleunigt wurde. Zuerst kam es zu einer Welle von Übernahmen kleiner Privatbanken durch große Bankinstitute. Dem folgten die Restrukturierung und der Besitzwechsel der großen Institute untereinander. Es blieb buchstäblich kein Stein auf dem anderen. Betroffen waren die Postsparkasse, die BAWAG, die Hypothekar-Institute und die Girocredit. Die größte Restrukturierung aber brachte die Fusion von Länderbank und Zentralsparkasse zur Bank Austria, die mit der überraschenden Übernahme der Creditanstalt-Bankverein als Bank Austria Creditanstalt AG die größte österreichische Bank mit europäischer Bedeutung wurde. Die Abtretung dieser Großbank an die bayerische HypoVereinsbank im Jahr 2000 ist heute noch Anstoß zur Diskussion über die Sinnhaftigkeit dieses Schritts.
Entscheidende neue Möglichkeiten für das österreichische Kreditwesen ergaben sich aus den Veränderungen in Zentral- und in Ost-Europa nach 1989. Österreichische Banken haben ihre Chancen in Tschechien, Ungarn, der Slowakei, Polen, Bulgarien und Kroatien vorbildlich wahrgenommen. Ohne diese Expansion in die Nachbarländer wäre das Ertragsproblem der Banken nicht so erfolgreich lösbar gewesen. Die Voraussetzungen zur Bewältigung der Herausforderungen eines immer globaleren, komplexeren Finanzsystems haben sich dadurch verbessert.

Der neue Industriellentypus: Nach dem Krieg teilte sich die österreichische Industrie in einen starken öffentlichen und einen privaten Bereich auf. Die Grundstoffindustrie, die drei größten Aktienbanken und ein Großteil der Energiewirtschaft befanden sich im Einflussbereich des Staates. In privater Hand lagen vor allem die Nahrungs- und Genussmittel-, die Holz-, Textil- und Papierindustrie und die Bauindustrie. Als mit dem Auslaufen der Sechzigerjahre der Nachkriegsboom sein Ende gefunden hatte und der Druck stieg, mit intelligenten Marketingkonzepten die Weltmärkte zu erobern, gerieten der staatliche und der private Sektor in teilweise ernsthafte Existenzschwierigkeiten. Es fehlte an kundenorientierter Unternehmensführung und an modernem betrieblichem Rechnungswesen. Hier leisteten die multinationalen Konzerne in Österreich wie Siemens, Philips, Alcatel,

Euro-Start: Das Euro-Startpaket für Privatpersonen enthielt Münzen im Wert von 14,54 Euro (200,07 Schilling).

IBM, Novartis, Unilever und Nestlé einen indirekten Beitrag. Sie waren die Schrittmacher für zeitgemäßes Marketing und die Implementierung von modernen Kennzahlen- und Controllingsystemen. In Österreich fehlten eigene bedeutende multinationale Konzerne. Nicht aber fehlte es an Managern mit entsprechender Kompetenz. Ihnen blieb nur die Übernahme einer Aufgabe im Ausland wie etwa Peter Brabeck-Letmathe bei Nestlé, Franz B. Humer bei Hoffmann-La Roche und Ferdinand Piëch beim Volkswagen-Konzern.

In den letzten 20 Jahren des 20. Jahrhunderts wurde die verstaatlichte Industrie in großem Stil umstrukturiert. Sanierungen, Desinvestitionen und Firmenverkäufe prägten den neuen Alltag. Heute präsentieren sich manche dieser großen Firmen wiederum hervorragend. So beispielsweise die OMV unter der Leitung von Wolfgang Ruttenstorfer und Gerhard Roiss, die voestalpine AG unter Wolfgang Eder, Böhler-Uddeholm unter Claus Raidl und Lenzing unter Thomas Fahnemann. Die OMV ist nach der Akquisition der rumänischen Petrom das umsatzstärkste Unternehmen Österreichs geworden.

Auch in der Privatwirtschaft prägten Umstrukturierungen, Produktentwicklungen und Neugründungen das Bild einer erfolgreichen Anpassung an globalisierte Marktverhältnisse. Beispiele im Maschinenbau sind die Firmen Engel, Plasser & Theurer, Miba, Rosenbauer, Neuson Kramer und Doppelmayr. Die Firma Alpla ist Weltmarkt-Technologieführer für Kunststoffverpackung, die RHI bei keramischen, feuerfesten Materialien, Trierenberg bei Zigarettenpapier und Berndorf bei polierten Bändern und Bohrspitzen für Ölbohrtürme. Durch äußerst wirksame globale Marketingkonzepte ist es den Firmen Swarovski und Red Bull gelungen, in ihren Sektoren klare Weltmarktführer zu werden.

Der neue Typus des Arbeitnehmers: Österreich konnte die Anzahl der unselbstständigen Arbeitsplätze seit dem Zweiten Weltkrieg beträchtlich steigern. 1955 waren es 2 Millionen, 2004 aber 3,4 Millionen Beschäftigte. Vor allem in der industriellen Aufbauphase stieg der Anteil der Löhne und Gehälter am Bruttoinlandsprodukt beachtlich. Er betrug 1955 rund 60 Prozent und erreichte 1978 75 Prozent.

Wie in allen Industriestaaten – wenn auch zeitlich verzögert – hat sich die Entwicklung der Beschäftigung in Österreich von der Landwirtschaft in Richtung Industrie und dann in Richtung Dienstleistung verschoben. Der Industriesektor erreichte 1973 mit 618.000 Personen seinen Höhepunkt. 2003 waren es nur noch 380.000 Beschäftigte. Trotz dieses Abbaus ist durch hohe Produktivitätsgewinne die Produktion der Industrie bis in die Gegenwart gestiegen.

Technische Neuerungen haben traditionelle Fertigkeiten und Qualifikationen zunehmend

»Fließarbeit«: Christian Ludwig Attersee, Mischtechnik auf Karton, 2005. Vorlage: Herstellung von Tonbandgeräten in Wien. WIRAG – Wiener Radiowerke AG, damals bereits Philips, 1960er-Jahre.

obsolet gemacht. Die scharfe Abgrenzung zwischen Arbeitern und Angestellten ist verschwommen. Durch den steigenden Kapitaleinsatz nahm die Schichtarbeit zu. 1955 betrug der Anteil der Facharbeiter 34 Prozent an der Industriebeschäftigung. Die neuen Maschinen führten bis 1973 zu einem Abbau der Facharbeiter auf 25 Prozent, gleichzeitig nahm die Zahl der ungelernten Arbeiter stark ab und jene der Angelernten stark zu. Durch die weitere Automatisierung und steigende Überwachungskomplexität erhöhte sich der Anteil der Facharbeiter bis 2003 auf einen neuen Höchststand von 43 Prozent.

Durch das Verschwinden von Heimarbeit und die Automatisierung der Büros hat die Beschäftigung von Frauen in der Industrie empfindlich abgenommen. War ihr Anteil Ende der Sechzigerjahre noch 35 Prozent, so betrug er 2003 nur gut 23 Prozent. Gleichzeitig nahm die Beschäftigung von Ausländern, wenn auch schwankend, zur Bewältigung einfacher Jobs zu. Um die Jahrtausendwende trugen die Ausländer etwa 10 Prozent zur Gesamtbeschäftigung in Österreich bei.

Der sich seit den Achtzigerjahren intensivierende Standortwettbewerb hat die Einflussmöglichkeit der Gewerkschaft reduziert und zu einem neuen Typus des Arbeitnehmers geführt. Die Wettbewerbsposition der neuen mittel- und osteuropäischen Mitgliedsländer der EU und die scharfe Konkurrenz aus Asien haben zu neuen Anforderungen an die Flexibilität von Arbeitszeit und Arbeitsplatz geführt. Die Beschäftigungspolitik sieht sich neuen Anpassungszwängen ausgesetzt. Der Arbeitsplatz ist in einem gewissen Sinne zum »unternehmerischen Risiko« geworden.

Der Weg der Industrie: Grundstoffe – Verarbeitung – Dienstleistungen: Die industrielle Produktion in Österreich konnte sich in den ersten zehn Jahren nach dem Krieg im Vergleich zum Vorkriegsniveau mehr als verdoppeln. Das Wachstum lag im europäischen Spitzenfeld, war aber atypisch stark von der Grundstoffindustrie geprägt. Sie beschäftigte 1956 23,5 Prozent der Industriearbeiter und erbrachte 28,7 Prozent der Produktionsleistung. Dieser Anteil blieb auch 2004 mit 16,7 Prozent relativ hoch, während der Beschäftigungsanteil auf 10,7 Prozent fiel.

Die übergewichtige Position der Grundstoffindustrie und die Schwäche in der industriellen Verarbeitung konnte im Verlauf der zweiten Hälfte des 20. Jahrhunderts überwunden werden. Während der zunächst noch dominierende Konsumgütersektor auf die Hälfte des industriellen Produktionswerts gefallen ist, hat sich der Anteil der Verarbeitungsprodukte wie Maschinen, Fahrzeugbestandteile, Eisen- und Metallwaren sowie Elektrogeräte stark erhöht. Von 1956 bis 2003 stieg der Produktionsanteil der Verarbeitungsindustrie von 21,7 auf 43,6 Prozent. Fast die Hälfte der Industriebeschäftigten arbeiteten 2003 im Verarbeitungssektor. Die Stärke der mit der Grundstoffindustrie verbundenen Verarbeitungsstufe bei gleichzeitigem Fehlen eines starken Schwerpunkts im modernen High-Tech-Bereich ist ein Merkmal der österreichischen Industrielandschaft. Trotzdem ist es gelungen, zwischen 1985 und 2001 ein Wirtschafts- und Produktivitätswachstum zu erzielen, das über dem der vergleichbaren EU-Länder lag. Man spricht hier von einem »volkswirtschaftlichen Paradoxon« und darüber, dass Österreich ein »Weltmeister auf schrumpfenden Märkten« sei. Die Erklärung liegt wohl zu einem guten Teil darin, dass Österreich in der Verarbeitung intensiv Hochtechnologie zum Einsatz bringt. Dazu passt auch die stark gestiegene produktionsnahe Dienstleistung wie Unternehmens-, Steuer- und Rechtsberatung, die technische Planung, Datenverarbeitung und Werbung. Die industrienahe Dienstleistungsbeschäftigung wurde im Jahr 2003 auf 230.000 Personen geschätzt. Das Außenhandelsvolumen mit diesen Leistungen betrug 2003 bereits 16 Milliarden Euro und daraus resultierte ein Ausfuhrüberschuss von fast 1 Milliarde Euro.

Branchen und Unternehmen

Hütten, Eisen- und Metallerzeugung, Metallwarenindustrie: Im Gegensatz zur aufblühenden Verarbeitungsindustrie hat in der Periode 1955 bis 2005 die eigentliche Eisen- und Metallerzeugung einen markanten Rückgang hinnehmen müssen. Die Eisenhütten büßten ihren Anteil am Gesamtproduktionswert ebenso ein (1956: 7,8 Prozent; 2004: 5,5 Prozent) wie jenen an der Beschäftigung, der von 7,3 auf 3,5 Prozent fiel. Ähnlich die Entwicklung in den Metallhütten: Der Anteil der Metallproduktion am industriellen Gesamtproduktionswert fiel von 4,4 auf 2,2 Prozent und die Anzahl der Mitarbeiterinnen und Mitarbeiter in den Metallhütten halbierte sich.
Dabei war es gerade der Eisen- und Metallsektor, der im auslaufenden Jahrzehnt des 20. Jahrhunderts durch die Restrukturierung von sich reden machte. Nach einer forcierten Zusammenlegung der Eisen-, Stahl- und Edelstahlproduktion zu einem wenig effizienten staatlichen Großunternehmen begann nach der Wiederzerschlagung und Privatisierung eine neue Ära. Peter Strahammer und Wolfgang Eder machten die voestalpine AG und Claus Raidl die Böhler-Uddeholm zu globalmarktfähigen und ertragreichen Unternehmen.
Die der Metallerzeugung nachgelagerte Metallindustrie vermochte diesem erfolgreichen Weg zu folgen. Beispiele sind die AMAG in Ranshofen, die Berndorfer Metallwaren GmbH, die Teich AG, die Salzburger Aluminium AG, Thöni in Telfs, die Welser Profile und der Vorarlberger Beschlägehersteller Blum. Die in jüngster Zeit nicht zuletzt durch die China-Nachfrage stark gestiegenen Preise für Vormaterialien stellen für die Metall verarbeitende Industrie eine neue, in den nächsten Jahren zu bewältigende Herausforderung dar.

Die Maschinenindustrie: Die Maschinenbranche entwickelte sich den letzten fünfzig Jahren zum führenden Sektor der österreichischen Industrie. Von 1956 bis 2004 nahm der Anteil am Gesamtproduktionswert von 6,2 auf 13,6 Prozent und jener an der Beschäftigung von 9,2 auf 15,7 Prozent zu. Der heimische Maschinenbau ist innovativ und stark exportorientiert. Als Leitbetriebe gelten der Anbieter von Produktionssystemen Andritz AG mit weltweit 5.300 Beschäftigten und Siemens Transportation Systems GmbH & Co KG, die mit 1.800 Personen allerdings weniger als die Hälfte der vor zwanzig Jahren Beschäftigten erreicht. Eine Sonderstellung nimmt die Liebherr-Gruppe ein, die mit fünf Standorten in Österreich 4.100 Mitarbeiter beschäftigt. Die Produktionspalette umfasst unter anderem Erdbewegungsmaschinen, Kühlaggregate und Schiffskräne.
Viele mittlere Betriebe haben es geschafft, in ihrem Bereich eine wichtige, wenn nicht sogar die führende Weltmarktposition einzunehmen, hier finden sich bedeutende Firmen wie Plasser & Theurer, Engel, Rosenbauer, Palfinger, Pöttinger, Voith und Bombardier-Rotax. Wenig nachhaltig waren die Aktiva im Schiffsbau mit den Werften Korneuburg und Linz sowie im Bereich Militärprodukte. Technische Großleistungen wie das Sturmgewehr AUG, der Jagdpanzer Kürassier und die Noricum-Kanone sind den österreichischen Neutralitätsbestimmungen zum Opfer gefallen.

Fahrzeug- und Fahrzeugzulieferindustrie: Als 1957 mit dem Steyr-Puch 500 der erste österreichische Kleinwagen in Produktion ging, gab es in Steyr schon eine beachtliche PKW-Tradition. Trotzdem bestand ein zweijähriger Rückstand zum ausländischen Wettbewerb und fehlte eine leistungsfähige Vertriebsorganisation im Ausland. 1973 verließ der letzte Kleinwagen das Band in Steyr. Im Geländewagenbereich aber war das Werk mit dem Haflinger, dem Pinzgauer und ab 1979 mit dem Puch G erfolgreich.
Neben dem steten Aufbau von Zulieferstrukturen prägen drei Großereignisse das heutige Bild der österreichischen Fahrzeugindustrie:

die Errichtung des BMW-Motorenwerks in Steyr, das Motoren- und Getriebewerk von General Motors in Aspern und die Übernahme der Steyr-Daimler-Puch AG durch Magna International. Der Austrokanadier Frank Stronach hat in Oberwaltersdorf die Magna-Europazentrale errichtet. In seinem Grazer Werk liefen 2004 gut 227.000 PKWs für BMW, Mercedes, Chrysler und GM vom Band.
Die österreichische Fahrzeugindustrie ergänzt eine beträchtliche Zahl von international wettbewerbsfähigen Zulieferern. Beispiele dafür sind die AVL List in Graz mit gut 3.000 Mitarbeitern, der Gleitlager-Sintervorteile- und Reibbeläge-Hersteller Miba mit weltweit 2.600 Beschäftigten und Eybl International als Textilinnenausstatter. MAN stellt in Steyr und Wien Nutzfahrzeuge her und KTM produzierte im Jahr 2004 fast 77.000 Motorräder. Die österreichische Fahrzeugindustrie ist heute in leistungsfähige Automobilcluster in der Steiermark, Oberösterreich und Wien eingebettet.

Die Elektroindustrie: Die Elektro- und Elektronikindustrie gehört in Österreich zu den wachstumsstärksten Branchen. Der Produktionswertanteil an der Industrie stieg im Zeitraum 1956 bis 2004 von 4,4 auf 10,5 Prozent und die Beschäftigung von 8,2 auf 13,1 Prozent. Die Startimpulse kamen aus dem Bau von Energieversorgungsanlagen und der Elektrifizierung der Bahn nach dem Zweiten Weltkrieg. Es folgten der Ausbau des Fernsprech- und Fernsehnetzes, Haushaltselektrogeräte, die Unterhaltungselektronik und schließlich auch elektronische Bauteile.
Die Elektroindustrie ist atypischerweise durch große Unternehmen mit einer überdurchschnittlichen Abhängigkeit von öffentlichen Aufträgen gekennzeichnet. Die bedeutendste Firma ist Siemens Österreich, die mit dem Kauf der VA Technologie 2005 zu einem schlagkräftigen Mischkonzern geworden ist. Eine gewichtige Marktstellung haben auch die Österreichtöchter des niederländischen Philips- und des französischen Alcatel-Konzerns.
Aber auch mittelgroße Unternehmungen prägen das Bild der erfolgreichen Branche. Dazu gehören die Firmen Kapsch, Elektra Bregenz, Sony Österreich, Gericom und im elektronischen Bauteilebereich Infineon Technologies sowie die Austria Technologie & Systemtechnik AG. Nicht positiv endeten dagegen die Firmengeschichten von Eumig, Minerva, Eudora und Grundig Österreich.

Chemie-, Pharma- und Kunststoffindustrie: Die österreichische chemische Industrie hat mit der OMV einen wichtigen Rohstofflieferanten. Anfang der Sechzigerjahre wurden die vier Raffinerien Vösendorf, Lobau, Moosbierbaum und Korneuburg in die neue Großraffinerie in Schwechat integriert. In den Siebzigerjahren erfolgte der Schritt in die petrochemische Produktion. Mit der stufenweisen Internationalisierung wurde die ÖMV (Österreichische Mineralölverwaltung) in OMV umbenannt. Mit dem Mehrheitskauf des rumänischen Öl- und Gaskonzerns Petrom ist die immer globaler tätige OMV das umsatzstärkste Unternehmen Österreichs geworden.
In der Grundstoff- und Chemiefaserindustrie hat Österreich mit der Agrolinz Melamine International, der Donauchemie, der Österreichischen Salinen AG und den Faserherstellern Lenzing AG und Glanzstoff nachhaltig erfolgreiche Unternehmen. Im Kontrast dazu steht der 1985 von der deutschen Continental übernommene Reifenhersteller Semperit, der 2002 die Produktion stilllegen musste.
Im Pharmabereich ist es 2002 zum ersten Mal gelungen, einen Exportüberschuss zu erzielen. Unter anderem haben Unternehmen wie die Biochemie Kundl, die Immuno AG und die Boehringer Ingelheim Austria zu diesem Erfolg beigetragen.

Die Holzverarbeitungsindustrie: Wenn auch seit 1990 nur noch bescheiden wachsend, so hat sich die österreichische Holzindustrie

über die vergangenen Jahrzehnte doch als wettbewerbsfähig und krisenresistent erwiesen. Die 30.000 Beschäftigten erwirtschafteten im Jahr 2004 einen Exportüberschuss von rund 2 Milliarden Euro.
Mit den Firmen Egger, Funder und Kaindl verfügt Österreich über eine starke europäische Position bei der Erzeugung von Span- und Faserplatten, 2004 erzielten bei der Firma Egger 4.900 Mitarbeiter in 15 Werken einen Marktanteil in Europa von 11 Prozent. Bei der Herstellung von Holzleimbindern, Schalungen, Fenstern, Türen und Holzböden prägen Unternehmungen wie Wiesner-Hager, Umdasch, Gaulhofer, Josko und Internorm das Branchenbild.
Während sich heute die Möbelindustrie mit rund 70 Betrieben und 10.500 Beschäftigten relativ konzentriert präsentiert, ist die Sägeindustrie mit mehr als 1.400 Sägewerken stark zersplittert. Die Gesamtleistung der Sägeindustrie mit über 10 Millionen Kubikmetern Nadelschnittholz setzt die Branche weltweit an fünfte Stelle der Holzexportländer. Firmen wie Mayr-Melnhof und Schwaighofer setzen heute modernste, von einem Cockpit aus gesteuerte Produktionsanlagen ein.

Nahrungs- und Genussmittelindustrie: Durch den steigenden Wohlstand hat der Anteil der Nahrungsmittelindustrie am Gesamtkonsum abgenommen. Betrug 1956 der Anteil am industriellen Produktionswert 13,6 Prozent, so waren es 2004 nur noch 8 Prozent. Die Branche hat Phasen extremer Anpassung durchgestanden. Einerseits hat die EU-Mitgliedschaft zu neuen Normen geführt und Monopole aufgebrochen, andererseits ist es durch die enorme Konzentration im Lebensmittelhandel, in dem heute allein die Rewe-Gruppe rund ein Drittel des heimischen Markts beherrscht, zu einer deutlichen Schwächung der Marktstellung der Produzenten gekommen.
Dem Handel vergleichbar ist die Konzentration und das Vordringen ausländischer Konzerne bei der Erzeugung. Eine starke Marktstellung haben Unilever, Nestlé und die Altria-Gruppe (Milka, Toblerone, Mirabell, Jacobs Kaffee, Café HAG, Marlboro). Bedeutender Produzent ist auch die Raiffeisen-Gruppe, die mit der Agrana über das Zuckermonopol verfügt. Eine Sonderstellung mit 25 Prozent Anteil an der Lebensmittelbranche nimmt die Erzeugung von Bier und alkoholfreien Getränken ein. Während der Marktführer Brau Union an die niederländische Heineken-Gruppe verkauft wurde, bauen heimische Firmen wie Red Bull und Rauch ihre internationale Marktposition aus.

Die Textilindustrie: Die Branche, welche auch in Österreich die industrielle Revolution auslöste, sieht sich in den letzten 50 Jahren einem zunehmenden Abbau ausgesetzt. Hatte die Textilindustrie 1955 den heimischen Markt noch zu 88 Prozent versorgt, so waren es 2004 nur noch 18 Prozent. Die Beschäftigung ist gleichzeitig von über 80.000 auf 16.580 zurückgegangen. Ähnlich ist die Entwicklung im Bekleidungssektor.
Mit Ausnahme der Trikotagenindustrie in Vorarlberg ist es kaum mehr gerechtfertigt, von einer Industrie zu sprechen. Heute sind es vielmehr eine Anzahl erfolgreicher Einzelkämpfer, die das Bild der Branche prägen. Die vier großen Firmen sind Linz Textil, Getzner, Sattler und Borckenstein. Neue Lichtblicke bieten der Branche die beiden Automobilzulieferanten Eybl Krems und Eybl Ebergassing, bei denen die reine Textilherstellung allerdings eine immer geringere Bedeutung hat.
Dem Industrieabbau wie zum Trotz blüht in den letzten Jahren alte textile Bausubstanz aus dem zweiten und dritten Quartal des 19. Jahrhunderts in neuer Verwendung wieder auf. Vier Fabriken und zwei Gründervillen werden im Text dargestellt und illustriert.

Die Papierindustrie: Tradition und Expansion kennzeichnen die österreichische Papierindustrie. Betrug im Jahr 1955 die Papierher-

»Fadensuche«: Peter Hauenschild und Georg Ritter, Pastell auf Holz, 2005

stellung 0,5 Millionen Tonnen, so waren es nach der Jahrtausendwende 4,5 Millionen Tonnen. Das entspricht 4,5 Prozent des europäischen Marktes.

Die Branche ging durch ein Stahlbad der strukturellen Veränderung. Überlappten sich die Produktionspaletten bei den einzelnen Firmen bis in die Siebzigerjahre noch stark, so folgte danach eine radikale Spezialisierung, verbunden mit hohen Investitionen. Österreich hat in den Neunzigerjahren bei verschiedenen Produkten in die weltgrößte Maschine investiert.

Bedeutende Unternehmen sind Mayr-Melnhof, Heinzel, Frantschach (seit 2004 Mondi Packaging), Neusiedler (seit 2004 Mondi Business Paper), Hamburger, Bauernfeind und der Weltmarktführer bei Zigarettenpapier Trierenberg. Teilweise begründet durch die steigende Kapitalintensität sind immer größere Teile der Industrie ans Ausland gegangen, das heute mehr als 70 Prozent der heimischen Papierbranche beherrscht.

Bauindustrie und Bauwirtschaft: Das Bauwesen trägt in Österreich rund 7 Prozent zur nationalen Gesamtwertschöpfung bei; zum Vergleich: In Frankreich, Schweden und Finnland macht dieser Anteil 4 Prozent aus. Nach einer expansiven Phase der Vollauslastung erreichte die Beschäftigung im Hoch- und Tiefbau sowie im Bauhilfsgewerbe Anfang der Siebzigerjahre 240.000 Personen. Dieser Stand hat sich mit Schwankungen bis in die Gegenwart gehalten. Mechanisierung und steigender Kapitaleinsatz in Maschinen haben auch in dieser arbeitsintensiven Branche eine Konzentration und Internationalisierung ausgelöst. Heute ist die Bauholding Strabag SE mit 33.287 Beschäftigten der führende Bau-

Traumarbeit: »Wir kommen aus der Sonne, wir arbeiten für die Sonne und wir gehen in die Sonne«. Christian Ludwig Attersee, Mischtechnik auf Karton, 2005. Vorlage: Siemens, Werk Villach. Wafer-Produktion, 2005

konzern Österreichs. Mit etwas unter 10.000 Beschäftigten sind die Firmen A. Porr AG und Alpine Mayreder Bau Großunternehmen der Branche. Bei den Baustofferzeugern hat Wienerberger mit 12.154 Mitarbeitern im Jahr 2004 die Weltführerschaft in der Ziegelherstellung inne.

Sport- und Freizeitindustrie: Der steigende Wohlstand und die abnehmende Arbeitszeit haben die Impulse für den Aufbau einer heimischen Freizeitindustrie gesetzt. Die erste Generation von Skierzeugern wie Blizzard, Fischer, Kneissl, Atomic und Kästle haben aus dem Skisport einen Nationalsport gemacht. 1980 kam Head mit einer Produktion in Vorarlberg dazu.
In den späten Siebziger- und Achtzigerjahren geriet die Skiindustrie in starke Turbulenzen, der gesättigte Markt führte zu Sanierungszwängen, Besitzwechsel und Diversifikationen, unter anderem in den Tennisracket-, Skischuh- und Bindungsbereich. Mit dem innovativen Produkt Carvingski wurde die Krise überwunden. 2003 hatte Österreich bei Alpin- und Langlaufskiern einen Weltmarktanteil von 60 Prozent. Die Vorarlberger Firma Doppelmayr ergänzt diesen Erfolg, indem sie einen beträchtlichen Teil der 3.000 in Österreich installierten Schlepplifte und Seilbahnanlagen geliefert hat.

Massenmedien und Filmindustrie: Die Anzahl der österreichischen Tageszeitungen ging im Zeitraum von 1952 bis 2004 von 35 auf 17 zurück, während die Wochenzeitungen von 156 auf 228 zunahmen. Die Gesamtauflage der Tageszeitungen betrug 1957 rund 1,2 Millionen, weitete sich bis 1995 auf rund 3 Millionen aus und fiel auf knapp 2,3 Millionen im Jahr 2005 zurück. Nur drei Zeitungen überschritten im ersten Quartal 2005 die Auflage von 200.000 Exemplaren: die »Neue Kronen Zeitung« mit 999.000, die »Kleine Zeitung« mit 295.000 und der »Kurier« mit 261.000 Exemplaren. Bei den Wochenzeitungen nimmt »News« seit 2002 die Spitzenposition ein. Die Mediaprint-Gruppe (»Neue Kronen Zeitung«, »Kurier«) und die Styria Media AG (»Kleine Zeitung«, »Presse«, »Furche«) sind die großen Printmedien-Unternehmen Österreichs.
Der mit Abstand größte Medienkonzern in Österreich ist der ORF. 2004 wurden mit 3.700 Beschäftigten 877 Millionen Euro Umsatz erzielt. Die Anzahl der Fernsehbewilligungen, die 1959 die Hürde von 100.000 überschritt, erreichte 2002 mit 2,9 Millionen fast die gleiche Zahl wie jene der Radiobewilligungen. Der Vormarsch des Fernsehens und in jüngster Zeit der Internetangebote haben mit Schwankungen die Anzahl der Kinobesucher von 120 Millionen im Jahr 1956 auf unter 20 Millionen nach der Jahrtausendwende sinken lassen.

Österreich im internationalen Vergleich

Der Grundtenor der Wirtschaft in der zweiten Hälfte des 20. Jahrhunderts war das hohe Wachstum. Das Weltsozialprodukt steigerte sich zwischen 1950 und 2000 um fast 4 Prozent gegenüber 1,6 Prozent zwischen 1820 und 1950. Das »Goldene Zeitalter« Westeuropas waren die Jahre 1950 bis 1973 mit einem Wirtschaftswachstum von 4,8 Prozent. Zwischen 1973 und 2004 waren es in den Ländern des nunmehrigen Euro-Raumes nur noch 2,3 Prozent.
Dass Österreich ein erfolgreicher Teil dieses Wachstums wurde und seine Chance ergreifen konnte, wollte 1945 noch kaum jemand glauben. Österreich konnte den industriellen Aufholprozess, wenn anfänglich auch noch sehr stark von der Grundstoffindustrie geprägt, erfolgreich starten. Es erzielte zwischen 1953 und 1962 ein Wachstum von 6,1 Prozent, einen Wert, der in den europäischen OECD-Staaten nur von Deutschland übertroffen wurde.
In den Siebziger- und Achtzigerjahren kühlte sich mit dem Zusammenbruch des Bretton-

Woods-Systems, den Ölpreisschocks und der beschleunigten Inflation das Wachstum in Europa ab. Österreich gelang es, diesen Schock relativ gut abzufedern, wenn auch unter Inkaufnahme einer beträchtlich steigenden Bundesschuld, die in den Jahren 1981 bis 1987 von 27 auf 46,1 Prozent des Bruttoinlandsprodukts zunahm. Trotz der im internationalen Vergleich zu niedrigen Forschungsquote lag 1970 bis 2000 das langfristige Wirtschaftswachstum mit 2,7 Prozent über dem Durchschnitt der EU-Fünfzehn von 2,4 Prozent und über den 2,2 Prozent Deutschlands.

Österreich steht heute vor neuen Herausforderungen: Die Globalisierung und die Asiatisierung der Weltmärkte, die Integration in Europa und zudem die Konsolidierungsbedürfnisse der Staatshaushalte verändern die wirtschaftlichen Rahmenbedingungen. Die österreichische Unternehmungslandschaft scheint indessen gut vorbereitet zu sein, um mit diesen Anpassungsprozessen erfolgreich umzugehen.

Wirtschaftswissenschaft in Österreich

Österreich hatte in der Periode von 1700 bis 1850 mit Philipp Wilhelm von Hörnigk, Johann Joachim Becher und Wilhelm von Schröder und vor allem in der Periode von 1850 bis 1955 mit Carl Menger, Josef Alois Schumpeter und Friedrich August von Hayek Nationalökonomen, deren Einfluss weit über die Grenzen Österreichs hinausging. Dies ist im Zeitraum 1955 bis 2005 nicht mehr in vergleichbarem Umfang zutreffend. Es liegt wohl einerseits daran, dass die Nationalökonomie ihren nationalen Charakter immer mehr verloren und die globalisierte Wirtschaft die Wirtschaft kleiner Länder zunehmend regionalisiert hat. Auf der anderen Seite haben Auswanderung und Vertreibung die volkswirtschaftliche Wissensbasis in Österreich in der ersten Hälfte des 20. Jahrhunderts stark reduziert.

Nach dem Zweiten Weltkrieg kam es zu einer Prioritätenverschiebung. An der Universität Wien galt das Hauptaugenmerk der Ausbildung von Juristen. Die Nationalökonomie spielte als Staatswissenschaft eine untergeordnete Rolle. Die wirtschaftswissenschaftliche Arbeit konzentrierte sich neben der Universität auf die Wiener Arbeiterkammer und die Wiener Handelskammer, das WIFO – das Institut für Wirtschaftsforschung – und das Institut für Höhere Studien.

Der international wohl bekannteste lebende österreichische Nationalökonom ist Kurt Rothschild. Den größten Einfluss in Österreich erlangte aber Erich Streissler von der Universität Wien, als Vertreter einer liberalen Denkrichtung mit starker Betonung des Individuums. Zu den Ökonomieprofessoren, die hohe politische Ämter ausübten, gehören Reinhard Kamitz und Stephan Koren, die beide Finanzminister und Nationalbankpräsident waren, sowie Hans Seidel, der als Direktor des Instituts für Wirtschaftsforschung, 1981 bis 1983 als Staatssekretär im Finanzministerium und anschließend als Direktor des Instituts für Höhere Studien tätig war.

Im Fluss der Zeit

Österreichische Industrie von 1955 bis 2005

Konrad Adenauer | Charles de Gaulle | John F. Kennedy | Mao Zedong | Martin Luther King | Elvis Aaron Presley | Karl Popper

Julius Raab | Alfons Gorbach | Josef Klaus | Bruno Kreisky

1953 | 1961 | 1964 | 1970

Staatsvertrag
UNO-Beitritt

Gründung der EFTA
(Österreich war Gründungsmitglied)

Freihandelsabkommen zwischen EWG und EFTA
tritt in Kraft

1955 | 1960 | 1973

Marilyn Monroe | Herbert von Karajan | Andy Warhol | Steve Jobs | Margaret Thatcher | Michail Gorbatschow | Johannes Paul II.

Fred Sinowatz | Franz Vranitzky | Viktor Klima | Wolfgang Schüssel

1983 1986 1997 2000

Fall des Eisernen Vorhangs | EU-Beitritt | Der Euro folgt dem Schilling

1989 1995 2002

Elin-Werke Weiz, 1952: Produktion von Elektromotoren am Fließband
Das 1892 von Franz Pichler gegründete Unternehmen, ab 1922 unter dem Namen Elin bekannt, zählte ab den Dreißigerjahren mit mehreren Fabriken in Wien zu den führenden österreichischen Unternehmen der Elektroindustrie; erzeugt wurden unter anderem Lokomotivmotoren, Kraftwerksgeneratoren und Schaltanlagen. 1946 wurde das Unternehmen verstaatlicht und 1959 mit der ebenfalls staatlichen AEG-Union Elektrizitätsgesellschaft zur Elin-Union AG fusioniert. 1989 erfolgte die Teilung in die Elin Energieversorgung GmbH und die Elin Energieanwendung GmbH. Diese beiden Unternehmen gehören heute unter den Namen VA TECH ELIN GmbH und VA TECH ELIN EBG GmbH zum Konzern der VA Technologie AG, der 2005 an Siemens überging und zur Siemens VAI zusammengeführt wurde.

Infineon Villach, 2005: Ein- und Ausgabestation am Implanter mit einem 200-mm-Wafer
Die Infineon Technologies Villach AG ist ein 1999 durch Ausgliederung aus der Siemens AG Österreich entstandenes Unternehmen mit Sitz in Villach. Als Tochterunternehmen von Infineon Technologies entwickelt, produziert und verkauft es Halbleiter (Chips), die vor allem in der Sprach- und Datenübermittlung, in Peripheriegeräten, Funkübertragungen, Fahrzeug- und Industrieelektronik, Zutritts- und Chipkarten sowie Speichersystemen zum Einsatz kommen.

Persönlichkeiten mit großer Bedeutung für die Epoche

Konrad Adenauer (1867–1967)
Er war einer der großen Vorkämpfer für ein gemeinsames Europa und eine deutsch-französische Aussöhnung. Adenauer gilt zusammen mit Ludwig Erhard als Wegbereiter des deutschen Wirtschaftswunders. 1917–1933 Oberbürgermeister von Köln und 1921–1933 auch Präsident des Preußischen Staatsrats, wurde er von den Nationalsozialisten aus allen Ämtern entfernt. Nach der völligen Unterbrechung seiner politischen Tätigkeit während der NS-Zeit war er 1949–1963 Bundeskanzler der Bundesrepublik Deutschland und 1950–1966 Bundesvorsitzender der CDU.

Charles de Gaulle (1890–1970)
Er ist der bedeutendste Politiker, den Frankreich im 20. Jahrhundert hervorgebracht hat, der Held des französischen Widerstandes, Begründer der Fünften Republik und Vorkämpfer eines »Europas der Vaterländer«. Nach dem Kriegsdienst im Ersten Weltkrieg machte de Gaulle eine Militärkarriere. Am 15. Juni 1940 ging er ins Exil nach London, wurde im September 1944 Chef der provisorischen Regierung und am 13. November 1945 zum Ministerpräsidenten gewählt, trat aber bereits im Jänner 1946 zurück. 1958 wieder Ministerpräsident, wurde er im selben Jahr zum französischen Staatspräsidenten gewählt. Am 28. April 1969 erklärte er nach dem Scheitern der Regionalreform seinen Rücktritt.

John F. Kennedy (1917–1963)
Nur etwa eintausend Tage war John F. Kennedy als US-Präsident im Amt: Doch er prägte die Zeit wie kein anderer US-Politiker. In diese Jahre fielen einschneidende innen- und außenpolitische Ereignisse: das Scheitern der Invasion in der Schweinebucht, der Beginn des US-Engagements im Vietnamkrieg, die Kubakrise um die Stationierung von sowjetischen Atomraketen, die Ankündigung der Mondlandung und der Bau der Berliner Mauer, aber auch der Kampf gegen die Rassentrennung. Kennedy wurde zum Idol der freien Welt, zum Idol der Jugend, zur Hoffnung der rassisch und sozial Diskriminierten: Nach dem Kriegsdienst 1941–1945 und einer Karriere als Abgeordneter und Senator war er 1960 im Alter von 43 Jahren als erster Katholik zum 35. Präsidenten der USA gewählt worden. Am 22. November 1963 fiel er in Dallas, Texas, einem Attentat zum Opfer.

Mao Zedong (1893–1976)
Mao ist als Staatsmann und Parteiführer – wie auch immer man ihn letztendlich bewerten mag – die überragende und prägende Persönlichkeit im China des 20. Jahrhunderts. Der »lange Marsch«, der Sieg der kommunistischen Revolution und die Gründung der Volksrepublik China sind ebenso wie die von ihm initiierten politischen, wirtschaftlichen und sozialen Kampagnen, die das Land in Katastrophen größten Ausmaßes gestürzt und Millionen Menschenleben gefordert haben, untrennbar mit seinem Namen verbunden.

Martin Luther King (1929–1968)
Sein Engagement für die Bürgerrechte der 20 Millionen schwarzen Amerikaner und sein gewaltfreier Kampf gegen Rassentrennung und rassische Diskriminierung machten Martin Luther King weltweit bekannt. Er gründete eine Reihe von Bürgerrechtsvereinigungen und organisierte den gewaltfreien Widerstand nach dem Vorbild Mahatma Gandhis. 1964 wurde ihm der Friedensnobelpreis zuerkannt. Am 4. April 1968 wurde King auf dem Balkon eines Motels in Memphis, Tennessee, erschossen. Seit 1986 ist der dritte Montag im Januar, in Anlehnung an Kings Geburtstag am 15. Januar, in den USA Nationalfeiertag, der so genannte Martin Luther King Day.

Elvis Aaron Presley (1935–1977)
Sein Hüftschwung ist legendär, seine »schwarze« Stimme lässt noch heute die Herzen höher schlagen – Elvis Aaron Presley war schon zu Lebzeiten eine Legende. Erfunden hat er den Rock 'n' Roll nicht. Aber er hat ihn unters Volk gebracht. Seine musikalischen Wurzeln fand er in den verschiedenen Musikrichtungen und Stilen der damaligen Zeit: Gospel, Pop/Rock und schwarzer R&B (Rhythm and Blues). Die Karriere verlief rasend schnell. 1956 war er bereits international bekannt. Er drehte 33 Musikfilme, verkaufte insgesamt mehr als eine Milliarde Platten und erhielt zahlreiche Auszeichnungen für 133 Alben und Singles. Elvis starb am 16. August 1977, drogenabhängig, desillusioniert und gebrochen.

Sir Karl Popper (1902–1994)
Seine »Logik der Forschung« ist zum Inbegriff der modernen Wissenschaftstheorie geworden, seine »Offene Gesellschaft und ihre Feinde« zur großen Abrechnung mit allen totalitären Systemen. Karl Popper wurde am

28. Juli 1902 als Sohn eines Wiener Rechtsanwaltes geboren. Nach der Promotion an der Universität Wien im Jahr 1928 arbeitete er bis 1937 als Hauptschullehrer für Mathematik und Physik in Wien. 1937 emigrierten er und seine Frau nach Neuseeland. Berühmt wurde Popper vor allem mit seinen sozialphilosophischen Werken über das »Elend des Historizismus« und die »Offene Gesellschaft und ihre Feinde«. Ab 1946 lehrte Popper an der London School of Economics. Er starb 1994 in London und wurde in Wien begraben.

Marilyn Monroe (1926–1962)
Nach einer trostlosen Jugend als Norma Jean Baker in den Hinterhöfen von Los Angeles erlebte sie den großen amerikanischen Traum des Aufstiegs von ganz unten nach ganz oben. Ihre sagenhafte Karriere begann 1945 als Fotomodell, schon ein Jahr später bekam sie ihren ersten Vertrag bei der 20th Century Fox. Aber im Drehbuch ihres Lebens gab es trotz aller Erfolge und Triumphe kein Happy End. Die vergebliche Suche nach Liebe und Anerkennung mündete immer wieder in Alkohol- und Tablettenabhängigkeit und endete in der Nacht zum 5. August 1962 mit einer Überdosis Nembutal im Alter von nur 36 Jahren.

Herbert von Karajan (1908–1989)
Seine spektakuläre Karriere als Dirigent begann Herbert von Karajan 1929 in Ulm, bereits 1934 war er Generalmusikdirektor in Aachen und ab 1941 in Konkurrenz mit Wilhelm Furtwängler in Berlin. Nach dem Krieg mit Arbeitsverbot belegt, ging er 1947 an die Wiener Staatsoper und wurde 1954 als Nachfolger Furtwänglers Chefdirigent der Berliner Philharmoniker. 1957–1964 war Karajan Direktor der Wiener Staatsoper, 1956–1960 und wieder ab 1965 musikalischer Leiter der Salzburger Festspiele, deren Direktorium Karajan 1964–1988 angehörte und deren internationale Bedeutung eng mit seiner Person verbunden ist. 1967 gründete Karajan die Salzburger Osterfestspiele.

Andy Warhol (1928–1987)
Kein anderer Künstler wird mit Pop-Art so sehr identifiziert wie Andy Warhol. Die Medien nannten ihn den Prinzen des Pop. Als Sohn armer slowakischer Immigranten in Pittsburgh geboren, ging er nach dem Studium der Gebrauchsgrafik am Carnegie-Institut für Technik in Pittsburgh 1949 nach New York, wo er bald zum gefragtesten und erfolgreichsten Illustrator der Stadt aufstieg. In den Sechzigerjahren begann er mit dem Malen alltäglicher Gebrauchsartikel wie Campbell-Suppendosen und Coca-Cola-Flaschen den Unterschied zwischen den schönen Künsten und der kommerziellen Gebrauchskunst aufzuheben.

Steve Jobs (geb. 1955)
Er gilt als der genialste unter den Leitfiguren der modernen Computerindustrie. Zusammen mit Steve Wozniak gründete er 1976 die Computerfirma Apple und hat mit dem Apple II die PC-Revolution in den Siebzigerjahren eingeleitet sowie mit dem Apple Macintosh den Personal Computer in den Achtzigern marktfähig gemacht. Seine außergewöhnliche visionäre Kraft zeigte sich nicht nur bei der Durchsetzung des Microcomputers und der grafischen Benutzeroberfläche, sondern auch in der Kreation der ersten komplett animierten Filme und in der Schaffung eines bis dahin nicht existenten Marktes für »Digital Lifestyle«-Produkte mit den diversen Modellen des tragbaren MP3-Players IPod, der Jukebox-Software Apple iTunes und dem ITunes Music Store.

Margaret Thatcher (geb. 1925)
Margaret Thatcher hat ebenso viele Kritiker wie Bewunderer. Der Krieg um die Falkland-Inseln, ihre Wirtschafts- und Sozialpolitik und der strikt konservative politische Kurs (Thatcherismus) verhalfen ihr zu dem Beinamen »Eiserne Lady«, als die sie einerseits zum Leitbild, andererseits zum Reibebaum der Wirtschafts- und Sozialpolitik des ausgehenden 20. Jahrhunderts geworden ist. Nach einem Chemiestudium und Tätigkeiten in der Privatwirtschaft vertrat sie 1959–1992 den Wahlkreis Finchley (Nord-London) als Abgeordnete im britischen Unterhaus. 1964–1970 Oppositionssprecherin im Unterhaus, 1970–1974 Ministerin für Erziehung und Wissenschaft in der Regierung Heath und ab 1975 Oppositionsführerin und Vorsitzende der Konservativen Partei, bestimmte sie 1979–1990 als Premierministerin die britische Politik.

Michail Gorbatschow (geb. 1931)
Er war maßgeblich an der Beendigung des Kalten Krieges beteiligt und erhielt dafür 1990 den Friedensnobelpreis. Nach einer steilen Parteikarriere wurde Gorbatschow 1985 einstimmig zum Generalsekretär der KPdSU gewählt und war von 1985 bis August 1991 Generalsekretär des Zentralkomitees der Kommunistischen Partei der Sowjetunion sowie von 1990 bis Dezember 1991 Präsident der Sowjetunion. Mit der Einleitung von Perestrojka (Umstrukturierung) und Glasnost (Offenheit) im Oktober 1985, der Unterzeichnung der »Nulllösung« zur Beseitigung aller Mittelstreckenraketen im Dezember 1987 und dem Abzug der sowjetischen Truppen aus Afghanistan im Jahr 1988 leitete er die innere und äußere Reform der Sowjetunion ein. Die neue Freiheit führte 1989 zum Fall des Eisernen Vorhangs und zu einer Reihe von überwiegend friedlichen Revolutionen in Osteuropa. Das Ende des Kalten Krieges ermöglichte die deutsche Wiedervereinigung, an der Gorbatschow zusammen mit Helmut Kohl und George H. W. Bush maßgeblich beteiligt war.

Johannes Paul II. (1920–2005)
Der offiziellen Zählung nach war Johannes Paul II. der 264. Papst in der Geschichte der römisch-katholischen Kirche. Als Papst, der aus Polen kam, wurde er zum Symbol der Überwindung des Eisernen Vorhangs und eines neuen Stils in der katholischen Kirche. Sein Pontifikat vom 16. Oktober 1978 bis zum 2. April 2005 ist eines der längsten der Geschichte. Als Karol Józef Wojtyla in Wadowice, einer Kleinstadt nahe Krakau, geboren, begann er noch unter nationalsozialistischer Besatzung 1942 in einem Untergrundseminar mit dem Theologiestudium und wurde 1946 zum Priester geweiht. Nach Studien in Rom und Seelsorge- und Lehrtätigkeit in Polen wurde er 1958 zum Bischof geweiht, 1964 zum Erzbischof von Krakau ernannt und 1967 auch in das Kardinalskollegium berufen. Kein anderer Papst vor ihm hat die katholische Kirche so sehr zur Welt und zu anderen Religionsgemeinschaften geöffnet, auch wenn er viele innerkirchliche Probleme nicht zu lösen vermochte.

Julius Raab (1891–1964)
Als Bundeskanzler der Jahre 1953–1961 wurde Raab nicht nur zur Symbolfigur für den Staatsvertrag und das österreichische Wirtschaftswunder, sondern zusammen mit Reinhard Kamitz im so genannten Raab-Kamitz-Kurs auch zum Exponenten der Stabilisierung und marktwirtschaftlichen Umformung der österreichischen Wirtschaftsordnung und zusammen mit dem Gewerkschaftsbundpräsidenten Johann Böhm zum Wegbereiter der Sozialpartnerschaft.

Alfons Gorbach (1898–1972)
Gorbach, der 1960 als ÖVP-Parteiobmann und 1961–1964 auch als Bundeskanzler Julius Raab nachfolgte, war geprägt von seiner politischen Karriere im Ständestaat, von den Erfahrungen in den Konzentrationslagern Dachau (1938–1942) und Flossenbürg (1944–1945) sowie von der Not der Nachkriegszeit. Als Mann des Ausgleichs betrieb Gorbach nach 1945 eine Versöhnungspolitik gegenüber den ehemaligen Nationalsozialisten und förderte die große Koalition zwischen ÖVP und SPÖ.

Josef Klaus (1910–2001)
1949–1961 Landeshauptmann von Salzburg, 1961–1963 Bundesminister für Finanzen und 1964–1970 Bundeskanzler zuerst in einer ÖVP-SPÖ-Koalition und ab 1966 der ÖVP-Alleinregierung konnte sich Josef Klaus als konservativer Bewahrer den Ruf eines technologischen Reformers erwerben. Klaus hat vieles eingeleitet, wofür die Ernte später eingefahren wurde: die Schul- und Bildungsreform, die Universitätsgründungen in Salzburg 1962, Linz 1965 und Klagenfurt 1970, die Einführung gesetzlicher Studienbeihilfen, die weitere Ausweitung des Sozialversicherungssystems für Bauern und gewerblich Selbstständige, die Wohnbaureform, die Wachstumspolitik und die Annäherung an die EWG.

Bruno Kreisky (1911–1990)
Bruno Kreiskys Kanzlerschaft 1970 bis 1983 war gekennzeichnet durch weit reichende innere Reformen (Ausbau des Sozialstaats, Rechtsreformen, Demokratisierung der Universitäten) und erfolgreiche außenpolitische Initiativen. Kreisky öffnete die SPÖ gegenüber bürgerlich-katholischen Wählern und machte sie zur erfolgreichsten sozialdemokratischen Partei Westeuropas. Von großbürgerlicher Herkunft und seit 1926 in der Sozialistischen Arbeiterjugend tätig, war er geprägt von der Verfolgung im Ständestaat, vom schwedischen Exil 1938–1945 und von seiner Karriere als Berufsdiplomat. 1953–1959 als Staatssekretär, 1959–1966 als Außenminister, dann als Bundesparteivorsitzender der SPÖ 1967–1983 und Bundeskanzler 1970–1983 prägte er die Zweite Republik. Wirtschaftliche Probleme, Skandale (AKH) und persönliche Rivalitäten (»Fall Androsch«) führten 1983 zum Verlust der absoluten SPÖ-Mehrheit im Nationalrat und zum Rückzug Kreiskys aus der Politik.

Fred Sinowatz (geb. 1929)
Fred Sinowatz stand als Bundeskanzler im Schatten Kreiskys. Er war Landesparteisekretär der SPÖ Burgenland 1961–1978, Mitglied der Burgenländischen Landesregierung 1966–1971, Mitglied des Bundesparteipräsidiums der SPÖ 1981–1988 und Bundesparteivorsitzender der SPÖ 1983–1988. Als Bundesminister für Unterricht und Kunst in den Jahren 1971–1983 forcierte er die politische Bildung sowie zahlreiche Schulversuche beziehungsweise -reformen und setzte das Schulunterrichtsgesetz 1974 durch. Als Bundeskanzler 1983–1986 in einer kleinen Koalition aus SPÖ und FPÖ war er mit schweren wirtschaftlichen Problemen konfrontiert. Er trat nach der Wahlniederlage des sozialistischen Bundespräsidentschaftskandidaten Kurt Steyrer 1986 als Bundeskanzler zurück und verzichtete 1988 auf alle politischen Funktionen.

Franz Vranitzky (geb. 1937)
Das wichtigste Ereignis in der Amtszeit Vranitzkys als Bundeskanzler war der Beitritt Österreichs zur Europäischen Union. Nach dem Studium der Handelswissenschaften an der Wirtschaftsuniversität Wien und verschiedenen Tätigkeiten in der Wirtschaft war Franz Vranitzky 1984–1986 Bundesminister für Finanzen, 1986–1997 Bundeskanzler und 1988–1997 auch Bundesparteivorsitzender der SPÖ. Im Jahr 1986 löste er Fred Sinowatz als Bundeskanzler ab. Er beendete wegen des Rechtsrucks der FPÖ unter ihrem neu gewählten Bundesparteiobmann Jörg Haider die SPÖ-FPÖ-Koalition und ging wieder eine große Koalition mit der ÖVP ein.

Viktor Klima (geb. 1947)
Schon während des Studiums der Betriebs- und Wirtschaftsinformatik an der Technischen Universität sowie der Universität Wien war Viktor Klima 1969 in die Österreichische Mineralölverwaltungs AG (ÖMV) eingetreten, wo er 1990 mit dem unmittelbaren Verantwortungsbereich Finanzen, Controlling, Rechnungswesen sowie Unternehmenseinkauf in den Vorstand aufrückte. 1992–1996 war er Bundesminister für öffentliche Wirtschaft und Verkehr, 1996–1997 Bundesminister für Finanzen und 1997–2000 Bundeskanzler in einer großen Koalition aus SPÖ und ÖVP sowie Bundesparteivorsitzender der SPÖ.

Wolfgang Schüssel (geb. 1945)
Nach dem Studium der Volkswirtschaftslehre und Rechtswissenschaften an der Universität Wien arbeitete Wolfgang Schüssel 1968–1975 als Sekretär des Parlamentsklubs der Österreichischen Volkspartei und 1975–1991 als Generalsekretär des Österreichischen Wirtschaftsbundes. 1989–1995 war er Bundesminister für wirtschaftliche Angelegenheiten, 1995–2000 Bundesminister für auswärtige Angelegenheiten und seit 2000 Bundeskanzler in einer ÖVP-FPÖ(BZÖ)-Koalition. Seit dem Jahr 1995 ist er auch Bundesparteiobmann der ÖVP.

II. ASPEKTE

Industrie schafft Wirtschaftswachstum
Agrarstaat – Industrienation – Dienstleistungsgesellschaft

Österreich ist ein Land mit weit zurückreichender industrieller Tradition, auch wenn es um 1950 noch immer als ein Agrarland gelten konnte und in Wirklichkeit schon am Beginn des 20. Jahrhunderts den Hauptteil der Erwerbstätigkeit im Dienstleistungsbereich hatte.

Die große Welle der Industrialisierung erfolgte erst nach dem Zweiten Weltkrieg. Der hohe Anteil des Agrarsektors im Jahr 1951 mit 32,6 Prozent der Erwerbstätigen ermöglichte mit seinen Arbeitskraftreserven ein rasches Industriewachstum. Dieses elastische Arbeitskräfteangebot scheint eine der wesentlichen Garantien des Wachstumserfolgs gewesen zu sein. Die Abwanderung aus der Landwirtschaft förderte das Wachstum doppelt: Sie führte zu einer Produktivitätssteigerung in der Landwirtschaft und die Arbeitskräfte wechselten in wesentlich produktivere Sektoren, insbesondere die Industrie, über.

In den Fünfzigerjahren hatte das Wirtschaftswachstum die stärksten Impulse aus Industrie und Bauwirtschaft erhalten. Während das Sozialprodukt um 6,1 Prozent pro Jahr anwuchs, erreichte das Wachstum der Industrie 7,3 Prozent. Die ersten 15 Jahre nach dem Krieg waren das Zeitalter der Industrie.

In den Sechzigerjahren lag das Industriewachstum nur noch im Gleichklang mit dem allgemeinen Sozialproduktswachstum. Die Abschwächung des Wirtschaftswachstums und die Strukturproblematik betrafen vor allem die verstaatlichte Industrie. Der Kohlenbergbau

Das Jahrhundert der Industrie: Willi Helfert, Ölgemälde, undatiert

geriet in die Krise. Die Nachfrage nach Rohstoffen und Halbfertigwaren wie Eisen oder Aluminium wandelte sich von einem Verkäufer- zu einem Käufermarkt.
1967 bis 1974 erlebte Österreich den längsten Wirtschaftsaufschwung, der im Unterschied zu den frühen Sechzigerjahren wieder in erheblichem Maß von der Industrie getragen

Der Marshallplan als Industrialisierungsmotor: Papier- und Zellstofffabrik Frantschach. Ausbau der Werksanlagen im Rahmen des Marshallplans, 1951

war. Während das BIP zwischen 1967 und 1974 um 5,2 Prozent pro Jahr zunahm, wuchs die Industrieproduktion um 7,4 Prozent. Die Industrie investierte wieder, ihr Anteil an den Gesamtinvestitionen nahm erneut zu. Es waren die Erfolge neuer Industrien, etwa der Skiindustrie, neuer dynamischer Mittelbetriebe, eines steigenden Interesses ausländischer Investoren an Österreich – und auch Ausdruck einer erfolgreichen Strukturanpassung der Industrie.
Getragen war der Aufschwung auch von einer steigenden Ausländerbeschäftigung. Waren 1961 nur 0,7 Prozent der unselbstständigen Arbeitskräfte Ausländer, so betrug am Höhepunkt 1973 der Anteil der Ausländer an den Unselbstständigen 8,8 Prozent.

Die Anpassung war allerdings, wie sich in den Achtzigerjahren zeigte, in der verstaatlichten Industrie viel weniger erfolgreich verlaufen als in der mittelständischen. Anfang der Siebzigerjahre begann die Beschäftigung im Dienstleistungssektor kräftig zu expandieren, während die Industrie, der sekundäre Sektor, zwischen 1974 und 1979 ihre Belegschaft um 30.000 reduzierte. Die Expansion im Dienstleistungssektor in diesem Zeitraum mit einer Zunahme der Beschäftigten um 130.000 fand einerseits im öffentlichen Bereich (Unterricht, Gesundheit), andererseits im Geld- und Kreditwesen (Freigabe der Filialgründungen Mitte 1977) sowie in der Rechts- und Wirtschaftsberatung (industrienahe Dienstleistungen) statt.

Vom Anbieter- zum Nachfragermarkt

Die Industrie war der Wachstumsmotor der Nachkriegszeit. Unmittelbar nach Kriegsende allerdings konnte kaum eine der Fabriken des Landes produzieren: Es fehlte an Energie, Rohstoffen, Vor- und Zwischenprodukten. Oftmals waren zentrale Glieder der Produktionskette zerstört oder demontiert worden. Vom nachkriegsbedingten Tiefstand erholte sich zuerst die gewerbliche Wirtschaft – das Reparaturgewerbe boomte.
Mit der Beseitigung der ärgsten Kriegsschäden, der Wiederherstellung der Verkehrsverbindungen und der Energie- und Rohstoffversorgung konnte die industrielle Produktion zum Wachstumsmotor werden. Es gab ungeheuer viel Nachholbedarf, lange Lieferfristen, überall Engpässe. Es herrschte ein extremer Anbietermarkt. Die Bewirtschaftung schrieb den Vorrang der Anbieter fest. Bewirtschaftet wurden nicht nur die Nahrungsmittel, sondern auch Rohstoffe, Energie, Maschinen und der Großteil der Industrieprodukte. Und auch ab dem Zeitpunkt, als keinerlei Bewirtschaftung mehr notwendig war, hatten die Produzenten vorerst wenig Probleme, ihre Produkte

abzusetzen. Der Bedarf an Rohstoffen und Halbfertigwaren war groß. Die lang aufgestauten Bedarfe der Konsumenten wurden sukzessive abgearbeitet: zuerst sich wieder satt essen zu können, dann Kleiderkästen aufzufüllen, Möbel und Hausrat anzuschaffen, Wohnungen zu beschaffen und Häuser zu bauen, sie mit elektrischen Haushaltsgeräten und Unterhaltungselektronik auszustatten; es folgten die Fahrzeuge, die Freizeit- und Sportgeräte, zuletzt der PC- und Handy-Boom. Die Vielfalt der Warenwelt wurde immer größer und die rasch steigenden Einkommen brachten den Produzenten die nötige Nachfrage. Aber das Gewicht und die Entscheidungsmacht der Nachfrager im Spiel von Angebot und Nachfrage wurden zunehmend größer. Die in immer mehr Bereichen sich abzeichnende Sättigung, aber auch die globale Konkurrenz verschaffte den Nachfragern, dem Handel und den Konsumenten zunehmende Marktmacht gegenüber den industriellen Produzenten.

Die gewerbliche Sachgüterproduktion in Österreich stieg im Zeitraum von 1946 bis 1955 um fast 18 Prozent pro Jahr, mehr als doppelt so stark wie die Produktion der anderen Wirtschaftsbereiche. Die Erholung im Bereich des produzierenden Sektors konnte so rasch vor sich gehen, weil die Produktionsfaktoren zwar vorhanden, aber schlecht ausgelastet waren und hohe Kapazitätsreserven bestanden, die mit relativ geringem Aufwand wieder in die Produktion integriert werden konnten. Bereitstehende Maschinen konnten in Betrieb genommen werden, als die benötigte Energie verfügbar war, Rohstoffe vorhanden und notwendige Ersatzteile beschafft waren. Es gab genug Arbeitskräfte in allen Abstufungen der Qualifikation. Auch das Potenzial an möglichen Innovationen war hoch.

In der Landwirtschaft dauerte die Erholung bedeutend länger. Der Kapitalbestand war nicht so rasch zu ersetzen. Das Industrieland Österreich hatte einen vergleichsweise rückständigen Agrarsektor.

Obschon sich die Arbeitsproduktivität kräftig erhöhte, benötigte die gewerbliche Sachgüterproduktion zusätzliche Arbeitskräfte. In der Wiederaufbauperiode beanspruchte sie etwa die Hälfte des hauptsächlich aus der Landwirtschaft stammenden zusätzlichen Angebotes an Arbeitskräften. Der zentrale Beitrag der Landwirtschaft zur ökonomischen Entwicklung lag nunmehr darin, dass sie ihre Produktivität stark steigerte. Die Errungenschaften der modernen Landtechnik wurden in kleinen und mittleren bäuerlichen Betrieben realisiert, die zunehmend im Nebenerwerb bewirtschaftet wurden, und nicht etwa in den »Agrarfabriken«.

Die Industrie, die fabriksmäßige Erzeugung von Gütern, kann als Motor des Wirtschaftswachstums angesehen werden. Sie verfügt nicht nur selbst über ein hohes Wachstumspotenzial, sondern stimuliert auch den technischen Fortschritt in anderen Wirtschaftsbereichen (»Spill-over«). Wachstumspolitik erschien darum zu einem guten Teil als Industriepolitik. Die Innovationskraft der kleinen Gewerbebetriebe, vor allem das Produktivitätspotenzial der Dienstleistungsbetriebe, wurde unterschätzt.

Die Wirtschaftspolitik versuchte in den Sechzigerjahren, einer stärkeren Verlagerung der Beschäftigung in den Dienstleistungssektor durch eine neue Industrialisierungswelle entgegenzuwirken. Größter Gewinner war aber der Dienstleistungssektor.

Wirtschaftswachstum nach Sektoren – durchschnittliche jährliche Veränderung in Prozent

	Land- und Forstwirtschaft	Industrie und Gewerbe[1]	Dienstleistungen	Bruttonationalprodukt insgesamt
1937/1946	– 5,4	– 7,1	– 4,1	– 4,8
1946/1955	+ 7,0	+ 17,8	+ 8,5	+ 10,9
1955/1973	+ 1,2	+ 6,0	+ 4,7	+ 4,9
1973/2000	+ 2,4	+ 2,5	+ 2,9	+ 2,5

Q: VGR, reale Reihen (Abschnitte mit unterschiedlicher Preisbasis rückverkettet).
1 Gewerbliche Sachgüterproduktion

Quelle: Hans Seidel, Österreichs Wirtschaft und Wirtschaftspolitik nach dem Zweiten Weltkrieg (Wien 2005) 36.

Das Ende des Pferdezeitalters: Der Müller in Dürnau hinter dem Sternstein, 1978

Die Industrie war der bestimmende Faktor der Wirtschaft Österreichs in der Nachkriegszeit. Erstmals war Österreich, das bereits eine lange industrielle Vergangenheit und Geschichte hatte, zu einem Industriestaat geworden.
Österreichs Industrialisierung setzte früh ein. Bereits in der Frühneuzeit, von manchen Historikern als »Frühkapitalismus« bezeichnet, besaß Österreich eine im damaligen Vergleich bedeutende Industrie, vor allem im Bereich der Metallgewinnung, in der Eisenerzeugung und der Eisenverarbeitung. Das Land hatte dann im Verlauf des 19. Jahrhunderts als Zentralraum der Habsburgermonarchie einen bedeutenden Dienstleistungssektor in Verwaltung, Bank- und Versicherungswesen und freien Berufen entwickelt, war aber im frühen 20. Jahrhundert trotzdem immer noch ein Agrarstaat, mit einem vom Beschäftigungsanteil gesehen sehr großen, aber recht wenig produktiven land- und forstwirtschaftlichen Sektor.
Die Industrie bestimmte die Geschwindigkeit und Bewegung des wirtschaftlichen Wachstums seit dem ausgehenden 18. Jahrhundert. War es zuerst die Textilindustrie, die zusammen mit der Dampfkraft als neuem Antrieb das moderne Wachstum einleitete, so bestimmten in einer zweiten Phase der Eisenbahnbau und die Eisenindustrie die wirtschaftliche Dynamik. Im ausgehenden 19. Jahrhundert wurden es die Elektroindustrie, die chemische Industrie und der Fahrzeugbau, die eine völlig neue Warenwelt schufen. Nach dem Zweiten Weltkrieg stand die wirtschaftliche Entwicklung im Zeichen der Motorisierung und der dauerhaften Konsumgüter. Eine neue Welle der Industrialisierung ergab sich im ausgehenden 20. Jahrhundert mit dem umfassenden Siegeszug der Mikroelektronik, vom Personal Computer über die Vielzahl der Mikroprozessoren bis zur neuen, alles vernetzenden Welt der Handys, des Internets und der Informationssysteme. Dass die Entwicklung noch nicht ans Ende gelangt ist, lässt sich absehen: Aber was die Nanotechnik oder die Gentechnik tatsächlich an industriellen Möglichkeiten in

Das Ende des Dampfzeitalters: Lokomotiven-Heizhaus am Wiener Ostbahnhof, 1970

sich bergen und bringen werden, kann nur unvollkommen prognostiziert werden.
Österreich erlebte eine dramatische Wende zum Industriestaat, die von jenen Sektoren getragen war, die in der Zwischenkriegszeit zu den wachstumsschwächsten gezählt hatten.
Die Industrieproduktion war 1959 im Durchschnitt zweieinhalbmal so groß wie 1937, sie erreichte aber in der schwerindustriellen, der chemischen und der Investitionsgüterbranche das Drei- bis Vierfache des Vorkriegsniveaus, während sie in der noch traditionsverankerten Leichtindustrie nur um 20 bis 90 Prozent darüber lag. Ähnlich war die Verschiebung in der Exportstruktur. Eisen, Stahl und Holz umfassten 1959 mehr als 30 Prozent aller Exporte gegenüber rund 20 Prozent im Jahr 1937. Die Exportbedingungen erleichterten es Österreich, seine neue grundstofflastige Produktionsstruktur in den Weltmarkt einzugliedern. Die Textilindustrie war 1956, an den Beschäftigten gemessen, mit 12,9 Prozent die größte Branche der Industrie. Bis 2003 war ihr Anteil auf 3,7 Prozent gesunken. Die Maschinenindustrie, 1956 mit 9,2 Prozent, war 2003 mit 15,7 Prozent der Beschäftigten der größte Industriezweig. Gemessen am Produktionswert war 1956 die Nahrungs- und Genussmittelindustrie mit 13,6 Prozent die größte Branche. 2003 führte die Maschinenindustrie vor der chemischen Industrie.
Geschrumpft ist der primäre Sektor, 1934 umfasste er noch 37,1 Prozent, 1981 nur 8,5 Prozent, 2001 nur noch 5,5 Prozent. Der industriell-gewerbliche Bevölkerungsanteil, 1934 mit 32,1 Prozent knapp hinter dem landwirtschaftlichen und vor dem tertiären Sektor, wuchs bis 1951 auf 37,6 Prozent und erreichte 1971 mit 43,2 Prozent sein größtes relatives Gewicht. Bis 1991 sank sein Anteil wieder auf 37 Prozent, bis 2001 auf 29,6 Prozent. Der tertiäre Sektor, 1934 mit 30 Prozent knapp der schwächste und 1951 mit 29,8 Prozent kaum verändert, kletterte bis 1991 auf über 55 Prozent und erreichte 2001 bereits 64,8 Prozent.
Der Anstieg der Arbeitslosigkeit hat seine Ur-

Die Finanzspritze: Die verstaatlichte Industrie – Wachstumsmotor oder Fass ohne Boden? Ironimus (Gustav Peichl), 1981

sachen sowohl angebots- als auch nachfrageseitig. Durch den Babyboom der Sechzigerjahre und die wachsende Frauenerwerbstätigkeit kam es nach 1971 längerfristig zu einem steigenden Angebot an Arbeitskräften. Durch die Rationalisierung und wachstumsbedingte Strukturverschiebungen kam es zu einer starken Ausweitung des Angebots, das durch Produktionsauslagerungen nach Osteuropa und nach Südostasien noch verstärkt wurde. Die wirtschaftliche Entwicklung der Achtziger- und Neunzigerjahre hatte zur Folge, dass in vielen Branchen Arbeitsplätze verloren gingen. Dieser Prozess setzt sich bis in die Gegenwart fort.

Die Industrialisierung der Landwirtschaft

Das, was als Industrialisierung und industrielle Produktionsweise verstanden wird, hat längst über die industrielle Warenproduktion hinausgegriffen. Der agrarische Sektor gleicht sich zunehmend der industriellen Produktionsweise an, auch wenn Österreich im Agrarbereich von für einen Industriestaat doch ungewöhnlichen Strukturen gekennzeichnet ist, die sich von der industriellen Entwicklung abgrenzen: klein- und mittelbetriebliche Strukturen, starke Vorbehalte gegen agroindustrielle Kombinate und eine starke Betonung biologischer und nachhaltiger Produktionsweisen.

Die Bedeutung des Agrarsektors für das Wirtschaftswachstum lag weniger im Beitrag zum Sozialprodukt: Dieser war stark rückläufig und liegt aktuell nur mehr bei gut einem Prozent. Entscheidend war die Freisetzung von Arbeitskräften.

Bis in die Sechzigerjahre nahm der sekundäre Sektor noch Arbeitskräfte auf, der Abbau setzte erst ab den Achtzigerjahren und sehr stark ab den Neunzigerjahren des 20. Jahrhunderts ein.

Der Agrarsektor, der 1945 anteilsmäßig noch sehr bedeutend war, konnte besonders viele Arbeitskräfte abgeben, vornehmlich an die Industrie und dann auch an den tertiären Sektor. Sie wechselten von einem Sektor niedriger Produktivität in einen solchen mit einer hohen Produktivität. Die Arbeitsproduktivität in der Landwirtschaft stieg stärker als in der Gesamtwirtschaft und auch stärker als in der Industrie.

Der Wandel, der sich in der Landwirtschaft nach dem Zweiten Weltkrieg vollzog, war tiefgreifender und rascher als je zuvor. Dieser Wandel, der die Produktionsmethoden ebenso betraf wie die Lebensverhältnisse, war von enormen Ertrags- und Produktivitätssteigerungen, aber auch von einem harten Verdrängungswettbewerb im Dorf geprägt. Kennzeichneten Hungersnot und Mangel, Ablieferungspflicht und Hamsterkäufe die ersten Jahre nach dem Zweiten Weltkrieg, so sind heute nicht absetzbare Überschüsse, Kontingentierungen und Stilllegungsprämien die Hauptmerkmale der Agrarpolitik. Wo man früher um jedes Fleckchen Feldrain und jeden Grashalm am Mittelstreifen der Fahrwege gierte, können heute gewisse Wiesenstücke nur noch mit entsprechenden Vergütungen gemäht werden und es werden für die Stilllegung von Flächen Prämien bezahlt.

1945 war die landwirtschaftliche Welt in Österreich noch wenig verändert. Die Hektarerträge lagen in diesem Jahr nicht wesentlich über den mittelalterlichen. Die Arbeitsproduktivität war gering. Die verfügbaren landwirtschaftlichen Maschinen erlaubten es nicht, auch nur ein einziges Produktionsverfahren durchgängig zu mechanisieren und damit durch Schließung der Arbeitsketten jene saisonalen Engpässe und Arbeitsspitzen auszuschalten und abzubauen, welche die Haltung einer überdimensionierten, außerhalb der Spitzenzeiten nicht benötigten Beschäftigtenzahl erzwangen. Erst nach 1950 begann in der Getreide- und Grünlandwirtschaft die Vollmechanisierung. Die Motorisierung durch Traktoren, Geräteträger und selbstfahrende Landmaschinen verminderte den Bedarf an Zugtieren und damit Futtermitteln und machte Platz für mehr Marktproduktion. Gleichzeitig wurde durch den Einsatz fossiler Energieträger, mineralischer Dünger und zugekaufter Futtermittel die vorher unumgänglich notwendige Verbindung zwischen Getreidebau und Viehzucht aufgelöst und der Spezialisierung der Produktion der Weg freigemacht.

Die geografische Spezialisierung und produktionstechnische Mechanisierung bewirkten eine Einsparung an Arbeitskraft, die sich erstmals auf alle wesentlichen Produktionsschritte erstreckte und damit einen durchgängigen Arbeitskräfteabbau ermöglichte. Von 1961 bis 1993 ging der Anteil der Landwirtschaft an den Gesamtbeschäftigten von 22,8 Prozent auf 6,7 Prozent zurück, was einem Arbeitskräfteabbau von 519.000 Menschen entspricht. Dieser erfolgte stufenweise von den familienfremden Arbeitskräften über die mithelfenden Familienmitglieder bis hin zum Nebenerwerb des Bauern oder des Besitzerehepaars. Die Übergänge verliefen scheinbar kontinuierlich und organisch. Selten kam es zu wirklichen Kündigungen, häufig wurden frei werdende Stellen nicht mehr nachbesetzt. Die sozialen Spannungen und Umstellungsschwierigkeiten, die damit verbunden waren, verzeichnet aber keine Statistik.

Der Beitrag der Land- und Forstwirtschaft zum Buttoinlandsprodukt ist von etwa 15 Prozent im Jahr 1955 auf knapp mehr als 1 Prozent im Jahr 2004 abgesunken. Der Lebensmittelsektor insgesamt ist wesentlich größer und industrialisiert. 1996 waren nach einer Analyse des Österreichischen Instituts für Wirtschafts-

Sonnenräder: Der Fortschritt wird begutachtet: Landmaschinenausstellung 1954

forschung im österreichischen Agrarkomplex insgesamt etwa 653.000 Personen beschäftigt; das waren rund 20 Prozent aller Erwerbstätigen. Sie erwirtschafteten mit einer Bruttowertschöpfung von rund 319 Milliarden Schilling 14 Prozent des Bruttoinlandsprodukts. Etwa 158.000 Personen, das heißt rund 4,8 Prozent aller Beschäftigten, arbeiteten direkt in der Land- und Forstwirtschaft, rund 20.000 Personen (0,6 Prozent der Beschäftigten) waren in den dem Agrarsektor vorgelagerten Wirtschaftszweigen mit der Erzeugung, Verteilung und Reparatur von agrarischen Betriebsmitteln wie Landmaschinen, Handelsdünger, Mischfutter und mit der Bereitstellung von Dienstleistungen wie zum Beispiel Veterinärdiensten beschäftigt. In den der Agrarwirtschaft nachgelagerten Wirtschaftszweigen Verarbeitung und Vermarktung arbeiteten rund 475.000 Personen (14,3 Prozent der Beschäftigten).

Was in der Landwirtschaft seit langem im Gange ist, ein dramatischer Abbau von Beschäftigten, hat seit einigen Jahrzehnten auch in der Industrie eingesetzt. Die Globalisierung begann in der Landwirtschaft bereits im 19. Jahrhundert, als Getreide aus Russland und Amerika, Fleisch aus Argentinien und den USA, pflanzliche Fette aus den Kolonialländern und Waltran aus den Meeren die europäischen Agrarpreise immer weiter nach unten drückten und zu einer Auslagerung von Produktionen in Länder mit niedrigeren Löhnen und günstigeren Produktionsbedingungen führten. Seit langem steht die Landwirtschaft einem Käufermarkt gegenüber, dessen Aufnahmefähigkeit nur bedingt vermehrbar ist.

Energiesparen nach dem Energieschock: Der autofreie Tag mit dem »Pickerl«, 1. Januar 1974

Industrie und Gewerbe

Die Strukturen des Waren produzierenden Sektors waren immer in Bewegung: Die Unterscheidung in Industrie und Gewerbe hatte eher eine wirtschaftspolitische Funktion. Die Interessenunterschiede zwischen Klein- und Großbetrieben, handwerklicher und maschineller Produktion, Grundstoff- und Finalproduzenten stammen aus dem 19. Jahrhundert. Die Grenzen und Interessenlagen waren nie

wirklich klar. 1955 war die Industrie mit 26,8 Prozent am BIP beteiligt, das Gewerbe mit 9,3 Prozent. Der Beitrag der Industrie ist nach der Jahrtausendwende auf unter 20 Prozent abgesunken, der des Gewerbes auf etwa 6 Prozent.

Die großen Veränderungen in der Struktur des Kleingewerbes begannen bereits im 19. Jahrhundert und setzten sich in der Zweiten Republik fort. Die Weltwirtschaftskrise, die Wirtschaftspolitik des Nationalsozialismus und die Kriegswirtschaft hatten eine große Zahl von Gewerbebetrieben zum Aufgeben gezwungen. Allerdings waren viele davon in der Improvisation der unmittelbaren Nachkriegszeit wieder reaktiviert worden. Das Reparaturgewerbe erfuhr eine beträchtliche Ausdehnung. Ab 1955 nahmen die vielen traditionellen Produktionsgewerbe, die Schneider, Schuster, Hutmacher, Tischler, Huf- und Wagenschmiede, Wagner, Bürstenmacher und Binder, Korbflechter, Seifensieder und Müller, zahlenmäßig neuerlich stark ab. So sank zum Beispiel die Zahl der österreichischen Mühlen von etwa 4.400 im Jahr 1929 auf 2.317 im Jahr 1960 und 284 im Jahr 1992.

Die alten Gewerbe wurden, wenn sie überhaupt weiterbestehen konnten, zu Reparatur- und Handelsbetrieben. Bei den wachsenden Branchen hingegen handelte es sich in erster Linie um Dienstleistungsgewerbe. Als expansiv oder stabil erwiesen sich auch die Sanitär-, Heizungs- und Elektroinstallateure, die Hafner, Radio- und Fernsehtechniker, das Bauhilfs- und Nebengewerbe, die KFZ-Mechaniker und Zahntechniker, das grafische Gewerbe, daneben auch so verschiedene Bereiche wie Gärtner oder Optiker, Friseure und Raumausstatter, Rauchfangkehrer und Kosmetiker.

Von 1949 bis 1958 sank die Zahl der Mitglieder

Energie ist Industrie: Böhler Edelstahl GmbH, Kapfenberg. Freiformschmiede, 5.200-t-Presse, 2005 der Fachgruppe Gewerbe in der Bundeswirtschaftskammer von 124.000 auf zirka 100.000, stieg bis 1970 aber auf etwas mehr als 125.000 und hielt 1982 bei 116.000. Enorme Fluktuationen verbergen sich hinter den relativ stationären Gesamtzahlen. Die Zahl der Unselbstständigen im Gewerbe erwies sich ebenfalls als erstaunlich stabil, mit der Tendenz zur Vergrößerung der Beschäftigtenzahlen.

War das Gewerbe ein relativer Verlierer im Prozess des raschen wirtschaftlichen Wachstums? In Umfragen stellte sich die soziale Welt für die österreichischen Gewerbetreibenden meist wenig heil dar. Sie fühlten sich von der wirtschaftlichen und sozialen Entwicklung überrollt und übergangen. Dass gerade bezüglich Alter und Krankheit die Sorgen groß waren, wurde immer wieder artikuliert. Die makroökonomischen Daten schauen anders aus. Die Daten des Beitrags zum BIP signalisieren keine generelle Tendenz, dass das Gewerbe zurückfallen würde.

Erwerbstätige nach Sektoren, Österreich, 1869 bis 2001 (in 1.000 und in Prozent)

	Land- und Forstwirtschaft	Industrie und Gewerbe	Dienst-leistungen	SUMME	Land- und Forstwirtschaft	Industrie und Gewerbe	Dienst-leistungen
1869	1.517,5	667,5	638,5	2.823,5	53,7	23,6	22,6
1880	1,454,7	696,4	646,6	2.797,7	52,0	24,9	23,1
1890	1.518,8	819,4	700,0	3.038,2	50,0	27,0	23,0
1900	1.393,6	895,4	869,0	3.158,0	44,1	28,4	27,5
1910	1.368,3	1.075,1	1.024,8	3.486,2	39,5	31,0	29,5
1923	1.438,4	1.197,9	966,3	3.602,6	39,9	33,3	26,8
1934	1.258,7	1.086,8	1.044,3	3.389,8	37,1	32,1	30,8
1939	1.357,7	1.128,0	995,7	3.481,4	39,0	32,4	28,6
1951	1.092,6	1.256,9	997,7	3.347,2	32,6	37,6	29,8
1961	776,4	1.394,1	1.199,3	3.369,8	23,0	41,4	35,6
1971	436,5	1.352,2	1.344,4	3.133,1	13,9	43,2	42,9
1981	290,5	1.398,5	1.722,5	3.411,5	8,5	41,0	50,5
1991	261,5	1.347,7	1.998,1	3.607,3	7,2	37,4	55,4
2001	217,6	1.164,7	2.546,7	3.929,0	5,5	29,6	64,8

Quelle für Tabelle und Grafik:
Felix Butschek, Statistische Reihen zur österreichischen Wirtschaftsgeschichte. Die österreichische Wirtschaft seit der industriellen Revolution (Wien 1993) Abschnitt 3.9;
Statistik Austria, Statistisches Jahrbuch Österreichs (2004).

Erwerbstätige nach Sektoren, Österreich, 1869 bis 2001 (in 1.000)

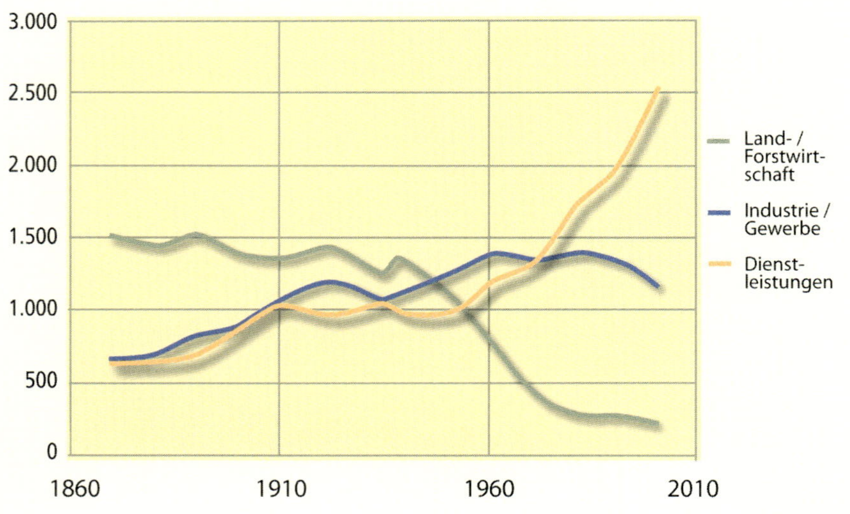

Die Tertiärisierung des Industriestaates

Die Tertiärisierung der Wirtschaft war, was die Beschäftigtenzahlen betrifft, schon seit den Fünfzigerjahren in Gang, in den Achtzigerjahren setzte allerdings eine Beschleunigung ein: Es war der Boom der Informationstechnologien, der Trend zur Freizeitgesellschaft hielt weiter an, der Bedarf an Gesundheitsdiensten nahm kontinuierlich zu. Eine wesentliche Entwicklung lag aber auch in der Industrieproduktion selbst, in der zunehmenden Tertiärisierung ihrer Leistungen und in der Auslagerung industrienaher Dienstleistungen.

Einerseits begann sich der industrielle Sektor immer mehr dem tertiären Sektor anzunähern,

sind industrielle Produktionshallen bisweilen von Büros kaum mehr zu unterscheiden, andererseits übernahm der tertiäre Sektor auch zunehmend industrieähnliche Strukturen. Der technische Fortschritt hielt massiv im tertiären Sektor Einzug, vor allem im Zusammenhang mit einer zunehmenden Computerisierung und Automatisierung verschiedenster Dienstleistungsbereiche: Man spricht heute mit viel Berechtigung auch von einer Bankindustrie, einer Tourismusindustrie, einer Gesundheitsindustrie und Verwaltungsindustrie. Bei der »Filmindustrie« hat man das ja immer schon so gehalten.

Die Grenzen zwischen den Sektoren verschwimmen. Sie waren wohl nie so scharf, wie statistische Klassifizierungen es unterstellen. Alfred Hoffmann hat seinerzeit den Begriff von der »Agrarisierung der Industriebauern« geprägt. Inzwischen sind die »Agrarbauern« industrialisiert und tertiärisiert.

Auf der anderen Seite verschwimmen die Grenzen zwischen der Industrie und den Dienstleistungen immer mehr. Nicht nur wegen des Begriffs der industrienahen Dienstleistungen, sondern auch in der Überformung des Dienstleistungssektors mit industrieähnlichen Produktionsformen. Maschinisierung prägt auch den Dienstleistungsbereich im Bankensektor, im Handel, in den Gesundheitsbereichen, in der »Tourismusindustrie«. Der Bau- und der Transportsektor werden in den volkswirtschaftlichen Gesamtrechnungen vieler Staaten ohnehin eher dem Industrie- als dem Dienstleistungsbereich zugerechnet.

Auch im Dienstleistungssektor gibt es den Trend zur Konzentration. Die Elektronik revolutionierte die Geschäftsabwicklung im Bankbetrieb. Der Weg führte von konventionellen Buchungsautomaten über die zinsrechnenden Magnetkonten-Geräte zu »echten« EDV-Anlagen Ende der Sechzigerjahre. Ende der Fünfzigerjahre wurde mit der Erfassung des Spar- und Giroverkehrs auf Lochkarten begonnen. 1966 wurde bei der Wiener Zentralsparkasse eine zentrale Großrechenanlage installiert. Damit begann das integrierte Datenverarbeitungssystem mit Direktzugriff auf den zentra-

Die Industriearbeit ändert sich: Miba Gleitlager GmbH, Laakirchen. Qualitätskontrolle

Die alte Industrie geht zu Ende: Blick über Wien, signiert, 1968

len Großspeicher. Erfolgte der Datentransport von den Kassen zu den Rechenzentren zuerst noch per Boten, per Bahn oder Bus, so wurde Schritt für Schritt auf Telefonübertragung umgestellt. 1967 gab es in der Zweigstelle Landstraße der Zentralsparkasse die erste Online-Kundenbetreuung.
1980 schrieb ein Kreditinstitut in seinem Geschäftsbericht: »Fortschrittsgläubige sehen die Kunden der Banken, wie sie sich vom ›trauten Heim‹ über Bildschirm mit der Bank in Verbindung setzen und ihre Zahlungen von zu Hause aus dirigieren. In dieses Bild passt auch, dass der Einkauf größtenteils von zu Hause erfolgt. Selbstverständlich zahlt dieser Kunde im Supermarkt und bei der Tankstelle nicht mehr bar, sondern verwendet eine Kundenkarte. Vieles von diesen Visionen wird nicht realisiert werden. Aber auch das, was übrig bleibt, wird die Kundenbedienung verändern …«
Die Einstellung der Österreicher zur Industrie hatte nach dem Zweiten Weltkrieg eine bemerkenswerte Veränderung erfahren. Die ersten Jahrzehnte nach dem Zweiten Weltkrieg waren Jahrzehnte eines fast unerschütterlichen Vertrauens in die Industrie: der Erzberg, das LD-Verfahren, das Kraftwerk Kaprun, die Europabrücke, die verstaatlichten Betriebe. Typisch dafür war die Präsentation Österreichs als Industrieland auf der Weltausstellung in Brüssel.
Inzwischen sind neue und alte Bruchstellen wieder aufgetreten. Im Bewusstsein der Österreicher von der Leistungskraft und den Stärken ihres Landes dominieren wieder nichtindustrielle Werte: die Landschaft, die Naturnähe, der Tourismus. Allerdings ist das Wissen der Österreicher um ihre Industrie nicht groß: weder, was Österreichs technische Leistungen oder seine wichtigen industriellen Produkte oder größten Firmen betrifft, noch hinsichtlich der Leistungen seiner Manager und Techniker.

Innovationen

Kreativität und Innovation sind die wichtigsten Wachstumsfaktoren für die Wirtschaft. Das Wirtschaftswachstum kann nur zum kleinsten Teil auf den wachsenden Faktoreinsatz zurückgeführt werden, überwiegend ist es mit der intelligenteren Nutzung der Inputfaktoren durch besseres Know-how und bessere Technologie sowie mit besserer Ausschöpfung der Möglichkeiten am Markt zu erklären.

In der österreichischen Wirtschaftsgeschichte kann auf eine lange Tradition kreativer Erfinder zurückgeblickt werden, immer wieder fehlte es aber an geeigneten Rahmenbedingungen, um daraus auch unternehmerische Erfolgsstories zu machen. Dies hat sich in der zweiten Hälfte des 20. Jahrhunderts grundlegend geändert. Zahlreiche Unternehmer haben die Chance, innovative Konzepte umzusetzen und klug gewählte Marktnischen zu besetzen, erfolgreich ergriffen.

Die Rahmenbedingungen für Innovationen in Österreich

Die Innovationsleistungen werden unter spezifischen nationalen Rahmenbedingungen erzielt. Diese werden unter anderem bestimmt durch die Faktoren Bildungswesen und Ausbildungsstand der Mitarbeiter, Finanzierungsmöglichkeiten für Forschung und Entwicklung, gesetzliche Reglements für die Umsetzung von Innovationen, den Kapitalmarkt und die gegebene Unternehmensstruktur.

Zu den Stärken des österreichischen »Innovationssystems« gehört der gute Ausbildungsstand der Mitarbeiter. Dank der dualen Lehrlingsausbildung in den Betrieben und den Berufsschulen stehen hervorragend qualifizierte Facharbeiter zur Verfügung. Für die Ingenieurausbildung haben sich die Einrichtungen auf der Sekundar- und Tertiärstufe des Bildungswesens bewährt. Österreichs HTL- und Diplomingenieure erfreuen sich einer exzellenten Reputation. Im Schuljahr 2003/04

Erfolg durch Innovation: Böhler Edelstahl GmbH, Kapfenberg. Sonderstahlwerk, Elektroschlacke-Umschmelzanlage, 2005

Ordentliche Studierende nach Hauptstudienrichtungen

	Insgesamt	Theologie	Recht	Sozialwiss.	Medizin	Geisteswiss.	Naturwiss.	Technik
1955/56	19.124	884	2.463	2.699	2.320	4.059		4.116
1971/72	59.364	1.437	4.592	8.871	7.684	12.433	7.786	11.028
2002/03	248.001	2.792	19.890	61.994	19.950	63.070	27.390	34.303

Quelle: Statistik Austria, Hochschulstatistik 2002/03 (Wien 2004) 60 f.

wurden an den höheren technischen, gewerblichen und kunstgewerblichen Schulen rund 58.800 Schüler unterrichtet. Die Universitäten leisten durch Grundlagenforschung, Kooperationen mit der Wirtschaft und Ausbildung der Studierenden einen wesentlichen Beitrag zur Innovationsfähigkeit der österreichischen Wirtschaft. Die Entwicklung der Studierendenzahlen im Bereich der wissenschaftlichen Universitäten zeigt die obige Tabelle.

Die Steigerung der Studierendenzahlen im Bereich Technik ist zwar beachtlich, doch hält sie mit der Entwicklung in den Bereichen Geistes- und Sozialwissenschaften nicht Schritt. Die Anzahl ausgebildeter Techniker dürfte gemessen an den Bedürfnissen der Industrie nicht ausreichend sein. Zudem hat Österreich eine erhebliche Abwanderung der hier ausgebildeten Wissenschafter zu verzeichnen. Es wird geschätzt, dass gegenwärtig allein in Nordamerika 1.500 österreichische Forscher tätig sind. Seit dem Jahr 1994 wurde das Ausbildungssystem durch zahlreiche Fachhochschulen ergänzt, deren Curriculum zumeist unmittelbarer auf eine berufliche Karriere in Österreich abzielt.

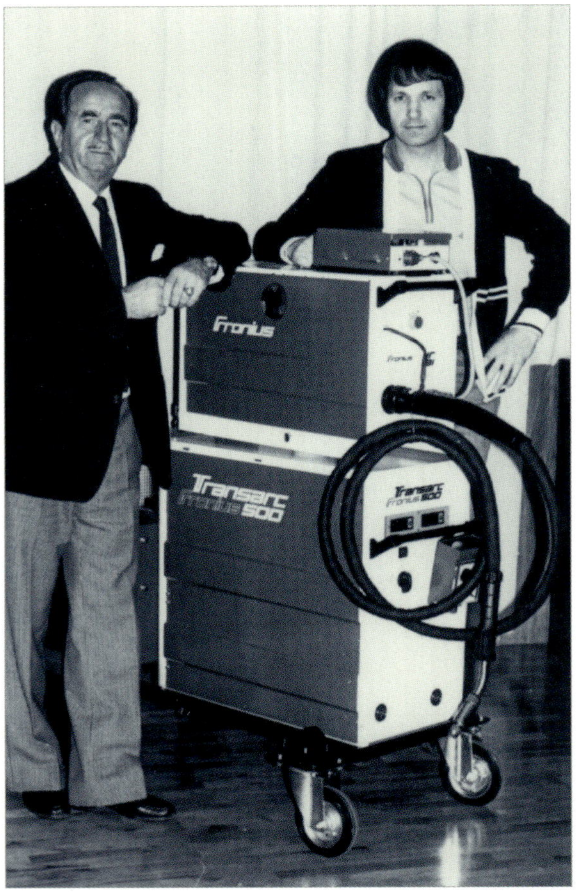

Der Weg zur Weltspitze: Fronius International GmbH, 1981: weltweite Vorstellung der ersten primärgetakteten Inverterstromquelle auf Transistorbasis (Trans-Arc 500). Im Bild von links: Unternehmensgründer Günter Fronius und Entwickler Josef Rauscher

Die Forschungsquote erreichte in Österreich – gemessen an internationalen Vergleichswerten – lange nur ein bescheidenes Niveau, doch scheinen die Mittel sehr effizient eingesetzt worden zu sein. Bis in die Siebzigerjahre lag sie bei weniger als 1 Prozent des Bruttoinlandsprodukts und hat sich seither auf gut 2 Prozent erhöht. Gemäß den EU-Zielen von Barcelona und Lissabon wird bis 2010 eine Erhöhung auf 3 Prozent angestrebt. Zur Finanzierung der anwendungsorientierten Forschung und Entwicklung (F&E) tragen der inländische Unternehmenssektor und die öffentliche Hand ungefähr im gleichen Ausmaß bei. Infolge der Internationalisierung der österreichischen Industrie und des EU-Beitritts hat die Auslandsfinanzierung seit den Neunzigerjahren deutlich an Stellenwert gewonnen, sie beläuft sich inzwischen auf ein Fünftel der F&E-Aufwendungen.

Als wichtigste staatliche Förderungsinstanz für anwendungsorientierte Forschung steht seit den Sechzigerjahren der gewerbliche

Forschungsförderungsfonds (FFF) zur Verfügung, für die Grundlagenforschung der Fonds zur Förderung der wissenschaftlichen Forschung (FWF) und auch die Nationalbank leistet erhebliche Beiträge. Im Jahr 2004 wurden der FFF, die Technologie Impulse Gesellschaft (TIG), die Weltraumagentur (ASA) und das Büro für internationale Forschungs- und Technologiekooperation (BIT) unter das neue gemeinsame Dach der Forschungsförderungsgesellschaft (FFG) gebracht. Im Rahmen der jüngsten Reformen wurde für die Wirtschaftsförderung der neue Förderriese Austria Wirtschaftsservice (AWS) geschaffen und der Innovations- und Technologiefonds (ITF) aufgelassen. Im Jahr 2000 wurde vom Gesetzgeber der unabhängige Rat für Forschung und Technologieentwicklung eingerichtet. Auf Europa-Ebene nimmt die Industrie unter anderem an Projekten in den EU-Rahmenprogrammen teil.

Die Patentstatistik zeigt, dass sich die österreichische Wirtschaft nach wie vor in einem hohen Ausmaß ausländischer Innovationen bedient. Die Zahlungen für Lizenzgebühren ins Ausland sind seit Jahrzehnten ungefähr viermal so hoch wie die Einnahmen aus der Nutzung österreichischer Patente im Ausland. Allerdings ist dies bei einer kleinen, offenen Volkswirtschaft auch kaum anders zu erwarten. Die technologische Zahlungsbilanz insgesamt (Zahlungen für Patente und Lizenzen, Forschungs- und Entwicklungsleistungen, Ingenieurs- und sonstige technische Dienstleistungen) war hingegen im Jahr 2000 erstmals ausgeglichen.

Bei der Umsetzung von Innovationen klagte die Industrie lange Zeit über aufwändige und schwerfällige Behördenverfahren. In der jüngeren Vergangenheit ist es in manchen Bereichen, etwa bei der Gründung neuer Unter-

Internationaler Erfolg durch Präzision und Qualität: Zusammenschweißen einer Seilscheibe für eine kuppelbare 6er-Sesselbahn. Doppelmayr Seilbahnen GmbH, Wolfurt, 2005

Internationaler Erfolg durch Zukunftstechnologie: Platine. Die Efkon AG, Graz, ist das führende internationale Unternehmen im Bereich elektronischer Maut-, Zahlungs- und Fahrzeug-Klassifizierungssysteme.

nehmen, zweifellos zu Verbesserungen gekommen, andererseits wurden Umweltstandards und -auflagen verschärft.
Im internationalen Vergleich verfügt Österreich nach wie vor nur über einen schwach entwickelten Private-Equity- und Venture-Capital-Markt. Mit einem Anteil der Private-Equity-Investitionen von nur 0,75 Prozent des BIP bildete die Alpenrepublik 2001 das Schlusslicht der EU-Staaten.
Die österreichische Industriestruktur ist durch einen hohen Anteil kleiner und mittlerer Unternehmen gekennzeichnet. Es überwiegen Branchen, die nach gängigen Kriterien hinsichtlich ihrer Technologieintensität den mittleren Technologiesegmenten zuzuordnen sind.
Angesichts dieser Strukturmerkmale und der mäßigen Forschungsquote wurde für Österreich seit Jahrzehnten immer wieder die Existenz einer »Technologielücke« konstatiert. Trotzdem lag das österreichische Wirtschaftswachstum bis in die Achtzigerjahre deutlich über dem OECD-Durchschnitt – man sprach von einem »Struktur-Performance-Paradoxon«. Seit den Neunzigerjahren hat sich das Wachstum dem OECD-Durchschnitt angenähert.
Bis in die Siebzigerjahre wurden die Wachstumserfolge im Zuge eines technologischen Aufholprozesses zu den führenden Industriestaaten der Welt erzielt. Aber auch seither haben sich zahlreiche Unternehmen mit beeindruckenden Erfolgsstories hervorgetan.

Österreichs Industrie erweist sich in der Praxis nachhaltig als innovativer, als dies nach den oben angeführten Strukturmerkmalen zu erwarten wäre. Die Stärken liegen insbesondere in Entwicklungspfaden, die von inkrementellen Verbesserungen gekennzeichnet sind. Auf diese Weise gelingt es auch der in eher kleinen Unternehmen strukturierten Industrie, mit marktgerechten Innovationen gut definierte Marktnischen im In- und Ausland zu erobern. Als wesentliche Faktoren erweisen sich Lerneffekte in der Produktion und bei der Adaption von bestehenden Technologien sowie Anregungen von Kunden und Lieferanten, die flexibel aufgegriffen werden. Die Steigerung der Effizienz wird zu einem permanenten Prozess. Die Anstrengungen für inkrementelle Verbesserungen werden nicht notwendigerweise unter F&E-Ausgaben verbucht, sodass diese Maßzahl die Innovationsorientierung nur unzureichend widerspiegelt. Wichtige Voraussetzungen für diesen »österreichischen« Entwicklungspfad sind hoch qualifizierte Mitarbeiter und eine förderliche Unternehmenskultur. Dazu tragen relativ stabile Beschäftigungsverhältnisse bei, die eine Identifikation mit der Firma und der eigenen Arbeit fördern. Diese spezifischen Gegebenheiten können sehr gut in kleineren und in mittleren Betrieben gewährleistet werden. Grundlegende Tendenzen der neuesten Produktionstechnologie, wie der Trend von der spezialisierten Massenproduktion hin zur flexiblen Spezialisierung mittels modernster Technik und höchstqualifizierten Mitarbeitern, können von kleineren Unternehmen, wie sie in Österreich vorherrschen, oft sogar rascher umgesetzt werden als von schwerfälligeren Großunternehmen.
Andererseits zeigt sich aber doch, dass die Innovationsneigung bei sehr kleinen Unternehmen nur unterdurchschnittlich ausgeprägt ist. Eine Umfrage hat ergeben, dass 49 Prozent der österreichischen Unternehmen in den Jahren 1998 bis 2000 Innovationen eingeführt haben – ein Wert, der sich international

durchaus sehen lassen kann. Die Innovationsquote lag im Sachgüterbereich höher (über 50 Prozent) als im Dienstleistungssektor. Von den Unternehmen mit mehr als 250 Beschäftigten haben rund 90 Prozent Innovationen eingeführt.

Eine Strategie, damit auch kleinere Unternehmen »kritische Massen« für die Umsetzung von großen F&E-Vorhaben aufbringen können, ist die Arbeit im Rahmen von Netzwerken aus Produktions- und produktionsnahen Dienstleistungsbetrieben. Daher wird die räumliche Zusammenballung verwandter Aktivitäten in Technologiezentren und Unternehmensclustern von der Wirtschaftspolitik aktiv gefördert. Zu den wichtigsten Partnern im Rahmen von F&E-Kooperationen gehören Zulieferunternehmen, Mitbewerber, Universitäten und Kunden.

Die Zunahme der ausländischen F&E-Finanzierung zeigt, dass Österreich im internationalen Vergleich einen attraktiven Forschungsstandort darstellt. Als Stärken Österreichs werden von F&E-Einheiten in ausländischem Besitz die Verfügbarkeit von hoch qualifiziertem Personal, die Nähe zu den Universitäten und Fachhochschulen sowie zu den Kunden und Lieferanten hervorgehoben, als besondere Schwäche vor allem der schlechte Zugang zu Wagniskapital.

Nachhaltiges Wirken herausragender Erfinderpersönlichkeiten

Wenngleich angesichts der komplexer werdenden Technologien Forschung und Entwicklung immer mehr zur Teamarbeit in spezialisierten Forschungseinrichtungen wurde, traten in Österreich doch bis heute immer wieder auch exzellente individuelle Erfinderpersönlichkeiten hervor, deren Leistungen nachhaltige Wirkungen haben, wie an einigen Beispielen gezeigt werden soll:

Die seit den Sechzigerjahren sukzessive an amerikanische Eigentümer verkauften C. Reichert Optischen Werke wurden jahrzehntelang von den innovativen Entwicklungen ihrer Chefs geprägt. Carl Reichert (1851–1922) gründete, nachdem er bei Leitz in Wetzlar gearbeitet hatte, den Betrieb im Jahr 1876 und tat sich mit neu entwickelten Objektiven und Beleuchtungseinrichtungen für Mikroskope hervor. Sein Sohn Karl Reichert (1883–1953) führte gemeinsam mit dem Bruder Otto (1888–1972) das Unternehmen weiter. Karl Reichert sind entscheidende Innovationen in den Bereichen Fluoreszenzmikroskopie und Metallmikroskopie zu verdanken.

Paul Schwarzkopf (1886–1970) wurde als Begründer der Pulvermetallurgie einer der berühmtesten österreichischen Erfinder. 1911

Grundlagenforschung: Anton Zeilinger, geboren 1945, einer der führenden Experimentalphysiker der Welt (»Teleportationsexperimente« mit Lichtteilchen, »Beamen«)

Angewandte Forschung: Paul Schwarzkopf (1886–1970): Techniker und Industrieller, Pionier der Pulvermetallurgie. Er gründete 1921 in Reutte die Metallwerke der Plansee-Gruppe.

Motorinnovationen: Der Direkteinspritz-Dieselmotor für PKWs der AVL List GmbH

gelang es ihm als Erstem, duktile Wolframfäden für die Glühlampenerzeugung herzustellen. 1921 begründete Paul Schwarzkopf in Reutte die weltbekannten Planseewerke. Während der NS-Herrschaft ging sein Betrieb an die Deutschen Edelstahlwerke Krefeld und es dauerte bis 1952, ehe er sein Eigentum wieder zur Gänze zurückerhielt. Nach dem Krieg konzentrierte er sich auf die Erforschung von höchstschmelzenden Metallen. Seit 1952 wird in Reutte das internationale Plansee-Seminar abgehalten.

Im Bereich des Textilmaschinenbaus setzte sich Ernst Fehrer (1919–2000) als eigenwillig-brillanter Erfinder und Unternehmer durch. Fehrer beschritt selbstbewusst gänzlich neue Wege. Er ging stets davon aus, dass der Zweifel an der Endgültigkeit bestehender Technologien die Grundvoraussetzung jeder technischen Entwicklungsarbeit sei. Ihm gelangen bahnbrechende Innovationen für den Bereich »Nonwovens« sowie das Friktionsspinnsystem DREF (Dr. Ernst Fehrer). Fehrer brachte es auf mehr als 1.200 Patente, seine Firma findet dank seiner Leistungen Abnehmer in allen Industrieländern der Welt, insbesondere auch in Japan.

Zu den prägnanten Gründerpersönlichkeiten im Bereich Pharmazie und Biowissenschaften gehört Johann Eibl. Er gründete gemeinsam mit Otto Schwarz im Jahr 1953 die Immuno. Das Unternehmen befasste sich mit der Entwicklung von Impfstoffen und konzentrierte sich auf die Gewinnung von Arzneimitteln aus menschlichem Plasma. Die Immuno wurde 1997 vom amerikanischen Pharmakonzern Baxter übernommen.

Als Pionier des forschungsorientierten Privatunternehmertums in Österreich ist insbesondere der Grazer Techniker Hans List (1896–1996) hervorzuheben. Aus einer Arbeitsgemeinschaft der Professoren Anton Pischinger, Egon Niedermayer und List ging 1948 die spätere AVL List GmbH, Graz, hervor, die sich auf die Konstruktion von Verbrennungsmotoren und die Motorenmesstechnik spezialisierte. Zu den ersten Kunden gehörten unter anderem die Jenbacher Werke, Gräf & Stift, Steyr-Daimler-Puch und Andritz. Bald gelang es, auch Aufträge von ausländischen, weltweit führenden Motoren- und Kraftfahrzeugbauern zu akquirieren.

Innovative Unternehmen auf gut gewählten Märkten

Im Rahmen des Buches kann bei weitem kein vollständiger Überblick über die konkreten Innovationsleistungen der österreichischen Industrie gegeben werden. Gerade die charakteristischen inkrementellen Verbesserungen treten im Einzelnen zumeist wenig spektakulär zu Tage und werden für die Innovationsforschung kaum sichtbar. Hier soll auf einige ausgewählte Leistungen beispielhaft eingegangen werden.

Gemäß einem umfassenden Innovationsbegriff, der alle Bereiche einer nachhaltigen Ausdehnung der Wertschöpfung umfasst, haben in den letzten Jahren »nichttechnische« Inno-

vationen an Stellenwert gewonnen, insbesondere in den Bereichen Marketing und Kreativwirtschaft. Der Energy Drink »Red Bull« wurde nicht wegen technischer Innovationen, sondern dank eines exzellent angelegten Marketings zum Welterfolg. Selbst bei klassischen Technik-Produkten wie etwa Automobilen entfällt inzwischen etwa gleich viel Aufwand auf das Marketing wie auf die Produktentwicklung. In zahlreichen High-Tech-Bereichen erweisen sich perfekte Lösungen der Ingenieure nicht als hinreichende Bedingung für den Erfolg. So wurde etwa der WAP-Internetzugang für Mobiltelefone wenig nachgefragt, nicht wegen der Technik, sondern weil keine überzeugenden inhaltlichen »Killer-Applikationen« angeboten werden konnten. Generell werden im Rahmen der technologischen Konvergenz von Kommunikation, Massenmedien und Informationstechnologie die Erfolge der Anbieter in diesem Wachstumssektor von einem attraktiven inhaltlichen Angebot mindestens genauso stark beeinflusst wie von adäquaten technischen Lösungen. Den Innovationen von Seiten der Content Industries kommt somit in Kooperation mit der traditionellen Industrie eine wachsende Bedeutung zu.

Das heißt nicht, dass sich nicht auch im Rahmen der etablierten Industrien vielfältige Chancen für erfolgreiche Innovationen boten und bieten. Neueste Technologien erlauben selbst im Grund- und Werkstoffbereich noch bemerkenswerte Durchbrüche. Zum Beispiel sicherte sich die 1998 von der OMV an Borealis verkaufte PCD im Rahmen des übernehmenden Konzerns mit der Entwicklung der Beta-Polypropylen-Kunststoffe nachhaltig eine starke Stellung.

Die bereits erwähnte Plansee-Gruppe, Reutte, ist als weltweit führender Hersteller von pulvermetallurgischen Produkten und Komponenten etabliert. Das Produktionsprogramm umfasst Hochleistungswerkstoffe wie hochschmelzende Metalle, Hartmetalle und Sinterstahl. Die in die drei Unternehmensbereiche Plansee-Hochleistungswerkstoffe, Ceratizit und Sinterstahl gegliederte Unternehmensgruppe besteht heute aus mehr als 50 Gesellschaften in Europa, Amerika und Asien. Mit

Der weltweit führende Hersteller im Bereich der Pulvermetallurgie: Plansee-Werke, Reutte, Hochtemperaturofenbau

Corex® – ein revolutionäres Konzept der Eisenerzeugung aus Österreich: Saldanha Steel, Republik Südafrika. Aquarell von Erwin Kastner, 2001

Michael Schwarzkopf steht bereits in dritter Generation ein Angehöriger der Gründerfamilie an der Spitze der Unternehmensgruppe.

Österreich blickt auf eine lange Geschichte als Standort der Eisen- und Stahlerzeugung zurück. Nach langwierigen Vorarbeiten im In- und Ausland zur Entwicklung eines praxistauglichen Sauerstoffaufblasverfahrens für die Stahlerzeugung kam es in Linz (Vereinigte Österreichische Eisen- und Stahlwerke AG) und Donawitz (Oesterreichisch-Alpine Montan Gesellschaft) Anfang der Fünfzigerjahre mit dem LD-Verfahren zur wahrscheinlich bedeutendsten metallurgischen Innovation des 20. Jahrhunderts. In Linz wurden dazu ab 1949 erfolgreiche Versuche unternommen, erste Sauerstoffkonverter gingen hier 1952 und in Donawitz im Jahr 1953 offiziell in Betrieb. Mit dem LD-Verfahren gelang es, eine signifikante Verbesserung der Produktqualität mit einer Reduktion der Investitions- und Herstellkosten im Vergleich zu allen bis dahin bekannten Verfahren zu kombinieren und die Umweltbelastung zu reduzieren. Seit diesem technologischen Durchbruch wurde die Entwicklung kontinuierlich fortgesetzt. Dank des engen Zusammenwirkens von Materialwissenschaft, Verfahrenstechnik, Automatisierungstechnik und der Erstellung von Prozessmodellen läuft der LD-Prozess heute nahezu vollautomatisch ab. Dabei wird eine Präzision erreicht, die es erlaubt, die Potenziale des Werkstoffes Stahl voll auszuschöpfen. Zu Beginn des 21. Jahrhunderts werden noch immer etwa 60 Prozent der Weltstahlerzeugung über das LD-Verfahren hergestellt.

Im Gefolge des neuen Stahlerzeugungsprozesses kam es auch beim Abgießen des Stahls aus dem Konvertergefäß zu einer revolutionären Neuerung, zur Stranggießtechnologie. Mit ihr kann der Stahl in einem kontinuierlichen Prozess zu Brammen (aus denen Bleche gefertigt werden) oder Knüppeln beziehungsweise Blooms (aus denen Langstahlprodukte wie Schienen oder Rohre erzeugt werden) abgegossen werden. Die Stranggießtechnologie ersetzte das diskontinuierliche Abgießen von Stahl in so genannte Kokillen. Auch hier gingen grundlegende technische Impulse von Linz aus.

Im Bereich der Eisenerzeugung gelang in den Achtzigerjahren mit dem Corex®-Verfahren die Umsetzung eines technologisch revolutionären Konzepts. Erstmals wurden Kokerei, Sinteranlage und Hochofen gleichsam in ei-

Lange Tradition: Böhler Edelstahl GmbH, Kapfenberg. MLW-Drahtstraße

ner Anlage integriert. Grundlegende Beiträge zur Entwicklung kamen von der deutschen Korf Stahl AG, mit der die damalige VOEST Alpine AG (VA) ein gemeinsames Engineeringbüro gründete, die Korf Engineering GmbH, deren Anteile die VA 1983 zu 100 Prozent erwarb. Seit 1984 wird das Verfahren von der VOEST ALPINE Industrieanlagenbau GmbH weltweit vermarktet.

An den verschiedenen Standorten der verstaatlichten Eisen- und Stahlindustrie wurde über Jahrzehnte technologische Kompetenz aufgebaut, die in den privatisierten Nachfolgeunternehmen weiter intensiv gepflegt wird. So entwickelte die zur heutigen voestalpine gehörende voestalpine Schienen GmbH in den Neunzigerjahren ein Verfahren zur Walzung der längsten Schienen der Welt, die dank eines speziellen Härteverfahrens überdies eine besonders hohe Lebensdauer aufweisen. Mit diesem einzigartigen, innovativen Walzprodukt, das Kostenersparnisse beim Verlegen und einen verbesserten Komfort für die Fahrgäste erbringt, konnte der Standort Donawitz nachhaltig gesichert werden. Die Andritz AG, Graz, entwickelte in den frühen Achtzigerjahren eine elektrolytische Verzinkungsanlage, die erstmals mit unlöslichen Anoden arbeitet. Das Zink wird in speziellen Lösestationen zugeführt, wodurch eine gleichmäßigere Schichtbildung erzielt werden kann. Damit wurde Andritz zum Marktführer bei einer neuen Generation von Verzinkungsanlagen. Erster Kunde war die Tochtergesellschaft der voestalpine AG, voestalpine Stahl GmbH, die in den Neunzigerjahren selbst mit einer neuen Generation von kunststoffbeschichteten Bändern zu einem Großlieferanten der Hausgeräte-, Bau- und Automobilindustrie wurde und heute richtungsweisend auf dem Gebiet höherfester, beschichteter Stähle ist.

Wertvolles technologisches Know-how im Automotive-Bereich haben seit Jahrzehnten die Steyr-Werke aufgebaut. Zum Beispiel wurden sie mit der Entwicklung des Viscomatic-

Getriebes zu einem führenden Kompetenzträger für die Vierrad-Antriebstechnologie, wenngleich die Getriebe-Lösung nicht jene Verbreitung gefunden hat, die man sich ursprünglich erhofft hat. Aber der Aufbau von Kompetenz hat dazu beigetragen, dass Teile der Steyr-Gruppe zu einem wertvollen Element des Magna-Konzerns geworden sind.
In der Motorenentwicklung und Messtechnik hat sich die von Hans List gegründete AVL in den vergangenen Jahrzehnten zu einem globalen High-Tech-Unternehmen mit 30 Standorten entwickelt. In enger Verbindung mit den Technischen Universitäten Graz und Wien wird an der Optimierung von Verbrennungsmotoren gearbeitet. Die dabei erworbene Kompetenz in der Messtechnik wird inzwischen auch für Entwicklungen im Bereich der Medizintechnik genutzt.
Vom Textilproduzenten zum Automobilzulieferer mit hoher eigener Wertschöpfung haben sich Eybl Ebergassing (jetzt Magna) und Eybl International gewandelt. Den Eintritt in den Geschäftsbereich schaffte man mit textilen Komponenten. Inzwischen werden komplexe Kunststoffformteile, die in einem klebstofffreien und umweltfreundlichen Verfahren mit Dekormaterial belegt werden, gefertigt.
Mit Detaillösungen als Zulieferer für diverse Sparten des Maschinenbaus taten sich auch Unternehmen wie Hoerbiger (Ventile), Miba (Sinterformteile, Gleitlager, Reibbeläge), Erne Fittings (kalt unter Hochdruck geformte Aluminiumteile) und andere mehr hervor. Doppelmayr gelang mit der Entwicklung der ersten kuppelbaren Sesselbahn ein großer Entwicklungsschritt.
Im Bereich der Investitionsgüterindustrie vermochte sich die VA TECH mit neuen Rohrturbinengeneratoren zu etablieren. Die zur Umdasch-Gruppe gehörige Firma Doka trug mit der seit den Siebzigerjahren entwickelten selbst kletternden Schalung zu einer wesentlichen Kostensenkung im Hochbau bei. Auf dem Gebiet des Werkzeugmaschinenbaus behauptet sich seit 1945 die von Bruno Kralowetz und Kurt Ottizky gegründete Gesellschaft für Fertigungstechnik und Maschinenbau (GFM), Steyr, die mit Präzisionsschmiedemaschinen im Bereich der spanlosen Verformung und Kurbelwellenfräsmaschinen für die zerspanende Bearbeitung Weltruf erlangte. Ab 1994 arbeitete das Unternehmen mit der VOEST-ALPINE Industrieanlagenbau (VAI) zusammen und 1991 wurde die GFM Walzwerkstechnologie in die VAI integriert.
Weltweite Nischenmärkte sicherten sich spezialisierte Maschinenbaufirmen wie Fehrer, Engel, Plasser & Theurer und Rosenbauer mittels exakt auf die Bedürfnisse ihrer Abnehmer ausgerichteter Spezialmaschinen. Engel bietet nicht nur Spritzgussmaschinen an, sondern auch alle Technologiemodule für die gesamte Produktionskette aus einer Hand, wobei frühzeitig die Möglichkeiten elektronischer Steuerungen genutzt wurden. In den Sechzigerjahren begann man Auslandsmärkte zu bearbeiten, im folgenden Jahrzehnt schritt die Internationalisierung des Unternehmens voran. In vergleichbarer Weise wurde Plasser & Theurer durch die konsequente Konzentration auf die Entwicklung von Bahnbaumaschinen zum globalen Technologieführer in diesem Bereich. Verbunden mit kurzen Entwicklungszeiten führte diese Konzentration zu einem mehrjährigen Technologievorsprung, der durch mehr als 2.000 aufrechte Patente abgesichert ist. Rosenbauer etablierte sich als führender Anbieter von Feuerwehrfahrzeugen und wurde als Technologieführer zur vertriebsstärksten internationalen Gruppe im mobilen abwehrenden Brand- und Katastrophenschutz.
Die Thöni Industriebetriebe GmbH, Telfs, hat sich von einer kleinen Schlosserei zum international agierenden mittelständischen Unternehmen entwickelt, das in den Bereichen Aluminium, Eloxierung, Gewebeschläuche, Anlagenbau und Sondermaschinenbau erfolgreich einen globalen, wachstumsorientierten Kurs verfolgt.
Ein immer größerer Stellenwert kommt im

Maschinenbau der engen Verknüpfung von mechanischen, elektronischen und Daten verarbeitenden Komponenten im Sinne der Mechatronik zu. Elektronische Komponenten ermöglichten auch die Perfektionierung von Spritzdruckverfahren für Teppiche (Zimmer), Schiebel wurde zum global führenden Anbieter von Minensuchgeräten, Fronius kam weltweit mit den ersten transistorisierten Schweißgeräten auf den Markt. Die Mechatronik ermöglichte auch komplexe Gesamtlösungen, wie die Konstruktion eines flexiblen Walzwerkes für hochwertige Kleinserien bei Böhler oder vollautomatischer Glasschneide- und Sortieranlagen durch die Peter Lisec GmbH.

Österreich gehörte bereits im späten 19. Jahrhundert zu den erfolgreichen Standorten der Elektroindustrie. Umfangreiche ausländische Direktinvestitionen konnten damals angezogen werden. Erfinder wie Carl Auer von Welsbach, Robert von Lieben und viele andere mehr erlangten Weltruhm. 1955 bis 1958 baute Heinz Zemanek den ersten österreichischen Großrechner auf Transistorbasis, das »Mailüfterl«.

Die 1947 gegründete AKG Akustische und Kino-Geräte GmbH gehört zu den globalen Technologieführern bei elektroakustischen Geräten (vor allem Mikrofone, Kopfhörer). Im Jahr 1953 erregte AKG mit dem C 12, dem weltweit ersten Großmembran-Kondensatormikrofon mit ferngesteuerter, umschaltbarer Richtcharakteristik, internationales Aufsehen. Im Jahr 1993 wurde Harman International Industries Inc. zum neuen Mehrheitseigentümer des 1984 an die Börse gebrachten Unternehmens. Im Rahmen der Harman-Gruppe konnte AKG den technologieorientierten Wachstumskurs fortsetzen und alljährlich neue Produkte präsentieren. Zum Beispiel wurde 2004 die neue C-414-X-Serie (Kondensatormikrofone) mit dem Cool Stuff Award von Radio World International ausgezeichnet und mit Merlin 232 der weltweit erste mobile Funkhörer auf den Markt gebracht. Das traditionsreiche Unternehmen Eumig ist hingegen 1981 durch Konkurs verschwunden, obwohl es immer wieder innovative Weiterentwicklungen in den Bereichen Schmalfilm, Radio- und Fernsehgerätebau hervorbrachte.

Philips erwarb in den Dreißigerjahren die Horny-Werke und verfügte im Laufe der vergangenen Jahrzehnte über zahlreiche Produktionsstätten in Österreich. Einen Schwerpunkt bildete lange Zeit die Erzeugung und Weiterentwicklung diverser Magnetbandgeräte für die Bild- und Tonaufzeichnung. Heute ist jeder vierte Philips-Mitarbeiter, das sind 650 aller 2.300 Beschäftigten, in einem der sieben Innovationszentren tätig. Die fünf Wiener Innovationszentren im High Tech Campus (Wien-Favoriten) beschäftigen sich mit Audio- und Video-Lösungen, mit Spracherkennungs- und Diktiersystemen, mit Miniatur-Lautsprechern für Telekom-Anwendungen, mit LCD- und LCOS-Display-Lösungen für Beamer und TV-Geräte sowie mit drahtlosen Funklösungen auf Bluetooth-Basis. In

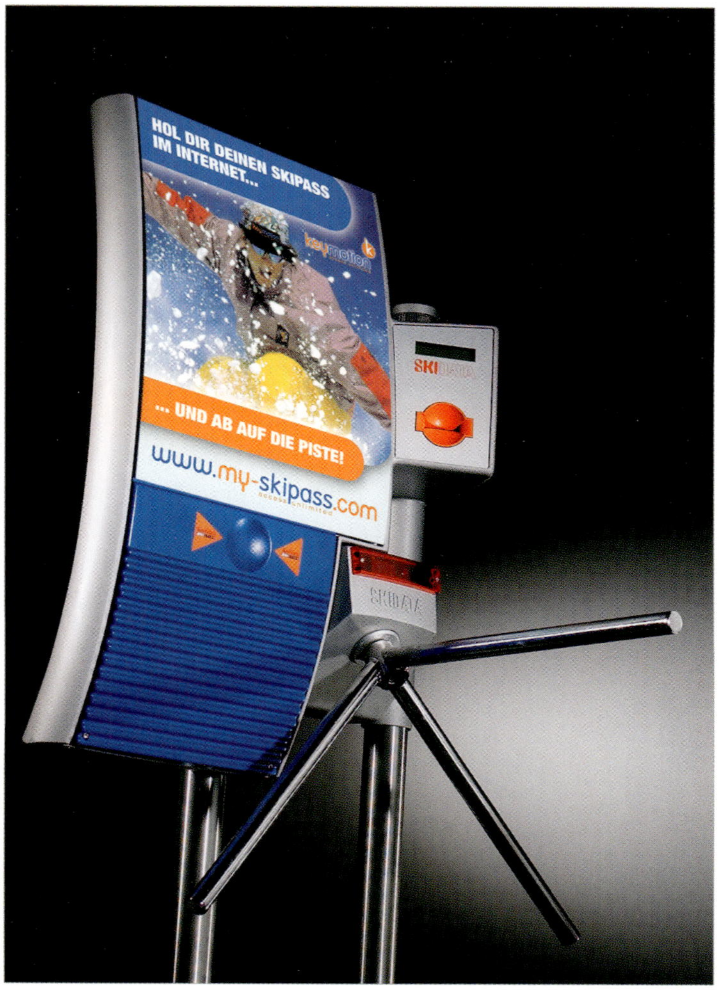

Wintersporttechnologie aus Österreich: SkiData Reader DKZ 350. SkiData AG, St. Leonhard bei Salzburg

Gratkorn ist das weltweite Halbleiter-Entwicklungszentrum für kontaktlose Identifikationssysteme und in Klagenfurt ein Kompetenzzentrum für Haushalts- und Körperpflegeprodukte beheimatet.

Die innovative österreichische Tradition im Bereich Elektrotechnik und Elektronik konnte auch von Unternehmen, die sich als Zulieferer für High-Tech-Elektronik etablierten oder selbst ganze Systeme liefern, erfolgreich fortgesetzt werden. Auf dem Weltmarkt der Halbleitertechnologie ist Österreich dank Unternehmen wie AT & S (Technologieführer für Leiterplatten), SEZ (Reinigung der Wafer), Tyco Electronics (automatisch produzierte Relais) erfolgreich präsent. Die Epcos OHG tat sich mit Mikrowellenfiltern für Mobiltelefone hervor und erhielt im Jahr 2003 den Innovations-Staatspreis für piezoelektrische Transformatoren.

Die VAE AG stellt mit VAE Roadmaster ein komplettes integriertes Kontrollsystem für Weichen und Schienennetze bereit, das die Kontrolle und Wartung wesentlich verbilligt. Das System SAT 1703 der System für Automatisierungstechnik GmbH ermöglicht die Verbindung von Fernwirktechnik und lokaler Regel- und Steuertechnik in einer eigenen Systemplattform, mit der zum Beispiel Kraftwerke oder die Energie- und Wasserversorgung einer ganzen Stadt gesteuert werden können. SkiData hat sich zum führenden Anbieter von Zutrittssystemen entwickelt, die Firma Efkon erzielt weltweit Erfolge in den

»Kabelsalat«: Führend bei Schweißbrennern für automatisierte Schweißprozesse: Fronius. Werk Pettenbach, 2005

Bereichen Transportation Payment und aktive Infrarotkommunikation. Alcatel hat vollelektronische Stellwerksysteme für Eisenbahnanlagen konstruiert, Kapsch verfolgt die strategische Ausrichtung »communication leadership in a converging digital world« und Frequentis bietet Sprachvermittlungssysteme an, die so hohe Sicherheitsanforderungen erfüllen, dass sie insbesondere in der Flugsicherung eingesetzt werden können.

Auch bei den »Life Sciences« hat Österreich keineswegs den Anschluss verpasst. Wenngleich relativ restriktive gesetzliche Bestimmungen für die Gentechnik bestehen, so konnten in der Biochemie und Pharmazeutik eindrucksvolle Innovationen erzielt werden. Initiativen einzelner Firmen sowie wirtschaftspolitische Förderungsschwerpunkte haben dazu beigetragen. Im Rahmen der Immuno (inzwischen Baxter) gelangen in den Siebzigerjahren Weltsensationen wie die Entwicklung des ersten Impfstoffes gegen die gefürchtete FSME und des Fibrinklebers Tissucol®. Die Biochemie in Kundl wurde 1946 für die Erzeugung des dringend benötigten Penicillins gegründet. Seither sind immer wieder Meilensteine bei der Weiterentwicklung diverser Produkte gelungen, etwa mit den Cefalosporin-Antibiotika in den frühen Achtzigerjahren. Der Sanochemia gelang die Synthese des Wirkstoffes Galantamin, der überaus wirksam gegen die Symptome der Alzheimer'schen Krankheit eingesetzt werden kann. Das Forschungsinstitut der Novartis erzielte einen Quantensprung bei den Umsätzen, nachdem sie in den frühen Neunzigerjahren nach 15-jähriger Forschungsarbeit mit dem Präparat Lamisil einen neuen Standard bei den Fungiziden setzte.

In den frühen Neunzigerjahren kam Siemens Österreich mit dem ersten volldigitalen Radiologieinformationssystem Europas auf den Markt. Es gestattete, Aufnahmen digital abzuspeichern, auszuwerten, zu archivieren und weiterzuleiten. Die GE Medical Systems Kretztechnik GmbH & Co OHG wurde zum

Patente für die Zukunft: Produktionsanlage zur Synthetisierung von Galantamin der Sanochemia Pharmazeutika AG im Werk Neufeld. Galantamin wird zur Behandlung der Alzheimer'schen Krankheit eingesetzt. Das Patent läuft bis ins Jahr 2014.

SEZ-Spin-Prozessor: Reinigung von Halbleiter-Wafern mit Hilfe des Spin-Prozessors der SEZ Semiconductor-Equipment Zubehör für die Halbleiterfertigung AG, Villach

Technologieführer für Ultraschalltechnik. 1977 profilierte sie sich mit dem ersten Gerät, das die Bilder in Echtzeit darstellte, in den Achtzigerjahren folgte das weltweit erste 3-D-Ultraschallgerät. Im Jahr 2002 wurde die CNSystems GmbH für ihr nichtinvasives Herz-Kreislauf-Messsystem mit dem Staatspreis für Innovation ausgezeichnet.

Neue Märkte haben sich seit dem späten 20. Jahrhundert aus den ökologischen Erfordernissen der Industriegesellschaft ergeben. Die Innovationen reichen von großtechnischen Lösungen wie der Rauchwäsche, die von VA Stahl entwickelt wurde, über effizientere, umweltfreundlichere Feuerungstechniken (SGP) und die Wasseraufbereitung der BWT bis zu ökologisch verbesserten Werkstoffen. So hat die Rembrandtin Lack GmbH im Jahr 1996 nach sechsjähriger Entwicklungsarbeit einen revolutionären wasserlöslichen Zweikomponenten-Polyurethan-Lack kreiert, der selbst der strengen österreichischen Lösungsmittelverordnung entspricht.

Österreichische »Forschungskaiser«

Technologieführerschaft erfordert die entsprechenden Investitionen in Forschung und Entwicklung. Naheliegenderweise ist die Forschungsquote bei der Forschungsfirma AVL List GmbH überdurchschnittlich groß (ca. 10 Prozent des Umsatzes). Einige Unternehmen sind dermaßen stark forschungsorientiert, dass sie mehr als 20 Prozent ihres Umsatzes wieder in F&E reinvestieren. Dazu gehörten in der jüngeren Vergangenheit die High-Tech-Unternehmen Infineon Technologies Austria, austriamicrosystems AG und SEZ AG. Ebenso forschungsintensiv ist die Gebarung von Boehringer Ingelheim. Bei der Österreich-Tochter steht zur Zeit der Ausbau der onkologischen Forschung und der Biotechnologie im Vordergrund.

Absoluter »Forschungskaiser« gemessen am Gesamtaufwand für F&E ist Siemens Österreich. Kern der Forschungs- und Entwicklungsaktivitäten ist die Programm- und Sys-

tementwicklung PSE mit etwa 3.000 Mitarbeitern. Die Gruppe kommt regelmäßig auf eine Forschungsquote von mehr als 15 Prozent und hat in den vergangenen sechs Jahren zusammen rund 3,7 Milliarden Euro für unternehmensinterne Forschung aufgewendet.

Siemens Österreich hat innerhalb des Siemens-Konzerns die Geschäftsverantwortung für Österreich sowie die Slowakei, Kroatien, Slowenien, Bosnien-Herzegowina, Serbien-Montenegro, Rumänien und Bulgarien übernommen. Das Unternehmen erachtet Österreich und diese Länder als einen Wirtschaftsraum, der die Chance bietet, noch weit über die bisherigen österreichischen Dimensionen hinauszuwachsen. Die prononcierten Forschungsanstrengungen in allen Sparten der Siemens-Gruppe tragen zur Stärkung in der Region, aber auch zur Stärkung der Österreich-Gruppe im Gesamtkonzern bei.

Siemens SIENET: Digitalisierung von Röntgenbildern mit dem SIENET-System von Siemens

Forschungsaufwendungen und Umsatz der Siemens-Gruppe Österreich in Millionen Euro

	1999	2000	2001[1]	2001[2]	2002	2003	2004
Forschungs- und Entwicklungsaufwand	552	586	670	551	628	631	609
Umsatz	3.702	3.566	4.115	3.650	3.682	3.733	3.994
Forschungsquote (F&E-Aufwand in Prozent des Umsatzes)	15	16	16	15	17	17	15

1 Inkl. Infineon lt. Geschäftsbericht 2001.
2 Siemens hat im Geschäftsjahr 2001/02 seinen Anteil an Infineon auf unter 50% reduziert.

Quelle: Siemens AG Österreich

Industrie und Handel

Mein Vater war ein Kaufmann.« So beginnt einer der bedeutendsten Romane in der österreichischen Literaturgeschichte: Adalbert Stifters »Der Nachsommer«. Dass Kaufleute in der österreichischen Literaturgeschichte nicht immer eine so sympathische Rolle spielen wie bei Stifter, der ja selbst ein Leinenhändlerssohn war, deutet schon auf das nicht immer einfache Verhältnis zum Handelsstand, das in Österreich bestand, von Johann Nepomuk Nestroy über Karl Kraus bis Thomas Bernhard. Anfang der Sechzigerjahre ist Helmut Qualtingers Herr Karl, ein Handlungsgehilfe, zum Inbegriff der Abgründe des österreichischen Charakters geworden. Auch Thomas Bernhard arbeitete in seiner Jugend in einer Gemischtwarenhandlung und verarbeitete seine Eindrücke.

Die Zeit der kleinen Geschäfte und Gemischtwarenhandlungen ist zu Ende gegangen. An ihre Stelle sind die Handelsketten und Filialisten getreten. Industrie und Handel waren immer enge Partner, in der Kapitalbildung, in der Massenproduktion, im Vertrieb der Produkte. Doch die Position des Handels ist stärker geworden. Der Markt hat sich gegen die Produzenten gewandelt. Sie nehmen nicht mehr die komfortable, dominante Position des Anbieters ein, der seine Waren zu fast jeder Bedingung absetzen kann. Nicht nur der hohe Konzentrationsgrad in verschiedenen Bereichen des Handels, sondern auch die globale Vernetzung, die es dem Handel ermöglicht, aus sehr vielen landwirtschaftlichen und industriellen Anbietern zu wählen, haben seine Position gestärkt.

In vielen Branchen hat der Handel die Führung übernommen, was Sortiment, Marken und Preisgestaltung betrifft. Mit Eigenmarken, etwa im Lebensmittelbereich, aber auch bei vielen dauerhaften Konsumgütern wird der industrielle Produzent zum bloßen Zulieferer. Nur in einzelnen Segmenten, etwa in der Automobilbranche oder im Treibstoffvertrieb, ist der Handel stark an den Produktionsbereich geknüpft.

Der Handel spielt für die Entwicklung der industriellen Massenproduktion die zentrale Rolle. Die Umwälzungen, die der Groß- und Detailhandel nach dem Zweiten Weltkrieg erfuhren, veränderten die industrielle Produktion dramatisch, von der Ausbildung der Marken über die Werbung und Verpackung bis hin zu den Anforderungen der Just-in-time-Lieferung und der zunehmenden Abhängigkeit industrieller Produzenten von großen Handelsketten. Der altbekannte Kaufmann in seinem Gewölbe oder kleinen Geschäft ist verschwunden. Aus den Kontoren sind riesige Logistik-Zentren geworden.

Die wichtigsten Trends

Die Einführung der Handels- und Gewerbefreiheit und die Loslösung der Handelsberechtigungen von den Bürgerrechten und städtisch-ständischen Privilegierungen seit dem 18. Jahrhundert verliefen in Österreich viel zögernder als im westlichen Europa. Ladenschluss, Sonntagsruhe, Standortgenehmigungen wurden restriktiver gehandhabt als anderswo.

Die Urbanisierung, die Zurückdrängung der Selbstversorger und der Bedeutungsverlust der Vorratswirtschaft im Haushalt brachten die Notwendigkeit, mehrmals wöchentlich, vielleicht sogar täglich Einkäufe zu tätigen – eine ohne sesshaften Kleinhandel undenkbare Lebensführung.

Die Vergrößerung und Beschleunigung des Warenumlaufs durch die Industrialisierung und Massenproduktion und damit verbunden die Ausweitung und Standardisierung des Sortiments führten zu einer dramatischen

Veränderung der Branchenstruktur, der Standorte und der Geschäfts- und Lagerflächen.
Die wichtigste Entwicklung im Detailhandel war die Selbstbedienung, die sich ausgehend vom Lebensmittelhandel auf immer mehr Geschäftsbereiche ausweitete, vom Möbelhandel bis zu den Tankstellen. Ihre Vorteile lagen für den Kaufmann nicht nur in Kosteneinsparungen (Übertragung des Verpackungsaufwandes auf vorgelagerte Stufen, rascherer Warenumschlag, Personalersparnis), sondern auch in der Steigerung des Umsatzes durch so genannte Impulskäufe.
Die Motorisierung wurde für den Handel in mehrfacher Hinsicht von zentraler Bedeutung, erstens für die Entwicklung des KFZ-Handels beziehungsweise aller zugehörigen Branchen, zweitens für die Standortwahl (Speckgürtel der Städte, Stadtumland), die Größe der Handelsbetriebe und Art des Einkaufsverhaltens (größere Mobilität, Kofferraum als Einkaufskorb) und drittens für die Versorgung und Belieferung der Betriebe mit Waren aus der ganzen Welt.
Der Handel war schon immer der wichtigste Globalisierungsfaktor. Über die Straßen des Fernhandels liefen die kulturellen und technischen Transfers. Nach 1945 ist die Waren- und Informationswelt weltumspannend geworden. Die Handelskonzerne werden immer mehr zu multinationalen Unternehmen. Der Handel, schon immer der grenzüberschreitende Faktor par excellence, ist grenzenlos geworden.

Die Möblierungs-Welle: Der erste farbige Leiner-Prospekt Anfang der 1950er-Jahre. Geworben wurde mit »billigen Großstadtpreisen« und »großstädtischer Auswahl«.

Der »Zug zum Handel«

Die Zahl der Beschäftigten im Handel, die Umsätze, die Warenfülle, die Größe der Betriebe, nicht zuletzt die Verkaufsflächen erfuhren in der zweiten Hälfte des 20. Jahrhunderts eine gewaltige Ausdehnung. Die Zahl der Betriebe, auch wenn die Tendenz hier für die einzelnen Bereiche des Handels sehr unterschiedlich verlief, reduzierte sich allerdings beträchtlich. Besonders dramatisch entwickelte sich der Lebensmittelhandel mit einer Reduktion um nahezu die Hälfte in den vergangenen 20 Jahren, wobei vor allem die so genannten »Greißler« von diesem Selektionsprozess betroffen waren.
Nach dem Krieg war der Handel noch weitgehend der Bereich des »kleinen Mannes« beziehungsweise der »kleinen Frau« und der vielen kleinen Familienbetriebe. Es war die große Zeit der kleinen Kaufleute – einerseits der »Gemischtwarenhandlungen«, anderer-

seits einer weit gefächerten Spezialisierung der Handelstreibenden: Zuckerlgeschäfte, Kolonialwarenhandlungen, Wein- und Spirituosengeschäfte, Gemüsegeschäfte, Milchstellen, Wild- und Fischgeschäfte, Tabaktrafiken, Parfümerien, Drogerien, Kurzwaren- und Textilgeschäfte, Schuhhäuser, Eisenhandlungen,

Die Kultur der Märkte: Am Brunnenmarkt, Wien XVI, 1951

Papierhandlungen, Buch- und Kunsthandlungen, Antiquariate, diverse Gebrauchtwarenhändler, Elektrogeschäfte, Nähmaschinen- und Fahrrad-Händler, Autohändler, Möbelhandlungen, Sportgeschäfte, Spielzeuggeschäfte, Plattengeschäfte, Fotogeschäfte und vieles andere dazu. Zwei Entwicklungen wurden in der Folge besonders augenscheinlich: der Trend zu größeren Betriebsformen an den Ortsrändern und die Nachfolgeprobleme bei kleineren Familienbetrieben.

Die zweite Jahrhunderthälfte brachte eine gewaltige Aufsplitterung und Diversifizierung der Organisationsformen des Handels mit sich: Supermärkte, Verbrauchermärkte, Drugstores und Katalogschauräume, Convenience Stores, Drive-in Stores, Tankstellen-Shops, Diskonter, Fachdiskonter, Off Price Stores, Fabriksläden (Factory Outlets), Duty-free-Shops, Fachmärkte, Variety Stores, Bioläden, Dritte-Welt-Läden, Museums-Shops.

Die Grenzen zwischen Gewerbe und Handel begannen sich immer mehr aufzulösen und zu verwischen. Viele Friseure begannen auch den Verkauf von Parfümeriewaren aufzunehmen, immer mehr Schuhmacher auch den Schuhhandel, Rundfunkmechaniker und Elektrikermeister den einschlägigen Elektrogerätehandel. Das Gleiche galt für die Uhrmacher, Goldschmiede, Juweliere, KFZ-Mechaniker, Installateure, Tischler und weitere Handwerksbranchen, welche sich im »gemischten Betrieb« eine ausreichende Existenzgrundlage zu sichern versuchten. Deutlich war auch das Bestreben von Inhabern von Erzeugungs-

und Dienstleistungsbetrieben, zusätzlich eine Handelsberechtigung zu erwerben.

Dieselbe Tendenz war auch zwischen Industrie und Handel festzustellen. Industrieunternehmen begannen ihre eigenen Vertriebsketten aufzuziehen, etwa in der Modebranche, im Strumpf- und Unterwäschebereich (Palmers), in der Schuherzeugung (Humanic), im Lebensmittelbereich (Ankerbrot, Ringbrot). Andererseits lagerten sich Handelsunternehmen eigene Erzeugungsbetriebe an und schufen sich Handelsmarken.

Das Gesicht des Handels

In der modernen Verkaufskultur erinnert nichts mehr an den Laden, an jenes Brett, auf dem die Waren zum Verkauf ausgebreitet wurden und das nach der Marktzeit wieder hochgeklappt wurde. Die Wanderhändler und Hausierer, die bis in die erste Nachkriegszeit nicht nur auf dem Land, sondern auch in den Städten eine wichtige Funktion im Warenvertrieb ausübten, wurden verdrängt.

Einen Teil übernahm der Versandhandel, dessen Blütezeit in Österreich erst in den Fünfzigerjahren begann. Das Grazer Großkaufhaus Kastner & Öhler hatte diese Nische schon vor dem Krieg zu besetzen begonnen. 1959 kam auch Quelle nach Österreich. Sammelbesteller übten aggressive Verkaufspraktiken. Die Messen und Volksfeste verloren noch nichts an ihrer Beliebtheit und deckten das alte Bedürfnis von Kaufen und Unterhalten. Im ausgehenden 20. Jahrhundert änderten sie ihren Charakter von großen Repräsentationsschauen zu Fachmessen und Imageveranstaltungen. Der Automatenverkauf brachte vorerst nicht das, was man erwartet hatte. Aber Teleselling und Internet schicken sich seit der Jahrtausendwende an, ihre große Rolle im Handel anzutreten.

Die Hauptlinie der Entwicklung des Handels aber verlief in Richtung fester und umbauter Standorte, allerdings mit einer ins Riesenhafte führenden Ausdehnung der Verkaufsflächen und Geschäftsareale in Shopping Malls und Einkaufszentren. Die möglichst einladende Zurschaustellung der Waren wurde immer wichtiger.

Auffällig waren die großen Sortimenterweiterungen, wobei diese im Bereich der Kinderbekleidung, bei Vorhängen, Teppichen, Haus- und Küchengeräten, Elektroartikeln und bei Schreibwaren besonders groß ausfielen. Der Kapitalaufwand im Lager stieg entsprechend. Aber auch bei Textilien gab es ähnliche Tendenzen, sowohl in der Herren- als auch in der Damenkonfektion, vor allem aber im Bau-,

Automatisierung des Verkaufens: Milchautomat am Elterleinplatz, Wien, 1961

Möbel-, Elektronik- und Sportartikelbereich. Obwohl bereits 1950 der erste Selbstbedienungsladen Österreichs in Linz eröffnet worden war, gab es in den Fünfzigerjahren noch relativ wenige, die diese Neuerung aufgreifen wollten. Anfang der Sechzigerjahre zählte man in ganz Österreich etwa 2.860 Selbstbedienungs- und Teilselbstbedienungsläden (das waren 12 Prozent der insgesamt etwa 24.000 Lebensmittelläden). 1972 lag der Selbstbedienungsanteil im österreichischen Lebensmitteleinzelhandel bei 71,1 Prozent, in den Neunzigerjahren überstieg er 95 Prozent. Auch im Textilhandel, im Buch- und Zeitschriftenhandel, im Möbelhandel, im Eisenwarenhandel, Bau- und Heimwerkerhandel, bei Tankstellen, selbst in Restaurants, Banken und anderen Dienstleistungseinrichtungen hat die Selbstbedienungs-Idee seither Eingang gefunden.

Um 1955 konnte man noch (fast) alles offen kaufen: von Mehl und Salz über Milch und Öl bis zu Nägeln und einzelnen Stück Zigaretten. Eine der wesentlichen Aufgaben des Kleinhandels war das Umpacken und Abwägen in Einkaufstaschen, Tüten, mitgebrachte Flaschen und Kannen oder einfach in ein Blatt Papier. Das Erste, was ein Lehrling lernen musste, war Stanitzel drehen.

Die standardisierte, industrialisierte Markenmassenproduktion hat die Situation des Handelstreibenden einerseits vereinfacht und die Ansprüche an die Qualifikation der Verkäufer verringert. Werbung, Beratung und Information wird teilweise von den Erzeugern übernommen. Andererseits hat mit der Fülle der Marken die Unübersichtlichkeit dramatisch zugenommen: Das gilt für den Handel mit Lebensmitteln genauso wie für den Handel mit dauerhaften Konsumgütern oder mit Medikamenten.

Mit der Verpackungsvielfalt und der Markenstrategie der Industrie konnte die Zahl der Artikel sprunghaft zunehmen, wurden die Qualitätskennzeichnung, die Preisauszeichnung und letztlich die Automatisierung des Handels und die Etablierung der Selbstbedienung erst möglich. Markennamen sind allgegenwärtig geworden.

Der technische Fortschritt hat auch den Handel revolutioniert, durch neue Kühl- und Lagerungs-, Logistik- und Transporttechniken, durch neue Möglichkeiten in Registrierung und Verpackung und durch Automatisierung des Verkaufs, der Lagerverwaltung und der Abrechnung.

Genossenschaften und Handelsketten

Handelsketten wurden begründet, um den Wettbewerbsvorteilen großer Warenproduzenten entgegenzuwirken. Genossenschaftliche Organisationsformen des Handels sollten hingegen die Marktmacht des Handels gegenüber dem Kunden und Konsumenten verringern. Genossenschaftliche Formen entwickelten sich nicht nur im Wege der von Arbeitern und von Bauern gegründeten Konsumgenossenschaften und Lagerhausgenossenschaften, sondern auch in genossenschaftlichen Zusammenschlüssen von Handelstreibenden.

Die wesentlichste innovative Leistung der Konsumgenossenschaften im Nachkriegsösterreich lag in der Durchsetzung von Selbstbedienung und Massenfilialsystem. Der erste Selbstbedienungsladen Österreichs wurde in einer Konsum-Filiale eingerichtet. In den Fünfziger- und Sechzigerjahren hatten die Konsumgenossenschaften ihre Organisationsform weitgehend dem Konzept der Massenfilialbetriebe anzugleichen begonnen. 1978 erfolgte die Fusion von 15 bis dahin selbstständigen österreichischen Konsumgenossenschaften zum »Konsum Österreich«. In den Achtzigerjahren erlahmte die Kraft der Konsumgenossenschaft immer mehr, bis alle Rettungsversuche scheiterten und der Konkurs des einstigen Handelsriesen nicht mehr zu vermeiden war. Der Konsum wurde zum Sanierungs- und 1995 zum Konkursfall. Das Konsum-Imperium (550 Selbstbedienungsfilialen, 213 Konsum-Märkte, 69 Konsum-Großmärkte, 55 COOP-Diskontmärkte, 35 Forum/Stafa-Warenhäuser, sieben Gerngroß-Kaufhäuser, fünf Konsum-Einrichtungshäuser mit zusammen fast 20.000 Beschäftigten und fast 30 Milliarden Schilling Umsatz) wurde aufgeteilt.

Die Lagerhausgenossenschaften erlangten durch die im Jahr 1971 eingereichten Satzungsänderungen, mit denen die frühere Beschränkung auf das Mitgliedergeschäft und den Handel mit landwirtschaftlichen Betriebserfordernissen aufgeweicht wurde, ab dem Jahr 1974 die Berechtigung zum Groß- und Einzelhandel mit Waren aller Art. Seit 1974 konnten in den Lagerhäusern auch Nichtmitglieder einkaufen. Allerdings wurde auch für die landwirtschaftlichen Genossenschaften der Wind immer rauer. Die Verkaufsstellen wurden drastisch reduziert, die Verkaufs- und Lagerflächen aber ausgeweitet. Das Klima zwischen Genossenschaften und Einzelhandel entspannte sich.

Die Bildung von Handelsketten und eine mehr oder weniger enge Bindung an diese war für viele Einzelhändler die einzige Möglichkeit, im zunehmend härter werdenden Konkurrenzkampf mit den Filialisten bestehen zu können. Der klein- und mittelständische Handel hatte schon im 19. Jahrhundert begonnen, durch freiwillige Kooperationen in der Form von Einkaufsvereinigungen und Handelsketten ein Gegengewicht zu Handelsketten und industriellen Produzenten zu schaffen. Im Jahr 1929 war als Dachverein die »Arbeitsgemeinschaft österreichischer Einkaufsgenossenschaften« (ADEG) für die gemeinsame Vorgangsweise bei Einkauf, Lagerhaltung und Werbung gegründet worden.

1954 kam die SPAR-Idee nach Österreich. Sie war 1932 in den Niederlanden als freiwilliger Zusammenschluss von Lebensmittelkaufleuten unter dem Wahlspruch »Door Eendrachtig Samenwerken Profiteren Allen Regelmatig« (»Durch einträchtiges Zusammenwirken profitieren alle regelmäßig«) gegründet worden. Die Anfangsbuchstaben ergeben das Wort »DE SPAR«, auf Holländisch »die Tanne«. Von der ersten Gründung in Kufstein 1954 bis zum 50-Jahr-Jubiläum 2004 wurde aus dem freiwilligen Zusammenschluss von Kaufleuten eine Kapitalgesellschaft mit einem Marktanteil von 18,9 Prozent.

Pionier der Selbstbedienung: Das Geschäftsgebäude des »Konsum« in Deutsch Wagram, 1976

Die erste Filialkette in Österreich-Ungarn baute Julius Meinl auf, der 1862 sein erstes Geschäft eröffnet und 1894 mit der Errichtung von Filialen begonnen hatte. 1937 war Julius Meinl die größte mitteleuropäische Handelskette, von Wilna bis Dubrovnik und von Galatz bis Berlin, und 1938 mit 622 Geschäften die größte Handelskette im Deutschen Reich. Die Filialen außerhalb Österreichs gingen 1945 verloren. 1946 hielt Meinl 101 Geschäfte geöffnet.

Am 7. Dezember 1953 eröffnete Karl Wlaschek in der Margaretenstraße im fünften Wiener Gemeindebezirk eine Diskont-Parfümerie mit 40 Quadratmetern Verkaufsfläche, in den folgenden Jahren eröffnete er weitere Filialen und formte die WKW-Kette (WKW = Warenhandel Karl Wlaschek). Das war die Geburtsstunde des Billa-Konzerns, dessen große Expansion in den Siebzigerjahren einsetzte. 1960 übertrug Wlaschek die Diskontidee auf den Lebensmittelbereich,

1961 entstand der Name Billa. 1965 gab es bereits 109 Filialen. 1966 eröffnete Billa in Wien-Strebersdorf den ersten Supermarkt mit mehr als 1.000 Quadratmetern Verkaufsfläche. 1977 folgte die Umwandlung in eine AG, 1979 die Gründung der Libro-Papierfachmärkte, 1981 die BIPA-Parfümerie-Kette. 1987 erreichte Billa in 331 Filialen mit 3.300 Mitarbeitern einen Umsatz von 8,6 Milliarden Schilling.

Die Firma Pfeiffer war aus einem 1862 in Linz-Urfahr begründeten Kolonialwarengeschäft hervorgegangen, das zwei Jahre später auf den Großhandel ausgeweitet wurde. 1961 errichtete das Unternehmen in Linz-Wegscheid einen Großhandelsbetrieb, 1963 folgte der erste C + C-Markt in Westösterreich und 1969 der PLUS-Kaufpark in Pasching, 1970 wurde die Unimarkt-Filialkette begründet, 1974 das PRO-Kaufland in Urfahr eröffnet.

1967 öffnete der erste Hofer-Markt nach dem Discount-Konzept, 1972 die erste Douglas-Parfümerie (1987 kam auch Schlecker nach Österreich), 1973 gründete Dr. Herbert Koch die Möbelkette kika, 1976 eröffnete Baumax den ersten Fachmarkt für Heimwerker.

1992 hatte im österreichischen Lebensmittelhandel Konsum einen Marktanteil von etwa 19 Prozent, Billa einen Marktanteil von 18,6 Prozent, SPAR hielt 16,5 Prozent, Hofer 10,5 Prozent, ADEG 9,2 Prozent, Meinl 6 Prozent.

1954 kam die SPAR-Idee nach Österreich: Werbeplakat, 1957

Dazu kamen noch Zumtobel mit Familia und Dogro, Löwa, Nah & Frisch und zahlreiche kleinere Mitbewerber. Der Konzentrationsprozess wurde weiter vorangetrieben: 1993 verkaufte Franz Martin Zumtobel seine Familia-Märkte an den schweizerischen Migros-Konzern. Nach der Konsum-Pleite übernahm Karl Wlascheks Billa-Merkur-Mondo-Konglomerat die Marktführerschaft. Als sich 1998 auch Meinl zum Verkauf an Rewe entschloss, dominierten deutsche Unternehmen mehr als 60 Prozent des heimischen Lebensmittelhandels: Rewe bei Billa und Meinl, die Aldi-Gruppe bei Hofer, Tengelmann bei Löwa, Edeka mit 50 Prozent bei ADEG.

Rewe erreichte bis 2000 im Lebensmittelhandel einen Marktanteil von 31,9 Prozent, SPAR einen von 27,1 Prozent. Dahinter rangieren Hofer mit 13 Prozent und ADEG mit 11,3 Prozent.
Die Konzentration im Lebensmitteleinzelhandel in Österreich liegt im oberen Mittelfeld der europäischen Länder, sie ist geringer als in Nordeuropa, ähnlich hoch wie in der Schweiz und höher als in Deutschland. Die Bedeutung der Diskonter nimmt weiter zu. Damit zusammenhängend zu sehen ist die zunehmende Etablierung so genannter Eigen- oder Handelsmarken, wobei Österreich hier hinter anderen europäischen Ländern noch nachhinkt. Festzustellen ist auch der Trend zu Convenience- und Bio-Produkten.
Es gab das Greißlersterben aber nicht nur im Lebensmittelbereich. Die Massenfilialbetriebe gewannen auch im Bekleidungshandel und Schuhhandel, im Möbelhandel, Baustoffhandel, Elektro- und Haushaltsgerätehandel, im Fotohandel und Sporthandel, sogar im Buchhandel immer größere Marktanteile. Hohe Marktkonzentrationen existieren nicht nur im Lebensmitteleinzelhandel, sondern auch im Drogeriefachhandel, im Möbelhandel, im Sportartikelhandel und bei den Baumärkten. Besonders ausgeprägt war das Vordringen der Filialisten auch in die Kleinstädte und kleineren Gemeinden.

Der Siegeszug der Supermärkte: Supermarkt 1960, Innenansicht

Von der Stadt in die Vorstädte: Stadtzentren und Einkaufszentren

Der Handel hat sein Erscheinungsbild dramatisch verändert. Jene Zeit, als an fast jeder Ecke ein Greißler anzutreffen war, ist längst vorbei. Der Trend zu weniger Geschäften mit höherer Quadratmeter-Umsatzleistung setzte sich zwischen 1970 und 2000 voll durch. Einkaufs- und Fachmarktzentren, Verbrauchermärkte, Supermärkte, Filialketten und Diskonter bestimmen das Erscheinungsbild der Stadtränder. Immer mehr Kleingemeinden haben keinen Nahversorger mehr.
Die Konkurrenz zwischen den Einkaufsstand-

»Billa heute«:
Billa-Filiale Wöllersdorf

orten »Einkaufszentrum« am Stadtrand und »traditioneller Einkaufsstadt« in den Innenstädten wird immer stärker. Österreich hat inzwischen mehr als 11 Millionen Quadratmeter Verkaufsflächen. Die Zahl der Lebensmittelgeschäfte ist seit 1960 von rund 25.000 auf 7.000 zurückgegangen. Ein typischer Nahversorger wie Billa oder SPAR bietet heute mehr als 500 Quadratmeter Verkaufsfläche, ein Verbrauchermarkt liegt jenseits der 3.000 Quadratmeter. Die neue Generation von Lutz- und kika-Möbelmärkten hat Verkaufsflächen von 50.000 Quadratmetern und mehr. Mehr als 1.000 Greißler der Nachkriegszeit hätten in einem derartigen Möbelhaus Platz gefunden.

Die zweite Hälfte des 20. Jahrhunderts zerstörte die Nähe: Aus den Geschäften um die Ecke, den Winkeln, Gewölben und Läden, wurden riesige Hallen und überregionale, übernationale und multinationale Ketten und Konzerne, die sich ihren Platz am Stadtrand und in Autobahnnähe suchen. 1976 wurde das zum damaligen Zeitpunkt größte Einkaufszentrum Österreichs, die Shopping City Süd, eröffnet. 1993 gab es in Österreich bereits 71 Einkaufszentren, die einen Umsatz von knapp 40 Milliarden Schilling erwirtschafteten. 7,3 Prozent der österreichischen Konsumausgaben flossen in Einkaufszentren. 1999 zählte man bereits 115 Einkaufs- und Fachmarktzentren mit einem Umsatz von etwa 70 Milliarden Schilling, einer Verkaufsfläche von etwa 1,4 Millionen Quadratmetern, über 3.000 Beschäftigten und einem Marktanteil von etwa 12,5 Prozent.

Am Ende des 20. Jahrhunderts gab es in Österreich mehr als 100 Einkaufszentren, dazu zahlreiche Fachmarktzentren. Die Shopping City Süd bei Wien ist laut eigener Webseite inzwischen Europas größtes Einkaufszentrum, mit 230.000 Quadratmetern Fläche, 300 Shops und 10.000 Parkplätzen. Die Ausweitung des Angebots in Richtung Erlebniseinkauf ist längst vollzogen, mit Restaurants, Show-Events, Multiplex-Kino, Disco, Fitness-Center etc.

Die Entwicklung ist bei den Fachmarktzentren, jenen losen Agglomerationen von Bau-, Elektro- und Möbelmärkten, besonders dynamisch. Fachmärkte treten in verschiedenen Formen auf, erstens in eigens geplanten Fachmarktzentren; ferner als Teil, meist als Leitbetriebe, von ansonsten eher klassisch strukturierten Einkaufszentren; drittens in Agglomerationen, wo sie sich ohne Zentrenplanung in Nachbarschaft zueinander angesiedelt haben – in ähnlicher Entwicklung wie seinerzeit bei der Entstehung der Geschäftsstraßen; und schließlich als Einzelstandorte, was die meisten Fachmarkttypen aufgrund ihrer Marktstärke und ihres Status als »Destination Stores« ohne weiteres riskieren können.

Immer mehr Hersteller gehen auch dazu über, ihre Waren unter Umgehung des Handels direkt an die Endverbraucher zu liefern: Das erste Factory Outlet Center in Österreich wurde im Frühjahr 1998 in Parndorf im Burgenland

eröffnet. Zu seinem Erfolg gehört die Schnäppchenjagd, das Gefühl, Restposten oder Vorjahrswaren billig ergattert zu haben.

Der Trend zur Betriebsansiedlung in und rund um Ballungszentren setzte sich bis zur Jahrtausendwende weiter fort. In den Einkaufszentren etablierten sich neben großen Filialisten auch viele kleine Betriebe. Die Stadtzentren antworteten mit Fußgängerzonen, Einkaufspassagen, gemeinsamen Werbeaktionen etc.

Die Einkaufszentren am Stadtrand können den durch die Sortimentvielfalt überproportional steigenden Bedarf an Verkaufsflächen leichter abdecken, haben gegenüber den hohen Mieten und Grundstückspreisen in den Stadtzentren einen Kostenvorteil, können die Parkplatzfrage und die Erreichbarkeit mit dem Automobil leichter lösen und dem Konsumenten ein umfassendes Einkaufserlebnis bieten. Dazu kommt, dass in den innerstädtischen Zentren sich immer mehr einkommensschwächere oder konsumschwächere und ältere Bevölkerungsschichten und Ausländer ansiedeln, während jüngere, einkommensstärkere und vor allem konsumfreudigere Bevölkerungsschichten an den Stadtrand oder in das Umland ziehen.

Der Wandel im Handel ist noch keineswegs ans Ende gelangt: Neue Shopping-Möglichkeiten entstehen an den Brennpunkten des Verkehrs, an Tankstellen, Bahnhöfen und den Autobahn-Raststätten. Das Internet und der E-Commerce besetzen ein neues, rasch wachsendes Segment. Self-Scanning, sprechende Einkaufswagen, elektronische Preisauszeichnung, Internet- und Informations-Surfkioske etc. werden bereits erprobt. Die Globalisierung vernetzt den Handel immer stärker. Die Markenpolitik der starken Produzenten kommt immer mehr in Konflikt mit der Eigenmarkenpolitik der starken Handelsketten.

Moderne Verkaufsraumgestaltung: Umdasch Shopfitting-Group (Umdasch Shop-Concept, Amstetten und Assmann Ladenbau, Leibnitz), Einrichtung für ein Schuhgeschäft

Fast grenzenlose Mobilität

mit völlig neuen Bedingungen konfrontiert. Doch es waren nicht nur die technischen Möglichkeiten. Mit dem Zerbrechen der großen ideologischen Blöcke, welche die zweite Hälfte des 20. Jahrhunderts geprägt hatten, war für die Globalisierung nun auch politisch der Weg frei.

Die Mobilität und ihre Nischen: Im Triebwerk der Globalisierung

Mobilität ist zum Zauberwort der zweiten Hälfte des 20. Jahrhunderts geworden. Die Vervielfachung der modernen Verkehrs- und Kommunikationsmittel, die drastische Verringerung der Transportkosten und die ähnlich drastische Beschleunigung der Transport- und Kommunikationsmöglichkeiten haben nicht nur die Weltwirtschaft immer mehr zu einer realen globalen Einheit werden lassen, sondern auch die Standortentscheidungen der regionalen und nationalen Industrien

Österreich war in seiner Geschichte immer ein Verkehrsland: Die großen Alpentransversalen und die West-Ost-Linie der Donau bestimmten seine Landwerdung und die Standorte seiner Wirtschaft. Österreichs geografische Struktur und die Verteilungsmuster der Raumnutzung stellen an Umfang, Art und räumliche Verteilung der Verkehrsströme erhebliche und spezifische Anforderungen. Die Veränderungen in der Verkehrserschließung und in den technischen wie politischen Voraussetzungen der Verkehrsfreiheit führten zu neuen Standortbedingungen und beeinflussten die Entwicklungsdynamik der einzelnen Teilräume.

Die Industrie profitierte in mehrfacher Hinsicht von der Verkehrsrevolution. Einerseits war die Nachfrage enorm, die durch Automobil, Flugzeug und neue Eisenbahnausrüstung, aber auch durch Investitionen in die dafür notwendige Infrastruktur ausgelöst wurde. Die zweite Hälfte des 20. Jahrhunderts war die große Kondratjew-Welle im Zeichen des Automobils. Andererseits eröffneten die neuen Verkehrsträger der Industrieansiedlung und Industrieorganisation völlig neue Chancen: Die Produktion konnte »just in time« erfolgen, die Standorte wurden sehr viel freier wählbar, einzelne oder ganze Produktionen konnten ausgelagert werden, die Arbeitsteilung wurde immer intensiver. Die Verkehrslage entwickelte sich zum bevorzugten Standortfaktor.

Die Anforderungen an das österreichische Verkehrswesen stiegen in der zweiten Hälfte des 20. Jahrhunderts enorm an, sowohl im innerösterreichischen Verkehr als auch im Transit.

Regional betrachtet waren die größten Einwohnerzuwächse in den Umlandgemeinden der Großstädte Wien, Graz, Salzburg und Linz sowie im Inntal zu verzeichnen. Demgegenüber nahm die Bevölkerung im Waldviertel, nördlichen Weinviertel und Südburgenland sowie in der Süd- und Obersteiermark am stärksten ab.

Es kam zu einer homogeneren Verteilung der

Stadt in Bewegung: Wien, U-Bahn-Linie U6, Station Niederhofstraße

Bevölkerung zwischen West- und Ostösterreich, in noch viel stärkerem Maße galt dies für die Industriestandorte und die Wirtschaftskraft.
Die gegenüber der Habsburgermonarchie und der Zwischenkriegszeit deutlich ausgeprägte Westorientierung der österreichischen Wirtschaft machte sich in der Verkehrsstruktur bemerkbar. Dazu kam der verstärkte Nord-Süd-Transit in Westösterreich, während in Ostösterreich dieser Transit während der Zeit des Eisernen Vorhangs sehr stark an Bedeutung verlor und erst mit der Ostöffnung und der EU-Osterweiterung wieder zulegt.

Die Eisenbahn – das alte Rückgrat der wirtschaftlichen Entwicklung

Während das Eisenbahnnetz der USA oder auch das der BRD im 20. Jahrhundert um fast ein Drittel zurückgegangen war, blieb das österreichische Eisenbahnnetz mit rund 6.000 Kilometern seit 1919 praktisch unverändert. Seit 1970 hat sich die Länge des Schienennetzes in Österreich nur um ca. 5 Prozent verringert, von rund 6.500 auf 6.200 Kilometer. Aufgelassen wurden einzelne Nebenbahnen. Auch die Netzlänge der in Österreich betriebenen Straßenbahnen blieb in diesem Zeit-

Österreichische Bundesbahnen: Wartung der Lokomotiven

Städtische Verkehrsbetriebe: Straßenbahn-Remise Wien, Brigittenau

raum nahezu unverändert. Auf den Hauptstrecken wurde die Elektrifizierung abgeschlossen, die übrigen Strecken auf Dieselbetrieb umgestellt.
Neue Bauvorhaben, etwa die Koralmbahn als Direktverbindung Graz–Klagenfurt und die Beschleunigungsprogramme der Westbahn, sollen die Attraktivität der Eisenbahn heben helfen, eine Anbindung an die deutschen Hochleistungsstrecken ermöglichen und auch die Verbindung nach Ungarn verbessern. Das zweifellos noch utopische Projekt einer neuen Südbahn Wien–Eisenstadt–Oberwart–Graz–Koralmtunnel–Klagenfurt, mit einer Fahrzeit von je einer Stunde Wien–Graz und Graz–Klagenfurt, soll einen schnellen Anschluss an die italienischen Hochleistungsstrecken, die im Kanaltal gebaut werden, herstellen. Der Semmering-Basistunnel sowie der Brenner-Basistunnel sind allerdings immer noch im Projektstadium verblieben. Vernachlässigt wurden die Bahnverbindungen zu den ehemaligen RGW-Staaten und ins ehemalige Jugoslawien, etwa der Abschnitt Graz–Spielfeld, der in den Fünfzigerjahren auf ein Gleis rückgebaut wurde, die Kaiser-Franz-Josefs-Bahn, die Nordbahn oder die Bahnverbindung Linz–Budweis.
Bei der Entwicklung des Bestandes an Eisenbahn-Fahrbetriebsmitteln zeigt sich ein deutlich konträres Bild zu der Entwicklung des PKW-Bestandes. Zwar hat auch die Eisen-

bahn beträchtliche Zuwächse erfahren, was Transportleistung und technische Ausstattung betrifft: Aber weder in der Zahl der Beschäftigten noch in der Zahl der Verkehrsmittel gab es nennenswerte Zuwächse. So ging die Anzahl der Lokomotiven (elektrisch und dieselbetrieben) von 1994 bis 1999 um rund 5 Prozent zurück. Die Anzahl der Güterwagen ging sogar um 17 Prozent zurück, wobei dieser Rückgang dadurch zu relativieren ist, dass hier insbesondere alte Güterwagen ausgemustert wurden und in Österreich ein hoher Anteil an Güterwagen ausländischer Bahnen (vor allem der DB) eingesetzt wird. Darüber hinaus deutet die gleichzeitige Zunahme des Schienengüterverkehrs aber auch auf erfolgreiche Rationalisierungsmaßnahmen der Bahn in den letzten Jahren hin.

1993 wurden die ÖBB zu einer Gesellschaft mit eigener Rechtspersönlichkeit umgewandelt. Die Finanzierung der Eisenbahninfrastruktur wurde 1989 vom Bund an die Autobahn- und Schnellstraßen-Finanzierungs-AG (ASFINAG) übertragen und im Jahr 1997 einer eigenen Schieneninfrastrukturfinanzierungs-GesmbH übergeben.

Der Rückgang der Investitionen in das hochrangige Straßennetz seit der Mitte der Achtzigerjahre und eine entsprechende Zunahme der Investitionen in das Eisenbahnnetz führten dazu, dass der Ausbau des Straßennetzes in Rückstand geriet. 1989 beschloss der Nationalrat das Hochleistungsstreckengesetz für den Ausbau der Bahn. Während bis 1987 die Investitionen in das Straßennetz jene in das Bahnnetz absolut übertrafen, stiegen seither die Investitionen in den Bahnausbau auf die doppelte Höhe jener für das Straßenwesen. Beim Verkehrsaufkommen ergab sich die umgekehrte Tendenz. Der Straßenverkehr und insbesondere der LKW-Verkehr steigen immer noch beträchtlich an, die Zuwächse im Eisenbahnverkehr fallen weit schwächer aus und die ÖBB verlieren weiter Marktanteile. Die reale Marktentwicklung läuft völlig konträr zur Investitionspolitik.

Die Schifffahrt – unterschätzt und vernachlässigt

Die Schifffahrt auf der Donau war nie von wirklich großer Bedeutung: Nach Kriegsende verlor die DDSG nicht nur ihre sämtlichen ausländischen Vermögenswerte, sondern wurde zweigeteilt, in eine unter USIA-Verwaltung stehende Schifffahrtslinie und in eine österreichische in der amerikanischen Besatzungszone.

Entlang des österreichischen Abschnitts der Donau bestehen 16 größere Häfen. Die wichtigsten sind der Handelshafen und der Tankhafen Linz, der Hafen Enns, der Hafen Krems sowie die Wiener Donauhäfen (Hafen Albern, Freudenau und Lobau). Die Staustufen entlang der Donau vom Grenzkraftwerk in Jochenstein über Aschach, Ottensheim, Abwinden, Wallsee, Persenbeug, Melk, Altenwörth, Greifenstein und Freudenau haben die Schiffbarkeit der Donau beträchtlich erleichtert und Gefahrenstellen beseitigt. Die Probleme östlich von Wien harren aber noch einer Lösung. Durch die Fertigstellung des Rhein-Main-Donau-Kanals ist auch die Anbindung an die Nordsee erreicht. Dennoch steckt die Donauschifffahrt in der Krise. Hatte sie lange Zeit mit der Dumpingkonkurrenz der Oststaaten zu kämpfen, so ist inzwischen auch noch die moderne Konkurrenz der westeuropäischen Reedereien dazugekommen.

Auf der österreichischen Donau wurde 1961 mit 5,5 Millionen Tonnen mehr als die dreifache Menge von 1937 transportiert. Der österreichische Hafenumschlag hatte sich mit 5,53 Millionen Tonnen ebenfalls mehr als verdreifacht. Die führende Position nahm dabei mit 3,15 Millionen Tonnen Linz ein. 1970 war der Gesamtgüterverkehr auf der Donau auf 55,5 Millionen Jahrestonnen gestiegen, das war nahezu das Fünffache der Zwischenkriegszeit, auf Österreich entfielen etwa 7,42 Millionen Tonnen.

Das Umschlagvolumen in allen österreichischen Häfen und Länden ist in seiner Gesamt-

heit mit rund 7,3 bis 7,5 Millionen Tonnen jährlich rund fünfmal so groß wie in der Zwischenkriegszeit und vor 1914. Fast zwei Drittel des Donauumschlags vollziehen sich im Industriehafen der voestalpine. Für Linz, dessen Hafen heute mehr als das Zwanzigfache der Vorkriegszeit umschlägt, ist die Donau entscheidender Standortfaktor geblieben. Waren vor dem Ersten Weltkrieg Getreide und in der Zwischenkriegszeit Getreide und Öl beziehungsweise Erdölprodukte die auf der Donau transportierten Hauptmassengüter, so nahmen nach dem Zweiten Weltkrieg Kohle, Erze, Baustoffe und industrielle Erzeugnisse beziehungsweise Vormaterialien für die Industrie eine dominierende Stellung ein. Landwirtschaftliche Produkte spielen heute auf der Donau sogar eine geringere Rolle als auf dem Rhein.

Dem Gütertransport auf der Donau kommt in der Gegenwart nur in einzelnen Bereichen eine wichtige gesamtwirtschaftliche Bedeutung zu. In mittlerer Zukunft wird aber diese Bedeutung steigen, einerseits durch die Öffnung nach Osten und das Ende der Auseinandersetzungen im ehemaligen Jugoslawien, andererseits durch die verstärkte Nutzung des Rhein-Main-Donau-Kanals. Damit könnte ein wesentlich größerer Teil des Transportbedarfs zwischen den Industriezentren West- und Mitteleuropas und den Wirtschaftsräumen in Ost- und Südosteuropa auf dem Wasserweg abgewickelt werden.

Beim Bestand an Wasserfahrzeugen zeigt sich, ähnlich wie beim Schienenverkehr, ein Rückgang des Schiffsbestandes zur Güterbeförderung im Zeitraum von 1985 bis 1999, wobei hier der Bestand seit 1995 wieder zunimmt, was unter anderem an der verstärkten Förderung der Donauschifffahrt in den letzten Jahren liegen dürfte. Sowohl im Güter- als auch im Personenverkehr zeigt sich ein deutlicher Trend zu großen Schiffen (mehr als 1.500 Tonnen Tragfähigkeit im Güterverkehr beziehungsweise mehr als 100 Personen Kapazität im Personenverkehr).

Schlafender Riese Donau? Schiffsanlegestelle Wien, Freudenau, 1950er-Jahre

Staugefahr: 1968

Der Straßenverkehr

Die zweite Hälfte des 20. Jahrhunderts war das Zeitalter des Automobils. Erst in den Fünfzigerjahren wurde die Motorisierung auch in Österreich zum Massenphänomen, hier war das Automobil besonders lang ein ausgesprochenes Luxusprodukt geblieben.

Er rollt und rollt und rollt: VW-Käfer, 1961

Österreich ist auch das einzige Land, in dem sich die Motorisierung vorerst primär über die einspurigen Kraftfahrzeuge durchsetzte, deren Zahl längere Zeit sogar höher war als die der zweispurigen.
Der »Volkswagen« wurde zum dominierenden Symbol der Nachkriegszeit. »Freiheit« und »Individualität« als wesentliche Prämissen des Selbstverständnisses der Nachkriegsgesellschaft wurden in das eigene Auto hineinprojiziert. Die Typenvielfalt ermöglicht es, soziale Hierarchien jederzeit deutlich sichtbar zu machen.
Bei Betrachtung der Entwicklung des KFZ-Bestandes in Österreich seit 1965 fällt insbesondere der überdurchschnittlich hohe Zuwachs an PKWs und Kombis (plus 400 Prozent von 1965 bis 2000) gemessen an der Zunahme des gesamten KFZ-Bestandes auf (plus 200 Prozent von 1965 bis 2000). Auffallend ist des Weiteren die über diesen Zeitraum hindurch beinahe konstante Anzahl an Zweirädern, wobei auch hier in den letzten fünf Jahren ein deutlicher Zuwachs (Motorradboom) zu verzeichnen ist (plus 16 Prozent von 1995 bis 2000).
In den späten Sechziger- und frühen Siebzigerjahren waren die größten Zuwachsraten im KFZ-Bestand zu verzeichnen, die dann infolge der ersten und zweiten Ölkrise (1973 und 1980) jedoch gedämpft wurden. In der ersten Hälfte der Neunzigerjahre kam es erneut zu einem Anstieg der Zuwachsraten, die aber in den letzten Jahren wieder abflachten (ca. 2 bis 3 Prozent jährliche Steigerungsrate).
Die Entwicklung des Bestandes an PKWs und Kombis, differenziert nach Antriebsart, macht einen zweiten starken Entwicklungstrend sichtbar: den »Dieselboom«, der insbesondere von niedrigen Treibstoffpreisen und geringen Verbrauchswerten von dieselbetriebenen Fahrzeugen beeinflusst wurde. Während der Bestand an benzingetriebenen Fahrzeugen in den letzten zehn Jahren stagnierte, stieg die Anzahl zugelassener Dieselfahrzeuge in Österreich seit 1990 um mehr als 250 Prozent an.

Der Motorisierungsgrad in Österreich stieg von 1965 bis zum Jahr 2000 um mehr als 350 Prozent von 109 auf 505 PKWs pro 1.000 Einwohner. Die jährlichen Steigerungsraten waren in den Siebzigerjahren mit durchschnittlich 6 bis 7 Prozent deutlich höher als in den Neunzigerjahren mit durchschnittlich 2,5 Prozent Wachstum pro Jahr.

Die stürmische Expansion des Straßenverkehrs begann 1954 mit der Liberalisierung der Fahrzeugeinfuhr und der Autozollsenkung. 1954 war auch das Jahr, in welchem mit der Entscheidung für den Bau der Westautobahn der 1938 begonnene und durch den Krieg unterbrochene Autobahnbau wieder aufgenommen wurde.

1954 protestierte Tirol gegen den einseitigen Ausbau der West-Ost-Achse, den Bau der Autobahn Salzburg–Wien und gegen die Schweizer Tunnelprojekte, »die sicherlich einen nicht unbeträchtlichen Teil des westdeutschen Verkehrs von Tirol abzulenken drohten«. Man befürchtete in Tirol, gegenüber der Schweiz und Ostösterreich ins verkehrspolitische Abseits gedrängt zu werden, und verlangte massiv die Förderung des Nord-Süd-Verkehrs. Die Hauptforderungen waren der Bau der Brenner- und der Inntal-Autobahn, die 1959 begonnen und 1972 durchgehend befahrbar wurden.

Die 1963 eröffnete Europa-Brücke der Brenner-Autobahn, damals die höchste Brücke des Kontinents, wurde in den Sechzigerjahren ein akklamiertes Symbol der Leistungen des österreichischen Wiederaufbaus. Ein Brenner-Tunnelprojekt wurde auch aus touristischen Gründen abgelehnt, weil damit ein landschaftlich herrliches Gebiet unterirdisch durchfahren würde. Erst 1970 wurde das Südautobahn-Teilstück Graz–Gleisdorf fertig gestellt und 1978 mit dem Gleinalmtunnel eine erste Entlastung der damals so genannten »Gastarbeiterroute« erreicht, deren Vollausbau inzwischen mit der Fertigstellung der Welser Westspange im Jahr 2003, dem Lückenschluss der Pyhrnautobahn mit der Tunnelkette Klaus und der Umfahrung Kirchdorf abgeschlossen ist.

1950 wurde mit der Einführung eines zweckgebundenen Zuschlags zur Mineralölsteuer eine erste Finanzierungsquelle für den Straßenbau erschlossen. Ab den Achtzigerjahren schuf man Sonderfinanzierungsgesellschaften für wichtige Alpenübergänge und Straßentunnels. Die gemeinsame Finanzierung dieser Sondergesellschaften sowie des Neubaus hochrangiger mautfreier Straßenabschnitte wurde 1983 von der Autobahn- und Schnellstraßen-Finanzierungs-AG (ASFINAG) übernommen. 1987 wurde die Zweckgebarung der

Autobahn als Österreichs Zukunft: Die 1963 eröffnete Europabrücke als Imageträger. Tourismusplakat, um 1964

Mineralölsteuer aufgehoben. Im Jahr 1997 brachte der Bund seine Anteile an den Sonderfinanzierungsgesellschaften in die ASFINAG ein, die seit 1998 das hochrangige Straßennetz betreut. Zur Finanzierung des Straßenbaus dienten auch Sondermauten auf Gebirgsautobahnen, die Pauschalmaut für PKWs (Vignette) und die 2004 eingeführte streckenbezogene Maut für Kraftfahrzeuge über 3,5 Tonnen.

Seit 1971 hat sich der Anteil der Autofahrten an den täglichen Wegen zur Arbeit fast verdoppelt. Schon beinahe jeder zweite Beschäftigte hat seinen Arbeitsplatz außerhalb der Wohngemeinde. Von zehn Wegen zwischen Wohnort und Arbeitsplatz werden heute sechs mit dem Auto zurückgelegt. Die durchschnittliche Länge des täglichen Pendelweges ist von 11 Kilometern im Jahr 1971 auf 19 Kilometer im Jahr 1991 gestiegen. 1991 fuhr nur noch jeder fünfte Pendler mit Bus und Bahn; zu Fuß oder per Fahrrad erreichte nur noch jeder siebte den Arbeitsplatz (1971 jeder dritte).

Die Entwicklung der Verkehrsleistung im Personenverkehr ist gekennzeichnet durch den starken Anstieg des PKW-Verkehrs seit den Sechzigerjahren. So stieg die Verkehrsleistung im Personenverkehr mit PKWs auf der Straße von 1960 bis 1999 um mehr als 500 Prozent auf rund 69 Milliarden Personenkilometer. An der Entwicklung der Verkehrsleistung im Personenverkehr auf der Straße sind Trendbrüche (Ölpreiskrisen 1973/74 und Anfang der Achtzigerjahre) und überproportionale Zuwächse (zum Beispiel Ende der Achtzigerjahre aufgrund niedriger Treibstoffpreise) klar abzulesen.

Im Vergleich zum Straßenverkehr verzeichnete der Personenverkehr auf der Schiene von 1960 bis 1999 ein eher bescheidenes Wachstum. Die Verkehrsleistung im Schienenpersonenverkehr (Personenkilometer) stieg in diesem Zeitraum nur um rund 20 Prozent an, auf ca. 8,2 Milliarden Personenkilometer im Jahr 1999, wobei Anfang der Neunzigerjahre eine deutlich höhere Verkehrsleistung im Personenverkehr erbracht wurde als am Ende des Jahrzehnts.

Von 1970 bis 2000 stieg die Verkehrsleistung aller KFZ im hochrangigen Straßennetz um fast 200 Prozent, wobei sich die Verkehrsleistung auf Bundesstraßen verdoppelte und auf Autobahnen und Schnellstraßen sogar vervierfachte. Auffallend sind insbesondere die hohen Steigerungsraten von Mitte bis Ende der Achtzigerjahre von rund 7 Prozent pro Jahr im gesamten Netz und von sogar 8 bis 9 Prozent auf Autobahnen und Schnellstraßen. Beim Vergleich der Entwicklung der Verkehrsleistung des gesamten Verkehrs und des LKW-Verkehrs (von 1976 bis 2000, bezogen auf das gesamte hochrangige Straßennetz) fallen darüber hinaus die gegenüber dem Gesamtverkehr deutlich höheren Steigerungsraten im LKW-Verkehr seit 1993 auf – dieser wuchs pro Jahr im Durchschnitt um 5,2 Prozent, wogegen der Gesamtverkehr nur um rund 2,9 Prozent pro Jahr anstieg.

1950 war der Anteil der Straße an den über den Brenner transportierten Gütern vernachlässigbar, 1955 lag er bei 1 Prozent, 1971 hatte die Straße gleichgezogen und 1985 bereits das Dreifache der Bahn erreicht. Die 1951 während eines gesamten Jahres über die Brennerstraße auf Lastkraftwagen transportierte Tonnage hätte 1985 in eineinhalb Stunden bewältigt werden können.

Die Bedeutung Österreichs im europäischen Transit war immer groß und nahm zu, je enger die Verflechtung der EU-Staaten untereinander und mit den ehemaligen RGW-Staaten wurde und je stärker sich der großräumige Freizeitverkehr ausdehnte. In den 30 Jahren zwischen 1960 und 1990 hat sich die Transportleistung der Eisenbahn um ein Drittel erhöht, die auf den Straßen verdreifacht, jene im Transitverkehr auf der Straße aber vervierundzwanzigfacht.

Obwohl nur rund ein Fünftel der in Österreich auf Schiene und Straße transportierten Güter die Alpen durchquert, ist der alpenquerende Güterverkehr für Österreich von besonderer

Nationale Fluglinie: Die AUA, eskortiert vom Österreichischen Bundesheer

Bedeutung. Dafür sprechen folgende Gründe: Die Alpen sind ein ökologisch sensibles Gebiet. In einer Gebirgslandschaft sind die Auswirkungen des Verkehrs wesentlich schwerwiegender als in einer Ebene (zum Beispiel Lärmausbreitung in Tälern, Beeinträchtigung von Schutzwäldern). Eine intakte Umwelt in der Alpenregion ist eine der wesentlichen Ressourcen des österreichischen Fremdenverkehrs. In den Ballungsgebieten leidet die Bevölkerung zwar auch unter negativen Folgen des Güterverkehrs, der eigene Nutzen, der aus diesem Verkehr erwächst, ist aber eher ersichtlich, da der Güterverkehr auch direkt dem Ballungsraum zugute kommt (Versorgung, Bestand von Arbeitsplätzen etc.). Im Falle des alpenquerenden Verkehrs liegt dieser Nutzen jedoch meist außerhalb der Region. So ist es bemerkenswert, dass beinahe 90 Prozent des österreichischen Transitverkehrs auf Straße und Schiene die Alpen durchqueren.

Der alpenquerende Güterverkehr ist von großem europäischen Interesse. Die beiden unterschiedlichen Standpunkte, die Alpen einerseits als ökologisch sensibles, besonders schutzwürdiges Gebiet oder andererseits als Hindernis für den freien Warenverkehr zu betrachten, bedürfen großer politischer Anstrengungen um für alle Seiten akzeptable verkehrspolitische Lösungen zu finden (zum Beispiel die Ökopunkteregelung und das Landverkehrsabkommen zwischen der EU und der Schweiz).

Ist der Verkehr zum Monster geworden? Beim CO_2- und Stickoxid-Ausstoß ebenso wie beim

Energieverbrauch, bei der Zerstörung der Landschaft und als Stressfaktor bei den Menschen? Ökologische Grenzen des Wachstums bestehen. Das Verkehrswesen droht ohne die Forcierung ökologisch akzeptabler Varianten zum limitierenden Faktor der weiteren Entwicklung zu werden.

der Ölmarkt und der Preis fiel 1988 auf 58 Cent, um von da an bis heute kontinuierlich auf gegenwärtig schon deutlich über 1 Euro anzusteigen.

Die realen Treibstoffpreise sind im Gegensatz zu den Nominalpreisen im Zeitraum von 1955 bis 2001 gesunken. Die niedrigsten realen

Langsamer Start: Schaustart eines amerikanischen Langsam-Flugzeuges »Helikurier«. Flughafen Salzburg, Frühjahr 1958

Die langfristige Entwicklung der Treibstoffpreise ist gekennzeichnet durch den »ersten Ölpreisschock« des Jahres 1973 sowie die »zweite Ölpreiskrise« im Jahr 1980, die Anlass für Energiespargesetze und Verbrauchsstandards waren. So hielt sich der Preis von Normalbenzin von 1955 bis 1973 im Bereich von 28 Cent/Liter. Durch die Ölkrise 1973 kam es zu einem Anstieg des Preises auf 42 Cent. Im Jahr 1980 stieg der Preis aufgrund der zweiten Ölpreiskrise von 51 auf 72 Cent/Liter. In den späten Achtzigerjahren erholte sich

Treibstoffpreise für alle Treibstoffarten gab es Ende der Sechziger- beziehungsweise Anfang der Siebzigerjahre vor dem »ersten Ölpreisschock«. Im Zuge der ersten und zweiten Ölkrise stiegen die realen Treibstoffpreise stark an – zum Beispiel Diesel von 1970 bis 1981 von 0,6 Euro/Liter auf 1,2 Euro/Liter. Ab Mitte der Achtzigerjahre sanken die realen Treibstoffpreise bis Mitte der Neunzigerjahre wieder stark (Diesel auf 0,61 Euro/Liter, Normalbenzin auf 0,83 Euro/Liter).

Der Energieverbrauch im Verkehrssektor spiegelt mit seiner drastischen Zunahme die stark gestiegenen Fahrleistungen der letzten Jahre wider. Betrug der gesamte Energieverbrauch 1980 noch ca. 50.000 Gigawattstunden, so stieg er bis Ende 1999 auf über 77.000 Gigawattstunden an. Dies bedeutet eine Zunahme um 55 Prozent innerhalb von 19 Jahren, wobei für diesen enormen Anstieg der Straßenverkehr hauptverantwortlich ist.

Beim durchschnittlichen Treibstoffverbrauch in Litern je 100 Kilometer pro privaten PKW für die Jahre 1992 und 1996/97 zeigt sich ein leichter Rückgang des Durchschnittsverbrauches von 8,4 auf 8,1 Liter. Pro gefahrenen Kilometer wurden trotz vermehrten Einsatzes dieselbetriebener Fahrzeuge und der Einführung des »viel propagierten« 3-Liter-Autos keine wesentlichen Einsparungen erzielt. Dafür ist in erster Linie der Trend zu Geländefahrzeugen sowie allgemein zu leistungsstärkeren, schweren Fahrzeugen verantwortlich. So stieg der Verbrauch an Kraftstoffen 1990 bis 2000 um rund 32 Prozent von 4,6 auf 6,2 Millionen Tonnen an. Die Zuwachsraten waren demnach beim Energieverbrauch in den letzten Jahren etwa gleich groß wie jene bei den Fahrleistungen. So sind die gesamten CO_2-Emissionen aus dem Verkehrssektor von 1980 bis 1999 von 12,5 auf 18,9 Millionen Tonnen gestiegen (plus 52 Prozent).

Flugverkehr

Zu den traditionellen Transportmitteln gesellte sich im 20. Jahrhundert das Flugzeug, das im Personenverkehr nach Übersee das Schiff völlig verdrängte und auf dem Kontinent der Eisenbahn derzeit erhebliche Konkurrenz macht. Auch im Frachtverkehr gewann es an Bedeutung. Der kommerzielle Flugverkehr begann nach dem Ersten Weltkrieg in Österreich in Größenordnungen von einigen 1.000 beförderten Personen. Erst nach dem Zweiten Weltkrieg wurde das Flugzeug ein Massenverkehrsmittel.

Wien-Aspern zählte zwischen den beiden Weltkriegen noch zu den bedeutendsten Flughäfen Europas. Als Resultat des Zweiten Weltkrieges waren Österreich zwar viele Flughäfen verblieben, aber keine Luftfahrt. Die Flughäfen dienten den Alliierten. Am 1. Januar 1954 nahm die »Wiener Flughafenbetriebsgesellschaft m.b.H.« in Schwechat den Betrieb auf. 1954 flogen zwölf ausländische Luftverkehrsgesellschaften österreichische Flughäfen an. Das Jahres-Passagieraufkommen lag bei etwa 91.000 Personen. Der Wiederaufbau einer österreichischen Verkehrsluftfahrt im Jahr 1955 geschah vorerst unter Proporzbedingungen: Gleich zwei Fluggesellschaften wurden gegründet, die »Air Austria Österreichische Luftverkehrs-AG« und die »Österreichische Fluglinien AG Austrian Airways (ASA)«, die eine ÖVP-, die andere SPÖ-dominiert, der einen wurde vom »roten« Verkehrsminister die Konzession verweigert, der anderen vom »schwarzen« Finanzminister die Aktienausgabe, bis 1957 in einem Parteienübereinkommen die Air Austria und die ASA

Botschafterinnen Österreichs: AUA-Stewardessen in ihren für die Olympischen Winterspiele in Innsbruck entworfenen Uniformen, 1964

Red Bull macht Flügel: Red-Bull-Hangar 7 als weltweit einzigartige Kombination aus Flugzeug-Hangar, Kunstgalerie, Gastronomie und Erlebnisbereich, Salzburg, 2003

zur AUA (Austrian Airlines Österreichische LuftverkehrsAG) vereinigt wurden.

Die Geschäftsentwicklung war vorerst sehr schwierig. Im AUA-Rekonstruktionsgesetz 1962 musste das Stammkapital von 60 Millionen auf 12 Millionen Schilling abgewertet und durch Zeichnung neuer Aktien durch Bund, Gebietskörperschaften und Private auf 150 Millionen Schilling erhöht werden. 1967 folgte eine zweite Kapitalaufstockung auf 290 Millionen Schilling. Der Bund wurde mit 79,58 Prozent der dominierende Hauptaktionär. Nach 1969 folgte eine weitere Sanierung. Mit dem »AUA-Finanzierungsgesetz« von 1970 wurde das Grundkapital neuerlich auf 29 Millionen Schilling herabgesetzt und zugleich auf 390 Millionen Schilling aufgestockt. Die Republik wurde mit 98,1 Prozent Beteiligung praktisch Alleinaktionär. Diese Rekonstruktion war erfolgreich.

Das Luftfrachtaufkommen auf österreichischen Flughäfen stieg im letzten Drittel des 20. Jahrhunderts (1970 bis 1999) um rund 470 Prozent (auf 126.509 Tonnen im Jahr), was einer durchschnittlichen jährlichen Steigerungsrate von 6 Prozent entspricht. Zum bezüglich des Luftfrachtaufkommens mit Abstand bedeutendsten Flughafen Österreichs entwickelte sich Wien-Schwechat mit einem Anteil von 96 Prozent am gesamtösterreichischen Luftfrachtaufkommen 1999.

Das Passagieraufkommen auf österreichischen Flughäfen verdoppelte sich im letzten Jahrzehnt des 20. Jahrhunderts von 7,7 Millionen auf über 14 Millionen Passagiere. Der Flugverkehr ist somit der Verkehrssektor mit den im Vergleich größten Steigerungsraten.

Österreich wurde im Jahr 2000 von über 270 Luftfahrtunternehmen angeflogen (70 Linienfluggesellschaften, 205 Charterflugunternehmen) und verfügt über 96 Zivilflugplätze (6 Flughäfen; 90 Flugfelder – davon sind 45 Hubschrauberlandeplätze). Die sechs internationalen Flughäfen Österreichs befinden sich in Wien, Salzburg, Linz, Klagenfurt, Innsbruck und Graz.

Energieboom und Energiekrise

Energie treibt die Industrie. Industrie, das war in der ursprünglichen Bedeutung des Wortes der Gewerbefleiß der Menschen, die mit ihrer Hände Arbeit Produkte des nichtlandwirtschaftlichen Sektors massenhaft erzeugten. Die Maschinenindustrie in ihrer Kombination aus Antrieb, Werkzeug und menschlicher Steuerung ersetzte die händische Arbeit zunehmend durch motorische und chemische Prozesse, die auf massenhaftem Einsatz von Energie basierten. Das moderne wirtschaftliche Wachstum wäre ohne die Bereitstellung neuer und ausgiebiger Energiequellen nicht möglich gewesen.

Die Energieversorgung stellte sich nach dem Zweiten Weltkrieg weltweit ausgesprochen günstig dar. Energie ist billig geworden: Für das Bruttoentgelt von einer Stunde Arbeit in der Industrie konnte ein österreichischer Konsument 1990 etwa 40-mal so viel elektrische Energie kaufen wie um 1930 und etwa 200-mal so viel wie vor dem Ersten Weltkrieg. In abgeschwächter Form gilt dies auch für primäre Energieträger. Die Ursachen für die sinkenden Preise für Energie und insbesondere für sekundäre Energieträger beziehungsweise Energiedienstleistungen liegen im technischen Fortschritt, in der Entdeckung und Erschließung von Ressourcen, in den deutlich niedrigeren Realzinssätzen und im Aufbrechen monopolistischer Strukturen, welche die Energiemärkte des 19. Jahrhunderts gekennzeichnet hatten. Entscheidende Verbilligungs-

Abendstimmung: Speicher Puchkirchen (OÖ) der Rohöl-Aufsuchungs AG (RAG)

effekte für elektrische Energie ergaben sich vor allem im Gefolge der beiden Weltkriege und als Resultat der mit diesen zusammenhängenden hyperinflationären Geldentwertung und Abschreibung der teuren Errichtungskosten.

Die Wachstumsdynamik der Nachkriegszeit beruhte nicht zuletzt auf den niedrigen Rohstoff- und Energiepreisen. Zugleich geht von den niedrigen Energiepreisen aber auch ein hohes Gefährdungspotenzial aus: die Wegwerfgesellschaft und das mangelnde Recyclingbewusstsein, die CO_2-Emission und die Überbeanspruchung von Räumen und Ressourcen.

Für Österreich war dies in besonderem Maße gültig. Energie war nicht nur sehr viel billiger geworden, auch die Auslandsabhängigkeit lag weit unter jener vor dem Zweiten Weltkrieg. Aus dem ausgesprochen energiearmen Land, das nach dem Zerfall des großen Wirtschaftsraums der Habsburgermonarchie als der österreichische Rest übrig geblieben war und dessen ökonomische Strukturschwächen nicht zuletzt auf den Mangel an konkurrenzfähigen Energiequellen zurückgeführt wurden, war nach 1945 eines der am besten und billigsten mit Energie versorgten Länder Europas geworden. 1959 verbrauchte die österreichische Wirtschaft zweieinhalbmal so viel Energie wie 1937. Die inländische Produktion an Rohenergie war aber in der gleichen Zeit auf das Siebenfache gestiegen und um eine Zehnerpotenz billiger geworden.

Der Energiesektor war weitgehend in staatlicher Hand: Durch das Erste Verstaatlichungsgesetz vom 16. Juli 1946 wurden der größte Teil der österreichischen Kohlenbergbauunternehmen mit 37 Braunkohlengruben und somit 95 Prozent der gesamten Produktion verstaatlicht und in eine gemeinsame Dachgesellschaft, die so genannte »Kohleholding«, eingebracht. 1947 führte das Zweite Verstaatlichungsgesetz zur Verstaatlichung der Elektrizitätsgesellschaften mit nur wenigen Ausnahmen. Organisatorisch war je eine Landesgesellschaft für jedes Bundesland vorgesehen, dazu Sondergesellschaften für überregionale Großkraftwerke und die Verbundgesellschaft als Dachorganisation. Dies schuf die organisatorischen Voraussetzungen, die Zersplitterung der Versorgungsnetze zu beheben.

Nach dem Zweiten Weltkrieg kontrollierte die sowjetische Besatzungsmacht die gesamte Erdöl- und Erdgasförderung durch die so genannte Sowjetische Mineralölverwaltung (SMV) und die Verteilung der Ölprodukte durch die Handels-Aktiengesellschaft für österreichische Rohölprodukte (ÖROP). In der Hoffnung, diese Schlüsselindustrie rasch wieder in die österreichische Verwaltung rückführen zu können, wurden 1946 alle Unternehmungen, die Erdöl und Erdgas förderten, weiterverarbeiteten oder verteilten, durch das Erste Verstaatlichungsgesetz in das Eigentum der Republik Österreich übertragen. Aber erst am 13. August 1955 übergaben die Sowjets in Erfüllung des Staatsvertrages die in Österreich vorhandenen Einrichtungen und Vermögenswerte der Erdölindustrie an den österreichischen Staat. Damit waren die Voraussetzungen für eine österreichische Erdölindustrie und die Gründung der OMV (damals noch: Österreichische Mineralölverwaltung) geschaffen. Gleichzeitig wurde eine Reihe der vom Ersten Verstaatlichungsgesetz erfassten Gesellschaften, unter anderem die Rohöl-Aufsuchungs AG (RAG) und das Tiefbohrunternehmen Richard K. van Sickle, reprivatisiert. Die vor dem Zweiten Weltkrieg in Österreich tätigen westlichen Gesellschaften, mit Ausnahme der deutschen, wurden gemäß dem Wiener Memorandum für ihre aus dieser Zeit stammenden Schürfrechte entschädigt.

Die Wasserkraft

Die Zweite Republik setzte voll auf den Ausbau der Wasserkraft. Man hoffte im 1948 erstellten Elektrizitätswirtschaftsplan, Österreich aufgrund der Erdölvorkommen und

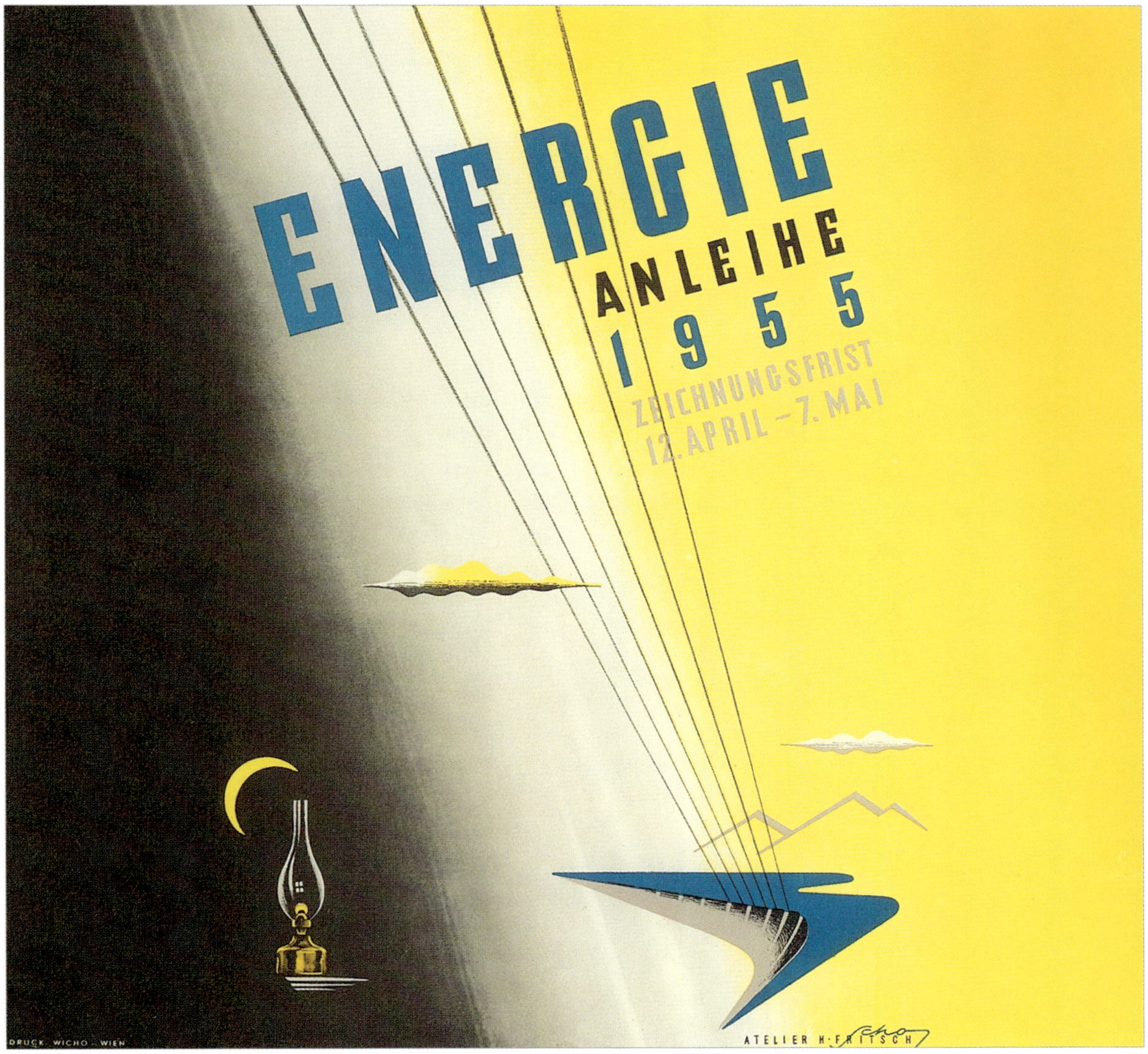

Aufbruchsstimmung: Die Energieanleihe 1955 war die erste große Anleihe. Plakat

Wasserkräfte als »Kraftquelle Europas« und »bedeutendstes Stromexportland Europas« etablieren zu können. Der Ausbau der vornehmlich in den westlichen Besatzungszonen situierten Wasserkräfte hatte Priorität, zumal die Sowjetunion über die SMV (Sowjetische Mineralölverwaltung) Zugriff auf die Öl- und Gasvorkommen hatte. »Zu den Lebensfragen der österreichischen Wirtschaft gehört die Sicherung der Energieversorgung.« Mit diesem Satz hatte die Oberste Wasserrechtsbehörde 1949 in der Wasserwirtschaftlichen Rahmenverfügung sich eng an die Lebensfähigkeitsdebatte der Ersten Republik angelehnt. »Der Wiederaufbau Österreichs braucht Strom.« Die Chance sah man im Ausbau der Wasserkräfte.

Die Energieproduktion und der Ausbau der Wasserkraft wurden mit Marshallplan-Geldern großzügig gefördert und mit Energieanleihen finanziert. Das Schwergewicht verlagerte sich zu den großen Anlagen, deren wirtschaftliche Nutzung durch die Erweiterung des Verbundnetzes möglich gemacht wurde. Der nach dem Zweiten Weltkrieg einsetzende oder fortgeführte Kraftwerksbau kontrastierte scharf zur Zwischenkriegszeit. Zuerst erfolgte die Fertigstellung der schon im Krieg begonnenen Arbeiten, des Speicherkraftwerks Kaprun, der vier Laufkraftwerke der Ennsgruppe, des Gerloswerks und des Kraftwerks Lavamünd. ERP-Mittel finanzierten einen wesentlichen Teil dieses Bauprogramms. In den Jahren 1948 bis 1954 wurden der E-Wirtschaft aus dem ERP-Programm knapp 3 Milliarden Schilling zur Verfügung gestellt, etwa 37 Prozent der gesamten ausgeschütteten Summe. Mehr als 1,3 Milliarden Schilling gingen davon in den Ausbau des Tauernkraftwerks Glockner-Kaprun.

Um das im Jahr 1955 eröffnete Tauernkraftwerk Glockner-Kaprun ranken sich die Heldenlieder des österreichischen Wiederaufbaus. »Weißes Gold und grauer Beton«, das war das »Hohelied von Kaprun«. Der Kraftwerksbau bedeutete fast wie der Staatsvertrag nationale Unabhängigkeit. Der Verkehrs- und Verstaatlichtenminister Karl Waldbrunner sprach bei der Eröffnung vom neuen »Nationalheiligtum«. »Vielleicht vom österreichischen Staatsvertrag abgesehen war es Kaprun, das den Österreichern des Jahres 1955 den stärksten Glauben in Österreichs Zukunft vermittelt hat«, resümierte der österreichische Bundespräsident Rudolf Kirchschläger 1980.

Kampfstimmung: Kundgebung der Voith-Arbeiter für den Bau des Donaukraftwerks Hainburg auf dem St. Pöltener Hauptplatz am 1. Mai 1984

1952 begann mit dem Kraftwerk Jochenstein auch der Ausbau der Donau. In Ybbs-Persenbeug, wo es wegen der Beschlagnahme der Baustelle durch die russische Besatzungsmacht Schwierigkeiten gegeben hatte, wurden die Bauarbeiten 1954 wieder aufgenommen. Jochenstein konnte 1956 in Vollbetrieb gehen, Ybbs-Persenbeug 1959. Von 1959 an wurden an der Donau in zwei- bis vierjährigen Intervallen sieben weitere Laufkraftwerke errichtet. Widerstände gab es gegen fast jedes der Kraftwerksprojekte. So massiven Charakter, dass letztlich der Bau verhindert wurde, erreichten die Proteste allerdings nur in der Wachau und in der Hainburger Au. Die Besetzung der Hainburger Au im Jahr 1984 wurde zum Mythos und zur Geburtsstunde der parteipolitisch organisierten Grünbewegung. 1992 bis 1994 wurde mit dem Bau der Staustufe in Wien-Freudenau das wahrscheinlich letzte Donaukraftwerk in Österreich realisiert. Insgesamt deckt inzwischen die Donau etwa ein Viertel des österreichischen Stromverbrauchs.

Den Ausbau der großen Laufkraftwerke an Donau, Drau, Enns und Mur begleitete die Errichtung der großen Speichergruppen: Illwerke, Kaunertal, Sellrain-Silz, Zemm-Ziller, Reißeck-Kreuzeck, Malta, Fragant ... Zur Zeit der billigen fossilen Brennstoffe und der zu erwartenden Kernenergie erlahmte der Schwung des Wasserkraftausbaus. Nach dem Ölpreisschock der Siebzigerjahre und der ablehnenden Volksentscheidung über das Kernkraftwerk Zwentendorf kam der Ausbau der Wasserkraft erneut in Schwung.

Die Energieerzeugung aus Wasserkraft hat sich seit Anfang der Siebzigerjahre etwa verdoppelt. Das ausbauwürdige Potenzial von rund 56.200 Gigawattstunden ist derzeit zu 67 Prozent (35.750 Gigawattstunden) ausgebaut. Die Nutzung der Wasserkraft als heimische und saubere Energieform war bis in die Siebzigerjahre gesellschaftlich weitgehend akzeptiert. Zu Auseinandersetzungen kam es jedoch immer wieder.

Das Bauvorhaben im Dorfertal etwa, das auf Planungen aus der Zwischenkriegszeit und dem Dritten Reich zurückgeht, scheiterte am Einspruch des freiheitlichen Handelsministers Norbert Steger, am zunehmenden Widerstand

Proteststimmung: Friedensreich Hundertwasser, PLANT TREES – AVERT NUCLEAR PERIL. Originalposter 1980

verschiedener Gruppen und am »Hainburgschock«. Im Reichraminger Hintergebirge formierte sich eine »Aktionsgemeinschaft Hintergebirge«, die das Projekt der Ennskraftwerke, zwei Speicherbecken mit 100 beziehungsweise 80 Meter hohen Talsperren und 72 Megawatt installierter Leistung, zu Fall brachte. Die kleinen Konflikte sind inzwischen beinahe unüberschaubar. Die bislang letzte schwere Auseinandersetzung drehte sich um das Kraftwerk Lambach. Seither ist kein größeres Wasserkraftprojekt mehr realisiert worden. Waren in der ersten Hälfte des 20. Jahrhunderts die Finanzierungsengpässe das größte Hindernis für die Realisierung von Kraftwerksprojekten, so sind es in neuester Zeit die Befürchtungen um die Umwelt.
Nach der aktuellen Stromprognose steigt der Strombedarf um jährlich etwa 1.200 Gigawattstunden. Will man das Verhältnis von zwei Dritteln Wasserkraft und einem Drittel Wärmekraft halten, müssen jährlich um 800 Gigawattstunden mehr aus Wasserkraft erzeugt werden. Mit einem Regelarbeitsvermögen von 33.000 Gigawattstunden jährlich sind 63 Prozent des in Österreich wirtschaftlich nutzbaren Potenzials ausgebaut. 19.000 Gigawattstunden sind noch ausbaubar.

Die Kohle

In der Zwischenkriegszeit wie auch im Zweiten Weltkrieg und in der unmittelbaren Nachkriegszeit hatte die heimische Kohleproduktion ständig an Bedeutung gewonnen. So wichtig die Kohlenbergbaue im ersten Nachkriegsjahrzehnt waren, so schwierig gestaltete sich ihre Situation in den nächsten Jahrzehnten.
Nach der Produktivitätskampagne zur Ankurbelung der österreichischen Kohlenförderung in der unmittelbaren Nachkriegszeit versuchte man nach dem Ausbruch der internationalen Kohlenkrise 1958/59 eine Anpassung an die neue energiewirtschaftliche Situation zu erreichen. Die im internationalen Vergleich hohen Förderkosten der inländischen Braunkohle machten tief greifende Anpassungsmaßnahmen notwendig. Immer mehr Mittel waren für Stilllegungskosten von Bergwerken aufzuwenden.
Daher nahm die Braunkohlenförderung, die noch Anfang der Siebzigerjahre bei 3,8 Millionen Tonnen pro Jahr lag und sich bis Mitte der Achtzigerjahre auf etwa 3,0 Millionen Tonnen pro Jahr einpendelte, zwischen 1987 und 1996 kontinuierlich ab.

Wärmekraft:
Das Wärmekraftwerk Voitsberg 3 wurde zwischen 1979 und 1983 erbaut und verfeuert Braunkohle aus dem Revier Oberdorf.
Der 1856 eröffnete Braunkohlenbergbau in Köflach-Voitsberg wurde 2004 geschlossen. Noch bis 2006 wird die Braunkohle verstromt.

Im Zuge der Neustrukturierung der Österreichischen Industrieholding AG (ÖIAG) wurde 1987 die ÖIAG-Bergbauholding AG gegründet, in der die Braunkohlengewinnung gebündelt wurde. 1990 wurden die Untertagbergbaue der Graz-Köflacher Eisenbahn- und Bergbau-Gesellschaft (GKB) stillgelegt und nur noch der Tagbau weitergeführt. Im Oktober 1993 erfolgte die Schließung des Bergbaus der Salzach-Kohlenbergbau Ges.m.b.H. (SAKOG). Im Dezember 1994 wurde die Stilllegung der Wolfsegg-Traunthaler Kohlenwerks Ges.m.b.H. (WTK) beschlossen. Seitdem förderte die GKB-Bergbau GmbH als letzter industrieller Braunkohlenproduzent jährlich zwischen 1,1 und 1,2 Millionen Tonnen Braunkohle. Im Juni 2002 wurde die vorzeitige Beendigung des Kohlen-Lieferungsvertrages 1977 für Kraftwerkskohle zwischen der GKB-Bergbau GmbH und der Stromwirtschaft mit 30. Juni 2004 vereinbart. Mit Beendigung der Kohlenlieferung an die Stromwirtschaft und an industrielle Großabnehmer wird nach den erforderlichen Schließungsmaßnahmen der heimische Braunkohlenbergbau beendet sein.

Feste mineralische Brennstoffe haben im Zeitraum der letzten 30 Jahre erheblich an Bedeutung verloren. Die Kleinabnehmer haben ihren

Kohlenverbrauch vor allem aus Komfort- und Preisgründen massiv reduziert. Im Verkehrssektor wurde Kohle – wenn man von Museumsbahnfahrten und der dortigen Verwendung absieht – vollständig verdrängt. Lediglich in der Industrie ist der Einsatz fester mineralischer Brennstoffe für Produktionsprozesse und Mischfeuerungen von Bedeutung.

Gemäß dem Staatsvertrag sollte die Republik Österreich ab 1955 über zehn Jahre jährlich eine Million Tonnen Erdöl, insgesamt also zehn Millionen Tonnen, als Ablöse für die Erdölgesellschaften SMV und ÖROP an die Sowjetunion liefern.
In der Folge reduzierte sich jedoch die per Saldo gelieferte Menge durch Gegenlieferungen der Sowjetunion und den Erlass der Teillieferungen der letzten beiden Jahre auf 6 Millionen Tonnen.
Erdöl wird in Österreich von drei Unternehmen gefördert, zum überwiegenden Teil von der OMV AG (Haupteigentümer sind zu 35 Prozent die Österreichische Industrie Holding AG und zu 19,6 Prozent die International Petroleum Investment Company aus Abu Dhabi), daneben von der von der Energie-Versorgung Niederösterreich AG (EVN) kontrollierten RAG und zu einem geringen Teil von der wiederum von der OMV kontrollierten Van Sickle GmbH.

Kohle statt Atom: Das kalorische Kraftwerk Dürnrohr als Ersatz für das nicht eröffnete Kernkraftwerk Zwentendorf. In den Jahren 1981 bis 1986 haben Verbund und EVN auf einem ehemaligen Raffineriegelände gemeinsam je einen Steinkohle/Erdgaskraftwerksblock errichtet.

Erdöl und Erdgas

Die russische Besatzungsmacht, die unter dem Titel des »deutschen Eigentums« alle Ölfelder, Raffinerien und Konzessionen für sich reklamierte, forcierte die Ölförderung: Bis zum Abschluss des österreichischen Staatsvertrages 1955 wurden insgesamt 21 Millionen Tonnen Rohöl gefördert, rund fünfmal so viel als während der Zugehörigkeit zum Deutschen Reich. Damit waren allerdings die Spitzenwerte überschritten. Der mengenmäßige Ertrag der Felder ging in weiterer Folge kontinuierlich zurück.

Die Verarbeitung erfolgt in der OMV-Raffinerie in Schwechat. Auf Basis von Lohnverarbeitungsverträgen beziehen die in Österreich tätigen Tochtergesellschaften multinationaler Konzerne (Agip, BP, Esso und Shell) Verarbeitungsleistungen der OMV für ihr durch die Adria-Wien-Pipeline (AWP) importiertes Erdöl. Im Vertrieb von Mineralölprodukten sind neben den bereits genannten Unternehmen noch zahlreiche andere Handelsfirmen tätig, die direkt Produkte importieren beziehungsweise Vermischungsanlagen betreiben oder im Inland zukaufen.

Öl ist der wichtigste Energieträger. Der überwiegende Teil wird importiert. Der Anteil des Öls am Gesamtenergieverbrauch ist seit der ersten Hälfte der Siebzigerjahre von fast 55 Prozent auf nunmehr 42,4 Prozent zurückgegangen.

Erdgas wurde in Österreich schon vor dem Zweiten Weltkrieg gefördert, doch vielfach noch als Nebenprodukt betrachtet. Die russische Verwaltung betrachtete das Erdgas mehr oder weniger als Abfallprodukt. Energiewirtschaftlich genutzt wurden nur etwa 40 Prozent der Gesamtproduktion. Bis zum Jahr 1955 stieg die Erdgasförderung auf 766 Millionen Kubikmeter, von denen etwa 60 Prozent diversen Verbrauchern außerhalb der Ölwirtschaft zugeführt wurden. Erst nach 1955 begann man ein Versorgungsnetz aufzubauen. Die Lieferungen gingen vorerst an das Land Niederösterreich, die Gemeinde Wien und die Steirische Ferngasgesellschaft, die entsprechende Verteilungseinrichtungen aufbauten.

Derzeit sind in Österreich zwei Unternehmen, die OMV AG und die Rohöl-Aufsuchungs-Aktiengesellschaft (RAG), als Erdgasproduzenten tätig. Die RAG fördert ein Drittel des heimischen Erdgases.

Am 1. Juni 1968 wurde der erste langfristige Erdgasliefervertrag zwischen der OMV und der Vorgängerorganisation der heutigen Gazexport (dem für den Export zuständigen Tochterunternehmen der russischen Gazprom) unterzeichnet. Österreich war damit das erste Land außerhalb des COMECON, mit welchem die Sowjetunion einen Erdgasliefervertrag abschloss. Vier weitere derartige Verträge folgten.

Erneuerbare Energieträger

Die Öl- und Gasförderung sowie der Ausbau der Wasserkraft verbesserten vorerst die österreichische Energiebilanz und förderten die Beibehaltung der während des Krieges vollzogenen Ausrichtung auf eine energieintensive Rohstoff- und Grundstoffindustrie. 1958 bahnte sich ein neuerlicher Umschwung der Energiebilanz an: Die Importabhängigkeit begann durch die Verbilligung der ausländischen Energie, durch den dramatischen Verbrauchsanstieg und die Erschöpfung der inländischen Lagerstätten wieder drastisch zuzunehmen. Die niedrigen Öl- und Gaspreise in den Sechzigerjahren führten zum verstärkten Bau kalorischer Kraftwerke. Der Ölpreisschock 1973/74, der kurzfristig zu einer Vervierfachung der Rohölpreise führte, und die Bedenken gegen die Kernenergie ließen die Anteile der Wasserkraft wieder ansteigen, bis auch beim Ausbau der Wasserkraft die Widerstände zunehmend größer wurden, sodass wieder eine stärkere Verlagerung auf Kohlekraftwerke das Resultat war. Die Energiepreise blieben niedrig.

Bis in die Siebzigerjahre zeigten die Elektrizitätsgesellschaften wenig Interesse am Gas, sie waren mit dem Ausbau der Wasserkraft und mit ihren auf Kohlebasis arbeitenden Kraftwerken finanziell gebunden. Auch die Hoffnung, mit der Atomkraft billige und saubere Energie produzieren zu können, die in Kombination mit Speicherkraftwerken optimale Versorgung garantiert, spielte bereits in diese Überlegungen hinein. Immerhin setzte man auf das Kernkraftwerk Zwentendorf und in weiterer Folge auf das Kernkraftwerk Stein. Es gab eine rege Debatte um die Standorte. Nachdem für das erste Atomkraftwerk Niederösterreich ausersehen worden war, wurde das zweite AKW an der Grenze von Ober- und Niederösterreich, in Stein bei St. Pantaleon, geplant.

Der Plan zum Einstieg in die Kernenergie Ende der Sechzigerjahre entstand auf Betreiben der Regierung, der Wissenschaft und der Industrie, die von technologischen Perspektiven, welche die Kernenergie zu eröffnen schien, motiviert waren und den internationalen Anschluss zu verlieren fürchteten. Wenig Anstöße kamen ursprünglich von den Elektrizitätsgesellschaften selbst, welche die Konkurrenzfähigkeit der Kernenergie vorerst eher skeptisch beurteilten. Energiewirtschaftliche Argumente spielten bei der Entscheidungsfindung kaum eine Rolle, sicherheitstechnische bis 1973 überhaupt keine. Es bestand ein breiter, fortschrittsoptimistischer Konsens. Erst durch die Vermengung parteitaktischer Überlegungen mit Sachargumenten kam es zur Volksabstimmung vom 5. November 1978, die mit 50,5 Prozent der abgegebenen Stimmen, bei einer Wahlbeteiligung von 64 Prozent, zu einer Ablehnung der Inbetriebnahme des fertig gebauten Kernkraftwerks in Zwentendorf führte. Das Projekt wurde gestoppt und durch ein kalorisches Kraftwerk im nahen Dürnrohr ersetzt, da die Stromleitungen für Zwentendorf bereits vorhanden, aber ungenutzt waren – eine standortmäßig nicht wirklich günstige Wahl, weil die Abwärmenutzung des Kraftwerks schwierig ist.

Aufgrund einer Volksabstimmung wurde im Dezember 1978 das Bundesgesetz über das Verbot der Nutzung der Kernspaltung für die Energieversorgung in Österreich erlassen (BGBl. Nr. 676/1978). Mit dem Bundesverfassungsgesetz für ein atomfreies Österreich, BGBl. I 149/1999, vom 13. August 1999 wurde

»Atom-Museum«: Die Inbetriebnahme des zwischen 1972 und 1978 errichteten Kernkraftwerks Zwentendorf wurde durch eine Volksabstimmung am 5. November 1978 verhindert.

dieses Verbot in erweiterter Form auf Verfassungsebene festgelegt.
Von besonderer Bedeutung für die österreichische Energieversorgung ist der mit insgesamt 22,7 Prozent sehr hohe Anteil der erneuerbaren Energien am Bruttoinlandsverbrauch, der Wasserkraft mit einem Anteil von 11,7 Prozent am Bruttoinlandsverbrauch, knapp gefolgt von den sonstigen erneuerbaren Energien (wie Brennholz, biogenen Brenn- und Treibstoffen, brennbaren Abfällen und Umgebungswärme) mit einem Anteil von 11,0 Prozent.
Biomasse als Hauptbestandteil der Kategorie »sonstige erneuerbare Energien« wird vorwiegend in Form von Brennholz (2001: 65,6 Petajoule) sowie in hohem Ausmaß unter dem Sammelbegriff »biogene Energien«, der Hackschnitzel, Rinde, Sägenebenprodukte, Waldhackgut, Stroh, Biogas, Klärgas, Deponiegas, Rapsmethylester und Ablauge/Schlämme der Papierindustrie umfasst, auf vielfältige Art und Weise in der Industrie und im Kleinverbrauchersektor sowie im kommunalen Bereich aufgebracht und energetisch genutzt.
Die intensive Nutzung dieser umweltfreundlichen Alternativen macht es zwar möglich, dass Wasserkraft und sonstige erneuerbare Energien (vor allem Biomasse) gemeinsam über 71 Prozent der inländischen Energieproduktion abdecken. Aber die inländische Energieerzeugung trägt derzeit nur 31,9 Prozent zur Deckung des Bruttoinlandsverbrauchs bei.
Österreich muss einen Großteil der Energie in Form fossiler Energieträger importieren. Der Anteil der wertmäßigen Energieimporte an den Gesamtwarenimporten erreichte 2001 fast 7 Prozent. Auf dem Höhepunkt der zweiten Ölkrise (1981) betrug dieser Anteil fast 19 Prozent, im Jahr 1998 lag er hingegen bei nur 4 Prozent. Die Handelsbilanz wurde 2001 durch Energieimporte mit rund 4 Milliarden Euro belastet, was 1,9 Prozent des nominellen Bruttoinlandsprodukts entspricht. 1981 lag dieser Wert noch bei 5,5 Prozent, Ende der Neunzigerjahre nur noch bei 1,1 Prozent.

Der Energieverbrauch in Österreich

Österreich deckt 31,9 Prozent des Bruttoinlandsverbrauchs von Energie durch seine inländische Energieerzeugung. Der relative Bruttoinlandsverbrauch von 0,107 toe (Tonnen Rohöleinheiten) je 1.000 US-Dollar BIP beziehungsweise 3,52 toe pro Kopf liegt im internationalen Vergleich infolge langfristiger Energieeffizienzsteigerungen sehr günstig.
Am energetischen Endverbrauch haben der Haushalts- und der Verkehrssektor mit je rund 30 Prozent die höchsten Anteile, gefolgt vom produzierenden Bereich mit über 26 Prozent, dem Dienstleistungssektor mit über 10 Prozent und der Landwirtschaft mit knapp 3 Prozent. Damit konnte der produzierende Bereich in den letzten 20 Jahren seinen Anteil am energetischen Endverbrauch durch Effizienzmaßnahmen deutlich verringern, wohingegen das steigende Verkehrsaufkommen den Anteil dieses Sektors um rund 10 Prozentpunkte erhöhte.
Langfristig betrachtet ist die Energieeffizienz deutlich verbessert worden. Obwohl das reale Bruttoinlandsprodukt in Österreich zwischen 1973 und 2001 um 95,5 Prozent wuchs, bewegte sich der Bruttoenergieverbrauch des Jahres 2001 nur um 40,2 Prozent über dem Niveau des Jahres 1973. Damit verringerte sich der relative Energieverbrauch (das heißt die zur Erzeugung einer Einheit des Bruttoinlandsprodukts notwendige Menge an Gesamtenergie) um 28,3 Prozent. Im Zeitraum von 1973 bis 2000 sank die Gesamtenergieintensität in Österreich um etwa 31,6 Prozent. Beim Bruttoinlandsverbrauch pro Kopf liegt Österreich mit einem Wert von 3,52 toe signifikant sowohl unter dem Durchschnittswert der OECD (4,74) als auch unter jenem der EU (3,86).
Die Struktur des energetischen Endverbrauches hat sich bei längerfristiger Betrachtung stark verändert. Während die Anteile von Kohle und Öl teils beträchtlich zurückgingen, stiegen jene von Gas und erneuerbaren Energien.

Betrachtet man den energetischen Endverbrauch in den einzelnen Sektoren, so zeigten sich im Jahr 2001 annähernd gleiche Anteile der Bereiche Verkehr und private Haushalte (jeweils um 30 Prozent), gefolgt vom produzierenden Bereich mit gut 26 Prozent. Zu Beginn der Siebzigerjahre war der produzierende Bereich noch mit Abstand der Sektor mit dem höchsten Energieverbrauch. Während der Anteil der privaten Haushalte bereits seit 20 Jahren um die 30-Prozent-Marke schwankt (je nach Witterung), stieg jener des Verkehrssektors kontinuierlich von rund 20 Prozent auf nunmehr rund 30 Prozent. Im Jahr 2000 erreichte der Verkehrssektor erstmals sogar den höchsten Anteil aller Endverbrauchssektoren.

Im produzierenden Bereich zeigt sich die hohe Bedeutung von Strom und Gas, im Verkehrssektor naturgemäß die Dominanz von Ölprodukten. Im Dienstleistungssektor halten Strom und Fernwärme die größten Anteile, in der Landwirtschaft die Ölprodukte. Bei den privaten Haushalten dominieren ebenfalls die Ölprodukte, gefolgt von erneuerbaren Energien, Gas und Strom. Kohle ist nur noch im produzierenden Bereich von entsprechender Bedeutung.

Wichtigster Verbrauchszweck ist nach wie vor jener der Raumheizung und Warmwasserbereitung (inklusive Kochen und Klimatisierung) mit rund 35 Prozent, gefolgt von Mobilität mit rund 30 Prozent und Prozesswärme (Industrieöfen, Dampferzeugung, Elektrochemie) mit rund 21 Prozent. Gut 10 Prozent entfallen auf mechanische Arbeit (stationäre Motoren, Haushaltsgeräte), etwa 3 Prozent auf Beleuchtung und EDV.

Die österreichische Stromerzeugung ist stark von der heimischen Wasserkraft dominiert: So stammen rund 70 Prozent der inländischen Gesamtstromerzeugung (64 Terawattstunden im Jahr 2001) aus Wasserkraftwerken. Der Anteil der Wärmekraftwerke liegt bei etwa 30 Prozent. Annähernd 50 Prozent der inländischen Stromerzeugung stammen aus Lauf- und 20 Prozent aus Speicherkraftwerken. Stein- und Braunkohle tragen knapp 10 Prozent, Heizöl 4 Prozent und Erdgas etwa 14 Prozent zur Erzeugung bei. Der Anteil der sonstigen biogenen und erneuerbaren Energieträger (mit Ausnahme der Wasserkraft) liegt derzeit bei etwas mehr als 2 Prozent.

Der Endverbrauch von elektrischer Energie nach Wirtschaftssektoren zeigt im Langzeitschnitt seit 1970 bis heute folgendes Bild: Der prozentuelle Rückgang von 65 Prozent (1970) auf 42 Prozent (2001) beim Sektor produzierender Bereich wurde im Wesentlichen durch einen Zuwachs bei den öffentlichen und privaten Dienstleistungen von 9 auf 22 Prozent und bei den privaten Haushalten von 17 auf 27 Prozent im selben Zeitraum kompensiert. Die Sektoren Verkehr und Landwirtschaft blieben hingegen mit ihren Anteilen von 7 beziehungsweise 2 Prozent proportional annähernd stabil.

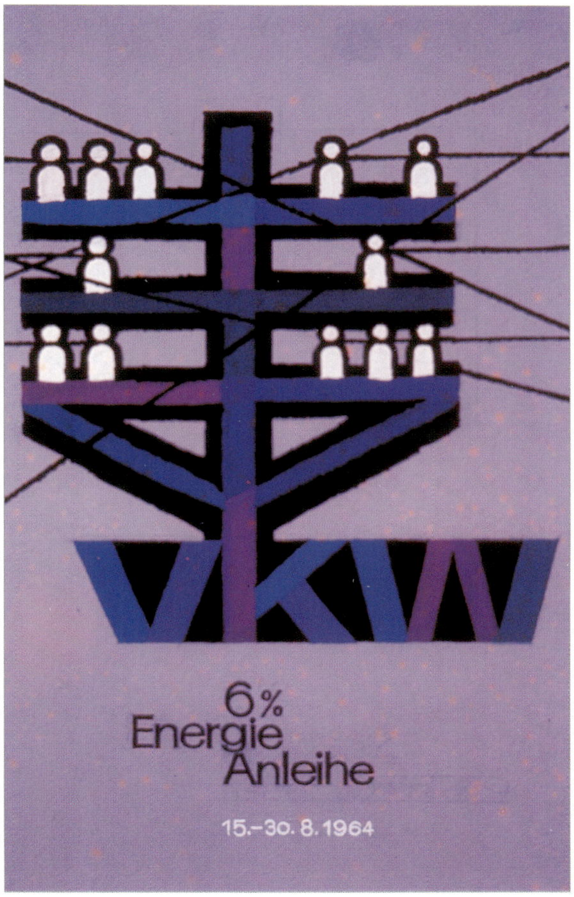

Ausbau der Energieversorgung: Energie-Anleihe 1964. Entwurf Vorarlberger Graphik, Hard, 1964

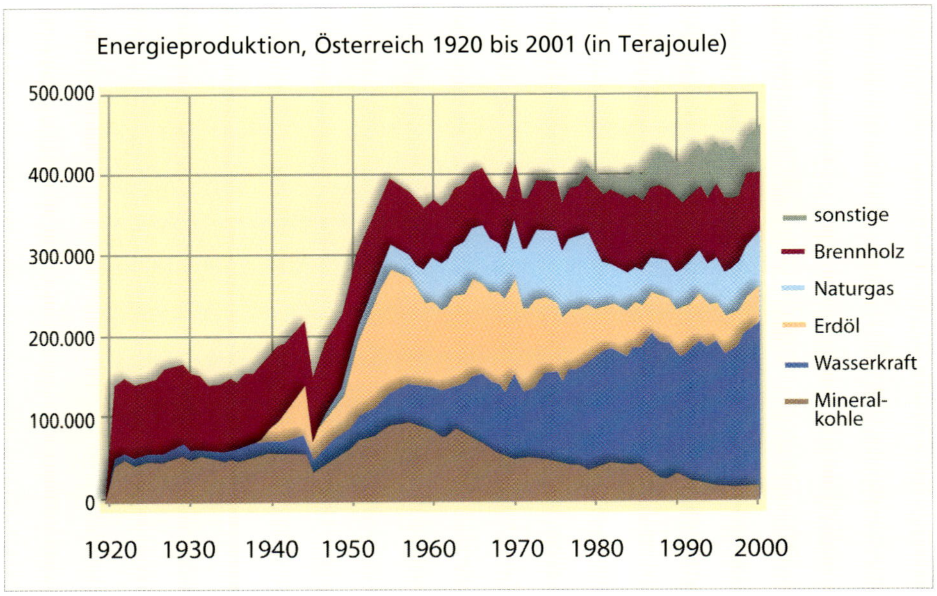

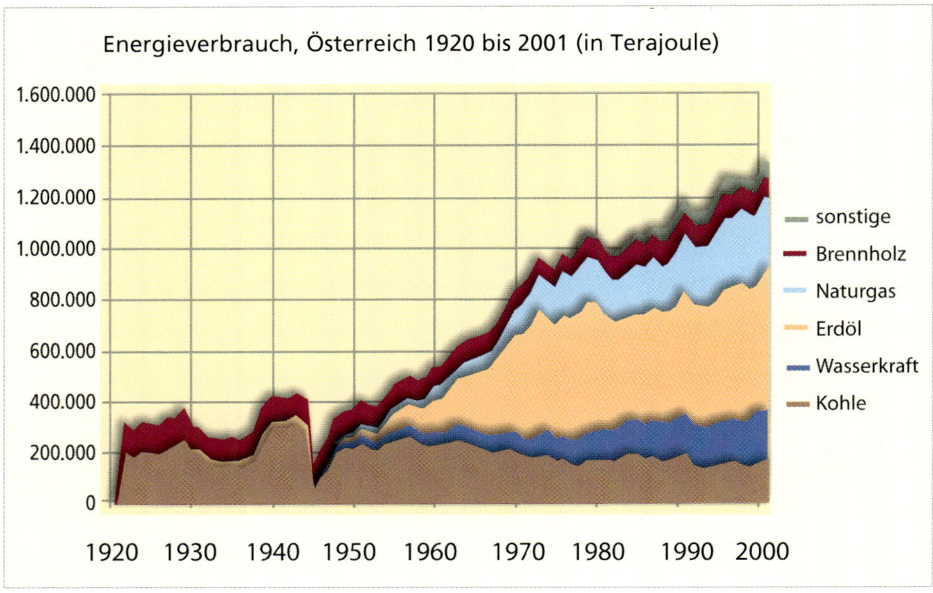

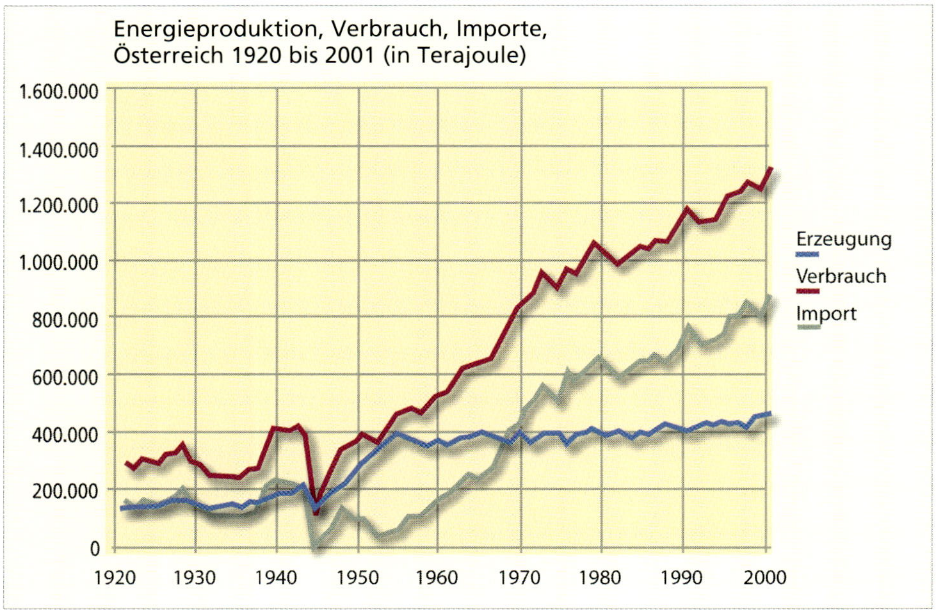

Quellen: Felix Butschek, Statistische Reihen zur österreichischen Wirtschaftsgeschichte. Die österreichische Wirtschaft seit der industriellen Revolution (Wien 1993);
Statistik Austria, Statistisches Jahrbuch, jeweilige Jahrgänge.

Inländische Energieaufbringung nach Energieträgern (in Petajoule und Prozent)

	Kohle	Öl	Gas	Elektr. Energie	Erneuerbare Energie	Summe
1970	54,0	119,2	69,5	76,6	44,8	364,1
1975	43,5	87,4	86,9	85,7	47,8	351,3
1980	35,2	63,7	70,6	104,8	60,2	334,6
1985	38,8	49,3	42,2	113,8	96,0	340,2
1990	26,7	50,6	46,4	117,0	103,5	344,2
1995	14,2	45,8	53,3	133,4	120,9	367,7
2000	12,3	45,7	64,8	150,6	132,6	406,0
	Prozent	**Prozent**	**Prozent**	**Prozent**	**Prozent**	**Prozent**
1970	14,8	32,7	19,1	21,0	12,3	99,9
1975	12,4	24,9	24,7	24,4	13,6	100,0
1980	10,5	19,0	21,1	31,3	18,0	99,9
1985	11,4	14,5	12,4	33,5	28,2	100,0
1990	7,8	14,7	13,5	34,0	30,1	100,1
1995	3,9	12,4	14,5	36,3	32,9	100,0
2000	3,0	11,3	16,0	37,1	32,7	100,1

Inländischer Energieverbrauch nach Energieträgern (in Petajoule und Prozent)

	Kohle	Öl	Gas	Wasser-kraft	Erneuerbare Energie	Summe
1970	201,1	386,0	104,0	57,2	45,1	793,4
1975	152,4	446,3	151,6	69,3	48,2	867,8
1980	154,2	511,0	175,8	90,5	60,8	992,3
1985	182,9	410,9	192,6	107,6	98,8	992,8
1990	171,5	443,1	219,2	115,4	105,0	1.054,2
1995	144,9	476,4	269,6	124,6	122,0	1.137,5
2000	149,8	507,1	275,7	145,7	130,5	1.208,8
	Prozent	**Prozent**	**Prozent**	**Prozent**	**Prozent**	**Prozent**
1970	25,3	48,7	13,1	7,2	5,7	100,0
1975	17,6	51,4	17,5	8,0	5,6	100,1
1980	15,5	51,5	17,7	9,1	6,1	99,9
1985	18,4	41,4	19,4	10,8	9,9	99,9
1990	16,3	42,0	20,8	10,9	10,0	100,0
1995	12,7	41,9	23,7	10,9	10,7	99,9
2000	12,4	41,9	22,8	12,1	10,8	100,0

Der Energieverbrauch in Österreich nach Wirtschaftssektoren (in Petajoule)

	1970	1975	1980	1985	1990	1995	2000
Inlandserzeugung	364,1	351,3	334,6	340,2	344,2	367,7	406,0
Importe	424,1	544,9	708,9	717,4	772,4	837,7	923,3
Aufkommen	788,2	896,2	1.043,5	1.057,6	1.116,5	1.205,4	1.329,3
Lagerveränderung	35,8	4,6	–17,7	–3,2	–11,5	11,0	5,1
Exporte	30,6	33,1	33,5	61,7	50,8	78,9	125,6
Bruttoinlandsverbrauch	**793,4**	**867,8**	**992,3**	**992,8**	**1.054,2**	**1.137,5**	**1.208,8**
Energetischer Endverbrauch	**595,8**	**642,9**	**732,3**	**745,6**	**778,5**	**854,8**	**949,7**
Produzierender Bereich	234,9	238,3	247,7	218,5	218,6	229,5	272,0
Verkehr	112,6	151,6	171,7	170,4	207,5	232,8	282,9
Dienstleistungen	49,4	54,8	71,5	78,5	76,3	101,0	93,3
Private Haushalte	165,8	167,9	208,3	244,5	246,1	264,5	274,0
Landwirtschaft	33,2	30,4	33,0	33,7	30,2	26,9	27,4

Quelle der drei Tabellen: Energiebericht der Österreichischen Bundesregierung (2003) Anhang; Energiebilanzen der Statistik Austria 1970–2000.

Exporterfolge

Erfolg mit Tradition und Innovation: Riedel Glas. Der Schmelzofen enthält flüssiges Bleikristall mit einer Arbeitstemperatur von 1.100 °C.

Nach dem Zusammenbruch der außenwirtschaftlichen Beziehungen im Gefolge des Zweiten Weltkriegs wurde das Vorkriegsniveau des österreichischen Außenhandels bereits in beachtlich kurzer Zeit wieder erreicht. Schon ab 1950 lag der reale Wert der Exporte über den vor dem Krieg verzeichneten Werten. Dies ist umso bemerkenswerter, als nach der Etablierung von »Volksdemokratien« in den zentral- und osteuropäischen Ländern ein erheblicher Teil der traditionellen Märkte der österreichischen Exportwirtschaft weitgehend verloren ging. Der Ausbau der Energiequellen und der Grundstoffindustrien machte Österreich in einem geringeren Maße als in der Ersten Republik von Lieferungen des Auslands abhängig, sodass die realen Importe – nach dem Auslaufen der in den ersten Nachkriegsjahren bedeutenden Hilfslieferungen – hinter dem Exportwachstum zurückblieben. Die zunächst noch geringen Einnahmen aus dem Ausländer-Fremdenverkehr und die deutlich verschlechterten Terms of Trade stellten dennoch ein großes Problem für den Ausgleich der Leistungsbilanz dar.

Mit allen Mitteln versuchten daher die politischen Instanzen die Exportwirtschaft mittels einer exportorientierten Wachstumsstrategie anzukurbeln. So wurde mit dem Ausfuhrförderungsgesetz 1953 die Rückvergütung der Umsatzsteuer für Exporte eingeführt, die zweifellos so großzügig bemessen wurde, dass von einer stillen Subventionierung der Exportwirtschaft gesprochen werden kann. Ursprünglich auf Außenhandelsunternehmen beschränkt wurde die später verallgemeinerte vorzeitige Abschreibung von 50 Prozent für bewegliche und 20 Prozent für unbewegliche Wirtschaftsgüter im ersten Jahr der Anschaffung eingeführt. Gemeinsam mit der im Rahmen der Schillingeröffnungsbilanz (1955) möglichen nochmaligen Abschreibung auf den Zeitwert wirkte diese steuerliche Förderung wie ein »Turbo« für Investitionen. Investitionen wurden außerdem durch zahlreiche Programme für geförderte Kredite unterstützt, das ERP-Programm stellte ebenso zinsgünstige Mittel zur Verfügung wie Branchen-Programme der Ministerien zum Beispiel für die Papier- und die Textilindustrie.

1954 wurde die Haftung für Exportrisken wesentlich erweitert und Ende der Fünfzigerjahre das Ausfuhrförderungssystem im Wege der Oesterreichischen Kontrollbank ausgebaut. Dies räumte den Unternehmen die Möglichkeit ein, nicht nur ihre Exporterlöse gegen Ausfälle zu versichern, sondern gleichzeitig auch die Kreditaufnahmen für die Vorfinanzierung der Exporte mit staatlichen Garantien zinsgünstig und damit international wettbewerbsfähig(er) zu gestalten. Dieses Verfahren förderte insbesondere den Handel mit Investitionsgütern und Anlagen nach Übersee und in die Oststaaten und half damit, die Exportdestinationen zu diversifizieren.

Mit der Umstellung des Umsatzsteuersystems von der Allphasen- auf die Mehrwertsteuer entfiel die Rückvergütung für Exporte. In den

Achtzigerjahren führten die budgetäre Belastung durch die Abschreibung der Hälfte der Schulden Polens, der hohe absolute Wert der Auslandskreditaufnahmen der Kontrollbank und der Druck der OECD auf den Abbau von Subventionen zu einer Reform des Systems, das seither als grundsätzlich »selbsttragend« und heute für Exporte in OECD-Staaten als private Kreditversicherung konstruiert ist.

Erfolg mit Tradition und Innovation: Riedel Glas. Die glühende Glasmasse wird mit einem Wulgerholz vorgeformt.

Exportentwicklung

Die Exporte trugen maßgeblich zu den hohen Wachstumsraten der späten Fünfziger- und frühen Sechzigerjahre bei. Ermöglicht wurde dieses starke Wachstum der industriellen Exporttätigkeit auch durch den Einsatz von Arbeitskräften, die aus der Landwirtschaft in die industriell-gewerbliche Produktion strömten. Große Bedeutung für den exportgetragenen Aufholprozess der österreichischen Wirtschaft kam auch dem System der fixen Wechselkurse zu. Die 1954 fixierte Dollar-Schilling-Relation von 1 zu 26 blieb de facto bis 1970 aufrecht, das Britische Pfund hatte bis zum Jahr 1966 einen Gegenwert von mehr als 72 Schilling, die Italienische Lira blieb bis zum Anfang der Siebzigerjahre gegenüber dem Schilling stabil, gegenüber der Deutschen Mark und dem Schweizer Franken verlor der Schilling in dieser Periode leicht an Wert.
Mitte der Sechzigerjahre trat – nach der Entscheidung für eine EFTA- und nicht für eine EWG-Mitgliedschaft – eine Abschwächung der Export- wie auch der Wachstumsdynamik ein. Die ursprünglich angestrebte EWG-Mitgliedschaft kam damals vor allem aus zwei Gründen nicht zustande: einmal, weil ein Einspruch der Sowjets gegen einen solchen Schritt zu befürchten war (Stichwort: Anschlussverbot), zum anderen wegen eines Vetos Italiens aufgrund der ungelösten Südtirolfrage. Die Entscheidung für die EFTA änderte zwar nichts an den intensiven Handelsbeziehungen mit Deutschland (rund ein Viertel der Exporte), aber der Anteil der Exporte in die EWG verringerte sich von fast 50 auf 40 Prozent, dagegen erhöhte sich der Exportanteil in die EFTA von 11 auf 24 Prozent. Die Marktanteile in der EWG verringerten sich von 1,8 Prozent (1958) auf 1,3 Prozent (1968), in der EFTA stiegen sie von 0,6 auf 1,4 Prozent. Insgesamt ging in diesem Zeitraum die Investitionsintensität in der Industrie zurück, allerdings wohl auch aufgrund eines ersten Abflachens der Nachkriegs-Wachstumsphase. Gleichzeitig sanken jedenfalls die Marktanteile Österreichs in den Industriestaaten.
In der damals aufflammenden wirtschaftspolitischen Debatte wurde vor allem auf die Schwächen der Struktur von Industrie und Außenhandel hingewiesen – eine Diskussion, wie sie trotz aller Wachstumserfolge die Nachkriegsentwicklung der österreichischen Wirtschaft nahezu ständig begleitete. Österreich war, wie auch andere kleine Länder Westeuropas, Nettoimporteur technischer Güter

mit hohem Innovationsgehalt. Österreichische Exporte waren in die internationale Arbeitsteilung vor allem mittels lohnintensiver Güter und Produkte der Grundstoffindustrien eingegliedert. Ersteres war die Folge von Investitionen vorwiegend deutscher Unternehmen, beispielsweise von Bekleidungs- und Schuherzeugern, die das damals im Vergleich zur Bundesrepublik noch niedrigere Lohnniveau in den ländlichen Regionen Österreichs nutzten. Letzteres war auf die starken, vorwiegend durch ERP-Kredite finanzierten Kapazitätsausweitungen der Stahl- und Eisenerzeugung sowie der Papier- und Zellstoffproduktion zurückzuführen, während es beispielsweise damals noch kaum gelungen war, an die beachtlichen Ansätze der Vorkriegszeit in der Wachstums- und Exportbranche Automobil anzuknüpfen.

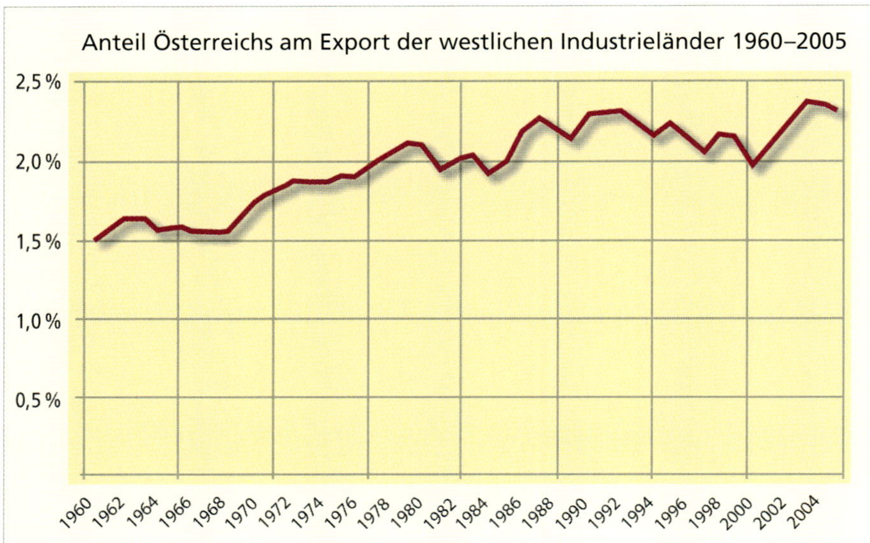

Quelle: OeNB, eigene Berechnungen.

Die relative Stärke der österreichischen Wirtschaft bei industriellen Vorprodukten wie auch der unter dem Standard anderer Industrieländer liegende Anteil an Ausgaben für Forschung und Entwicklung sind häufig als »Paradoxon der österreichischen Industriestruktur« (gute makroökonomische Performance bei ungünstigen Strukturkennzahlen) bezeichnet worden, was auch in der Außenhandelsstruktur ihren Ausdruck fand. In den Auseinandersetzungen über diese Frage spielte etwa der Begriff der »intelligenten« Produkte häufig eine vordergründige Rolle, meist wurde aber nicht bedacht, dass in einer arbeitsteiligen Wirtschaft die »Intelligenz« eines Produkts – wenn man denn diesen Begriff überhaupt verwenden möchte – in der Qualität besteht, das Auffinden einer kaufkräftigen Nachfrage zu einem attraktiven Preis zu ermöglichen.

Dass Österreich zum »Land der Kellner und Skilehrer« werden könnte und sich nicht in Richtung eines modernen Industrielandes entwickeln würde, das befürchteten zu Unrecht immer wieder Kommentatoren in den Wirtschaftsseiten der Zeitungen. Freilich trugen die Deviseneinnahmen aus dem Fremdenverkehr wesentlich zur Kompensation des strukturellen Handelsbilanzdefizits bei, das im Jahr 1966 den Rekordanteil von immerhin 6,4 Prozent des Bruttoinlandsprodukts erreicht hatte.

Längerfristig stiegen die Einnahmen aus dem Fremdenverkehr von 1,5 Prozent des BIP (1955) auf 3,6 Prozent des BIP (1990). Anfang der Neunzigerjahre erlebte der österreichische Fremdenverkehr jedoch einen markanten Strukturbruch: Die Konkurrenz der Mittelmeerländer und die Erschließung neuer Feriendestinationen sowie die veränderte Wirtschaftslage in Deutschland nach der Wiedervereinigung führten zu Nächtigungseinbußen in Österreich und einem Investitionsschub in Richtung höherwertiger und stärker differenzierter Angebote. Dies resultierte in einem relativen Rückfall der Nettoerlöse aus dem Reiseverkehr auf 0,5 Prozent des BIP (1998). Trotzdem bleibt die Fremdenverkehrswirtschaft ein wichtiger Wirtschaftsfaktor in Österreich, insbesondere konnten im Wintertourismus in den letzten Jahren gute Ergebnisse erzielt und neue Kundenschichten aus den osteuropäischen Ländern erschlossen werden. Im Jahr 2003 betrug der Überschuss in der Reiseverkehrsbilanz wieder 1,4 Prozent des BIP.

Ende der Sechzigerjahre kehrte Österreichs Wirtschaft wieder zu überdurchschnittlicher Dynamik zurück: 5,2 Prozent durchschnittliches reales Wachstum von 1968 bis 1974 im Vergleich zu 4,6 Prozent in den europäischen OECD-Ländern. Mit dem Interimsabkommen 1972 konnte Österreich überdies vorzeitig die Vorteile des Zollabbaus der Freihandelsverträge zwischen EG und EFTA in Anspruch nehmen (erste 30-prozentige Zollsenkungsetappe). Darüber hinaus machte der Schilling die 1969 erfolgte 9-Prozent-Aufwertung der D-Mark nicht mit, was die relative Kostenposition Österreichs weiter verbesserte. Der Zustrom ausländischer Arbeitskräfte auf den österreichischen Arbeitsmarkt – von 16.000 Beschäftigten im Jahr 1961 auf 112.000 (1970) und 174.000 (1980) sowie 350.000 im Jahr 2003 – führte zu weiteren positiven Wachstumseffekten. Trotz teils ungünstiger weltweiter Rahmenbedingungen verzeichnete Österreich in den Siebzigerjahren eine besonders dynamische Periode mit hohem Wachstum, Anhebung der Masseneinkommen und des sozialen Standards. So wurde die Infrastruktur markant ausgebaut (Straßenbau, Schienenverkehr, Zugang zu Telefon, Anhebung des Wohnungsstandards), der Zugang zu Mittelschulen und Hochschulen auch den sozial schwächeren Schichten ermöglicht und die Gesundheitsvorsorge deutlich verbessert. Die Regierung Kreisky mit Finanzminister Androsch antwortete auf die Ölkrise 1973/74, die auch ein Schock für das Wirtschaftsvertrauen war, stark antizyklisch, sowohl in der Einkommens- als auch in der Fiskalpolitik. Um die aufgrund der Ölpreisschocks hohe Inflation (9,5 Prozent in 1974) in den Griff zu bekommen wurde eine besondere Kombination aus Geld-, Fiskal- und Einkommenspolitik entwickelt, welche später als »Austro-Keynesianismus« bezeichnet wurde.

Die Hartwährungspolitik – ab Mitte der Siebzigerjahre – beruhte auf der Überlegung, dass

Müder Gaul Export: Der Karikaturist Erich Sokol im Dienste der Exportförderung der Zentralsparkasse der Stadt Wien

Exportkaiser Plasser & Theurer: Verschiffung einer Gleisbaumaschine

durch die Bindung des Schilling-Wechselkurses an die D-Mark Preisstabilität und damit niedrige Inflationsraten »importiert« werden können sowie die Fixierung des Wechselkurses gegenüber dem wichtigsten Handelspartner und Exportmarkt zu Erwartungsstabilisierung bei Exporteuren und Investoren führt. Entscheidende Voraussetzung für den Erfolg dieser Strategie war, dass sich die Einkommenszuwächse im Rahmen der Inflationsabgeltung und des Produktivitätsfortschritts bewegten – und dafür auch die entsprechende Zustimmung der Gewerkschaften erreicht wurde. Die Wechselkurspolitik als »Anker« hatte gleichzeitig auch die Funktion einer »Strukturpeitsche« für die Industrie. Sie erhöhte den Druck, permanent strukturelle Anpassungen vorzunehmen und Flexibilität zu zeigen, um auf den internationalen Märkten wettbewerbsfähig zu bleiben. Zur Stabilisierung des Wechselkurses auf mittlere Frist sollten die makroökonomischen Fundamentaldaten in Einklang mit den Entwicklungen in der BRD bleiben; nicht nur, weil dies für den österreichischen Außenhandel von überragender Bedeutung war, sondern auch, weil es in dieser Zeit als Inbegriff der Stabilitätsorientierung in Europa galt.

Als dann die Leistungsbilanz- und Budgetdefizite in der zweiten Hälfte der Siebzigerjahre unerwünschte Ausmaße annahmen, wurde – anders als in den ökonomischen Lehrbüchern der damaligen Zeit empfohlen, und im Übrigen auch entgegen dem Rat aus den internationalen Finanzorganisationen – nicht der Wechselkurs, sondern die heimische Nachfrage angepasst, das heißt durch restriktive Budget- und Steuermaßnahmen gedämpft. So konnte etwa das Leistungsbilanzdefizit innerhalb vergleichsweise kurzer Zeit von 4,4 Prozent des BIP im Jahr 1976 auf 1,1 Prozent im Jahr 1978 zurückgeführt werden.

Österreich setzte damit frühzeitig auf ein wirtschafts- und währungspolitisches Konzept, das später auch von Ländern wie den Niederlanden und von Frankreich praktiziert wurde. Diese Länder bildeten dann den Kern aller Versuche zur Stabilisierung der Wechselkurse in Europa – bis hin zur heutigen Währungsunion. Der Verzicht auf Abwertungen trotz anfänglicher Skepsis der Industrie verstärkte zwar den Anpassungsdruck für die Unternehmen, vermied aber negative Erfahrungen mit Abwertungen, die nur vorübergehend Erleichterung, aber in der Folge oft höhere Inflation und Zinsen mit sich brachten.

Obwohl die Wachstumsrate zwischen 1975 und 1981 nur noch 2,7 Prozent erreichte (knapp unterhalb der Rate in der BRD), konnte die

Arbeitslosigkeit im Gegensatz zu anderen europäischen Ländern bei 1,8 Prozent aller Erwerbstätigen (nach international vergleichbarer Rechnung) gehalten werden.
Allerdings mussten oft sprunghafte Erhöhungen des Handelsbilanzdefizits als Folge der »Ölpreiskrisen« hingenommen werden. Von 1975 bis 1977 stieg es von 32,5 auf 73 Milliarden Schilling, von 1978 bis 1980 wiederum von 56 auf 90 Milliarden Schilling. Das Leistungsbilanzdefizit erreichte in der ersten Ölkrise einen Rekordwert von über 30 Milliarden, in der zweiten Krise einen von über 24 Milliarden Schilling. Durch die Einführung der so genannten »Luxussteuer«, eines erhöhten Umsatzsteuersatzes von 30 Prozent, sollte vor allem der Import von Personenkraftwagen, durch die Einführung des autofreien Tages, der auf einer Vignette an der Windschutzscheibe abgelesen werden konnte, die Einführung der Sommerzeit und der »Energieferien« im Februar der Ölverbrauch direkt gedrosselt werden. Während die erhöhte Steuer auf Automobile als »Normverbrauchsabgabe« in veränderter Form bis heute existiert, wurde der autofreie Tag bald aufgegeben. Die (Energie-)Spareffekte der Sommerzeit blieben zwar umstritten, sie ist jedoch trotzdem auf koordiniert europäischer Ebene selbstverständlich geworden. Die zusätzliche Woche Winterferien außerhalb der damaligen Hochsaison erwies sich als gute Einnahmenquelle für die Tourismuswirtschaft.
Die Passivierung der Leistungsbilanz war aber auch Auslöser einer Reihe wirtschaftspolitischer Initiativen, die sich als nachhaltig erweisen sollten. Zwar wurde der von Bundeskanzler Kreisky in Diskussion gebrachte Austro-Porsche, der sozusagen das Produkt des österreichischen Autobauers in abgewandelter Form repatriieren sollte, nie gebaut. Aber die internationalen Autokonzerne reagierten durch beachtliche Erhöhungen ihrer Zukäufe an Autobestandteilen aus Österreich. Schließlich wurde damals das Talent einer neuen Generation österreichischer Ingenieure für die Entwicklung von Motoren und Getrieben ebenso entdeckt wie auch die Vorzüge des Standortes Österreich für die Etablierung von Tochtergesellschaften internationaler Automobilkonzerne. Unter anderem waren es diese Initiativen, die einen wesentlichen Beitrag zur Erhöhung des Anteils technischer Güter an den Gesamtexporten Österreichs leisteten – Österreich wurde zu einem anerkannten, spezialisierten Standort der Automobilindustrie, wie er als Automobilcluster bis heute existiert.
Anfang der Achtzigerjahre ließ die internationale Nachfrage im Gefolge des zweiten Erdöl-

Exportkaiser Neuson Maschinenbau: Montage von Auslegern an Baggern, 2005.
Mit Entwicklung, Produktion und Vertrieb von Compactbau-Maschinen konnte die Neuson Kramer Baumaschinen AG eine weltweite Marktlücke füllen.

schocks 1979 unerwartet massiv nach. Strukturprobleme der Industrie waren bereits zu dieser Zeit sichtbar geworden. In der Mitte des Jahrzehnts wurden die Verluste und der Finanzierungsbedarf der verstaatlichten Industrie aber so groß, dass es zu einem grundlegenden Kurswechsel in der Politik des Eigentümers in Richtung Neuorganisation und Privatisierung kam.

Ab 1988 festigte sich das Wachstum in Österreich wieder (1988: 3,9 Prozent). Die Perspektive eines Europäischen Binnenmarkts ab dem Jahr 1992 machte auch Österreich, dessen Beitrittsverhandlungen mit den Europäischen Gemeinschaften in ein entscheidendes Stadium getreten waren, als Investitionsstandort aufgrund einer Reihe günstiger Rahmenbedingungen wie günstiges Lohnniveau, hohe Produktivität, qualitativ hochwertiges Arbeitskräfteangebot und Ostfantasie zunehmend attraktiver. Neben der Integrationszielsetzung EU veränderte die deutsche Wiedervereinigung und die Wende in Zentral- und Osteuropa Österreichs Wirtschaftsperspektiven nachhaltig. Österreich konnte nicht nur am Boom nach der deutschen Wiedervereinigung überproportional partizipieren, es konnte seither auch seine Präsenz in Zentral- und Osteuropa deutlich ausbauen und die Vorteile eines schneller als Westeuropa wachsenden Absatzmarkts lukrieren.

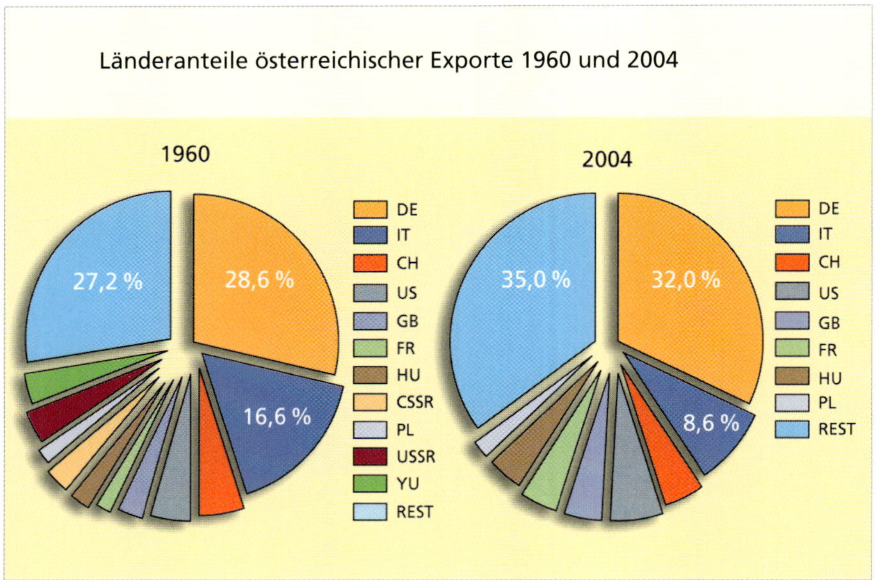

Quelle: OECD, Monthly Statistics of Foreign Trade, eigene Berechnungen.

Der Anteil der Exporte in die neuen Mitgliedsländer der EU an den österreichischen Gesamtexporten hat sich in rund einem Jahrzehnt verdreifacht (von 5 Prozent im Jahr 1992 auf 12 Prozent am Beginn des neuen Jahrhunderts). Historisch gesehen zeigt sich darin eine Tendenz zur Normalisierung der Außenhandelsverflechtung, hatte doch 1929 der Anteil Zentral- und Osteuropas an den österreichischen Exporten rund 30 Prozent betragen – Deutschland und die Tschechoslowakei waren damals für die österreichischen Exporteure etwa gleich bedeutende Absatzmärkte. Nach einer Anpassungskrise, in der die Wirtschaftsleistung zurückging, die Inflation außerordentliche Ausmaße erreichte und versteckte Arbeitslosigkeit offen gelegt wurde, erzielten die neuen Mitgliedsländer der EU nicht nur höhere Wachstumsraten als die EU der Fünfzehn, zusätzlich fand auch eine außerordentlich rasche und radikale Umorientierung der Außenhandelsströme in Richtung Westeuropa statt. Einen großen Beitrag dazu leisteten ausländische Direktinvestitionen in diesen Ländern. Privatisierte Unternehmen wie auch Neugründungen wurden in eine neue internationale Arbeitsteilung eingefügt, die diesen wirtschaftlichen Integrationsprozess ermöglichte.

Für Österreich hatte der Assoziationsvertrag mit der EWG aus dem Jahr 1972 den freien Warenhandel mit der EG sichergestellt. Als aber Mitte der Achtzigerjahre die EG ihre Pläne eines einheitlichen Binnenmarkts und einer weiteren politischen Integration beschlossen und Benachteiligungen von Zulieferbetrieben im Veredlungsverkehr eine Reihe von Unternehmen betraf, änderte Österreich – nicht zuletzt auch aufgrund der bereits absehbaren Veränderungen der politischen Rahmenbedingungen – seine Position in Richtung einer weiteren Annäherung an die EG: 1989 wurde der Antrag auf Mitgliedschaft gestellt.

Warten auf den Export: Aluminiumbleche der AMAG-Gruppe, Österreichs führendem Hersteller von Aluminium-Halbzeug- und Gießereiprodukten

Durch die geopolitischen Veränderungen – insbesondere durch die politischen Reformen, die Generalsekretär Michail Gorbatschow in der Sowjetunion durchführte, und ihre Auswirkungen auf die Verbündeten in Warschauer Pakt und RGW – war ein solcher Schritt auch politisch möglich geworden. Nicht nur in Moskau, auch in Brüssel hatten längere Zeit Bedenken gegen ein Beitrittsgesuch Österreichs bestanden, wollte man doch das Verhältnis zu den osteuropäischen Nachbarn nicht gefährden. Eine Zwischenstufe stellte der Europäische Wirtschaftsraum dar, der für die EFTA-Staaten ab Ende 1993 Geltung hatte und die Freiheit von Waren-, Dienstleistungs-, Kapital- und Personenverkehr bedeutete, aber die Grenzkontrollen und Ursprungsregeln beibehielt und damit nachteilig für den Export wirkte. Der Vertrag brachte auch Niederlassungsfreiheit für die Unternehmen, ein grenzüberschreitendes Angebot von Dienstleistungen, die Freizügigkeit der Arbeitskräfte, ein verschärftes Wettbewerbsrecht und die verpflichtende Einbeziehung ausländischer Anbieter bei öffentlichen Ausschreibungen.

Nach einer nur kurzen Probephase im EWR und einer unerwartet hohen Zustimmung der österreichischen Bevölkerung sicherte der EU-Beitritt mit 1. Januar 1995 die langfristige Integration Österreichs in den europäischen Binnenmarkt und eröffnete bis dahin nicht gekannte Mitentscheidungsrechte auf europäischer Ebene. Während die meisten Industriebranchen keine wesentlichen Veränderungen im Warenaustausch wahrnahmen, veränderten sich die Rahmenbedingungen für die Weiterverarbeiter landwirtschaftlicher Produkte erheblich. Eine größere Anzahl von Unternehmen der Nahrungsmittelerzeugung war dem erhöhten Wettbewerbsdruck nicht gewachsen, ein anderer Teil verstärkte durch Exporte und Investitionen seine Wettbewerbsposition im Ausland erheblich.

Im ersten Jahrzehnt der Mitgliedschaft Österreichs in der EU entwickelte sich der Außenhandel wieder dynamisch mit Wachstums-

Österreich auf der Expo 2005, Aichi, Japan: Die Hauptattraktion des Österreich-Pavillons bildete »The Slope« (zugleich Rodelbahn, Bühne und Auditorium) – ein Paradebeispiel österreichischen Holzbaus. trecolore architects von Architekt Hermann Dorn in Zusammenarbeit mit Klaus Baumgartner

raten des Exports zwischen 2 und 12 Prozent (jahresdurchschnittlich: 6,5 Prozent) und er wurde wieder zum Motor des – im Vergleich zu früheren Jahrzehnten allerdings viel geringeren – Wirtschaftswachstums. Die Sicherung des Marktzugangs durch die Mitgliedschaft in der Europäischen Union und die Öffnung der Märkte in Zentral- und Osteuropa haben der österreichischen Exportwirtschaft eine günstige Ausgangsposition für die Zukunft verschafft. Die raschen Produktivitätsfortschritte in der österreichischen Industrie und die im Vergleich zu wichtigen Konkurrenten auf dem Weltmarkt anhaltend deutlich günstigere Stückkostenentwicklung waren die Voraussetzung für den schrittweisen Abbau des Handelsbilanzdefizits bis zum heutigen Ergebnis eines ausgeglichenen Wertes von Ein- und Ausfuhren. Noch vor wenigen Jahren hätten wirtschaftspolitische Beobachter den Ausgleich der Handelsbilanz als eine utopische Zielsetzung betrachtet.

Vom GATT zur WTO

Österreich hat sich seit den Fünfzigerjahren zu einer offenen Volkswirtschaft entwickelt. Während die Einfuhren und Ausfuhren zusammen im Jahr 1955 nur 39 Prozent des österreichischen Bruttonationalprodukts ausmachten, erhöhte sich diese Quote bis 2002 auf 70 Prozent. Der Außenhandel hat sich nach 1945 überwiegend auf das westliche Europa orientiert, mit (West-)Deutschland als bei weitem wichtigsten Außenhandelspartner. Die Integration in die internationalen Wirtschaftszusammenhänge hat sich auf institutioneller Ebene sukzessive weiterentwickelt. Auf die österreichische Industrie haben sich dabei die jeweiligen Schritte der Integration in die europäische Wirtschaft am unmittelbarsten ausgewirkt. Darüber hinaus gewannen jedoch auch die globalen Entwicklungen immer mehr an Bedeutung. Die institutionellen Rahmenbedingungen für die Weltwirtschaft haben sich seit den Siebzigerjahren grundlegend verändert, die praktischen Konsequenzen dieser Prozesse zeichnen sich zum Teil erst ansatzweise ab.

Die Entwicklung der Weltwirtschaftsordnung seit 1945

Die globale Ordnung nach dem Zweiten Weltkrieg war von der Spaltung in eine westlich-kapitalistische und eine kommunistische Hemisphäre gekennzeichnet. Die internationale Währungsordnung für die westliche Welt wurde 1944 im Abkommen von Bretton Woods vereinbart. Es sah für die Mitgliedswährungen fixe Wechselkurse und freie Konvertibilität vor. Als Leitwährung diente der US-Dollar, der seinerseits an das Gold gebunden war. Im Zusammenhang mit dem Bretton-Woods-Abkommen entstanden der Internationale Währungsfonds (IWF) und die Weltbank. Der IWF sollte ursprünglich zur Stabilisierung des

Gefangene der Globalisierung: Aktionisten beim EU-Gipfel in Nizza, 8. Dezember 2000

Systems bei vorübergehenden Zahlungsbilanzungleichgewichten einzelner Mitgliedsstaaten beitragen, die Weltbank den Wiederaufbau nach dem Krieg und später Modernisierungsprozesse in den Entwicklungsländern unterstützen.

Beide Institutionen werden aus Mitteln der Mitgliedsstaaten dotiert, die Stimmrechte sind nach dem Ausmaß der finanziellen Beteiligung bemessen. Die mit Abstand stärkste Position nehmen die USA ein, die als einziger Staat über eine Sperrminorität verfügen.

Die Wiederherstellung der Konvertibilität zog sich nach den Kriegs- und Nachkriegswirren in den meisten europäischen Staaten bis in die späten Fünfzigerjahre hin. Österreich ging erst 1962 die vollen Konvertibilitätsverpflichtungen ein, die im IWF-Artikel VIII vorgesehen waren. Die Wiederherstellung der Währungsumtauschmöglichkeiten förderte die Zunahme des Devisenhandels und damit eine gewisse Verflechtung der Finanzmärkte. Die Konvertibilität gemäß den IWF-Bestimmungen bezog sich jedoch nur auf Transaktionen, die in die Leistungsbilanz eingingen, während Beschränkungen von Transaktionen der Kapitalbilanz ausdrücklich erlaubt waren.

Die stabile Bretton-Woods-Ordnung zerbrach zu Beginn der Siebzigerjahre angesichts ungünstiger Zahlungsbilanzergebnisse und einer erheblichen fiskalen Expansion in den USA. 1971 stellten die USA die Goldeinlösung des Dollars ein und 1973 wurde das System fixer Wechselkurse endgültig aufgegeben. Nachdem der IWF seine ursprüngliche Rolle als Hüter des Systems fixer Wechselkurse verloren hatte, musste er seine Funktion ab den Siebzigerjahren neu definieren. Er entwickelte sich primär zu einer Liquiditätsquelle für die Entwicklungs- und Schwellenländer mit Zahlungsbilanzschwierigkeiten. Bis zum April 2004 erreichten die ausständigen Kredite ein Gesamtvolumen von 69 Milliarden Sonderziehungsrechten (etwa 89 Milliarden Euro), wovon 64 Prozent allein auf die drei Staaten Brasilien, Türkei und Argentinien entfielen.

Mit dem Ende des alten Weltwährungssystems von Bretton Woods setzte in den Siebzigerjahren der globale Übergang von der regulierten internationalen Nachkriegsordnung zur globalisierten, liberalisierten Ökonomie des 21. Jahrhunderts ein. Besonders rasch wuchs unter diesen Bedingungen seither das Volumen der internationalen Kapital- beziehungsweise Finanztransaktionen.

In den Siebzigerjahren schritten die Industriestaaten bei der Liberalisierung und Deregulierung der Finanzmärkte voran. In den beiden Welt-Finanzinstitutionen fand in den Achtzigerjahren ein Generationswechsel statt – neoliberale Ökonomen ersetzten die Keynesianer der Sechzigerjahre. Ansätze, die darauf abzielten, mit guter Politik gegen Marktversagen vorzugehen, wurden durch eine Politik ersetzt, die überhaupt den Staat und die Wirtschaftspolitik als das eigentliche Problem erachtete. Damals gerieten zahlreiche Entwicklungsländer, die sich zuvor hoch verschuldet hatten, in finanzielle Abhängigkeit von IWF und Weltbank. Sie mussten in raschen und radikalen Liberalisierungsprogrammen, die von den IWF- und Weltbankexperten gemäß dem »Washington Consensus« vorgegeben wurden, Kapitalverkehrs- und Handelshemmnisse abbauen. Nach 1989 entwickelten sich auch die ehemaligen Planwirtschaften Mittel- und Osteuropas zu offenen Marktökonomien. Gegenwärtig öffnet selbst China, das nach wie vor einen eigenständigen Weg der Wirtschaftsentwicklung verfolgt, stufenweise den Finanzsektor. In Österreich führte der in den Achtzigerjahren eingeschlagene Weg in Richtung Finanzmarktliberalisierung im Jahr 1991 zur vollständigen Freigabe des Kapitalverkehrs.

Parallel zu IWF und Weltbank sollte nach dem Zweiten Weltkrieg auch eine Institution für die globale Liberalisierung des Warenhandels ins Leben gerufen werden, die International Trade Organization (ITO). Als vorläufiges provisorisches Abkommen einigten sich 1947 23 Länder auf das General Agreement on Tariffs and Trade (GATT). Österreich trat dem GATT-Abkommen 1951 bei. Die ITO kam dann doch nicht zu Stande, sodass das GATT für beinahe ein halbes Jahrhundert den internationalen Handel regelte. Im Rahmen von mehreren so genannten GATT-Runden wurde der Durchschnittszoll für Industriewaren bis Ende der Siebzigerjahre auf 6,3 Prozent gesenkt. Zu den Prinzipien des GATT-Systems gehörten Zollbindung, Meistbegünstigung, Reziprozität und Inländerbehandlung, allerdings mit Sonderregelungen für regionale Integrationsgemeinschaften. Ab 1965 waren Abweichungen von der Meistbegünstigung im Interesse von Entwicklungsländern gestattet. Quantitative Handelsbeschränkungen waren laut Artikel XI im Prinzip unzulässig, doch wurde diese Bestimmung durch zahlreiche Ausnahmen paralysiert. Somit blieben diverse nichttarifäre Handelshemmnisse wie Quotenregelungen, freiwillige Selbstbeschränkungen etc. aufrecht. Der Agrarsektor blieb von der Liberalisierung weitestgehend ausgespart und auch für einige genau bezeichnete Industriebranchen galten weitreichende Ausnahmen. Als bedeutendstes Beispiel ist der Textilbereich zu nennen. Ab 1962 wurden die Importquoten für Baumwolltextilien in kurzfristigen Abkommen ausgehandelt, denen im Jahr 1974 das Multifaserabkommen (Multi-fiber Agreement) folgte. Auf diese Weise erfasste man rund 80 Prozent des weltweiten Textil- und Bekleidungshandels mit Exportbeschränkungen, die eine Abweichung vom eigentlichen GATT-System darstellten.

Im Jahr 1995 ist als Ergebnis der Uruguay-Runde an Stelle des provisorischen Sekretariats des GATT-Abkommens die Welthandelsorganisation (WTO) getreten. Dies bedeutete einen großen Schritt in Richtung tatsächliche Globalisierung der Weltwirtschaft. Der Agrarsektor wurde in die Liberalisierung einbezogen, das GATT-Regelwerk aktualisiert und daneben beinhaltet das WTO-Abkommen auch Regeln für den Handel mit Dienstleistungen (GATS) und für den internationalen Schutz von geistigem Eigentum (TRIPS). Der Final Act der Uruguay-Runde brachte es auch mit sich, dass die Importbeschränkungen im Textilhandel bis zum 1. Januar 2005 beseitigt wurden. Ein eigenes Organ namens TSB (Textiles Surveillance Body) überwacht die Einhaltung der Regelung und fungiert als Schlichtungsorgan.

Das GATT: Am 15. April 1994 unterzeichnen 111 der 125 Teilnehmerländer der Uruguay-Runde in Marrakesch die Schlusserklärung.

Globalisierungsopfer: 2003 musste Grundig seine Produktionsstätte in Wien-Altmannsdorf nach Insolvenz schließen.

Die Umsetzung der globalen Liberalisierungstendenzen wurde seit den Neunzigerjahren zu einer heftig umkämpften Materie. Besonders traten verschiedene Nicht-Regierungs-Organisationen (NGOs) hervor, die sich für Prinzipien des »fair trade« im Welthandel engagierten. In das Visier von erbitterter Globalisierungskritik geriet nicht zuletzt das im Rahmen der OECD diskutierte Multilateral Agreement on Investment (MAI), das aufgrund massiver Proteste schließlich von der Agenda genommen wurde. Befürworter meinten, dass glaubwürdige Rahmenbedingungen für ausländische Direktinvestitionen den Kapitalzufluss in weniger entwickelte Länder und somit deren wirtschaftlichen Aufholprozess begünstigen würden. Die Kritiker befürchteten einen inakzeptablen Verlust an wirtschaftspolitischer Souveränität der betroffenen Staaten und negative Konsequenzen einer überhasteten Marktöffnung. Als der Investorenschutz bei der WTO-Ministerkonferenz in Seattle im November 1999 wieder aufgegriffen werden sollte, wurde er erneut zum Zielobjekt organisierten Widerstands, sodass dieser Gipfel, bei dem eine weitere Liberalisierungsrunde hätte eingeleitet werden sollen, auf spektakuläre Weise scheiterte. Die Misserfolge intransparenter Globalisierungspolitik von Seiten der großen in Washington situierten Institutionen legten für das 21. Jahrhundert einen Politikwechsel in Richtung stärkere Einbindung der interessierten Gruppierungen nahe.

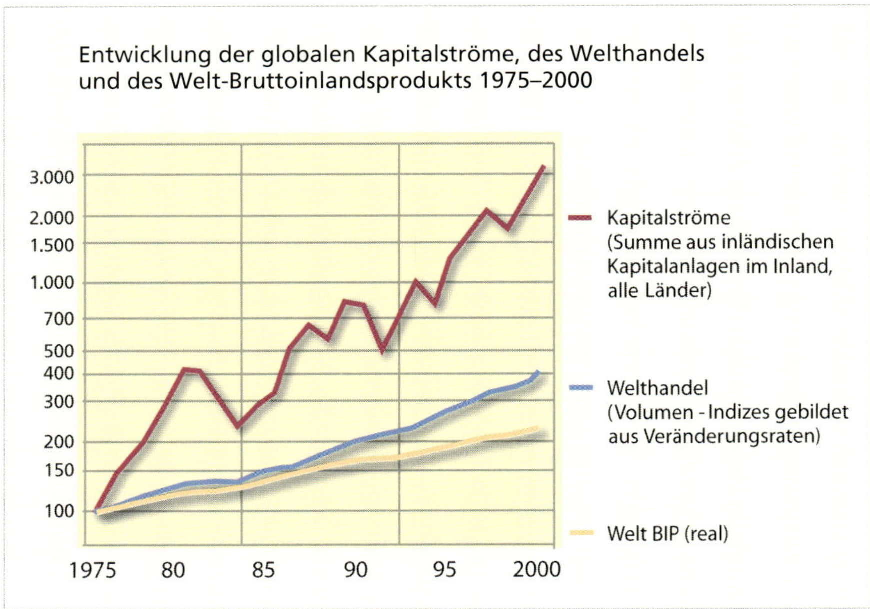

Quelle: Deutsche Bundesbank, Monatsbericht Januar 2002, 16.

Globalisierung der Rohstoffe: Der Erzberg im Winter, 1995

Trotz dieser Rückschläge für die Globalisierungspolitik in der jüngsten Vergangenheit haben sich die internationalen Kapitalströme von 1975 bis 2000 mehr als verdreißigfacht, während der Welthandel auf das Vierfache angestiegen ist und sich das globale Bruttoinlandsprodukt etwa verdoppelt hat. Eine neue Situation ergibt sich durch die Einführung des Euro im Jahr 2002. Zum ersten Mal ist neben dem Dollar eine echte zweite Währung entstanden. Die Frage ist offen, ob das die Geldströme eher stabilisiert oder die entstandene Labilität noch verstärkt.

Mit den Globalisierungstendenzen sind zugleich Regionalisierungstendenzen einhergegangen, die zur so genannten Triadisierung geführt haben. Es haben sich einige regionale Zonen herausgebildet, in deren Rahmen eine jeweils noch weiter reichende wirtschaftliche Integration erzielt wurde. Die bedeutendsten derartigen Zonen sind das integrierte Europa (EU, EFTA), Nordamerika (NAFTA) und der Asien-Pazifik-Raum (ASEAN + 3).

Der Handel sowohl innerhalb dieser Blöcke als auch zwischen ihnen hat sich seit den Achtzigerjahren erheblich intensiviert. Mehr als ein Drittel des weltweiten Warenhandels wird innerhalb der vier größten regionalen Integrationsgemeinschaften (EU, NAFTA, ASEAN sowie MERCOSUR in Lateinamerika) abgewickelt; beinahe ein Viertel allein innerhalb der EU. Zweifellos trägt jedoch der Übergang vom GATT zur WTO zu einer Relativierung der regionalen Blöcke bei. Von

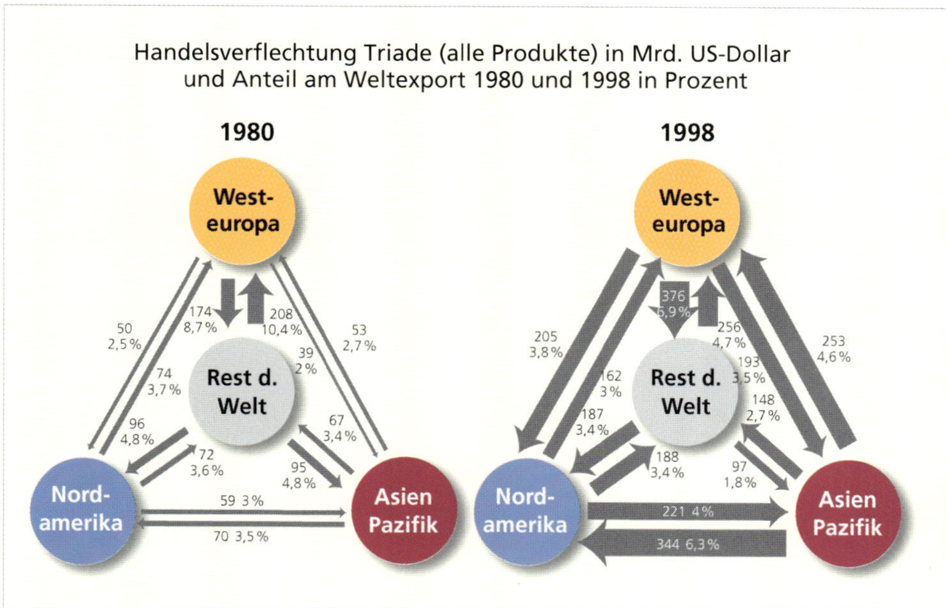

Quelle: Deutscher Bundestag, Schlussbericht der Enquete-Kommission Globalisierung der Weltwirtschaft – Herausforderungen und Antworten, Drucksache 14/9200, 12.6.2002, 120.

Präsenz auf globalen Märkten: Frachtterminal am Flughafen Linz

der Integration großer Emerging Economies – im Jahr 2001 trat China der WTO bei – geht ein zunehmender Veränderungsdruck auf die Industriestaaten aus, aber auch der Konkurrenzkampf unter den Entwicklungsländern verschärft sich.

Die Liberalisierung der Kapitalmärkte hatte ein sprunghaftes Ansteigen der Direktinvestitionen und Mergers & Acquisitions zur Folge. Die alten multinationalen Unternehmen der

Indikatoren für die Entwicklung der transnationalen Unternehmen

	1990	2000
Direktinvestitionen (Mrd. US-Dollar)	202	1.271
Mergers & Acquisitions (Mrd. US-Dollar)	151	1.144
Umsätze ausländischer Tochterfirmen (Mrd. US-Dollar)	5.467	15.680
Beschäftigtenzahl (Millionen)	23,7	45,6

Quelle: UNCTAD, World Investment Report 2001, 1.

Fünfziger- und Sechzigerjahre wurden mehr und mehr von den globalen Netzwerken der transnationalen Unternehmen (»transnational corporations«, TNCs) abgelöst.

Diese sind nicht mehr wie die klassischen Multis einem bestimmten Heimatland zuzuordnen, von dem aus sie hierarchisch gesteuert werden, sondern sie entwickeln sich tendenziell zu globalen, arbeitsteiligen Netzwerken mit flachen Hierarchien.

Die Strukturen der TNCs umfassen heute über 60.000 Unternehmen mit rund 820.000 ausländischen Tochterunternehmen. Bei den ausländischen Töchtern sind rund 45 Millionen Menschen beschäftigt. Rund 40 Prozent des gesamten Welthandels entfallen auf den Intra-Konzern-Handel im Rahmen dieser Strukturen.

Österreich in der liberalisierten Weltwirtschaft

Die voranschreitende Marktöffnung hat in der österreichischen Industriegeschichte seit den Sechzigerjahren immer wieder Strukturkrisen zu Tage gefördert, aber auch neue Wachstumschancen eröffnet. Deutlich traten derartige Effekte zum Beispiel nach dem Freihandelsvertrag mit der EG von 1972/73 auf. Manche alteingesessene Unternehmen, die als »unsinkbare Schiffe« der österreichischen Industrie gegolten hatten, brachen damals zusammen. Andere vermochten den Druck in effizienzsteigernde Reformmaßnahmen umzusetzen. Auch die Krise der verstaatlichten Industrie in den Achtzigerjahren ist unter anderem vor diesem Hintergrund zu sehen.

Von Seiten der Wirtschaftspolitik trachtete man ab den Siebzigerjahren, akute Unternehmenskrisen vorerst überwiegend mit reaktiven Förderungen abzuwenden. Dies führte zur »Förderungsexplosion« der Achtzigerjahre. Allein die Direktförderungen erreichten 1987 ein Volumen von 25,8 Milliarden Schilling. Die reaktive Direktförderung stützte primär in Bedrängnis geratene Unternehmen und trug somit eher zur Konservierung nicht mehr wettbewerbsfähiger Strukturen als zur Modernisierung bei.

Ab den späten Achtzigerjahren erfolgte allmählich eine Verschiebung von der reaktiven Direktförderung zu einer nachhaltigen Standortpolitik. Dazu gehörten mehrere Steuerreformen, wodurch sich die internationale Wettbewerbsfähigkeit der Industrie erhöhte.

Insbesondere durch die 1993 beschlossene Steuerreform wurden Unternehmen entlastet. Damals wurde das Österreichische Privatstiftungsrecht installiert, das sich seither als große Erfolgsstory erwiesen hat. Per Oktober 2004 bestanden in Österreich 2.542 Privatstiftungen mit einem Vermögen von 55 Milliarden Euro, wovon zwei Drittel auf Unternehmensbeteiligungen entfielen. Heute stehen bereits hinter den 100 größten österreichischen Privatunternehmen Stiftungen. Indem sie zur Bestandssicherung, zur Vermeidung von Erbstreitigkeiten und zur steuerschonenden Vererbung beitragen, spielen Privatstiftungen eine wichtige Rolle für die Stärkung österreichischer Unternehmen in der globalisierten Wirtschaft.

Im Bereich der Standortentwicklung haben Cluster-Projekte und Kompetenzzentren zu positiven externen Agglomerationseffekten beigetragen. Auch die Innovationsförderung hat an Stellenwert sehr gewonnen, zum Beispiel durch die Bildung des Innovations- und Technologiefonds (ITF) im Jahr 1987 und die jüngsten Reformen des Förderwesens, die im Kapitel über die Innovationen dargestellt sind.

Die Liberalisierung der Weltmärkte erhöht nicht nur den Wettbewerbsdruck, sondern sie bietet auch neue Chancen für den Export. Allerdings entfällt ein Großteil des Welthandels auf die großen multi- beziehungsweise transnationalen Unternehmen. Österreich hat in der Vergangenheit kaum Multis mit Stammsitz im Inland ausgebildet. Die für Österreich typischen Klein- und Mittelbetriebe tun sich oft schwer, die Hürden für den Zugang zu den Weltmärkten zu überwinden. Hier setzten die Export- und Internationalisierungsoffensiven an. Schwerpunkte lagen unter anderem in der Heranführung österreichischer Exporteure an chancenreiche Auslandsmärkte, der Bildung von Exportclustern und der Finanzierung von Exportvorhaben. Im Bereich von Exportfinanzierung und Garantieübernahmen wurde in den Sechzigerjahren die Oesterreichische Kontrollbank AG unter der Leitung von Helmut H. Haschek zum führenden Dienstleister ausgebaut. Für den Aufbau von Handelskontakten leisten die Außenhandelsstellen der Wirtschaftskammer Österreich wertvolle Dienste. Im Jahr 2002 konnte erstmals in der Geschichte der Republik Österreich ein aktiver Handelsbilanzsaldo erzielt werden.

Der Aufholprozess im Hinblick auf den Internationalisierungsgrad der österreichischen Wirtschaft seit den Achtzigerjahren kann auch anhand der Entwicklung der ausländischen Direktinvestitionen nachvollzogen werden. Der Stand österreichischer Direktinvestitionen im Ausland lag 1982 lediglich bei umgerechnet 733 Millionen Euro. Das waren nur 0,9 Prozent des Bruttoinlandsprodukts dieses Jahres. Seit den Neunzigerjahren haben sich

Die angeschlagene EU: TIME Magazine, europäische Ausgabe vom 13. Juni 2005, Titelblatt

die Auslandsinvestitionen massiv ausgeweitet und bis 2003 ein Ausmaß von rund 47 Milliarden Euro (21 Prozent des BIP) erreicht. Die Investitionsströme ins Ausland stiegen seit den Neunzigerjahren rasch an. 1992 machten sie erst 0,9 Prozent des BIP aus, während sie damals in vergleichbaren Volkswirtschaften

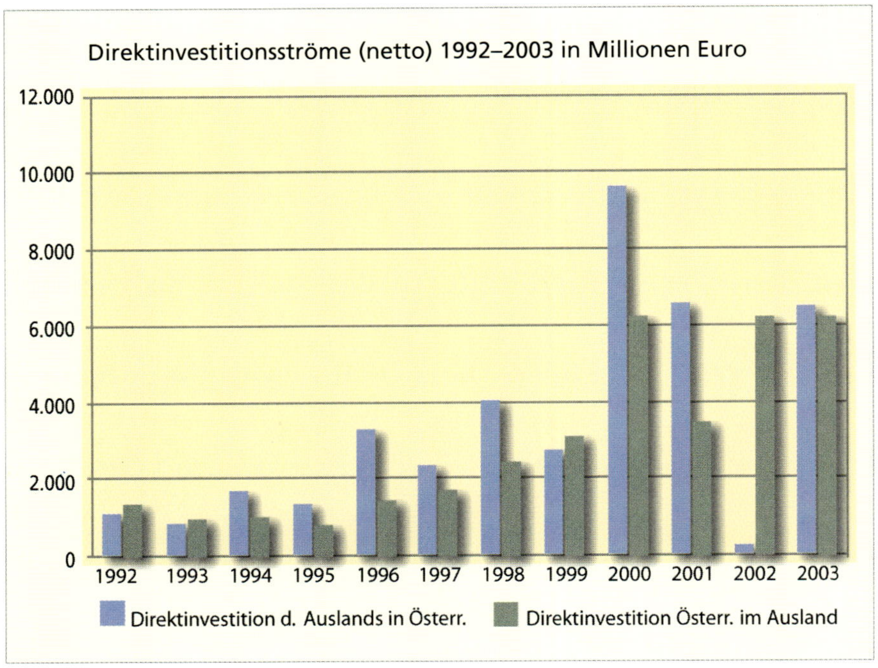

Quelle: Oesterreichische Nationalbank, http://www.oenb.at/de/stat_melders/datenangebot/aussenwirtschaft/direktinvestitionen/ abgefragt am 15.12.2004.

wie Belgien, Schweden oder der Schweiz bereits bei rund drei 3 Prozent lagen. 2003 beliefen sich die Auslandsinvestitionen mit 6,2 Milliarden Euro auf 2,8 Prozent des BIP.

Umgekehrt hat sich ausländisches Kapital in Österreich schon früher in einem etwas höheren Ausmaß engagiert. Der Stand der ausländischen Direktinvestitionen in Österreich war 1981 mit 46 Milliarden Schilling noch nicht besonders hoch, aber er machte immerhin das 4,5fache der österreichischen Direktinvestitionen im Ausland aus. Im Jahr 2003 hat der Stand der direkten Auslandsinvestitionen in Österreich mit einem Gesamtvolumen von rund 47 Milliarden Euro etwa den gleichen Wert erreicht wie die österreichischen Direktinvestitionen im Ausland. Darunter fielen Engagements von Unternehmen wie BMW, General Motors/Opel oder Magna, die zur Stärkung von wichtigen Leitbetrieben in österreichischen Industrieclustern beitrugen. Manchen Klein- und Mittelbetrieben ermöglichte die Integration in einen Weltkonzern den Eintritt in die internationalen Exportmärkte. Zum Beispiel gelang der Schablonen Technik Kufstein nach der Übernahme durch die weltweit agierende Stork-Gruppe im Jahr 1990 die globale Vermarktung ihrer innovativen Produkte im Bereich Textildruck.

Das meiste in Österreich veranlagte ausländische Kapital ist europäischen Ursprungs. Vom 2003 eingeströmten Kapital stammten etwa zwei Drittel aus den EU-15-Ländern und rund 20 Prozent aus Nordamerika. Von den österreichischen Direkt-Investments wurden 1992 rund 48 Prozent in den Staaten der EU-15 platziert, auf Mittel- und Osteuropa entfielen 30 Prozent. 2003 erhöhte sich der Anteil Mittel- und Osteuropas sogar auf 47 Prozent.

Sowohl an den Außenhandelsdaten als auch an den Kapitaldaten ist zu erkennen, dass Österreich nach wie vor sehr stark auf die es umgebenden Staaten orientiert ist. Durch die historischen Umbrüche in Mittel- und Osteuropa haben sich einmalige Wachstumschancen ergeben. Mit Direktinvestitionen konnten zahlreiche Unternehmen Netzwerke aufbauen, die sich auch im globalen Wettbewerb als kompetitiv erweisen. Die unzureichende Bearbeitung der dynamischen Märkte in Fernost und anderen Wachstumsregionen stellt gegenwärtig allerdings noch eine Strukturschwäche dar. In dieser Hinsicht sind bereits zahlreiche unternehmerische Initiativen angelaufen, die vorerst in den Makrodaten noch keinen adäquaten Niederschlag finden. Gerade damit die dynamische Entwicklung von Volkswirtschaften außerhalb Europas nicht zur Bedrohung, sondern zur Chance wird, ist eine rechtzeitige und ausreichende Präsenz vor Ort zweifellos erforderlich – ausgehend von einer starken Basis in Österreich beziehungsweise Mitteleuropa.

Eine globale Konsumwelt: George Gurralang mit seiner Tochter Andrea, mit Jagdwaffe, Coca-Cola-Flasche und Sony-Videokamera. Er sagt: »Ich habe gerade eine Videokamera erhalten, um unsere Kultur aufzuzeichnen: Ich filme alles, die Jagd, das Sammeln, die Zeremonien, das Basketballspiel, das Leben der Leute – so können wir es der Jugend auch in der Zukunft noch zeigen.« Arnhemland, Australien

Vom Staatsvertrag zum EU-Mitgliedsstaat

Staatliche Wirtschaftspolitik wird vom Gestalter zum Anpasser

Im Jahr des Staatsvertrags lag die gesamte Wirtschaftsleistung Österreichs, gemessen am Bruttoinlandsprodukt, um rund die Hälfte höher als vor dem Ersten und dem Zweiten Weltkrieg. Die Zeit der Ersten Republik war durch eine Schrumpfung des erzeugten Gütervolumens und der Dienstleistungen gekennzeichnet, im Gegensatz dazu erholte sich die Wirtschaft nach dem Zweiten Weltkrieg rasch. Das hohe Wachstumstempo der österreichischen Wirtschaft hielt fast ungebrochen bis zur ersten Hälfte der Siebzigerjahre an. Nur das »Wirtschaftswunder« in Deutschland lässt sich mit der starken Expansion des österreichischen Güter- und Leistungsvolumens vergleichen, gegenüber allen anderen westeuropäischen Ländern befand sich Österreich auf der Überholspur.

Die Initialzündung für diese positive Entwicklung war von außen gekommen. Die Marshallplan-Hilfe und die günstige Weltkonjunktur waren wesentliche Faktoren für das Anspringen des Wirtschaftsmotors. In Gang gehalten wurde er durch eine Politik, die dem wirtschaftlichen Wachstum Priorität einräumte, was für alle relevanten politischen Kräfte – Regierung und Sozialpartner – von entscheidender Bedeutung war. Unter beträchtlichen Opfern breiter Schichten der Bevölkerung gelang die Stabilisierung der Währung, mit massiven steuerlichen Begünstigungen für private und hohe Ausgaben für öffentliche

Erfolgreicher EU-Beitritt: Am 24. Juni 1994 unterzeichneten Bundeskanzler Franz Vranitzky und Außenminister Alois Mock beim EU-Gipfel auf Korfu den Beitrittsvertrag für Österreich.

Investitionen gelang es, den Schwung der Wiederaufbauperiode für eine beachtliche Expansion der österreichischen Wirtschaft zu nutzen.

Im Gegensatz zur Ersten Republik, die von Misstrauen und vom Gegeneinander der großen sozialen und politischen Gruppen gekennzeichnet war, hielt die Konsensbereitschaft auch dann noch an, als der äußere Druck mit dem Abschluss des Staatsvertrags und dem folgenden Abzug der Besatzungstruppen weggefallen war. Ganz war das Misstrauen zwar nicht geschwunden, aber man entwickelte ein System, das jeder Gruppe Einflusssphären und Kontrollmöglichkeiten sicherte, den so genannten »Proporz«, der nicht nur Grundlage für die politische Zusammenarbeit, sondern in Form »paritätischer« Gremien auch für jene der Interessenvertretungen von Arbeitgebern und Arbeitnehmern war.

Die Rolle der Sozialpartner

Viele Jahre hindurch prägten die Sozialpartner – also die Bundeswirtschaftskammer, die Präsidentenkonferenz der Landwirtschaftskammern und die Vereinigung Österreichischer Industrieller auf der einen Seite, der Österreichische Gewerkschaftsbund und die Arbeiterkammern auf der anderen Seite – wichtige Bereiche der Wirtschafts- und Sozialpolitik des Landes. Sie fanden auch in der Zusammenarbeit der gesellschaftlichen Gruppen in der von Volkspartei und Sozialistischer Partei gebildeten Bundesregierung bis zum Jahr 1966 sowie darüber hinaus in den meisten Ländern und Gemeinden ihre Entsprechung. Das wirtschaftliche System, das sich auf sehr pragmatische Weise nach dem Zweiten Weltkrieg entwickelt hatte, wurde oft als »gemischte Wirtschaft« bezeichnet.

Privates Eigentum war vorherrschend, doch befanden sich große Industriebetriebe, die Großbanken und die Energieerzeugung im öffentlichen Eigentum, auch der genossenschaftliche Sektor, und zwar Konsum- wie Raiffeisengenossenschaften, spielte eine bedeutende Rolle. In der unmittelbaren Nachkriegszeit war ein System strikter Regulierungen beispielsweise im Außenhandel, in der Währungspolitik und im Zuge der Lohn- und Preisabkommen auch in der Einkommenspolitik aufgebaut worden, in dem Vertreter von Regierung und Sozialpartnern zusammenwirkten. Der Warenverkehr war bereits vor Abschluss des Staatsvertrags liberalisiert worden – mit Ausnahme des für Österreich relativ bedeutenden Osthandels, der zunächst nur auf strikt bilateraler Basis abgewickelt wurde. 1959 wurde die Konvertibilität des österreichischen Schilling erklärt, es blieben jedoch

Traditionsreiche Sozialpartner: Wirtschaftskammerpräsident Rudolf Sallinger und Gewerkschaftspräsident Anton Benya

in vielen Bereichen umfassende Devisenkontrollen wirksam. Die 1957 von Regierung und Sozialpartnern gegründete »Paritätische Kommission für Preis- und Lohnfragen« ging auf einen Vorschlag der Gewerkschaften zurück, die die Ergebnisse ihrer Lohnpolitik durch inflationäre Entwicklungen gefährdet sahen und eine Kontrolle der Preisentwicklung anstrebten. Die zunächst zögernden Unternehmervertreter stimmten dem Vorschlag letzten Endes zu, versprachen sie sich doch ihrerseits, mäßigende Einflüsse auf die Lohnforderungen der Arbeitnehmervertretungen ausüben zu können.

In einer offenen und dynamischen Marktwirtschaft können freilich Löhne und Preise nicht zentral bestimmt werden. Was jedoch von allen Beobachtern diesem korporatistischen Modell eingeräumt wird, ist die stabilisierende Wirkung dieser Einrichtung zur Administrierung von Preiserhöhungen. Die Zentralen der Sozialpartner verstärkten durch sie noch ihre relativ machtvolle Position. Lohnverhandlungen der einzelnen Gruppen mussten von einem Unterausschuss der Kommission freigegeben werden, auf diese Weise wurde auch die Koordination großer Gewerkschaftsgruppen in einer »solidarischen Lohnpolitik« erleichtert. Der für Preise zuständige Unterausschuss mag wohl allzu starke Preisanstiege gedämpft haben, andererseits förderte das System ausverhandelter Erhöhungen das kartellfreundliche Umfeld in der österreichischen Wirtschaft. Mit steigendem Beschäftigungsgrad, verstärkter Außenhandelsverflechtung und zunehmender Produktdifferenzierung nahm die tatsächliche Wirksamkeit der administrierten Lohn- und Preispolitik naturgemäß ab. Es ist jedoch anzumerken, dass volkswirtschaftlich relevante Preise beispielsweise einiger Grundnahrungsmittel noch längere Zeit gesetzlich geregelt blieben, für die elektrische Energie, für wichtige Erdölprodukte und für Arzneimittel galt dies bis in die Neunzigerjahre. 1963 wurde mit dem »Beirat für Wirtschafts- und Sozialfragen« ein Instrument geschaffen, das mittels Expertengutachten gemeinsame Grundlinien der Interessenvertretungen für die Wirtschafts- und die Sozialpolitik erarbeiten und damit vor allem längerfristige politische Weichenstellungen beeinflussen sollte. Das Schwergewicht der Wirksamkeit sozialpartnerschaftlicher Einflussnahme hatte sich von direkten Eingriffen auf die indirekte Beeinflussung von Rahmenbedingungen verlagert.

Institutionalisierung der Partnerschaft: Die 100. Sitzung der Paritätischen Kommission im Dezember 1966

Investitionen und Export

Die Steuerpolitik unterstützte massiv die Selbstfinanzierungskraft und die Investitionstätigkeit der Unternehmen, insbesondere durch die so genannte vorzeitige Abschreibung, die nach Abschluss des Staatsvertrages zum Abbau des Rückstandes der ehemals sowjetisch besetzten Gebiete Ostösterreichs auch regional differenziert eingesetzt wurde. Ursprünglich war dieses Instrument zur Unterstützung exportorientierter Unternehmen entwickelt worden und erlaubte es, im Anschaffungsjahr bereits die Hälfte einer Maschine und ein Fünftel eines Gebäudes vorzeitig und zusätzlich zur Normal-Abschreibung als Aufwand in der Steuerbilanz geltend zu machen. Die ohnehin außerordentlich hohe Investitionsquote der österreichischen Wirtschaft wurde durch diese Maßnahme weiter angeregt. Bis zum Ende der Sechzigerjahre floss mehr als ein Viertel des verfügbaren Güter- und Leistungsvolumens in maschinelle und bauliche Investitionen. In dieser Zeit zählte Österreich zu den Industrieländern mit der höchsten Investitionsintensität. Einer der Gründe für diese herausragende Position war sicherlich der erhebliche Nachholbedarf an Infrastrukturinvestitionen, ein zweiter die nach der langen Stagnationsphase der Ersten Republik und den Zerstörungen des Zweiten Weltkriegs notwendige Erneuerung von Maschinenpark und Bauten. Vielfach waren es Neugründungen »auf der grünen Wiese«, entstanden doch neue Industriestandorte in den westlichen Bundesländern, die den westlichen Exportmärkten näher waren. Nicht zu unterschätzen waren auch die Investitionen in die Bauten und Einrichtungen für den aufblühenden Fremdenverkehr. Schließlich mag auch das große Gewicht der kapitalintensiven Grundstofferzeugungen in der österreichischen Industrie als Erklärung für die überdurchschnittliche Ausstattung mit Sachkapital dienen. In der später einsetzenden Strukturdebatte wurde häufig auf eine zu hohe Kapitalbindung in der österreichischen Industrie verwiesen, wurde die außerordentlich großzügige Investitionsförderung gemeinsam mit einer Tendenz zur Überinvestition im Bereich der verstaatlichten Industrieunternehmen als Ursache für eine teilweise Fehlleitung von Kapital genannt.

Durch eine andere steuerliche Maßnahme wurde der Export – auf diskrete Weise – unterstützt, durch die so genannte Umsatzsteuerrückvergütung. In Österreich kam bis in die erste Hälfte der Siebzigerjahre ein Umsatzsteuersystem zur Anwendung, das kumulativ alle Phasen des Warenverkehrs erfasste. Da nur inländische Umsätze der Besteuerung unterlagen, musste jedes Exportgut von ku-

Kohlenklau in Rot: Verstaatlichtendiskussion 1956 – Wahlplakat der ÖVP für die Nationalratswahl 1956

mulierter Umsatzsteuer »befreit« werden, was nur mittels Schätzungen technisch durchführbar war. Es ist recht plausibel, dass diese Schätzungen eher großzügig erfolgt sind. Jedenfalls war dies Gegenstand steter Klagen seitens ausländischer Konkurrenten, die später bei Wegfall dieser Rückvergütung nach Umstellung auf das System der Mehrwertsteuer durch Beschwerden österreichischer Exporteure indirekt bestätigt wurden.

Durch Abgaben auf den österreichischen Außenhandel wurde ein umfassendes System von Informations- und Serviceeinrichtungen, die so genannten Außenhandelsstellen der Bundeskammer der gewerblichen Wirtschaft, finanziert, das maßgeblich zu einem Abbau der Eintrittsbarrieren für Exporte österreichischer Klein- und Mittelbetriebe beitrug. In den Staatshandelsländern genossen die Außenhandelsdelegierten, formell den Vertretungsbehörden angegliedert, sogar diplomatischen Status.

Der Außenhandel entwickelte sich in der zweiten Hälfte der Fünfzigerjahre stürmisch, Exporte und Importe stiegen mit zweistelligen Wachstumsraten. In der Folge wuchsen die Einfuhren deutlich rascher als die Ausfuhren, das strukturelle Defizit der Handelsbilanz konnte jedoch bis zur Mitte der Sechzigerjahre durch steigende Einnahmen aus dem Ausländer-Fremdenverkehr wettgemacht werden. Zumindest teilweise lässt sich die negative Entwicklung der Handelsbilanz durch die Effekte der handelspolitischen Spaltung Westeuropas erklären.

Die aus politischen Gründen abnehmende Bedeutung des Handels mit den kommunistisch regierten Ländern Mittel- und Osteuropas verstärkte jene der Absatzgebiete in der Europäischen Wirtschaftsgemeinschaft. Österreich war jedoch der Europäischen Freihandelszone und nicht der Europäischen Wirtschaftsgemeinschaft beigetreten. Dieser im Wesentlichen politisch motivierte Schritt, der sich aus der Neutralitätsposition Österreichs ergab, führte in der zweiten Hälfte der Sechzigerjahre zu einer bedeutenden Verschiebung der Handelsströme. Der österreichische Export in die skandinavischen Mitgliedsländer der EFTA (European Free Trade Association), nach Großbritannien und in die Schweiz stieg stark an. Der Anteil dieser Länder erhöhte sich innerhalb weniger Jahre von weniger als 15 Prozent auf ein Viertel des Ausfuhrvolumens. Dieser Anstieg konnte aber gerade nur die Marktanteilsverluste in der EWG (Europäische Wirtschaftsgemeinschaft), insbesondere in Deutschland und Italien, wettmachen, der Anteil der Exporte in die Länder der Wirtschaftsgemeinschaft sank nämlich ebenso rasch von über 50 auf rund 40 Prozent ab.

Eine lange Auseinandersetzung über die Richtung der Integrationspolitik bestimmte die außenwirtschaftliche Debatte zwischen den Regierungsparteien, nachdem ein Versuch Österreichs gescheitert war, im Alleingang zu einem Arrangement mit Brüssel zu kommen, einer Art Assoziierung an die Europäischen Gemeinschaften. Die Protagonisten dieser Auseinandersetzung zwischen den Koalitionsparteien SPÖ und ÖVP waren vor allem der damalige Außenminister Bruno Kreisky, der für den Verbleib in der EFTA plädierte, und der damalige Handelsminister Fritz Bock, der das Wort vom »Verhungern in der Neutralität« prägte. Mit der Funktion der beiden Kontrahenten ist auch klargestellt, dass im einen Fall außenpolitische Interessen – die neutralitätspolitische Rücksichtnahme auf die einem Naheverhältnis Österreichs zur EWG feindlich gegenüberstehende Sowjetunion –, im anderen Fall die Interessen der Exportwirtschaft durch Sicherung des Marktzugangs im Vordergrund standen.

Die Debatte wurde letztlich auch dadurch beendet, dass Brüssel ebenfalls eine Herausforderung der Sowjetunion scheute und erst 1972 eine Zollsenkungsrunde als Vorbereitung auf die Globallösung abschloss. Großbritannien, Irland und Dänemark waren aus der EFTA ausgetreten und Mitglieder der EWG geworden. Die nunmehr aus neun Mitgliedern bestehende EWG schloss mit den in der EFTA verbliebenen Ländern Freihandelsverträge ab, die 1973 in Kraft traten. Die österreichischen Warenexporte gingen in der Zeit nach dem Zweiten Weltkrieg also immer stärker in die westeuropäischen Märkte, die direkten Lieferungen in die Vereinigten Staaten von Amerika spielten auch in dieser Zeit mit einem Anteil von unter 5 Prozent eine eher untergeordnete Rolle.

Noch 1937 waren rund 28 Prozent der österreichischen Warenlieferungen nach Osteuropa gegangen, also in Länder, die nunmehr Mitglieder des Rates für gegenseitige Wirtschaftshilfe (RGW beziehungsweise COMECON), der Wirtschaftsorganisation der unter Führung der Sowjetunion stehenden kommunistisch beherrschten Staaten, geworden waren. 1956 gingen 13 Prozent der österreichischen Warenexporte in den »Ostblock«, 1954 waren es deutlich weniger, nämlich nur 9,4 Prozent, gewesen. Dies war allerdings nicht auf Ausweitung des Osthandels nach Abschluss des Staatsvertrags zurückzuführen, sondern ist dem Umstand zu verdanken, dass die Auslandslieferungen der USIA- und SMV-Betriebe, also der unter sowjetischer Verwaltung stehenden Industrie- und Erdölbetriebe, bis zum Abschluss des Staatsvertrags nicht der österreichischen Jurisdiktion unterstanden und damit auch nicht in der Handelsstatistik erfasst werden konnten. In der Folge stieg der Anteil des Osthandels bis zur ersten Hälfte der Siebzigerjahre an, erreichte aber nur rund die Hälfte des Anteils der Epoche vor dem Zweiten Weltkrieg. Bis in die Siebzigerjahre war der Warenaustausch streng reglementiert und wurde gemäß den auf Regierungsebene abgeschlossenen bilateralen Handels- und Kooperationsverträgen abgewickelt. In diesem Zusammenhang sind auch Exportförderungsinstrumente anzuführen, die außerordentliche Bedeutung insbesondere für den Handel mit RGW-Staaten sowie Schwellen- und Entwicklungsländern gewannen: die von der Oesterreichischen Kontrollbank abgewickelten Exportfinanzierungen und -garantien. Die grundsätzliche Idee war es, besonders günstig verzinste und langfristige Kredite unter Garantie der Republik Österreich im Ausland aufzunehmen und den Zinsvorteil in der Finanzierung des Exporteurs weiterzugeben sowie zumindest einen Teil der Liefersumme durch staatliche Garantien

Die EFTA – Sackgasse oder Wegbereiter nach Europa: EFTA-Konferenz 1960

vom Zahlungsrisiko, in manchen Fällen auch vom Währungsrisiko zu befreien. Direkte Subventionen wurden für Lieferungen in Länder der Dritten Welt gegeben.

Bei Lieferungen in den RGW-Bereich ging man dabei von der Überlegung aus, dass die kommunistisch beherrschten Länder Osteuropas unter dem Schirm der an Rohstoffen und Energie reichen Sowjetunion stehen würden, also ein so genanntes »souveränes« Risiko der Staaten Osteuropas nicht schlagend werden würde. Österreich, das neben Finnland am stärksten handelspolitisch mit dem Osten verbundene westliche Industrieland, wurde damit auch ein bedeutender Kreditgeber insbesondere Polens, Ungarns, der DDR und des –

außerhalb des RGW befindlichen – Jugoslawiens. Angesichts des ungeheuren Hungers dieser Länder nach Investitions- wie Konsumgütern aus dem westlichen Ausland und des massiven Einflusses ihrer Administrationen auf die Unternehmen wurde der Osthandel zumindest teilweise auch zu einem Instrument der Außenpolitik dieser Länder und auch der Beschäftigungspolitik in einigen Zweigen der österreichischen Wirtschaft. Die Auflösungserscheinungen des »Ostblocks« Ende der Achtzigerjahre falsifizierten in einigen Fällen die Theorie vom »umbrella«, der die osteuropäischen Staaten vor Zahlungsunfähigkeit beschützen sollte. In Umschuldungsverhandlungen mussten teilweise erhebliche Konzessionen – im Falle Polens beispielsweise 50 Prozent des Barwerts der aushaftenden Kreditsumme – gemacht werden. Auch bei anderen Ländern kam es zu erheblichen Zahlungserleichterungen im Rahmen international vereinbarter Umschuldungsaktionen im so genannten »Pariser Klub« sowie zu Schuldenstreichungen gegenüber den ärmsten der Entwicklungsländer.

Strukturdebatte

Vielfach wird gerade die massive Exportstützung als Ursache dafür angegeben, dass manche Strukturschwächen der österreichischen Industrie zu lange verdeckt blieben und daher die Umstrukturierung unter erschwerten Umständen und vor allem zu spät durchgeführt werden musste. In den Sechzigerjahren konstatierte man eine Stagnation der Industrieinvestitionen, ihr Anteil an den Gesamtinvestitionen ging im Zehn-Jahres-Zeitraum 1958 bis 1968 von über 24 auf 16 Prozent zurück. 1963 verringerte sich erstmals in der Zeit nach dem Zweiten Weltkrieg die Zahl der Industriebeschäftigten, ein temporärer Tiefpunkt wurde ebenfalls 1968 mit rund 543.000 Beschäftigten erreicht, nachdem 1962 noch über 586.000 gezählt worden waren. Der Verlust von Industriearbeitsplätzen traf vor allem die relativ groß dimensionierten und damit stark exportabhängigen Basisindustrien, deren Produktionswert in dieser Zeit stetig zurückging. Hauptursache für diesen Rückgang war das langsamere Wachstum der industriellen Welt insgesamt, vor allem aber die geringere internationale Nachfrage nach Grundstoffen.

In dieser Zeit begann die nach dem Jahr 1945 erstmals geführte Debatte über Struktur und Wachstum der österreichischen Wirtschaft. Gleichzeitig war die mehr als zwanzig Jahre andauernde Zusammenarbeit der beiden großen Parteien nach den Wahlen des Jahres 1966 zu Ende gegangen, es war das eigentliche Ende der Nachkriegszeit. Das Gewicht der Wirtschafts- und Sozialpartnerschaft nahm in dieser Phase der politischen und wirtschaftlichen Entwicklung aber eher noch zu. International war das Vertrauen in die Beherrschbarkeit konjunktureller und struktureller Krisen außerordentlich groß. Frankreich experimentierte mit Modellen der so genannten »planification«, die Niederlande mit expertokratischen Modellen der wirtschaftlichen Lenkung, der deutsche Wirtschaftsminister Karl Schiller meinte, dass die Wirtschaftspolitik nur mehr »Probleme der Feinsteuerung« im Konjunkturzyklus noch nicht beherrsche. Im Beirat für Wirtschafts- und Sozialfragen wurden solche Modelle studiert, ebenso versuchten die Experten der Interessenvertretungen, des Österreichischen Instituts für Wirtschaftsforschung und einige Fachleute aus dem universitären Bereich die Folgen europäischer Integrationsmodelle auf die Struktur der Industriebranchen abzuschätzen. Es wurden Vorschläge zur Belebung des Kapitalmarkts ebenso wie zur Industriepolitik, zur Förderung der Klein- und Mittelbetriebe, zum Rückstand von Forschung und Entwicklung und auch zur Förderung des Wettbewerbs in vielen Wirtschaftsbereichen gemacht. Der Höhe-, aber gleichzeitig auch der Schlusspunkt dieser intensiven Beschäftigung vieler Experten von Interessenvertretungen und Parteien mit der Strukturproblematik der österreichischen Wirtschaft wurde mit dem so genannten »Koren-Plan« der ÖVP und der Erarbeitung des Programms der SPÖ zur Reform der österreichischen Wirtschaft erreicht. Die Volkspartei setzte einen Teil des »Plans« vom damaligen Staatssekretär Stephan Koren, der vor seinem Schritt in die Politik Industrieexperte des Wirtschaftsforschungsinstituts und Professor für Volkswirtschaftslehre gewesen war, noch in den letzten beiden Jahren ihrer Alleinregierung in den so genannten »Wachstumsgesetzen« um. Die SPÖ hatte in der Zeit der Regierungszusammenarbeit mit der ÖVP nur in beschränktem Ausmaß den wirtschaftspolitischen Kurs mitbestimmt. Sie hatte sich auf eine starke Position in der verstaatlichten Industrie und großen Bereichen der Infrastruktur beschränkt. Unter dem Parteivorsitzenden Bruno Kreisky wurden die vor allem in Gewerkschaft, Arbeiterkammer und Nationalbank tätigen Experten eingesetzt, um ein auf breiter Basis diskutiertes Wirtschaftskonzept zu entwerfen, das in der Wahlauseinandersetzung die unbestreitbare sozialpolitische Kompetenz der Sozialisten um den Anspruch auf wirtschaftspolitische Kompetenz ergänzen sollte.

Mit dem Entwicklungs- und Erneuerungsfonds und einem Ausbau der Bürges, einer Einrichtung zur Förderung von Investitionen in Klein- und Mittelbetriebe, erweiterte Koren das Instrumentarium direkter Investitionsförderung, das bisher im Wesentlichen aus dem ERP-Fonds bestand, der die um Nationalbankmittel vermehrten Rückflüsse aus der Marshallplan-Hilfe in Form zinsgünstiger und langfristiger Kredite vergab. Der Entwicklungs- und Erneuerungsfonds, später umbenannt in Finanzierungs-Garantie-Gesellschaft (FGG), sollte Unternehmen, die nicht über genügend dingliche Sicherheiten, aber interessante Investitionsvorhaben verfügten, mittels staatlicher Garantieübernahmen unterstützen. Durch die strikte Verfolgung der Zielsetzung, diese Garantien nur bei Vorlage plausibler Geschäftspläne zu vergeben, leistete diese Gesellschaft einen wesentlichen Beitrag zur Verbesserung des betrieblichen Rechnungs- und Lenkungswesens. In der Folge verlagerte sich der Schwerpunkt der FGG auf Beteiligungsgarantien, zunächst im Inland, später vor allem auf Direktinvestitionen österreichischer Mittelbetriebe in den mittel- und osteuropäischen

Kursdiskussion: Finanzminister Hannes Androsch und der spätere Nationalbankpräsident Stephan Koren, damals ÖVP-Klubobmann, in der Säulenhalle des Parlaments, 1975

Reformländern. Die Bürges, eine Einrichtung zur Förderung von Kleinstbetrieben, wurde durch das »Gewerbestrukturverbesserungsgesetz« zur Förderstelle auch mittlerer Unternehmen ausgebaut. Neben Bürgschaften für Bankkredite gewährte sie – zum Teil auch erhebliche – Zinsenzuschüsse. Wirksam blieb weiterhin auch der ERP-Fonds, ein Instrument des Marshallplans, das für langfristige und zinsgünstige Finanzierung von Investitionsvorhaben großer Infrastruktur- und Industrieunternehmen wohl bedeutendste Instrument. Mit der Fusion zweier Bankinstitute zur Investitions-Kredit AG wurde eine leistungsfähige Spezialbank für langfristige Industriefinanzierungen geschaffen.

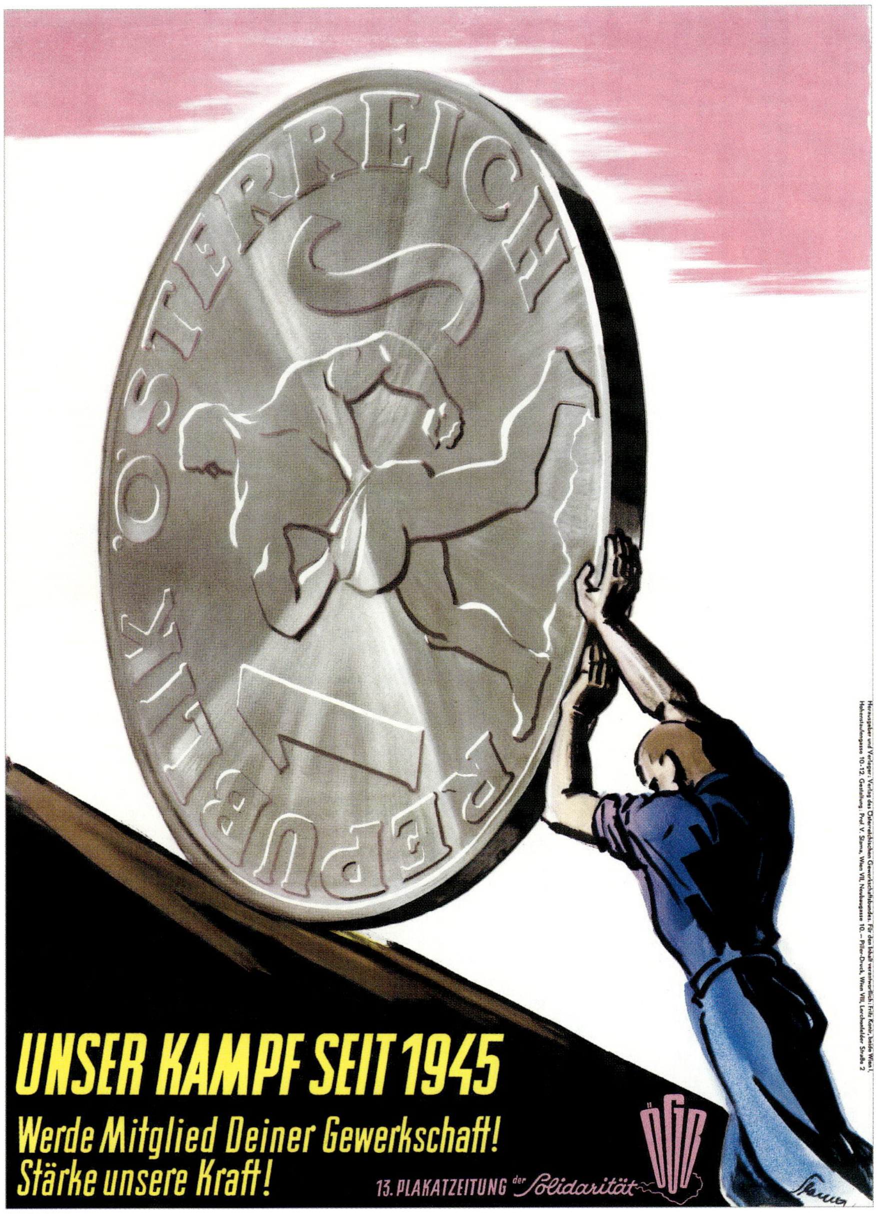

Im Kampf um Preise und Löhne: Österreichischer Gewerkschaftsbund: Solidarität Nummer 13, Februar 1953

Unternehmer Staat

Die Verstaatlichungsgesetze, die große Bereiche der Grundstoffindustrien, die Großbanken und ihren umfangreichen Beteiligungsbereich in weiterverarbeitender Industrie, im Handel und in einigen Dienstleistungsbereichen sowie die Elektrizitätswirtschaft erfassten, waren im Jahr 1946 einstimmig vom österreichischen Parlament beschlossen worden. Zweifellos gingen auch damals die gesellschaftspolitischen Zielvorstellungen, welche die einzelnen Parteien und Interessengruppen mit dieser Maßnahme verbunden hatten, weit auseinander. Für die Österreichische Volkspartei waren es wohl überwiegend pragmatische Beweggründe, obwohl sie sich unmittelbar nach dem Krieg noch als Bruderpartei der 1945 in Großbritannien siegreichen Labour Party bezeichnete. Wer hätte die herrenlosen Betriebe sonst übernehmen sollen? Wer hätte Kapital für den Wiederaufbau eingebracht, wenn nicht der Staat eingegriffen hätte? Schließlich verband sich mit der Verstaatlichung auch die – allerdings vergebliche – Hoffnung, die Betriebe des ehemaligen »deutschen Eigentums« aus der sowjetischen in österreichische Kontrolle überzuführen. Für die Sozialistische Partei entsprach die Verstaatlichung zwar nicht dem programmatisch fixierten Ziel der Vergesellschaftung, auch musste auf gemeinwirtschaftliche Organisationsformen verzichtet werden, doch die Neutralisierung der »Kommandohöhen«, die Etablierung einer gemischten Wirtschaft in Österreich, entsprach zweifellos den Wünschen vieler Betriebsräte, Gewerkschafter und Funktionäre der SPÖ. Mit dem Ende der sowjetischen Kontrolle über zahlreiche Industriebetriebe, vor allem aber auch der Ölfelder im Osten Österreichs, im Jahr 1955 setzte die erste größere Auseinandersetzung zwischen den Regierungsparteien über Ausmaß und Zukunft staatlichen Unternehmensbesitzes ein.

Der größere Teil des Komplexes der USIA- und SMV-Betriebe mit rund 26.000 Arbeitnehmern wurde in die verstaatlichte Industrie eingegliedert, um die restlichen 110 Unternehmen mit rund 20.000 Beschäftigten entbrannte ein regierungsinterner Streit. Die Positionen waren klar: Die ÖVP wollte so viele Kapazitäten wie möglich in private Hände überführen, die SPÖ plädierte für eine Eingliederung in den Bereich direkter und indirekter staatlicher Beteiligungen. 1956 gewann die ÖVP die Nationalratswahlen, verstärkte ihren Einfluss in der Führung der verstaatlichten Industrie und liquidierte das so genannte »Königreich Waldbrunner«, in dessen Ministerium die Post- und Telegrafenverwaltung, die Bundesbahn, die Bundesbeteiligungen an der Elektrizitäts-

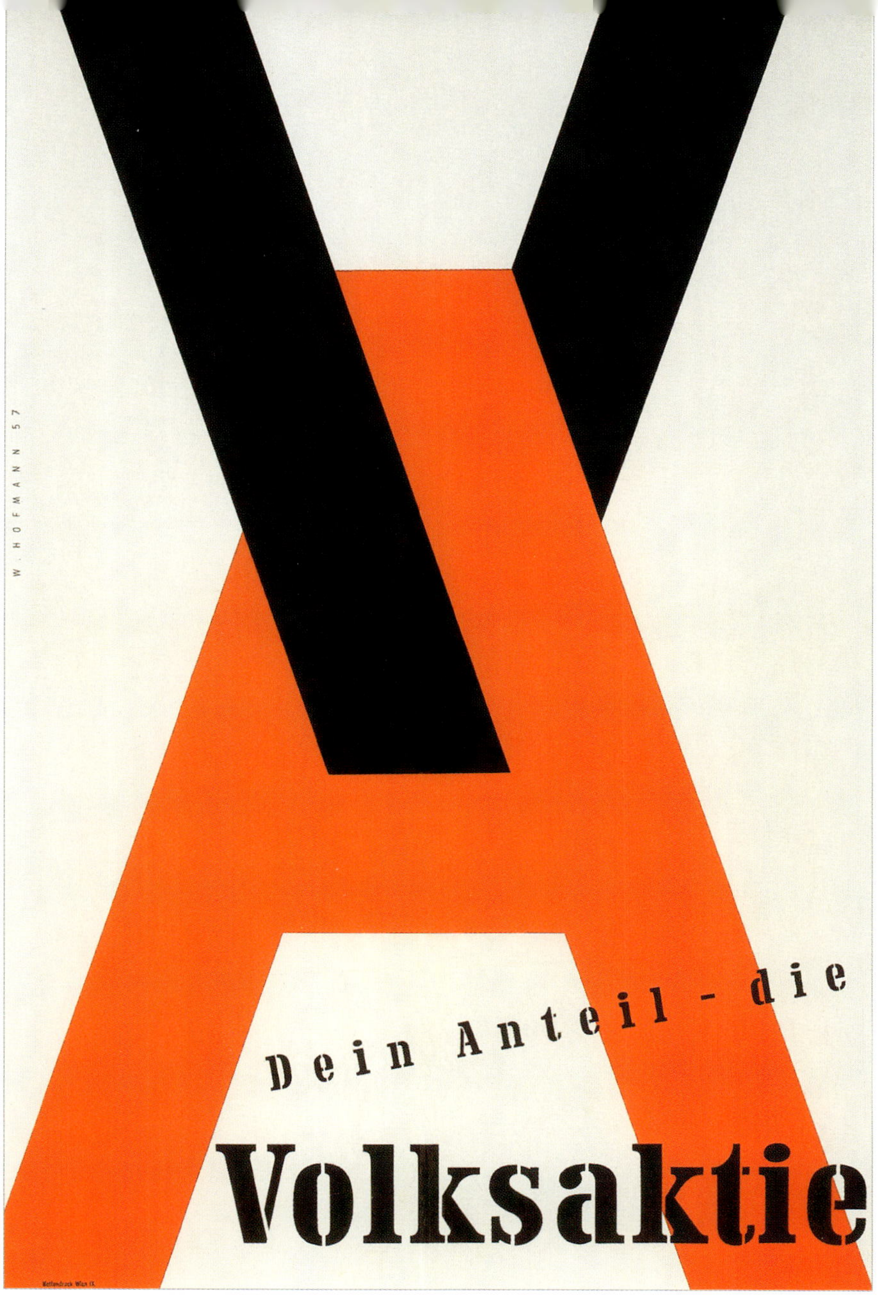

Privatisierungsversuche: Das wenig geglückte Experiment der Volksaktie

wirtschaft sowie die verstaatlichte Industrie mit den Verkehrsagenden zusammengefasst worden waren. Für das deutsche Eigentum wurde eine Kompromissformel gefunden, ein Großteil wurde an in- und ausländische Privatunternehmen verkauft. Erstmals kam es auch zu Privatisierungen über die Börse. Die von der ÖVP propagierte Ausgabe von »Volksaktien« wurde durch Verkauf von 40 Prozent der Anteile an den verstaatlichten Banken, Creditanstalt-Bankverein und Länderbank, erstmals realisiert. Die reale Bedeutung dieser Privatisierung blieb jedoch gering, da drei Viertel dieser Aktien stimmrechtlos waren. In der zweiten Hälfte der Fünfzigerjahre wurden Minderheitsanteile von acht ehemals in deutschem Eigentum befindlichen Unternehmen ebenfalls über Volksaktien privatisiert, darunter die Alpine Chemische, die Maschinenfabrik J. M. Voith, die Lokomotiven- und Maschinenbau Jenbacher Werke, die Chemosan, die Kabel- und Drahtwerke AG und das Maschinenbauunternehmen Rotax. Die ehemalige Süßwarenfabrik Stollwerck in Wien-Meidling wurde unter dem Namen »Tivoli« in die Hände so genannter »Volks-Aktionäre« übergeführt. 24 Prozent waren für die Arbeitnehmer reserviert, 30 Prozent für den Lebensmitteleinzelhandel und der Rest für das allgemeine Publikum. Die Freude der neuen Gesellschafter währte freilich nur kurz, da das Unternehmen bald insolvent wurde.

In der Führung der verstaatlichten Industrie wurden je nach Wahlergebnis durchgreifende organisatorische und personelle Veränderungen vorgenommen, was der Kontinuität der wirtschaftlichen Zielsetzung und der betrieblichen Entwicklung nicht förderlich war. Viele Organisationsformen wurden erprobt, von der direkten Verwaltung der Anteile durch ein Ministerium beziehungsweise eine Sektion des Bundeskanzleramtes bis hin zu Modellen von Holdinggesellschaften, die einmal als Treuhänder, ein andermal als Eigentümer fungierten. Erste Vorschläge auf Teilprivatisierung kamen vom Geschäftsführer der 1956 zur Verwaltung der Staatsanteile errichteten Österreichischen Industrie- und Bergbauverwaltungsges.m.b.H. (IBV), Hans Igler, der später Präsident der Industriellenvereinigung wurde. Er schlug vor, Minderheitsanteile der profitablen Großunternehmen zu verkaufen und damit die Kapitalkraft der aus dem USIA-Bereich stammenden Betriebe zu stärken. Die weit gediehenen Pläne wurden jedoch ad acta gelegt, nachdem die SPÖ bei der Wahl 1959 ihre Position zu Lasten des Koalitionspartners gestärkt hatte.

Die IBV wurde aufgelöst, die Anteilsrechte wurden wiederum direkt verwaltet, nunmehr von einer Sektion des Bundeskanzleramtes, die dem sozialistischen Vizekanzler zugeordnet war. Von Anfang an war der Einfluss der Regierungsparteien auf die Auswahl der Betriebsführungen außerordentlich groß, wurde das Misstrauen, das jede Seite der anderen entgegenbrachte, durch Anwendung strikter Proporzregeln mühsam unter Kontrolle gehalten.

Eine Episode aus der letzten Zeit der direk-

Austrokeynesianismus: Wahlplakate der frühen 1970er-Jahre: ÖVP 1973

ten Verwaltung mag kennzeichnend für die Auswüchse sein, die sich aus dieser Situation ergaben. Ein von den Regierungsparteien eingesetzter Ausschuss, der die strategische Ausrichtung der verstaatlichten Industrie bestimmen sollte, konnte eine ganze Legislaturperiode des Nationalrats hindurch nicht zusammentreten. Der Grund hiefür war, dass Vizekanzler Bruno Pittermann die verstaatlichte Industrie als »Nationalindustrie« bezeichnet hatte und eine Landkarte mit deren Standorten in einem Sitzungssaal anbringen ließ. Die ÖVP-Vertreter verweigerten die Teilnahme an Sitzungen, die in diesem Saal stattfinden sollten, die SPÖ-Vertreter hingegen die Abnahme der Landkarte.

Dieser Vorfall illustriert auch, wie es zum wachsenden Überdruss an und in der Koalition kam. 1966 erzielte die Österreichische Volkspartei, nachdem die SPÖ schwere innerparteiliche Konflikte rund um den ehemaligen ÖGB-Präsidenten Franz Olah zu bewältigen hatte, bei Nationalratswahlen die absolute Mandatsmehrheit. In der daraufhin gebildeten Alleinregierung der ÖVP war es der aus dem Arbeitnehmerflügel kommende Josef Taus, der eine neuerliche Reform der Verwaltung der verstaatlichten Industrie mit Gründung der Österreichischen Industrieverwaltungs-Gesellschaft entwarf und erste Pläne für eine Umstrukturierung des wichtigsten Bereiches dieses Industriesektors, der Eisen- und Stahl-Industrie, ausarbeiten ließ. Die ÖIG, ursprünglich als Gesellschaft mit beschränkter Haftung mit Treuhänder-Funktion zur Verwaltung der Anteile an der verstaatlichten Industrie eingerichtet, wurde in der Folge in eine Aktiengesellschaft umgewandelt, auf die alle Eigentumsrechte an den verstaatlichten Unternehmen von der Republik übertragen wurden. Freilich blieb der politische Einfluss nach wie vor dominierend. Der Aufsichtsrat der ÖIAG war zwar formell das einzige Gremium, das gemäß dem Stärkeverhältnis der Parteien im Parlament zusammengesetzt war. Durch ein kompliziertes Verfahren der Zustimmungsrechte zur Ernennung von Aufsichtsräten in den Konzerngesellschaften blieb jedoch eine de facto bis in die einzelnen Betriebe reichende politische Kontrolle der Managerauswahl aufrecht. Entscheidungen über die Ernennung von Vorstandsmitgliedern wurden in den Parteigremien von ÖVP und SPÖ beschlossen, wobei in beiden Parteien die Länderorganisationen großen Einfluss ausübten, in der ÖVP die bündische Struktur, in der SPÖ die Wünsche von Gewerkschaften und Betriebsräten zu beachten waren. Auf öffentliche Kritik reagierend wurden zwar nun auch parteiunabhängige Kandidaten auf Führungspositionen gehievt. Doch Berufungen so genannter »Null-Gruppler« änderten wenig am Gesamtsystem.

Ungebremstes Wachstum ...

Nicht nur das starre System der politischen Kontrolle wichtiger Basisindustrien und der Elektrizitätswirtschaft geriet verstärkt unter kritische Beobachtung, die Gesamtentwicklung der österreichischen Industrie wurde von zahlreichen Fachleuten pessimistisch eingeschätzt. Kaum war jedoch die Druckerschwärze auf den Seiten der Studien getrocknet, die erhebliche Strukturschwächen der österreichischen Wirtschaft diagnostizierten, begann eine Phase hohen und anhaltenden Wachstums. Von 1968 bis 1974 wuchs das Bruttoinlandsprodukt Österreichs im Jahresdurchschnitt um mehr als 5 Prozent. Österreich übertraf in dieser Zeit erstmals das durchschnittliche Wohlstandsniveau der westeuropäischen Industrieländer gemessen am Bruttoinlandsprodukt pro Kopf der Bevölkerung. 1970 wurde die Alleinregierung der ÖVP unter Josef Klaus von einer der SPÖ unter Bruno Kreisky abgelöst, der bis zum Jahr 1983 die politische Landschaft Österreichs prägen sollte. Die Arbeitslosenquote ging bis auf 1,2 Prozent im Durchschnitt des Jahres 1973 zurück, auch als Folge der in drei Etappen durchgeführten Arbeitszeitverkürzung von 45 auf 40 Stunden. Die hohen Wachstumsraten ließen die Einnahmen aus Steuern und Abgaben sprudeln, nominell erhöhten sie sich in der ersten Hälfte der Siebzigerjahre um mehr als 50 Prozent. Dies gab genügend Spielraum für tief greifende Steuerreformen einerseits, andererseits für die Einführung neuer Sozialtransfers. Ein Teil der Steuerreformen ist bereits unter jene Maßnahmen zu subsumieren, die die österreichische Wirtschaftspolitik unter europäischem Anpassungsdruck durchgeführt hat. Unter Finanzminister Hannes Androsch wurde die Allphasen-Umsatzsteuer auf die Mehrwertsteuer umgestellt, eine der Voraussetzungen für Österreichs Teilnahme an einem intensivierten europäischen Güteraustausch. Ein umfangreiches Regelwerk für die Preisfestsetzung von Waren und Dienstleistungen wurde ausgearbeitet um einen Inflationsschub zu vermeiden. Mit der Einführung der Individualbesteuerung wurde von der Sozialistischen Partei einer Verbesserung der Position berufstätiger Frauen Vorrang vor verteilungspolitischen Zielsetzungen eingeräumt, hatte doch das für höhere Einkommen geltende System

Austrokeynesianismus: Wahlplakate der frühen 1970er-Jahre: SPÖ 1971

der Familienbesteuerung die meist geringeren Verdienste von Ehefrauen durch die gemeinsame Veranlagung geradezu marginalisiert. Mit der Einführung kostenloser Schulbücher, der Schülerfreifahrt und einem umfassenden Programm für den Bau höherer Schulen wurde eine Bildungsoffensive eingeleitet. Als besonders wirksam erwies sich die an Vor- und Nachsorgeuntersuchungen gebundene Gewährung der Geburtenbeihilfe: Die Zahl der Totgeburten und der im ersten Lebensjahr Verstorbenen ging innerhalb von zehn Jahren auf die Hälfte zurück.

Trotz der erheblichen Ausweitung der öffentlichen Ausgaben war in dieser Zeit das Defizit des Bundeshaushaltes niemals höher als 1 Prozent gewesen und die Gesamtverschuldung des Bundes erreichte 1974 lediglich rund 15 Prozent des Bruttoinlandsprodukts. Auf Grund des Sogs der – im Gegensatz zur Weltwirtschaft – stetig wachsenden österreichischen Nachfrage stieg allerdings das Defizit im Außenhandel von rund 11 Milliarden Schilling im Jahr 1969 auf fast 35 Milliarden im Jahr 1974. Das positive Ergebnis der Dienstleistungen konnte diese Lücke nicht schließen, das Defizit in der Leistungsbilanz stieg auf 8,7 Milliarden Schilling an. Und ein zweites Krisenzeichen kündigte sich an: der rasante Anstieg der Verbraucherpreise. Er sollte sich im Gefolge der abrupten Erhöhung des Ölpreises noch verstärken.

… gefolgt von Stagflation

Das Vokabular der Wirtschaftskommentare dieser Zeit wird um einen Begriff und eine Abkürzung erweitert. Der Begriff heißt Stagflation. Diese stellte die Wirtschaftstheoretiker vor neue Probleme, hatte man doch bisher meist die Beobachtung gemacht, dass wirtschaftliche Expansion zu Verknappungen auf den Gütermärkten und damit zu inflationären Tendenzen führte. Nun trat eine lange Phase der wirtschaftlichen Entwicklung ein, in der bescheidene Wachstumsraten mit hohen Preissteigerungen einhergingen. 1974 begann eine lange Reihe von Jahren, in der die jährlichen Inflationsraten in den westeuropäischen Industrieländern über 10 Prozent lagen. In Österreich wurde diese Marke zwar niemals erreicht, dennoch stellte die Eindämmung des Preisauftriebs auch in unserem Land eine der Hauptaufgaben der Wirtschaftspolitik dar.

Das Kürzel, von dem die Rede war, lautet: OPEC. Es war die Organisation Erdöl exportierender Länder, mit Sitz in Wien, die durch Erhöhungen des Rohölpreises den Anstoß zu einer allgemeinen Steigerung des Energiepreisniveaus und in der Folge zum geschilderten Auftrieb der Konsumentenpreise gab. Um mehr als 6 Milliarden Schilling verteuerten sich die Energieimporte Österreichs von 1975 auf 1976, das Defizit in der Handelsbilanz erhöhte sich sprunghaft auf 54 Milliarden Schilling im Jahr 1976 und auf 73 Milliarden Schilling im Jahr 1977. Relativ hohe Lohnsteigerungen waren 1975 ausgehandelt worden, im Vertrauen auf günstige Wachstumsprognosen, was kurzfristig die österreichische Wettbewerbsposition verschlechterte und naturgemäß zur Passivierung der Leistungsbilanz beitrug. 1977 musste ein Rekordwert von über 30 Milliarden Schilling als Leistungsbilanzdefizit verbucht werden. Auch der Bundeshaushalt blieb von der negativen Wirtschaftsentwicklung nicht verschont, in der zweiten Hälfte der Siebzigerjahre mussten Defizite in der Höhe von rund 4 Prozent hingenommen werden.

Auch ein zweiter Schock war von der außenhandelsabhängigen österreichischen Wirtschaft zu absorbieren: der Zusammenbruch des »Bretton-Woods-Systems«, eines die lange Aufschwungphase begleitenden Systems relativ stabiler Wechselkurse, die das Kursrisiko für den Exporteur wesentlich eindämmten. Mit dem Instrumentarium der Außenhandelsförderung versuchte die Wirtschaftspolitik, etwa durch die Gewährung von Wechselkursgarantien, die negativen Folgen für die Exportwirtschaft einzudämmen.

Österreich reagierte in dieser Phase anders als die meisten westeuropäischen Länder auf den wirtschaftlichen Rückschlag und hatte damit Erfolg. Das Wachstum war in der zweiten Hälfte der Siebzigerjahre deutlich höher, die Inflationsraten und die Arbeitslosenquoten deutlich niedriger als in den anderen westeuropäischen Industriestaaten. Durch steuerliche Maßnahmen, unter anderen die Einführung der »Luxussteuer«, eines dritten Mehrwertsteuersatzes auf »Güter des gehobenen Bedarfs«, wurde versucht, negative Auswirkungen auf das Budget in Grenzen zu halten. In Wahrheit handelte es sich dabei um eine protektionistische Aktion, denn in der Haupt-

sache wurden importierte Güter – und hier vor allem Personenkraftwagen – getroffen. Erreicht wurde eine deutliche Verbesserung in der Handelsbilanz, die positiven Auswirkungen auf das Budget blieben bescheiden.
Im Nachhinein wurde dieser »policy-mix« mit dem Etikett »Austro-Keynesianismus« versehen, da er wohl eine Reihe von Maßnahmen umfasste, die einem keynesianischen Konzept entsprochen hätten, kombiniert jedoch mit dem Festhalten an der Hartwährungspolitik und einem konsequenten Einsatz der Einkommenspolitik, sprich: bewusster Lohnzurückhaltung. Die Siebzigerjahre waren also eine Periode, in der bereits Anpassungen an das Umfeld stattfanden wie etwa die Umstellung des Steuersystems oder die Orientierung an der stabilsten Währung Europas, der Deutschen Mark, aber der verbliebene wirtschaftspolitische Spielraum wurde maximal genutzt. Insbesondere konnte ein Sockel an Arbeitslosigkeit vermieden werden, der in fast allen westeuropäischen Ländern in dieser Periode entstand und auch in den folgenden Aufschwungsphasen nicht mehr abgebaut werden konnte. So stieg die Arbeitslosenrate in OECD-Europa zwischen 1974 und 1983 von unter 4 auf über 10 Prozent an, während sie in Österreich erst 1983 das westeuropäische Niveau des Jahres 1974 knapp überstieg.

Paradigmenwechsel

Die Achtzigerjahre waren von einem zweifachen Paradigmenwechsel gekennzeichnet. Die in den USA durch die von Ralph Nader geführte konsumkritische und umweltbewusste Bewegung wie auch der Nuklearunfall auf »Three Mile Island« hatten die Öffentlichkeit im größten Industrieland der Welt sensibilisiert. In Europa erfüllte der berühmt gewordene Bericht des »Club of Rome« diese Funktion und traf auf eine durch die Ölpreiskrise und ebenfalls durch den Unfall sensibilisierte Öffentlichkeit. In immer breiteren Kreisen entstand Skepsis gegenüber der Sinnhaftigkeit wirtschaftlichen Wachstums, insbesondere Großprojekte stießen auf Ablehnung, der wachsende Konsum natürlicher Ressourcen geriet in die Kritik, ebenso wie Tendenzen der Zerstörung der natürlichen Lebensgrundlagen. Es war die Geburtsstunde der Grün-Bewegung,

Moderne Sozialpartner: Gewerkschaftsbundpräsident Fritz Verzetnitsch und Wirtschaftskammerpräsident Christoph Leitl

die vor allem in vielen europäischen Ländern zur politischen Kraft wurde und ihre Basis vorwiegend in der jüngeren Generation fand.
Die zweite Veränderung, die langfristig wirksam werden sollte, war ganz anderer Art. Es war der Wechsel von einem durch die keynesianische Theorie geprägten wirtschaftspolitischen Agieren hin zu einer auf Basis monetaristischer, neoklassischer Vorstellungen beruhenden Wirtschaftspolitik. Die Ursachen für diesen Paradigmenwechsel lagen unter anderem darin, dass in vielen Industrieländern angesichts sprunghaft wachsender Budgetdefizite sich der Eindruck verbreitete, dass die

»Niveaupolitik«, dass eine nachfrageorientierte Wirtschaftspolitik ihr Pulver verschossen hätte und nunmehr die Zukunft der »Strukturpolitik«, einer angebotsorientierten Wirtschaftspolitik, gehörte.

Tatsächlich hatte die Verteuerung der Energie, die in zwei Wellen erfolgte, eine ganze Reihe von Innovationen im industriellen Bereich zur Folge, die unter dem Kostendruck und auch unter dem Motto der Einsparung von Ressourcen nunmehr rascher zum Einsatz kamen, als dies ohne diese Strukturbrüche geschehen wäre. Die Basisindustrien waren besonders stark von diesem Wandel betroffen. Zunächst reagierte man in ganz Europa auf klassische Weise, etwa in der Stahlindustrie arbeitete die Europäische Wirtschaftsgemeinschaft den D'Avignon-Plan aus, der nach dem für Industriefragen zuständigen belgischen Kommissar benannt wurde. Er sah einen stufenweisen Abbau der Kapazitäten in der Eisen- und Stahlindustrie nicht nur der EWG-Länder vor, auch Außenseiter wie Österreich, die in die EWG Stahl exportierten, wurden in dieses »Krisenkartell« einbezogen. In Frankreich, Belgien, Großbritannien und Schweden wurden die großen Stahlerzeuger in der Branchenkrise der Siebzigerjahre verstaatlicht. In Österreich wurde versucht, mit offensiven Mitteln – etwa der Verbreiterung der Produktionspalette – wie mit defensiven Mitteln – Abbau von Beschäftigten unter Gewährung von Sonderunterstützungen – die Folgen dieser Branchen- wie Regionalkrise zu mildern.

In dieser Zeit wurde die Krisenintervention zu einer der Hauptaufgaben staatlicher Wirtschaftspolitik in Österreich. Für die besonders betroffenen Regionen wurden regionale Entwicklungsgesellschaften eingerichtet, wurden Sonderprogramme entwickelt, die durch Kombination öffentlicher Investitionen mit Förderungsmaßnahmen für Privatunternehmen Umstrukturierungen erleichtern sollen. Um die negativen Folgewirkungen von Groß-Insolvenzen auf Klein- und Mittelbetriebe zu mildern, wurden notleidend gewordene Forderungen vom Staat aufgekauft. Das Instrumentarium der aktiven Arbeitsmarktpolitik wurde eingesetzt, um Teile ganzer Branchen oder Betriebe über Wasser zu halten. Naturgemäß waren nicht alle diese Anstrengungen erfolgreich, so scheiterte beispielsweise ein groß angelegter Versuch, das Überleben von Kapazitäten der Textilindustrie im Osten des Bundesgebietes mit massiven Finanzhilfen zu sichern. Ein Erfolg war hingegen die Tätigkeit einer 1982 gegründeten Auffanggesellschaft des Bundes, der »Gesellschaft für Bundesbeteiligungen an Industrieunternehmungen«, die insolvent gewordene oder vom Zusperren bedrohte Firmen übernahm und nach einer Sanierungsphase an Private verkaufte. Das Ziel erreichten auch die Auffangbemühungen und Restrukturierungen in der im Westen des Landes gelegenen Textilindustrie, die ursprünglich auf große Widerstände seitens der Branche gestoßen waren.

Die verstaatlichte Industrie, hauptsächlich in der Erzeugung von Grundstoffen tätig, wurde von der Strukturkrise besonders stark getroffen. Mit der Übertragung der Anteile des Staates auf eine Eigentümer-Holding und der Zusammenführung branchengleicher Unternehmen, der Bildung von Konzernen, war zwar versucht worden, die Unternehmensleitungen zu stärken und eine Politik der Führung »at arm's length« von Seiten der Politik zu realisieren. Sobald jedoch die Krise der Grundstoffindustrie manifest wurde, wurde verständlicherweise auch wieder von allen Seiten interveniert, vor allem von Vertretern lokaler Interessen, um Beschäftigungsabbau oder gar Betriebsschließungen zu verhindern. Unter dem starken Druck der Politik, Arbeitsplätze zu erhalten, wurden von den Unternehmensleitungen nun neue Geschäftsfelder erschlossen, für die vielfach das Know-how und vor allem die Erfahrung fehlten. Das führte letztlich dazu, dass aus den traditionellen Grundstoffbereichen stammende Verluste noch übertroffen wurden von desaströsen Ergebnissen in diversen Dienstleistungs- und

Handelsbereichen. Außerordentlich hohe Verluste, die 1985 in Tochterunternehmen der VOEST-Alpine wie der Chemie Linz im Terminhandel mit Öl entstanden, waren dann der Auslöser für eine den Einfluss der Politik auf regionaler wie auf bundesstaatlicher Ebene beschränkende Reform. Letztlich waren es die hohen öffentlichen Zuschüsse, die zum Erhalt der Unternehmen eingesetzt werden mussten, die den Boden bereiteten für die politische Forderung nach Privatisierung der verstaatlichten Industrie wie auch der verstaatlichten Banken. Wie die Verstaatlichung ideologische und sehr pragmatische Wurzeln hatte, so galt dies auch für die Privatisierung. »Mehr privat, weniger Staat« war die Parole jener, die grundsätzlich staatlicher Wirtschaftstätigkeit eine Fehllenkung von Ressourcen unterstellten. Letzten Endes mussten jene, die von der Legitimität öffentlichen Eigentums in strategischen Bereichen wie etwa der Infrastruktur überzeugt waren, den Rückzug des Staates aus dem industriellen Sektor – nolens volens – hinnehmen.

Der Paradigmenwechsel in Richtung Neoliberalismus fand in der österreichischen Wirtschaftspolitik erst sehr spät seinen Niederschlag. Zunächst wurde mit dem klassischen Instrumentarium und unter massiver Beteiligung der Sozialpartner versucht die Krisenfolgen zu dämpfen, was unter Einsatz relativ hoher öffentlicher Mittel auch gelang. Fritz Breuss meint dazu: »Österreich scheint eben nicht nur bezüglich der Umsetzung des technischen Fortschritts eine eher lange Anlaufzeit zu haben, auch neuen Strömungen in der Wirtschaftswissenschaft und Wirtschaftspolitik steht man hierzulande länger als anderswo skeptisch gegenüber.« Letzten Endes hat man die Wahl, sich dieser Diagnose anzuschließen oder eher jenem berühmt gewordenen Zynismus des amerikanischen Ökonomen John Kenneth Galbraith, der den Erfolg der österreichischen Wirtschaft nach 1945 darauf zurückführt, dass Österreich rechtzeitig alle seine großen Ökonomen in die USA exportiert habe.

Österreich rückt vom Rand in die Mitte Europas

Das Jahr 1989 brachte mit dem Zusammenbruch des kommunistischen Machtbereichs in Mittel- und Osteuropa eine für Europas Zukunft entscheidende Wende. Der Übergang zur Marktwirtschaft forderte in allen diesen Ländern zunächst große Opfer, war begleitet von galoppierender Inflation, dem Entstehen von Arbeitslosigkeit und dem Verlust von einem Viertel bis zu einem Drittel des Bruttoinlandsprodukts innerhalb von drei bis vier Jahren. Für die österreichische Wirtschaft war die politische und wirtschaftliche Neuorientierung des ehemaligen »Ostblocks« von größter Bedeutung, was sich nicht nur im rasch expandierenden Außenhandel, sondern vor allem in massiven Direktinvestitionen zeigte. Bei Privatisierungen und Neugründungen nahmen österreichische Firmen in allen Nachbarländern eine wichtige, in manchen sogar die führende Position ein. Banken, Versicherungen, Handelsunternehmen und die Industrie sicherten sich beachtliche Marktpositionen durch Übernahmen bestehender Unternehmen oder durch Ansiedlungen auf der »grünen Wiese«. Durch Garantien der Finanzierungs-Garantie-Gesellschaft und im Rahmen der Außenhandelsfinanzierung wurden auch mittlere Unternehmen ermutigt, den Schritt über die Grenzen zu wagen. Neue Formen der Arbeitsteilung begannen sich herauszubilden, wobei nicht nur die Märkte Zentral- und Osteuropas, sondern natürlich auch die niedrigen Kosten Motiv der Expansion ins Ausland waren. Die Direktinvestitionen, die bisher in einer Einbahnstraße nach Österreich geströmt waren, werden nun von österreichischen Unternehmen als Instrument der Markterweiterung und Sicherung der Konkurrenzfähigkeit genutzt. Die Bilanz der aktiven und passiven Direktinvestitionen glich sich innerhalb relativ kurzer Zeit aus.

Auch die deutsche Wiedervereinigung brachte

Umbruch im Osten: Die frühere Zentrale des Rats für gegenseitige Wirtschaftshilfe (RGW) in Moskau

– direkt und indirekt – eine beachtliche Erhöhung der Exportnachfrage. Doch immer stärker wurde die Diskriminierung spürbar, die trotz Freihandelsverträgen vor allem für den Veredelungsverkehr der Zulieferbetriebe und die Nahrungsmittelindustrie von der Vertiefung der Europäischen Wirtschaftsgemeinschaft ausging. Durch die politischen Veränderungen in der Sowjetunion – die Ära von Glasnost und Perestrojka unter Michail Gorbatschow – schien nun eine weitere Annäherung Österreichs an die Europäischen Gemeinschaften möglich. Als Sprecherin der Industrie drängte die Vereinigung Österreichischer Industrieller auf intensive Integrationsbemühungen. Schritt für Schritt wuchs in allen großen Interessenvertetungen und Parteien die Unterstützung für baldige Beitrittsverhandlungen. Brüssel reagierte zunächst vorsichtig und bot der EFTA einen gemeinsamen »Europäischen Wirtschaftsraum« als Lösung an, der – angesichts der inzwischen fortgeschrittenen Beitrittsverhandlungen mit Finnland, Schweden und Österreich – für diese Länder nur für die Zeitspanne eines Jahres von Bedeutung war. Diese Erweiterung war vom Standpunkt der Europäischen Gemeinschaften zweifellos wirtschaftlich weit weniger problematisch als die vorhergehende »Süderweiterung« oder die am 1. Mai 2004 erfolgte Aufnahme von zehn weiteren Staaten. Die Verhandlungen mit den nunmehr als »Europäische Union« firmierenden Gemeinschaften und die notwendigen Anpassungen der österreichischen Rechts- und Wirtschaftsordnung nahmen dennoch die erste Hälfte der Neunzigerjahre in Anspruch. Steuerliche Änderungen, wie etwa die Abschaffung des erhöhten Mehrwertsteuersatzes, mussten als Anpassungsmaßnahmen getroffen werden. Reformen der Einkommen- und der Körperschaftsteuer, die Abschaffung oder Umstellung einer Reihe von Steuern dienten vor allem der Unterstützung der österreichischen Unternehmen für die Bewältigung der nächsten Integrationsetappe. Die Sätze der Einkommensbesteuerung wurden kräftig gesenkt, der Spitzensteuersatz auf 50 Prozent. Der Investitionsfreibetrag löste die Investitionsförderung in Form der vorzeitigen Abschreibung ab. Umfassend wurde das Körperschaftssteuerrecht vereinfacht und der Nominalsatz um mehr als 20 Prozentpunkte niedriger festgesetzt. Die steuerliche Begünstigung von Privatstiftungen sollte die Kapitalbildung in Privatunternehmen erleichtern, gleichzeitig auch eine weitere Kapitalflucht in Steueroasen verhindern und die bei Auftreten von Nachfolgeproblemen in Familienbetrieben nahezu unvermeidliche Veräußerung von Unternehmen vermeiden helfen. Mit der Abschaffung der Gewerbeertragsteuer und der Vermögensteuer wurden in den Achtzigerjahren weitere Entlastungen für die Unternehmen durchgeführt. Gleichzeitig entlastete die so genannte »Negativsteuer« die geringsten Einkommen von Sozialabgaben. Mit der Endbesteuerung von Kapitalerträgen in Form von Abzügen wurde eine moderne Steuerform eingeführt, ohne das Bankgeheimnis und die Anonymität in Frage zu stellen.

Größere Stolpersteine auf dem Weg Österreichs in die Europäische Union waren die Liberalisierungen beim Grundstückskauf und beim Gütertransit und vor allem die Umstellung der Agrarförderung, die auch indirekten Einfluss auf die nachgelagerten Verarbeitungsstufen hatte. Das österreichische System der landwirtschaftlichen Subventionen ruhte auf zwei Säulen: auf der Stützung bäuerlicher Produkte durch Budgetmittel und auf der Bezahlung deutlich über dem Niveau der Europäischen Union liegender Agrarpreise durch die Konsumenten. Die Bauern waren neben Teilen der »Grünen« und der Freiheitlichen Partei, die eine Nein-Parole für den Beitritt ausgab, die wohl der EU am skeptischsten gegenüberstehende Bevölkerungsgruppe.

Die Bundesregierung beschloss flankierende Maßnahmen für jene Gruppen, die Nachteile aus dem EU-Betritt befürchteten, wobei beachtliche finanzielle Konzessionen aus dem

Budget von den Agrariern durchgesetzt wurden. Die Systemumstellungen, aber auch die Nettozahlungen, die Österreich an die EU abzuliefern hatte, belasteten das durch den wirtschaftlichen Rückschlag des Jahres 1994 beeinträchtigte Bundesbudget weiter und machten Konsolidierungsfortschritte früherer Jahre wieder zunichte.

Österreich in der Wirtschafts- und Währungsunion

Die Anpassung der österreichischen Wirtschaftsstruktur nach dem Beitritt zur Europäischen Union ging verhältnismäßig reibungsfrei vor sich. Beachtliche Abschwächungen des wirtschaftlichen Wachstums in wichtigen Absatzmärkten – Deutschland, Italien und der Schweiz – gemeinsam mit einer Verringerung öffentlicher Ausgaben und einer Erhöhung der Steuerquote waren die Hauptursachen für ein gegenüber dem Durchschnitt der EU geringeres Wachstum des österreichischen Bruttoinlandsprodukts in den Jahren 2001 bis 2004. Das Platzen der Blase der »new economy«, spekulativer Investitionen in High-Tech-Firmen, deren Marktaussichten weit überschätzt wurden, berührte die österreichische Industrie und den Kapitalmarkt nur am Rande. Zwar blieb die Arbeitslosenquote deutlich unter dem europäischen Durchschnitt, es gelang jedoch erstmals seit vielen Jahrzehnten nicht mehr, allen Schulabgängern einen Arbeits- oder Ausbildungsplatz zu sichern.
Die Bemühungen um eine Konsolidierung der öffentlichen Haushalte hatten die Auseinandersetzungen um die Finanzierung der Budgets der einzelnen Gebietskörperschaften – Bund, Länder und Gemeinden – verschärft. Die demografische Entwicklung in Kombination mit der geringen Beschäftigungszunahme machte die Finanzierung der Systeme der Altersversorgung wie auch des Gesundheitswesens immer schwieriger. Mehrmalige Erhöhungen der Beiträge zur Sozialversiche-

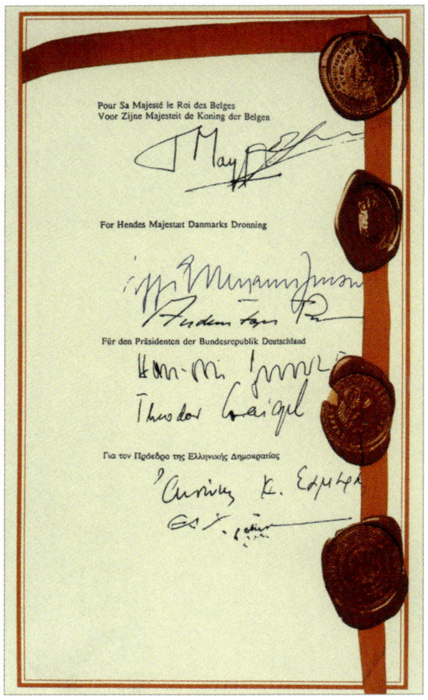

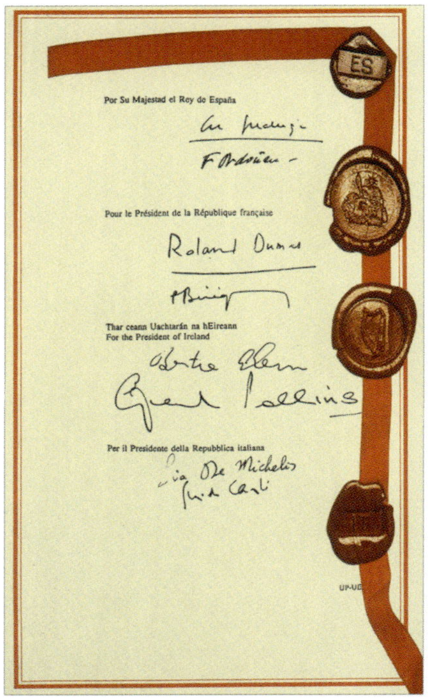

»Europäische Union«: Am 7. Februar 1992 wurde in Maastricht durch die Außen- und Finanzminister der EG-Staaten der Vertrag über die »Europäische Union« unterzeichnet.

rung hatten zu einer erheblichen Belastung der Löhne und Gehälter für Arbeitnehmer wie Arbeitgeber geführt. Wie in der gesamteuropäischen Diskussion wurde die Zukunft des Sozialstaates, die Einführung neuer Finanzierungsmodelle für die Pensionsvorsorge und die Pensionsversicherung, die Eigenbeteiligung an den Kosten der sozialen Systeme auch hierzulande zu einem beherrschenden Thema der wirtschafts- und sozialpolitischen Auseinandersetzung, war doch die durchschnittliche Lebenserwartung der Bevölkerung in den letzten 50 Jahren jeweils um rund zehn Jahre angestiegen. An unterschiedlichen Auffassungen über die Änderung des allgemeinen Pensionsversicherungssystems scheiterten auch die Verhandlungen um die Weiterführung der Koalition von SPÖ und ÖVP, die – seit die FPÖ bei den Wahlen 1999 den zweiten Platz hinter den Sozialdemokraten erlangt hatte – nicht mehr das Attribut »Große« für sich in Anspruch nehmen konnte. Anfang 2000 einigte sich die FPÖ unter ihrem Obmann Jörg Haider mit der ÖVP unter Wolfgang Schüssel, der die Funktion des Bundeskanzlers übernahm, auf eine Zusammenarbeit in der Bundesregierung, die nach vorzeitigen Neuwahlen 2003 – die große Gewinne der ÖVP und starke Verluste der FPÖ brachten – fortgesetzt wurde.

Österreich wurde – in konsequenter Fortsetzung seiner Währungspolitik – Gründungsmitglied der Wirtschafts- und Währungsunion, was zunächst einmal die Aufgabe seiner Souveränität auf dem Gebiet der Währungspolitik bedeutete. Allerdings hatte die Oesterreichische Nationalbank mit der starren Bindung an die Deutsche Mark bereits seit fast 25 Jahren auf einen eigenen währungspolitischen Spielraum verzichtet, sodass dieser Schritt keine gravierende Änderung der wirtschaftspolitischen Rahmenbedingungen darstellte. Anderes gilt für die Begleitmaßnahmen, die im Gefolge der Maastrichter Beschlüsse der Europäischen Union hinsichtlich der Eindämmung der öffentlichen Defizite und des Anteils der Staatsschuld am Bruttoinlandsprodukt gesetzt wurden. Mit diesen Beschlüssen sollte vor allem gewährleistet werden, dass die Stabilitätspolitik der neu errichteten Europäischen Zentralbank durch parallele Bemühungen in der Fiskal- und Wirtschaftspolitik der Mitglieder der Euro-Zone gestützt wird.
Diese Euro-Zone nahm einen größeren Umfang an, als zunächst von vielen Beobachtern erwartet worden war. Durch rechtzeitige wirtschaftliche Anpassungen an den Kurs der Hartwährungsländer gelang es allen südeuropäischen Mitgliedsstaaten der EU, bei der

Ausgabe des neuen europäischen Zahlungsmittels im Jahr 2002 dabei zu sein. Von den damals 15 Mitgliedern blieben nur drei, Großbritannien, Dänemark und Schweden, außerhalb der Währungsunion. Entgegen dem Empfinden vieler Bürger der Währungsunion brachte die Umstellung keinen Preisschub, die Inflationsraten verblieben auf relativ niedrigem Niveau. Jedoch stellte es sich angesichts niedriger Wachstumsraten, anhaltend hoher Arbeitslosigkeit und ungelöster Strukturprobleme der öffentlichen Haushalte als besonders schwierig heraus, das ambitioniert gesteckte Ziel – ausgeglichene Budgets und Abbau der öffentlichen Verschuldung – zu erreichen. Im Gegenteil: Portugal, Frankreich, Deutschland und Italien entfernten sich von diesem Ziel, Griechenland wurde vorgeworfen, schon bei Eintritt in die Währungsunion seine Budgetdaten geschönt zu haben. In Österreich wurde zwar 2001 ein geringes Defizit des Bundeshaushalts, unter Einrechnung aller Gebietskörperschaften sogar ein ausgeglichenes Ergebnis erzielt, die Nachhaltigkeit dieses Ergebnisses konnte aber in der Folge nicht gesichert werden.

Auf die österreichische Wirtschaft wirkte sich die Wachstumsdynamik in den Reformstaaten aus, die in erstaunlich kurzer Zeit ihre Außenhandelsorientierung von Ost nach West umkehrten. Die Eingliederung vieler Produktionsstätten in multinationale Firmen und die Freihandelsverträge mit der EU machten es möglich, dass schon vor dem Beitritt der acht mittel- und osteuropäischen Staaten am 1. Mai 2004 die Anteile ihres Außenhandels mit den »alten« EU-Ländern deutlich höher lagen als bei einigen seit Jahrzehnten der Union angehörenden Mitgliedern. Als Nachbarland profitierte Österreich in besonderem Maße von dieser Entwicklung, neu entwickelte Formen der Arbeitsteilung und rechtzeitige Bearbeitung dieser Märkte sicherten der österreichischen Wirtschaft beachtliche Marktanteile in rasch wachsenden Volkswirtschaften.

Insgesamt gesehen hat sich zweifellos der wirtschafts- und sozialpolitische Spielraum Österreichs im Laufe seiner verstärkten Integration in die Weltwirtschaft, insbesondere seit dem Beitritt zur Europäischen Union, verringert. Schrittweise wurden Regeln übernommen, die wesentlich die Rahmenbedingungen für unternehmerische Tätigkeit verändert haben, insbesondere gilt dies für den in Österreich traditionell vernachlässigten Bereich der Wettbewerbspolitik. Noch nicht endgültig definiert scheint die Rolle neuer,

Antiprivatisierungskampagne der KPÖ: Volksstimme-Fest auf der Wiener Jesuitenwiese, Plakat, 2001

Kampf gegen die Privatisierung: ÖGB-Protest vor dem Sitz der ÖIAG in der Wiener Kantgasse, 10. Juli 2003

autonom agierender Überwachungsorgane für den Kapitalmarkt wie für den Finanzbereich, aber auch von Regulatoren für die Liberalisierung bisher monopolistisch organisierter Versorgungsbereiche zu sein. Im Aufbau sind neue legistische Regelungen oder auch Verhaltenskodizes für die Verpflichtungen sowie die innere Ordnung der Unternehmensorgane größerer Gesellschaften.
Gleichzeitig ist auch eine gewisse Konvergenz zwischen der Strukturentwicklung der kontinentaleuropäischen und der anglo-amerikanischen Welt feststellbar. Mit der zunehmenden Bedeutung der Finanzmärkte, auch der Beteiligungsmärkte, ist die Unternehmenspolitik kurzatmiger geworden und orientiert sich stärker an kurzfristiger Rentabilität und damit an den Interessen der Aktienbesitzer. Mit der umfassenden Liberalisierung der Finanz-, Waren- und Arbeitsmärkte ist die Mobilität von Produktionsfaktoren wie auch Produkten deutlich erhöht worden, haben sich Grundregeln – beispielsweise die Rechnungslegung von Unternehmen, die vierteljährliche Berichterstattung und ihre Beurteilung durch Analysten der Investmentbanken betreffend – global durchgesetzt.
Die zukünftige Entwicklung von Wirtschaft und Gesellschaft wird auch die Fragen zu beantworten haben, die sich Beobachter der jüngsten Veränderungen stellen. Die erste Frage ist, wie weit der Regierungswechsel im Jahr 2000 jene Wende in der österreichischen Sozial- und Wirtschaftspolitik darstellt, von der manche ihrer Akteure sprechen. So schreibt beispielsweise Roman Sandgruber von einer »... Neuausrichtung der österreichischen Politik in einem größeren Europa, die für Sozialpartnerschaft, Korporatismus und geschützte Sektoren weniger Platz ließ«. Felix Butschek meint hingegen, dass die Regierungen Schüssel »... wichtige und notwendige wirtschaftspolitische Schritte gesetzt haben, ohne die traditionelle österreichische Institutionenstruktur gravierend zu verändern«.

In einem größeren Zusammenhang gesehen kann kein Zweifel daran bestehen, dass selbst in großen europäischen Industrieländern die Gestaltung der Politik in den Hintergrund und die Anpassung an regionale Zusammenschlüsse, ja an eine globale Ausrichtung der Rahmenbedingungen in den Vordergrund getreten ist. Die zweite Frage, die in diesem Kontext der zukünftigen Entwicklung überlassen werden muss, ist die nach dem Schicksal des europäischen Wirtschafts- und Sozialmodells. In den europäischen Ländern hat sich nach dem Zweiten Weltkrieg – auch als Folge der Konkurrenz mit den kommunistisch regierten Ländern – eine Gesellschafts- und Wirtschaftsform entwickelt, die einmal als »soziale Marktwirtschaft«, ein andermal als »Rheinischer Kapitalismus« oder als System der »gemischten Wirtschaft« bezeichnet wird. Kennzeichnend für dieses Modell war eine im Vergleich zu den USA hohe Steuerquote und ein relativ hoher Anteil der Sozialausgaben, ein eher kooperatives Verhältnis der Sozial- und Wirtschaftspartner und die Häufigkeit staatlicher Interventionen. Die Charakteristika dieses Modells scheinen in der jüngsten Zeit in den Hintergrund zu treten, die so genannte Globalisierung bringt eine Anpassung an anglo-amerikanische Entwicklungsmuster mit sich. Schwaches wirtschaftliches Wachstum, relativ hohe Arbeitslosenquoten und zunehmende Standortkonkurrenz haben die Organisationen der Arbeiterbewegung in die Defensive gedrängt. Die Zukunft wird weisen, ob jene Recht behalten, die dieses europäische Modell als bloß vorübergehende Begleiterscheinung einer Phase ungebrochen hohen Wirtschaftswachstums und exzeptioneller Vollbeschäftigung nach dem Zweiten Weltkrieg sehen, oder ob die aus der demografischen Tendenz absehbare Verknappung von Arbeitskräften gemeinsam mit einer expansiven Wirtschaftspolitik einer erweiterten Union das europäische Modell in seiner grundsätzlichen Ausprägung wieder festigen hilft.

AUSVERKAUF - NICHT MIT UNS!
ÖGB
Gewerkschaft der Post- und Fernmeldebediensteten

Banken und Kapitalmarkt

Wiederaufbau, Wachstum und Wettbewerb

Am Ende des Zweiten Weltkriegs waren nicht nur viele Gebäude und Produktionsanlagen zerstört, auch die Finanzvermögen der Haushalte, die Finanzierungsmöglichkeiten der Unternehmen und die Bilanzstrukturen der Banken teilten dieses Schicksal. Damit fehlten zunächst wesentliche Voraussetzungen dafür, die für den Wiederaufbau erforderliche Betriebsmittelfinanzierung und die für das Wachstum essenzielle Finanzierung der Realkapitalbildung sicherzustellen. Erst bis Mitte der Fünfzigerjahre gelang es dann, zumindest den kurzfristigen Finanzierungsbedarf der Wirtschaft aus inländischer Mittelaufbringung und durch das heimische Kreditwesen abzudecken. Für die Bereitstellung längerfristiger Mittel zur Investitionsfinanzierung fehlte ein funktionsfähiger Kapitalmarkt. Dafür musste auf ausländische Finanzierungsquellen und direkt vom öffentlichen Sektor zur Verfügung gestellte oder garantierte Mittel (zum Beispiel des ERP-Fonds) zurückgegriffen werden. Um zunehmend auch längerfristige Kredite vergeben zu können, emittierten die Banken verstärkt Bankschuldverschreibungen. Gleichzeitig sollte das Sparförderungsgesetz aus dem Jahr 1953 die private Ersparnisbildung anregen, um aus den wachsenden Einkommen ein höheres inländisches Finanzierungsvolumen zu generieren.

Erst die Kapitalmarktgesetze des Jahres 1955 verwirklichten eine Reihe von wirtschaftspolitischen Maßnahmen zur »Normalisierung« des Finanzsektors, unter anderem das Bankenrekonstruktionsgesetz. Mit staatlicher Unterstützung konnten die Banken erstmals seit Kriegsende wieder Bilanzen legen. Auch den Versicherungen wurde – nach Verlust von 60 Prozent ihres Vermögensbestandes – mit dem Versicherungswiederaufbaugesetz auf die Beine geholfen. Das Nationalbankgesetz 1955 führte nicht nur ein zeitgemäßes geldpolitisches Instrumentarium wie Mindestreserven und Offenmarktgeschäfte ein, durch die weitgehende Verankerung der Unabhängigkeit der Notenbank, die Formulierung der Zielsetzung der Preisstabilität sowie auch die Bedachtnahme auf die Wirtschaftspolitik der Bundesregierung kann es rückblickend als ein in den wesentlichen Grundzügen durchaus modernes Gesetzeswerk angesehen werden.

Im Kreditwesen blieb zunächst die Sektorzugehörigkeit, aber auch die historische Arbeitsteilung zwischen den Instituten und Sektoren unangetastet. Die Aktienbanken waren traditionell die wichtigsten Finanzierungspartner der Industrie gewesen. In den Sechzigerjahren gewannen dann allerdings die Spitzeninstitute der Sparkassen und der Genossenschaftsbanken – Girozentrale und Genossenschaftliche Zentralbank – aufgrund der wachsenden Primärmittelbasis dieser Sektoren Marktanteile im Industriegeschäft. Ein guter Teil der Spareinlagen, die das große Netz von Spar- und Raiffeisenkassen aufnahm, wurde so in Investitionsfinanzierung transformiert. Beide Gruppen verfügten auch über einen nicht zu unterschätzenden Wett-

Reminiszenz an den Schilling: Berühmte Österreicherinnen und Österreicher auf Banknoten seit 1945, Gemälde des 1945 geborenen steirischen Künstlers Peter Sengl, Öl auf Leinwand, 2000

bewerbsvorteil gegenüber anderen Sektoren des Kreditwesens: flächendeckende Präsenz in ganz Österreich. Da die Eröffnung neuer Filialen reglementiert war, konnten sie in dem Maß überdurchschnittlich expandieren, als ihre Kundengruppen – private Haushalte, die kleinen und mittelständischen Unternehmen sowie die ländliche Bevölkerung – vermehrt Bankdienstleistungen in Anspruch nahmen.
Nach dieser vom Wachstum der Einkommen geprägten Aufholphase verschärfte sich in den Siebzigerjahren der Wettbewerb um die Kunden(gruppen), wobei die traditionellen Sektorgrenzen kaum mehr Beachtung fanden und zunehmend überschritten wurden. Gunther Tichy spricht in diesem Zusammenhang von der dritten Phase des Entwicklungsprozesses nach Wiederaufbau und Ausweitung der Geschäftstätigkeit. Wettbewerbspolitisch waren die Kreditinstitute formell aus dem Kartellgesetz ausgenommen und die Zinsbildung für Einlagen wurde weitgehend durch so genannte »Habenzinsabkommen« geregelt, die mit der politischen Ebene unter Einbindung der Wirtschaftspartner verhandelt wurden. Allerdings konnten in der Praxis weder Verordnungen noch informelle Zinsabsprachen die Intensivierung des Wettbewerbs verhindern, die entsprechenden Regeln wurden in der Praxis kaum eingehalten. Auf der Einlagenseite waren es die so genannten »grauen Zinsen«, die über den Sätzen des Habenzinsabkommens liegende Verzinsung meist größerer Einlagen, auf der Kreditseite vor allem die Barvorlagen, die als Mittel zur An- und Abwerbung attraktiver Kunden eingesetzt wurden. Schließlich verschärfte sich mit der Freigabe der Filialgründung diese Entwicklung ab Mitte der Siebzigerjahre entscheidend. Nun drangen auch die Banken vermehrt in das Massengeschäft und damit in die angestammten Kundengruppen und Regionen der dezentralen Sektoren vor. In der Folge kam es zu einer Verdoppelung der Zahl der Zweigstellen in der Kreditwirtschaft. Diese Liberalisierung führte zu einer – im europäischen Vergleich – überdurchschnittlich hohen Filialdichte und damit auch zu einer beträchtlichen Kostenbelastung der Kreditunternehmen. Erst in den Neunzigerjahren wurden die Habenzinsabkommen durch eine freie Zinspreisbildung abgelöst, mit dem Beitritt Österreichs zum Europäischen Wirtschaftsraum fiel 1994 auch die kartellrechtliche Ausnahmestellung des Kreditwesens.

Vom Amt zur Bank: Bis 1970 fungierte die Postsparkasse als Amt. Plakat, Wien, 1957

Von der historischen Spezialisierung zum Universalbanken-Prinzip

Die beiden im Staatsbesitz befindlichen traditionellen Industriefinanciers Creditanstalt-Bankverein und Österreichische Länderbank AG sowie die Girozentrale AG, das Spitzeninstitut der österreichischen Sparkassen, vereinigten vom gesamten Kreditvolumen einen Marktanteil von rund einem Viertel auf sich. Davon entfiel etwas weniger als die Hälfte, rund 43 Prozent, auf die Finanzierung der Industrie.

Die Senioren sparen: Sparvereinsauszahlung, 1959

Zugleich waren aber die österreichischen Banken verglichen mit den Firmengrößen ihrer wichtigsten Industriekreditnehmer relativ klein: So machte die Bilanzsumme dieser drei größten Banken nur rund 45 Prozent des Umsatzes der großen Unternehmen VOEST, OMV und Austria Tabak aus. Im Vergleich dazu war die Bilanzsumme der drei großen Schweizer Banken, Schweizerische Kreditanstalt, Bankverein und Bankgesellschaft, etwa dreimal so hoch wie der Umsatz von Nestlé, Alusuisse und Hoffmann-La Roche.
Außerdem arbeiteten die österreichischen Banken den größten Teil der Nachkriegszeit mit sehr geringer Eigenkapitalausstattung, zunächst bedingt durch die ungünstige Ausgangsposition nach dem Zweiten Weltkrieg, später durch mangelnde Ertragskraft und wenig rentabilitätsorientierte Bilanzsummenexpansion. Wenn man vergleicht, dass deutsche Aktienbanken im 19. Jahrhundert noch rund 50 Prozent Eigenkapital hielten, das bis auf 14 Prozent Mitte der Dreißigerjahre des 20. Jahrhunderts fiel, erscheint die seit den Fünfzigerjahren bei unter 5 Prozent liegende Eigenkapitalausstattung des österreichischen Bankensystems gering.
Auch im internationalen Vergleich waren die österreichischen Banken – bei aller Datenproblematik – gegenüber den meisten vergleichbaren Ländern nur mit wenig Eigenkapital ausgestattet, was die Risikotragungskapazität belastete. Gleichzeitig waren aber Bankenzusammenbrüche in Österreich rare Ausnahmeerscheinungen und sorgten andere Mechanismen, wie öffentliche Haftungsübernahmen oder Zinssubventionen, für eine entsprechende Allokation der Risken.
Das Risiko der Fristentransformation – für die langfristige Finanzierung von Industrieinvestitionen von besonderer Bedeutung – wurde durch die wachsenden Anteile gebundener Spareinlagen und eigener Emissionen der Kreditinstitute an der Mittelaufbringung gemildert, wodurch das relevante Finanzierungsvolumen des Bankensystems über die Jahrzehnte substanziell ausgeweitet werden konnte.

Die besondere Rolle des Staates im Finanzwesen

Ausgehend von den Erfahrungen der Börsen- und Bankenkrise der Dreißigerjahre wurden viele Elemente des Bankengeschäfts der relativ weitgehenden Aufsicht des Staates und der Notenbank unterworfen, obwohl man im Unterschied zu anderen Ländern unmittelbare gesetzliche Eingriffe in die Strukturen

Eigenkapital bezogen auf die Bilanzsumme in Prozent

	1953	1960	1970	1980	1990	2000
Aktienbanken und Bankiers	2,1	8,2	5,9	2,4	3,5	4,4
Sparkassen	3,5	4,0	4,2	3,2	4,2	4,1
Landes-Hypothekenanstalten	1,9	2,7	3,2	2,4	2,8	3,5
Raiffeisenkassen	4,0	4,3	4,0	3,3	4,8	5,1
Volksbanken	5,1	5,4	5,9	3,8	4,3	5,4
Gesamt[1]	**2,4**	**5,2**	**4,7**	**2,8**	**3,8**	**4,4**

1 Einschließlich Sonderkreditinstitute, Bausparkassen usw.

Quelle: OeNB, eigene Berechnungen.

Struktur des Fremdmittelaufkommens

	1953	1960	1970	1980	1990	2000
Sichteinlagen	52,1	25,8	16,6	6,7	5,3	9,9
Spareinlagen mit gesetzl. Kündigungsfrist	24,6	44,4	40,7	43,4	39,2	34,3
Gebundene Spareinlagen	3,5	10,7	22,9	28,4	32,9	32,0
Termineinlagen	15,7	12,5	7,9	5,6	6,3	5,2
Eigene Emissionen	4,1	6,6	11,9	16,0	16,4	18,6
Fremdmittel	**100**	**100**	**100**	**100**	**100**	**100**

Quelle: Mitteilungen des Direktoriums der OeNB, eigene Berechnungen.

Ausmaß der Fristentransformation: Längerfristige Anlagen[1] in Prozent der längerfristigen Fremdmittel[2]

	1953	1960	1970	1980	1990	2000
Aktienbanken	29,3	46,1	34,7	62,1	78,0	79,6
Sparkassen	43,5	72,3	70,7	75,4	77,1	100,5
Kreditunternehmen insgesamt	**37,5**	**57,0**	**59,5**	**75,5**	**78,4**	**84,7**

1 Kredite über fünf Jahre, Wertpapiere
2 Spar-, Termineinlagen, eigene Emissionen

Quelle: Mitteilungen des Direktoriums der OeNB, eigene Berechnungen.

Eigenkapitalausstattung im internationalen Vergleich[1]

	Österreich	BRD	Schweiz	USA	Niederlande
1953	2,4	–	–	–	12,2
1960	5,2	4,4[2]	–	8,1	11,6
1970	4,7	3,7	4,9	7,5	6,6
1975	3,4	3,4	5,2	7,1	5,8
1980	2,8 n.a.	3,27**	6,37**	5,79*	5,75**
1990	3,8 4,61*	3,79**	6,52**	6,46*	4,01**
2000	4,4 4,43*	3,3 4,01**	6,02**	8,47*	5,2 4,02**
2001	4,73*	4,08**	5,91**	9,07*	3,84**

1 Eigenkapital in Prozent der Bilanzsumme
2 1962

Quellen: Eigene Berechnungen nach Notenbankenstatistiken.
Österreich: lt. Zwischenausweis der OeNB-Mitteilungen (Pos. 25).
BRD: »Kapital einschließlich offene Rükklagen gemäß § 10 KWG«.
Schweiz: »Kapital und Reserven« (Zwischenbilanz Pos. 14 und 15).
USA: »Total capital accounts« (all Commercial Banks).
Niederlande: »Capital and reserves« (Commercial Banks, Pos. 31).
OECD Bank Profitability: Financial Statements of Banks, ed. 1998, 2002. (Capital and reserves as a percentage of end-year total banking sector assets).

*Geschäftsbanken, **alle Banken

des Bankensystems nicht umsetzte. Demgegenüber wurde aus stabilitätspolitischen Überlegungen etwa das Wachstum der Kredite direkt beschränkt (Limes) oder sogar Werbeverbote für Konsumkredite administriert.

Die Kinder sparen: Weltspartag 1960 mit dem Sparefroh

Wie bereits ausgeführt waren die Einlagenzinsen sowie die Zahl der Zweigstellen zunächst strikt reguliert, ebenso bestanden bis in die Siebzigerjahre regionale und sektorale Beschränkungen, die erst mit dem Kreditwesengesetz 1979 abgeschafft wurden. Zu den »Eigenheiten« des österreichischen Finanzierungssystems zählt traditionell auch, dass der Kapitalmarkt von den Banken organisiert wurde. Emissionen des Staates und der Banken kamen deshalb lange Zeit die dominierende Rolle zu, aber auch die klein- und mittelbetriebliche Struktur österreichischer Unternehmen behinderte die Entwicklung eines signifikanten Anteils der direkten Unternehmensfinanzierung am österreichischen Kapitalmarkt.

Die Intensivierung des Wettbewerbs und der Kampf um Marktanteile führten – wie Peter Mooslechner darlegt – ab Beginn der Siebzigerjahre zu einer überdurchschnittlichen Ausweitung der Bilanzsummen (etwa im Vergleich zur BRD), einer starken Zunahme der Geschäftstätigkeit mit dem Ausland und in Fremdwährung sowie einer Ausweitung der Wertpapieraktivitäten. Zum Teil lässt sich diese beträchtliche Expansion auch durch Strategien erklären, die jene Geschäftsbereiche forcierten, die nicht oder nur in geringem Ausmaß durch Eigenkapital unterlegt werden müssen.

In der Folge kam es durch den Wettbewerb zu einer spürbaren Erosion der Zinsspanne, die wiederum die Ertragslage der Institute merklich beeinträchtigte. Eigentümer, die entweder durch den Staat oder Genossenschaften und Sparkassenbeiräte repräsentiert wurden, waren offenbar eher bereit niedrige Erträge zu akzeptieren, als ein privater Aktionär dies getan hätte. Ertragsziele standen gegenüber Marktanteils- und Wachstumszielen beziehungsweise Rangordnungen nach Bilanzsumme im Hintergrund. Diese Entwicklung führte zu Bestrebungen, den Ertragszielen mehr Nachdruck zu verleihen und das Eigenkapital zu stärken, was von der Notenbank aus Gründen der Finanzmarktstabilität unterstützt wurde.

Mit dem Kreditwesengesetz 1979 wurde erstmals ein eigenständiges österreichisches rechtliches Rahmenwerk beschlossen, das die bereits eingeleiteten Liberalisierungsschritte im Gesetz verankerte und die Spezialisierung der Sektoren aufhob. Das Gesetz war zwar ein wichtiger Schritt auf dem Weg der gerade erst begonnenen Deregulierungs- und Liberalisierungswelle im internationalen Finanzwesen, blieb jedoch hinsichtlich der Risikobegrenzungsmaßnahmen deutlich hinter den deutschen oder amerikanischen Regelungen zurück. Unter anderem schenkte es der Begrenzung großer Einzelrisiken zu wenig Beachtung. Hinsichtlich der Unterlegung durch

Aufregende Bankenarchitektur: Gebäude der ehemaligen Z-Filiale Wien X, Favoritenstraße, Architekt Günther Domenig, 1975/79. Nach Friedrich Achleitner der bedeutendste Bau der »Grazer Schule« und ein Schlüsselbau der österreichischen Gegenwartsarchitektur.

Eigenkapital wurde keine Differenzierung der Risiken nach der Bonität der Unternehmen fixiert. Erst die Novelle zum Kreditwesengesetz 1986 führte die österreichischen Rahmenbedingungen näher an die internationalen Standards heran und brachte – zusammen mit dem stärker spürbaren Kostendruck bei geringeren Wachstumsraten im Gefolge des zweiten Ölpreisschocks – ein Umdenken in der Zielsetzung mit sich: Ertrag vor Bilanzsummenmaximierung war die neue Orientierung. Die Achtzigerjahre waren von einem Konjunkturtief am Anfang des Jahrzehnts und einer Strukturkrise gekennzeichnet, die nicht nur die Unternehmen der verstaatlichten Grundstoffindustrien, sondern auch eine Reihe von Konzernbetrieben der verstaatlichten Banken traf und den gesamtwirtschaftlichen Fremdfinanzierungsbedarf wesentlich erhöhte. Wie in Band II ausführlich dargestellt, verfügten die beiden Großbanken, Creditanstalt-Bankverein und Länderbank, über eine Reihe von Beteiligungen, vor allem im Industriebereich, aber auch im Handel und im Dienstleistungssektor. Bereits in den Sechzigerjahren war insbesondere in den Beteiligungsbereich der Creditanstalt-Bankverein Bewegung gekommen. Einerseits trennte sich die Bank von einer Reihe von Beteiligungen, andererseits nahm sie durch Neuerwerb oder Einbringung von Beteiligungen an Strukturlösungen in einzelnen Branchen – wie beispielsweise Papier und Brauereien – teil. Schließlich erhielten die zwei im Besitz der Republik

Symbolgeladene Bankenarchitektur: Zentralverwaltungsgebäude der Sparkasse Oberösterreich in der Linzer Wildbergstraße

Österreich befindlichen Banken öffentliche Kapitalzufuhren zum Ausgleich von Kreditausfällen und Kumulierung von Verlusten bei industriellen Beteiligungsunternehmen. Diese kritische Phase war primär Folge von Fehlern im Risikomanagement und stand nicht, wie in anderen Ländern, im Zusammenhang mit (zu) rascher Liberalisierung und/oder makroökonomischer Instabilität.

Mitte des Jahrzehnts, nachdem der Kapitalbedarf und die Verlustabdeckungserfordernisse zu groß geworden waren, änderte die Regierung ihre Strategie gegenüber der verstaatlichten Industrie, wie auch die Vorstände der beiden staatlichen Großbanken gegenüber ihren Beteiligungen. Dies läutete einen weitgehenden Privatisierungs-, Restrukturierungs- und Internationalisierungsprozess in der österreichischen Unternehmenslandschaft ein, der erst zu Anfang dieses Jahrhunderts abgeschlossen wurde.

Die neue Strategie bedeutete auch eine Abkehr von den von den Banken angenommenen, jedoch nie offiziell ausgesprochenen, impliziten Staatsgarantien für Kredite an die verstaatlichte Industrie. Diese Annahme hatte jahrzehntelang Kreditfinanzierung zu Konditionen ermöglicht, die sonst nur Kunden bester Bonität gewährt wurden, und der Tendenz zur Überinvestition in den verstaatlichten Industrien auf diese Weise Vorschub geleistet.

Auch die Anfang der Achtzigerjahre stark expansive Finanzierung der Exporte im Rahmen der Ausfuhrförderung wurde nun mit geringerer Dynamik fortgesetzt. In der internationalen Debatte schwächte die Verschuldungskrise in Lateinamerika die These vom Staat, der nicht in Konkurs gehen könne. Auch in Österreich wurde man in der Gewährung von staatlichen Haftungen für Exportkredite etwas zurückhaltender, nicht zuletzt auch aufgrund negativer Erfahrungen in der Osteuropafinanzierung.

Die Privatisierung der verstaatlichten Industrie und die Trennung von den Industriebeteiligungen der Banken führten in den Jahren darauf zu einem allmählichen Ende der fixen Banken-Kunden-Beziehungen und zu einem markant verstärkten Wettbewerb um die Industriekunden. In der Folge wandten sich die angestammten Financiers der Industrie verstärkt dem Privatkundengeschäft zu. Nach ersten, nicht sehr erfolgreichen Internationalisierungsbestrebungen in Richtung London und New York kehrte aber rasch eine Ernüchterung bezüglich dieser Expansionsmöglichkeiten ein.

Die Neunzigerjahre: Konsolidierung nach innen – Expansion des österreichischen Finanzsektors nach Osteuropa

Die ab Mitte der Achtzigerjahre erkennbar zunehmende internationale Integration der Finanzmärkte und die europaweite Zulassung zum Bankgeschäft ab 1992 (European Passport) ließ eine weitere Verschärfung der Konkurrenz durch ausländische Mitbewerber erwarten. Herrschte in den Siebziger- und Achtzigerjahren primär das Bilanzsummen- und Marktanteilsdenken vor, rückten in den Neunzigerjahren Ertragskraft und Rentabilität des Eigenkapitals in den Vordergrund. Auch das Investmentbanking-Geschäft der österreichischen Banken wurde – teils über Tochtergesellschaften – verstärkt ausgebaut.

Bis Anfang der Neunzigerjahre wurde die Kapitalverkehrsliberalisierung auch in Österreich abgeschlossen. Die im internationalen Vergleich sehr vorsichtige Liberalisierungsstrategie hatte jedoch den Vorteil, dass Instabilitäten und krisenhafte Erscheinungen vermieden werden konnten.

Anfang der Neunzigerjahre wurde dann eine strategische Neuausrichtung vorgenommen: Fusionen und Übernahmen sollten zur Realisierung von Synergieeffekten führen und damit eine Stärkung der Ertragskraft bewirken.

Im Zuge der Vorbereitungen auf den EU-Beitritt wurden im Rahmen des Finanzmarktanpassungsgesetzes 1993 die rechtlichen

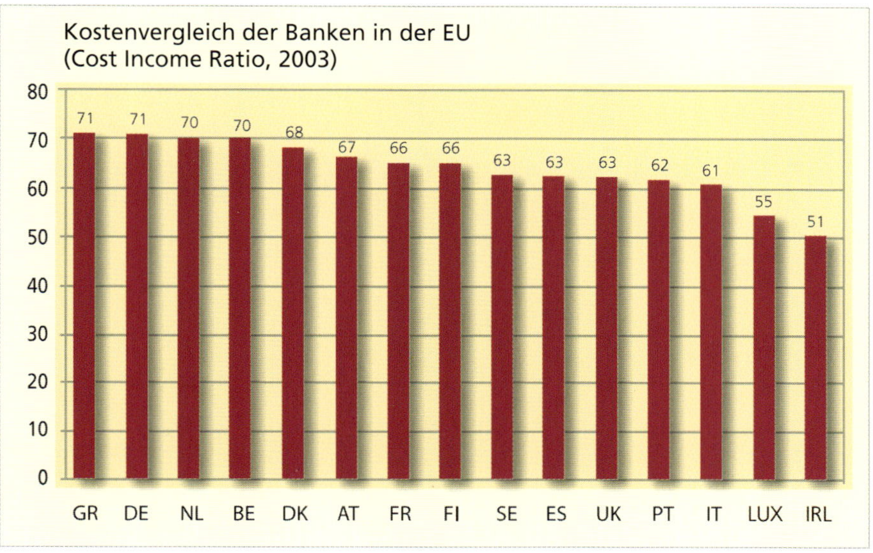

Quelle: EZB, eigene Berechnungen.

Rahmenbedingungen EU-konform gestaltet, Europäische Richtlinien und Empfehlungen in österreichisches Recht umgesetzt. Die Einführung der risikogewichteten Kapitalunterlegung und eine Eigenmittelquote von 8 Prozent waren wesentliche Neuerungen im BWG 1993 ebenso wie die Verankerung der Niederlassungs- und Dienstleistungsfreiheit und die Begrenzung der Beteiligungen am Unternehmen.

Anforderungen durch das Bankwesengesetz, Privatisierung der Staatsbanken, weitere Konsolidierung im Sparkassen- und Genossenschaftssektor, zu erwartende Herausforderungen durch die europäische Integration und die »erfolgreich ergriffene Chance«, in die im Aufbau befindlichen Finanzmärkte in Mittel- und Osteuropa zu expandieren, führten zu einer Stärkung und Stabilisierung des österreichischen Finanzsektors. Die beiden Wiener Großsparkassen, die Zentralsparkasse der Gemeinde Wien und die Erste Österreichische Spar-Casse, beteiligten sich an einer Reihe von Gemeinde- und Vereinssparkassen und wurden damit aus regional bedeutenden Unternehmen zu Financiers auf nationaler Ebene. Eine Reihe von meist kleineren, österreichischen an der Girocredit, dem Spitzeninstitut des Sparkassensektors. Die Erste Österreichische Spar-Casse übernahm diesen Anteil sowie Minderheitsanteile an anderen Sparkassen. Mit der Fusion zur Erste Bank der österreichischen Sparkassen AG wurde ein entscheidender Schritt zur Konsolidierung des Sparkassenbereichs gesetzt.

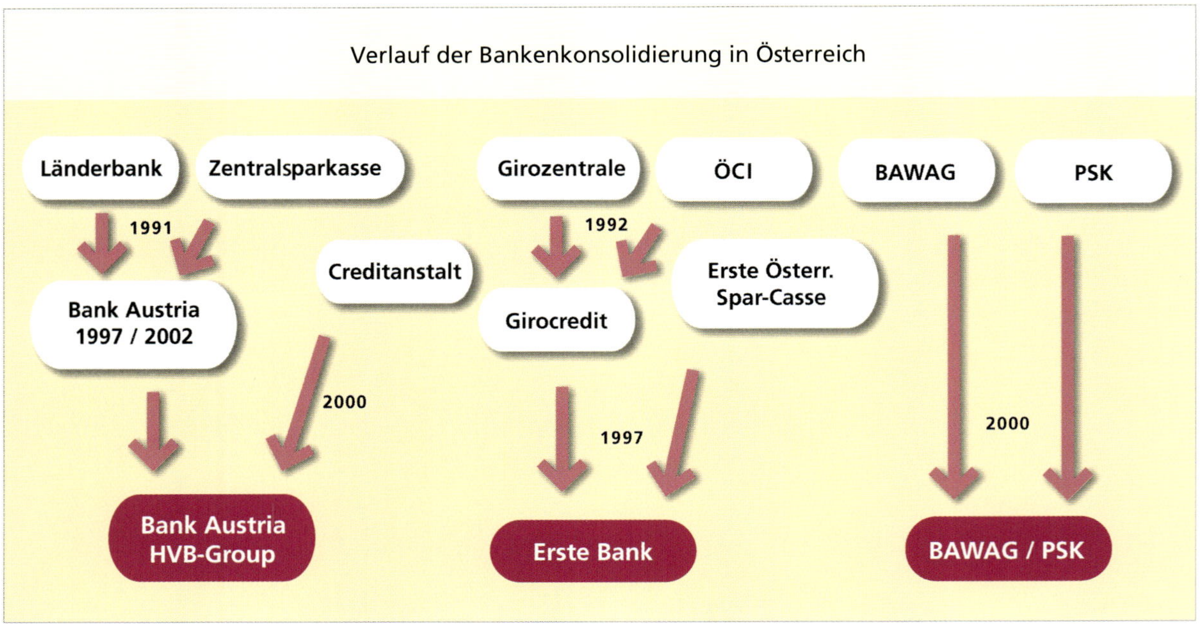

Quelle: Eigene Angaben.

Privatbanken wurde von größeren Bankinstituten übernommen. Als Beispiele seien das Bankhaus Schoeller und die Bank Kathrein erwähnt, die zunächst beide von der Raiffeisen-Kreditgruppe übernommen wurden. Mit der Verschmelzung von Länderbank und Zentralsparkasse zur Bank Austria trennte sich der Bund von einer der beiden Großbanken.

Nach einem langen, durch zahlreiche politische Debatten und Eingriffe gekennzeichneten Prozess um die Privatisierung der Creditanstalt-Bankverein kam es schlussendlich zu einer das österreichische Kreditwesen grundsätzlich verändernden Lösung. Die Bank Austria übernahm die Creditanstalt-Bankverein und führte nach einigen Jahren beide Unternehmen zur Bank Austria Creditanstalt AG zusammen. Andererseits trennte sich die Bank Austria von ihrer Mehrheitsbeteiligung

Ein weiterer Privatisierungsschritt betraf die Österreichische Postsparkasse, die von der Bank für Arbeit und Wirtschaft AG (BAWAG) aus dem Besitz des Staates übernommen wurde. Nach der Insolvenz des Konsum Österreich, eines der beiden Großaktionäre der BAWAG, war ein Minderheitsanteil an die Bayerische Landesbank gegangen, ein im Besitz des Freistaates und dessen Sparkassen stehendes Spitzeninstitut. Durch Verkauf an den Mehrheitsaktionär, den Österreichischen Gewerkschaftsbund, endete dieses Engagement einer deutschen Regionalbank in Österreich. Weitere Privatisierungsschritte, bei den Hypothekenanstalten von den jeweiligen Bundesländern unternommen, führten zu einem verstärkten Engagement des Genossenschaftssektors im Hypothekargeschäft.

Der erste bedeutende grenzüberschreitende

Zusammenschluss war im Jahr 2002 die Einbringung der Anteile der Bank Austria Creditanstalt in die HypoVereinsbank-Gruppe, die durch die Fusion von Bayerischer Hypotheken- und Wechsel-Bank und Bayerischer Vereinsbank entstanden war. Zwischen München und Wien wurde eine Arbeitsteilung vereinbart, vor allem hinsichtlich der Steuerung der Auslandsbeteiligungen. Erhöhter Kapitalbedarf des deutschen Mutterhauses führte aber zum Verkauf eines unter 25 Prozent liegenden Anteils durch Wiedereinführung der Aktie der Bank Austria Creditanstalt an der Wiener Börse.

Die wohl bedeutendste Veränderung für das österreichische Kreditwesen ergab sich durch die Veränderungen der wirtschaftlichen und politischen Rahmenbedingungen in den ehemals kommunistisch regierten Ländern Zentral- und Osteuropas nach 1989. Österreichische Banken waren schon vor der »Wende« in einigen dieser Länder durch Repräsentanzen und zahlreiche Finanzierungen aktiv gewesen. Aber insbesondere die Creditanstalt-Bankverein und die Raiffeisen Zentralbank begannen sehr bald durch Gründungen oder Übernahme von Beteiligungen im Zuge von Privatisierungen ihre Aktivitäten in diesen Märkten zu intensivieren, gefolgt von der Bank Austria, den Volksbanken, der BAWAG und der Kärntner Hypothekenbank. Mit der Übernahme der großen Zweigstellennetze der tschechischen und slowakischen Sparkassen und dem Erwerb von Beteiligungen in Ungarn und Kroatien sicherte sich die Erste Bank eine starke Stellung auf diesen Märkten. Mit dem Zusammenschluss von Bank Austria und Creditanstalt und in der Folge auch der Übernahme der Beteiligungen der HypoVereinsbank (HVB) in den ehemaligen »Ostblock«-Ländern stärkte auch diese von Wien aus gesteuerte Bankengruppe ihre Position nachhaltig. Im Juni 2005 gaben Unicredit (Italien) und HVB (Deutschland) ihren Zusammenschluss mittels Aktientausches bekannt. Mit diesem Schritt wurde die BA-CA Teil einer europäischen Bank mit Potenzial für die Zukunft, wobei das Geschäft in Zentral- und Osteuropa weiterhin von Wien aus geführt werden soll. In einigen Fällen nahm die Raiffeisen Zentralbank (RZB) eine Pionier-Rolle beim Engagement ausländischer Banken auf neu zugänglichen Märkten ein und verfügt heute über ein bedeutendes Netzwerk im gesamten ost- und südosteuropäischen Raum. Es wurde 2005

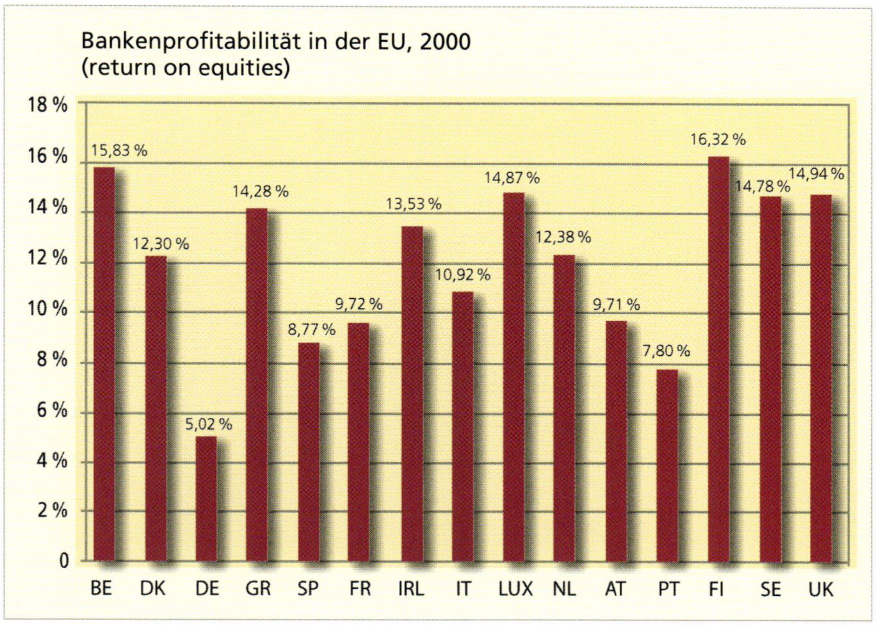

Quelle: OECD, eigene Berechnungen.

aus der RZB ausgegliedert, um einen Minderheitsanteil an dieser wirtschaftlichen Einheit an der Börse anzubieten.

Gegenwärtig sind unter den sieben größten Banken der 2004 der Europäischen Union beigetretenen Länder fünf Unternehmen mit österreichischer Beteiligung, die Schwerpunkte der österreichischen Investitionen liegen in der Tschechischen und Slowakischen Republik, in Polen, Kroatien, Ungarn und Bulgarien. Österreichs Banken zählen zu den größten Investoren in den Märkten Zentral- und Osteuropas.

Die Ertragslage der österreichischen Kreditinstitute konnte durch die Konsolidierungsschritte bezüglich der Bankenstruktur, durch kostenorientierte Gebührenpolitik und durch Kostensenkungsprogramme zwar verbessert werden, ohne die rasche und vielfältige Expansion in die östlichen Nachbarländer wäre

Der »grüne Riese« geht in die Stadt: Gebäude der Raiffeisen Zentralbank Österreich AG (RZB) in Wien, Am Stadtpark

das Ertragsproblem jedoch nicht nachhaltig zu verbessern gewesen. Trotz der Konsolidierungsschritte im Gefolge der Konzentrationen gilt der österreichische Markt auch heute noch überbesetzt, durch unterschiedlich hohe Rentabilitätsvorgaben der einzelnen Eigentümergruppen geprägt und zählt im internationalen Vergleich zu den weniger rentablen Banksystemen in Europa. Zweifellos ist aber auch im internationalen Vergleich eine Positionsverbesserung eingetreten, nicht zuletzt gegenüber dem deutschen Bankensystem. Dies wurde in erster Linie durch Restrukturierung und Automatisierung sowie durch Erträge aus dem Ostgeschäft erreicht. Mittelfristig werden auch die Finanzmärkte Zentral- und Osteuropas wettbewerbsintensiver werden und die relativen Wettbewerbsvorteile der österreichischen Banken auf diesem Markt abnehmen. Damit werden sich die Ertragsfragen für die österreichischen Banken auch weiterhin stellen.

Der Konzentrationsgrad ist heute mit rund 57 Prozent Marktanteil der fünf größten Banken dem in anderen kleineren Ländern Europas vergleichbar. Die Privatisierung durch Börsengänge beziehungsweise Fusionen und Übernahmen führte (erstmals) zu einer stärkeren Auslandsbeteiligung am österreichischen Bankwesen, aber auch zu höheren

Ertragserwartungen und zu signifikanten Umstrukturierungen und Effizienzsteigerungsmaßnahmen.
Die Konsolidierung fand in allen Sektoren des Bankwesens statt, mit Ausnahme der Zentralsparkasse-Länderbank- sowie der BA-CA-Fusion, welche jeweils eine Sparkasse mit einer Bank verband, geschah dies jedoch innerhalb des eigenen Sektors. Wirtschaftlich haben sich die Unterschiede zwischen den verschiedenen Sektoren weiter eingeebnet. Durch den Börsengang der Bank Austria, der Erste Bank und des Auslandsbereichs der Raiffeisen Zentralbank wurden die Besonderheiten »eigentümerloser« oder »genossenschaftlicher« Bereiche deutlich in den Hintergrund geschoben. In allen diesen Unternehmen wurden damit auch höhere Rentabilitätsanforderungen gestellt.

Der prägende Weg zum Europa-Finanzmarkt

Die Einführung der gemeinsamen Währung stellte die nächste Herausforderung für das österreichische Bankwesen nach dem EU-Beitritt dar und wurde dank guter Vorbereitung ausgezeichnet bewältigt. Der Binnenmarkt für Finanzdienstleistungen, rechtlich bereits seit dem Jahr 1992 möglich, nimmt jedoch nur zögerlich Gestalt an. Die noch zu realisierende Harmonisierung von Standards und Rechtsvorschriften, besonders im Privat- und Firmenkundengeschäft, soll die Erfolge bei der Schaffung eines einheitlichen Geld- und Kapitalmarkts ergänzen. Dazu gehört auch die Harmonisierung der nach wie vor national geprägten Infrastruktur im Zahlungsverkehr und bei Clearing- und Settlement-Systemen. Weitere grenzüberschreitende Fusionen, die in Europa schon lange erwartet wurden, könnten die nächsten Schritte auf dem Weg zu einem echten Binnenmarkt für Finanzdienstleistungen sein.
Im Zuge der Europäisierung wurde der Zugang zu Finanzierungsmöglichkeiten verbreitert, größere österreichische Kreditnehmer nahmen vermehrt auch die Dienstleistungen ausländischer Anbieter bei Emissionen und Börsegängen in Anspruch.
Im Vergleich zu Banksystemen anderer Länder ist die Rentabilität – wenn auch nicht so viel wie in Deutschland – deutlich niedriger als zum Beispiel in Großbritannien und den USA. Die Beschäftigung blieb im letzten Jahrzehnt annähernd konstant, die Umstrukturierung und Höherqualifizierung fand im Wesentlichen über die natürliche Fluktuation der Mitarbeiter statt.

Euro-Einführung 2002: Einkaufen mit dem Euro, Rechnen mit dem Euro, Wirtschaften mit dem Euro. Plakat, 2001

Traditionell schwach ausgeprägte Rolle des Kapitalmarkts

Der Kapitalmarkt spielte in Österreich lange Zeit eine untergeordnete Rolle – dafür gibt es eine Reihe von Erklärungen:
Die Verstaatlichung 1946/47 hatte ca. 73 Prozent des Aktienkapitals zur öffentlichen Hand verlagert und ein Fünftel der Aktientitel war vom Wiener Kursblatt verschwunden. Der Kapitalbedarf wurde überwiegend aus der Innenfinanzierung und mit Hilfe von Krediten gedeckt, welche auch steuerlich vorteilhafter als der Eigenkapitalaufbau waren.
Mitte der Achtzigerjahre erfuhr die Börse durch Privatisierungsschritte (Beteiligung der Emittenten) und Steuermaßnahmen (unter anderem der Dividendenbesteuerung) eine Wiederbelebung.
Nach der Abschottung in der Zwischenkriegszeit und dem Verlust traditioneller Absatzmärkte in den Ländern der ehemaligen Donaumonarchie erreichten die Unternehmen erst spät Größenordnungen, welche die Rechtsform der Aktiengesellschaft als geeignet erscheinen ließen. Viele Unternehmen (im Familienbesitz) scheuten auch vor äußerer Einflussnahme und Transparenzanforderungen zurück.
Die Vermögensbildung konzentrierte sich auf Einlagen, Besitz von Staatspapieren und wies 1997 die niedrigste Marktkapitalisierung (Aktienanteil/BIP) in der OECD aus. Institutionelle Anleger wie Versicherungen bevorzugten ebenfalls Kredite an den Staat und Immobilienbesitz beziehungsweise waren in ihrer Anlagetätigkeit stark eingeschränkt. Private Altersvorsorge gewann erst in den späten Neunzigerjahren an Bedeutung, ebenso wie der Aufbau betrieblicher Pensionskassen und Pensionsfonds. Die Internationalisierungswelle der Neunzigerjahre führte zu einer stärkeren Verschränkung österreichischer Firmen mit internationalen Konzernen und aktiven Auslandsbeteiligungen vor allem in Zentral- und Osteuropa. Unternehmensanleihen, »pri-

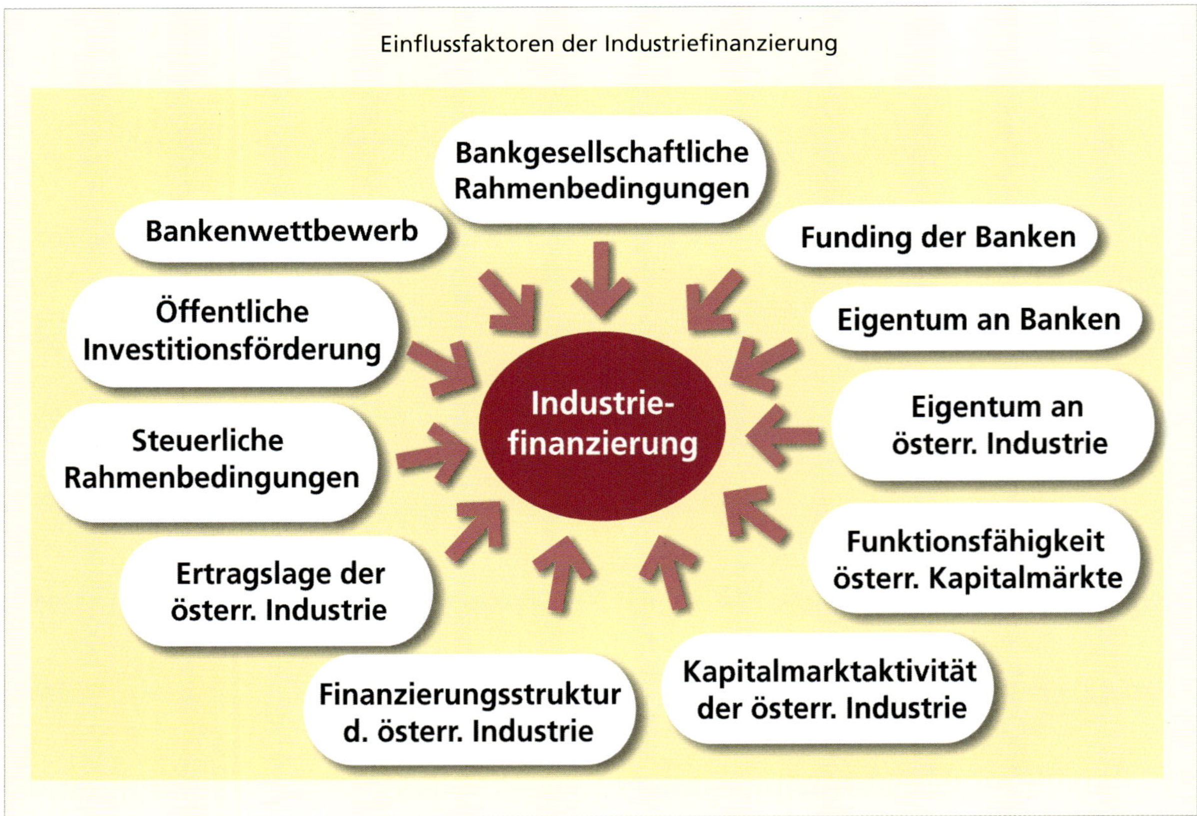

Quelle: Konrad Fuchs, Einflussfaktoren der Industriefinanzierung und wichtige Veränderungen im Zeitverlauf, unveröffentlichtes Manuskript (Wien 2005).

vate equity«, gewinnen an Bedeutung, stellen jedoch nach wie vor ein sehr kleines Marktsegment dar.

Das reiche Angebot an geförderten Krediten (von der Investitions- bis zur Exportfinanzierung) bot wenig Anreiz zum Ausbau von Kapitalmarktinstrumenten, ebenso wie die Dominanz der Banken auf dem Kapitalmarkt und der Aktienbesitz der Banken selbst. Mitte der Sechzigerjahre waren 42 Prozent aller Direktkredite an Nichtbanken gefördert, Anfang der Neunzigerjahre waren es noch 23 Prozent, allerdings verzerrt der relativ hohe Anteil an öffentlich geförderten Wohnbaudarlehen dieses Bild.

Die Reformen der Neunzigerjahre wie Beteiligung der Emittenten an der Börse, verbesserte Transparenz- und Aufsichtsregeln und die Entwicklung einer Aktienkultur durch verstärkte Berichterstattung über Unternehmensentwicklungen und den Ausbau der Analysten- und Handelstätigkeit der Banken halfen, dem Kapitalmarkt mehr Bedeutung zu geben.

Von den Banken wird heute eine höhere Verzinsung des Eigenkapitals erwartet, insbesondere, wenn sie selbst börsenotiert sind. Kredite in die Bücher zu nehmen und zum Beispiel über Bankanleihen zu refinanzieren ist nicht mehr rentabel, wenn Kredite risikogerecht verzinst werden.

Die neuen Eigenkapitalvorschriften, die ab 2007 unter dem Titel »Basel II« gelten sollen, werden die Finanzierungskosten generell stärker vom Risiko abhängig machen. Alternative Finanzierungsquellen wie der Kapitalmarkt und andere Risikokapitalinstrumente werden dadurch attraktiver werden und damit dem Kapitalmarkt in Österreich weitere Impulse verleihen.

Die Europäisierung der österreichischen Wirt-

Technologie für Banken: Die Linzer Firma KEBA ist einer der weltweit führenden Erzeuger im Bereich der Industrie-, Bank- und Dienstleistungsautomation, etwa bei Selbstbedienungs-Überweisungsterminals mit automatischer Schrifterkennung. Bestückungsvorgang einer Platine mit elektronischen Bauteilen, Linz, 2005 schaft, die Privatisierung und Diversifizierung in der Vermögensbildung hat auch auf dem Kapitalmarkt Spuren hinterlassen. Ähnlich wie in Deutschland gewinnt die Aktie als Eigenkapitalinstrument allmählich an Bedeutung. Übernahmen und Fusionen entziehen dem Markt jedoch immer wieder Möglichkeiten

Stolz auf das Erreichte: OeNB-Präsident Klaus Liebscher und OeNB-Generaldirektor Adolf Wala, 1998

für Veranlagungen durch das breite Publikum.

Doch nicht nur bei der Finanzierung industrieller Aktivitäten wird der Kapitalmarkt in Zukunft eine größere Rolle spielen. Die zunehmende Rolle der privaten und betrieblichen Altersvorsorge wird auch aus Sicht der Anleger dem Kapitalmarkt größere Bedeutung verleihen und damit die Akteure auf diesem Markt – börsenotierte Unternehmen, Banken und Versicherungen – vor neue Aufgaben stellen.

Neue Anforderungen an das Kreditwesen der Zukunft

War viele Jahrzehnte die Abwicklung des Zahlungsverkehrs und die Gewährung von Krediten der Hauptinhalt der Beziehungen zwischen Industrie und Banken, so hat sich – insbesondere seit dem Ende des Systems der fixen Wechselkurse – das Angebot der Banken an Dienstleistungen ebenso differenziert wie die Nachfrage der Industrieunternehmen. Auf der einen Seite verknüpfen komplexe Sicherungsgeschäfte im Währungsbereich und anspruchsvolle Strategien im Treasury industrielle Unternehmen stärker mit den Banken, auf der anderen Seite wird insbesondere in größeren Konzernen ein Teil der bisher durch Kreditunternehmen erbrachten Leistungen durch Zentralisierung von Funktionen im eigenen Finanzwesen erbracht.

Die Einführung des Euro hat zweifellos den Binnenmarkt ein großes Stück vorangebracht, insbesondere die Risken und Kosten der europäischen Arbeitsteilung wesentlich gemindert. Dagegen sind in der Relation zum Währungsbereich des US-Dollars neue Instabilitäten entstanden, die zum Teil auf wachsende Ungleichgewichte im Austausch von Waren und Dienstleistungen, viel mehr aber noch auf die immer geringere Verknüpfung internationaler Finanzströme mit der Entwicklung der Realwirtschaft zurückzuführen sind. Diese Tendenzen werden wohl in den künftigen Jahren ein globalisiertes Finanzsystem wie auch eine global agierende Industrie vor neue Aufgaben stellen.

Analysiert man das Kreditwesen und die Finanzmärkte unter dem Gesichtspunkt ihrer funktionellen Effizienz, so wird entscheidend sein, inwieweit sie eine möglichst friktionsfreie Finanzierung der Investitionstätigkeit und des Wachstums zu realisieren vermögen. In einem weitgehend liberalisierten, europäisch oder sogar global integrierten Finanzsystem kommt dabei der Bewältigung von Schocks, von Ungleichgewichten und einem effektiven Management der vielfachen impliziten Risken die entscheidende Bedeutung zu. Für ein im internationalen Vergleich zweifellos kleines Finanzsystem wie das österreichische sind diese Anforderungen wohl nur im Rahmen einer größeren europäischen Perspektive erfolgreich zu bewältigen. Bei aller sinnvoller Konzentration des österreichischen Bankwesens auf den österreichischen Markt und den erweiterten Heimmarkt Ost- und Südosteuropa muss deshalb gerade aus dem Blickwinkel eines kleinen Landes die größere europäische Entwicklung die wesentliche Orientierungslinie für die Zukunft darstellen.

Bereit für die Zukunft: Das neue Gebäude der Oesterreichischen Nationalbank, Wien, Garnisongasse (Planung Prof. Wilhelm Holzbauer) mit der Metallskulptur »Der Euro 2000« von Florian Schaumberger, Chromnickelstahl, 1997

Der neue Industriellentypus

Von der Leistung der Unternehmer – egal ob angestellte Unternehmensleiter oder Eigentümer – hängt in höchstem Ausmaß der Erfolg oder Misserfolg der einzelnen Unternehmen und damit der gesamten Wirtschaft ab. Untersuchungen zur österreichischen Unternehmerschaft zeigen deutlich, welch hohe Qualifikationsstandards vorherrschen. Mehr als die Hälfte der Führungskräfte sind universitär ausgebildet, bei den angestellten Managern sogar drei Viertel. Unternehmerkarrieren beginnen üblicherweise nach einer gründlichen Ausbildung im dritten Lebensjahrzehnt. Bei Managern entscheidet sich zumeist im vierten Lebensjahrzehnt, ob sie den Sprung an die Spitze schaffen. Eigentümerunternehmer gelangen häufig schon früher in leitende Positionen. Die Arbeit in den Führungsetagen erfordert einen hohen Arbeitseinsatz, Wochenarbeitszeiten von mehr als 50 Stunden sind der Normalfall, 60 Stunden keine Ausnahme.

Trotz des hohen Ausbildungsniveaus und der großen Leistungsanforderungen ist das Image von Unternehmern in der österreichischen Öffentlichkeit nach wie vor verbesserungswürdig – das mag an Spezifika der österreichischen Mentalität, an antikapitalistischen Traditionen in allen politischen Lagern, aber auch an tatsächlichen Fehlentwicklungen, vor allem in der Ära der »New Economy«, liegen.

Die Führungsetagen in den Unternehmen sind heutzutage nach wie vor männlich dominiert. Für Frauen, die den Aufstieg schaffen, sind die Anforderungen nur schwer mit einem Kinderwunsch vereinbar. Für die männ-

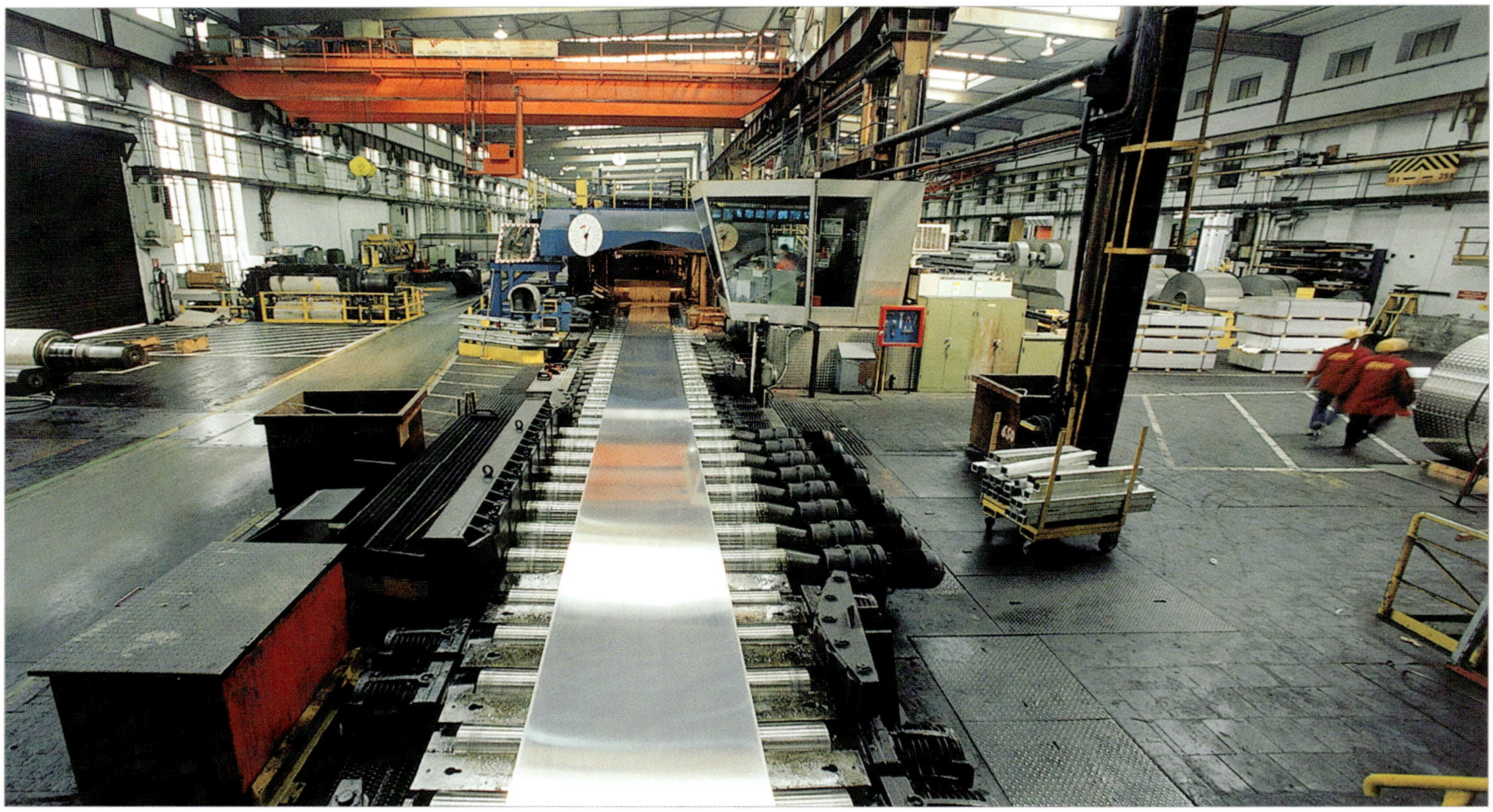

Erfolgreich privatisiert: Die AMAG (Austria Metall AG, Ranshofen). Blick in das Blechwalzwerk, Ranshofen, 2005

lichen Unternehmer bildet die Familie einen wichtigen Rückhalt, die Kinderzahl liegt in dieser Sozialgruppe deutlich über dem österreichischen Durchschnitt.
Führungskräfte müssen in ihren Unternehmen ihre »gesamte Persönlichkeit« einbringen. Zu den Anforderungen gehört permanente Verfügbarkeit sowie soziales Networking und Unternehmenskommunikation auch außerhalb der eigentlichen Arbeitszeit. In diesem Sinne ist die Wirtschaftselite in Vereinen und Verbänden überdurchschnittlich präsent. Etwa 70 Prozent der Manager sind in zwei oder mehr Vereinen und Organisationen engagiert. Grundstoffindustrie, die drei größten Aktienbanken und ein Großteil der Elektrizitätswirtschaft in die Einflusssphäre der öffentlichen Hand. Man wollte damit die von den Alliierten gemäß den Potsdamer Beschlüssen als deutsches Eigentum beschlagnahmten Unternehmen für Österreich sichern und einen geordneten Wiederaufbau gewährleisten. Vorerst erlangte man nur den Zugriff auf Standorte in den westlichen Zonen, erst nach dem Staatsvertrag vom 15. Mai 1955 konnten auch die von den Sowjets bis dahin im USIA-Konzern und der SMV verwalteten Betriebe einbezogen werden.

Erfolgreich saniert: RHI, Magnesitsteinpresse, Veitsch, 2005. RHI Refractories ist nicht nur weltweiter Markt-, sondern auch Technologieführer im Bereich Feuerfest.

Managementkarrieren in der verstaatlichten Industrie

Nach dem Zweiten Weltkrieg kam es in Österreich zu umfangreichen Verstaatlichungen. Auf Grund der beiden Verstaatlichungsgesetze vom 26. Juli 1946 und vom 26. März 1947 gelangten erhebliche Teile der österreichischen In der Verstaatlichten eröffneten sich vielfältige Chancen für Managementkarrieren. In den ersten beiden Jahrzehnten musste man häufig auf Fachleute zurückgreifen, die aus der NS-Ära vorbelastet waren. Politische Netzwerke spielten bei der Postenvergabe eine erhebliche Rolle. Bei der Rekrutierung des Leitungspersonals zeichnete sich die Ver-

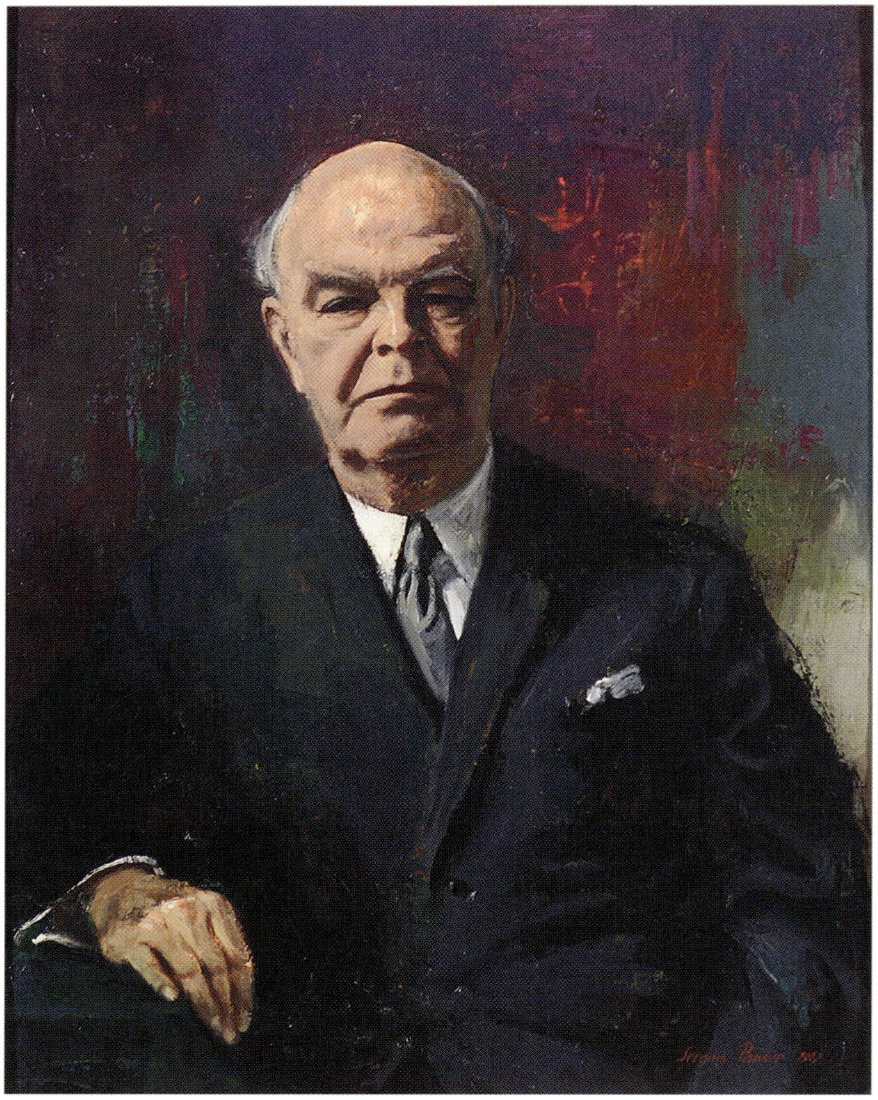

Der urban-patriarchalische Unternehmer: Franz Josef Mayer-Gunthof (1894–1977), Generaldirektor der Vöslauer Kammgarnfabrik sowie Mitbegründer und Präsident (1960–1974) der Vereinigung Österreichischer Industrieller. Sergius Pauser, Öl auf Leinwand, 1967

staatlichte durch eine große soziale Durchlässigkeit aus, ein Aufstieg aus allen gesellschaftlichen Schichten war möglich. Der Einfluss von Parteien und Interessenvertretungen blieb bis zuletzt bestimmend. Die Karriere mancher Manager wurde dadurch gefördert, zugleich begannen sie aber die Rahmenbedingungen zunehmend als einengendes Korsett für die Entwicklungsmöglichkeiten der Unternehmen zu empfinden. In den Konzernen der staatlichen Banken konnten Strategien, die auf ein ruhiges, gesichertes Bankgeschäft abzielten, in Widerspruch zu Ansätzen eines dynamischen Unternehmertums geraten.

Als die Strukturen der Verstaatlichten ab den Achtzigerjahren nicht mehr zu halten waren, fiel Managern wie Heribert Apfalter, Oskar Grünwald, Claus Raidl, Hugo M. Sekyra, Peter Strahammer, Rudolf Streicher und vielen anderen die Aufgabe zu, schmerzhafte Umbrüche durchzuziehen. Der Verstaatlichten flossen in dieser Phase umfangreiche öffentliche Mittel zu und sie wurde im Zuge radikaler Restrukturierungen fit für die Privatisierung gemacht. Durch jahrzehntelang hervorragende Ausbildung der Mitarbeiter und großzügige Investitionen in Forschung und Entwicklung hatte man Potenziale geschaffen, die schließlich noch den privaten Nachfolgebetrieben zugute kamen.

Nachkriegskarrieren mit unterschiedlicher Nachhaltigkeit

In der österreichischen Großindustrie kam in den Nachkriegsjahrzehnten zweifellos der Verstaatlichten das größte Gewicht zu. Es bestanden aber auch weiterhin Konzerne alteingesessener Industriellenfamilien. Lange Zeit galt die Unternehmensgruppe um das Haus Schoeller (Bankwesen, Textilindustrie, Nahrungs- und Genussmittel etc.) als größter österreichischer Privatkonzern. Erfolgreiche großindustrielle Strukturen in privater Hand kennzeichneten vor allem die Nahrungs- und Genussmittelindustrie, Holzindustrie, Papierindustrie, Textilindustrie und Bauindustrie.

In der Wiederaufbauära nach dem Zweiten Weltkrieg ergriffen improvisationsfähige Pionierunternehmer vielfältige Chancen, oft aber ohne echte Nachhaltigkeit. Als Beispiel sei der »Brillen-Zar« Wilhelm Anger erwähnt. Er begann seine Unternehmerkarriere, indem er in der Nachkriegszeit alte Gasmasken in Schutzbrillen für Schweißer umarbeitete – damals eine gesuchte Mangelware. Durch die Erfindung des Kunststoffes Optyl revolutionierte er die Brillenerzeugung. Anger, der bald erfolgreich mit internationalen Star-Designern zusammenarbeitete, erwies sich auch als Verkaufsgenie und sein Imperium wuchs rasch an. In den Siebzigerjahren entglitten ihm allerdings im Zuge einer überhasteten

Expansion die Kostenstrukturen und er musste seine Optyl AG im Jahr 1978 verkaufen. In der Elektrobranche scheiterte der talentierte Ingenieur Karl Vockenhuber mit seiner Firma Eumig, die 1981 nach einer mehrjährigen schweren Unternehmenskrise in ein Konkursverfahren schlitterte. Mangelnder Überblick über entgleitende Kosten bei hektischen Expansionsbestrebungen und eine unzureichende Ausstattung mit Eigenkapital führten Anfang der Achtzigerjahre auch zum Zusammenbruch der Klimatechnik, deren Scheitern ebenso wie die Eumig-Pleite die Länderbank schwer belastete.

Vergleichbare Schicksale erlitten auch einige der österreichischen Ski-Pioniere. Unternehmer wie Anton Arnsteiner (Blizzard), Josef Fischer, Franz Kneissl und Alois Rohrmoser (Atomic) haben das Wachstumspotenzial des Marktes erkannt und aus kleinen Wagnereien und Tischlereien Industriebetriebe aufgebaut, die weltweite Absatzmärkte bedienten. Die österreichische Skiindustrie behauptete bis in die Achtzigerjahre mit etwa 50 Prozent Weltmarktanteil eine internationale Spitzenstellung. In den Neunzigerjahren geriet die Branche aufgrund von Strukturproblemen und Überkapazitäten in heftige Turbulenzen. Die Fischer GmbH hat rechtzeitig in die Bereiche Verbundbauteile für die Automobilindustrie und den Flugzeugbau diversifiziert und die Firma Fischer Advanced Composite Components AG ausgegliedert. Andere eingesessene Skierzeuger wurden von einer Welle von Zusammenlegungen, Stilllegungen und Firmenverkäufen erfasst.

Unter Österreichs privaten Industriellen taten sich in der Nachkriegszeit zwei Persönlichkeiten hervor, die durch geschickte Kombination von finanzwirtschaftlichem Know-how, effektivem Management und gelungenen Akquisitionen private Industrie- und Finanzgruppen aufbauen konnten: Karl Kahane und Herbert Turnauer. Kahane war unter anderem mit der Montana AG, der Jungbunzlauer AG, dem Bankhaus Gutmann und Terranova überaus erfolgreich. Inzwischen dirigiert Emil Alexander Kahane als Vertreter der jüngeren Generation die Gruppe. Herbert Turnauer, der bereits in den Dreißigerjahren eine kleine Lackfabrik betrieben hatte, errichtete nach 1945 ein Industrieimperium, gründete 1969 die Constantia Industrieholding AG mit weiteren Beteiligungen sowie im Jahr 1986 die Constantia Privatbank AG.

Der ländlich-patriarchalische Unternehmer: Alois Rohrmoser, Gründer der Skifabrik Atomic und ehemaliger Vizebürgermeister von Wagrain

Multinationale Konzerne

Durch ausländische Direktinvestitionen sind internationale Konzerne in Österreich traditionellerweise in der Elektroindustrie, Nahrungs- und Genussmittelindustrie und chemischen Industrie stark präsent. Als Beispiele können etwa Alcatel, Siemens, IBM, Novartis, Philips, Unilever, Nestlé und Henkel genannt werden. Sie trugen zur Internationalisierung der österreichischen Wirtschaft bei. Von ihnen gingen wichtige Impulse für Forschung und Entwicklung aus. Sie forcierten modernes Management und innovative betriebswirtschaftliche Konzepte. In den Siebziger-

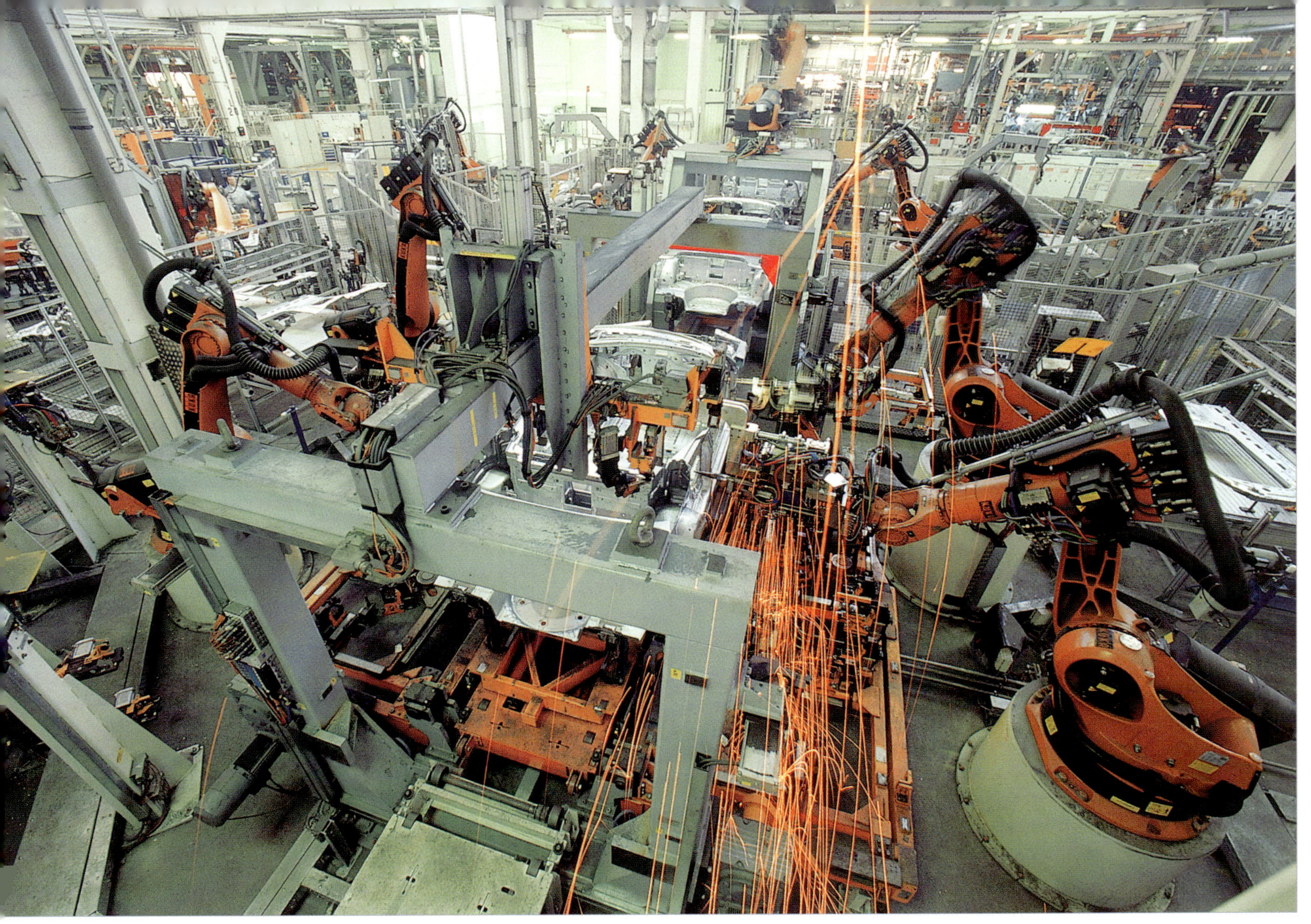

Der austrokanadische Investor:
Magna Steyr Fahrzeugtechnik AG & Co KG.
Automatisches Schweißen von Saab-KFZ-Chassis durch Schweißroboter am Fließband.
Graz-Thondorf, 2005

jahren wirkten die Multis als Schrittmacher für zeitgemäße Marketing-Ansätze sowie für die Implementierung von hoch entwickelten Kennzahlen- und Controllingsystemen in Österreich.

Ab den späten Siebzigerjahren wurden staatlich geförderte Neuansiedlungen auch zu Kristallisationskernen für innovative industrielle Entwicklungen in regionalen Clustern. Als erfolgreiche Projekte in dieser Hinsicht erwiesen sich zum Beispiel im Bereich der Automobilindustrie General Motors/Opel in Wien-Aspern, BMW in Oberösterreich und Chrysler in der Steiermark. Das General-Motors-Werk in Wien-Aspern wurde 1982 eröffnet. Der 1994 in Opel Austria GmbH und 2001 in Opel Austria Powertrain GmbH umbenannte Standort war von 2001 bis Anfang 2005 in ein Jointventure mit Fiat Auto SpA eingebracht, das 2005 wieder aufgelöst wurde. 2004 erfolgte die offizielle Werkseröffnung für die Erzeugung der M20/32-Getriebe. Die Jahresproduktion lag 2004 bei 370.000 Motoren und 724.000 Getrieben. Das BMW-Werk Steyr wurde 1979 gegründet und nahm 1982 die Produktion auf. Es entwickelte sich mit einer leistungsfähigen F&E-Abteilung zum führenden Motorenerzeuger im Rahmen des BMW-Konzerns und ist auf die Produktion von 4- und 6-Zylinder-Dieselmotoren sowie 6-Zylinder-Benzinmotoren spezialisiert. 2004 kam das Werk auf einen Ausstoß von 717.000 Motoren. Seit 2003 ist ein Investitionsprogramm mit einem Gesamtvolumen von rund 800 Millionen Euro im Gange, das den Standort nachhaltig absichert. Der Magna-Konzern erwarb 1998 Teile der ehemals zum Creditanstalt-Konzern gehörigen Steyr-Daimler-Puch AG. Im Jahr 2001 wurde die Magna Steyr AG & Co KG gegründet und 2002 in mehrere Teilbereiche aufgegliedert. Im selben Jahr folgte die Übernahme von Eurostar

(Chrysler) durch Magna Steyr. 2004 wurde die Magna Drivetrain als eigenständige Gruppe ausgegliedert. In diesem Jahr erzeugte Magna Steyr 220.000 Fahrzeuge.

Auch im Bereich der Elektro- und Elektronikindustrie gingen von den etablierten Multis weitreichende Impulse für Österreich als Industriestandort aus. Zum Beispiel wurde aus dem Philips-Konzern 1993 durch Management-Buy-out die Neutronics ausgegliedert, die inzwischen ein Bestandteil des weltweit größten Elektronik-Auftragsfertigers Flextronics geworden ist, und aus dem Siemens-Konzern ging die Infineon AG hervor.

Wenn Österreich auch selbst lange Zeit von den institutionellen Rahmenbedingungen her nicht das Umfeld bot, aus dem originär große Multis hervorgehen konnten, so haben zahlreiche österreichische Führungskräfte wesentlich zur Entwicklung globaler, ausländischer Unternehmen beigetragen. Zum Beispiel haben Österreicher Spitzenpositionen in einigen der größten Schweizer Multis erlangt. So übte etwa Peter Brabeck-Letmathe nach einem Studium an der Wiener Hochschule für Welthandel seit 1968 verschiedene Funktionen im Nestlé-Konzern aus, wo er 1992 zum Generaldirektor und Vizepräsidenten avancierte. Im April 2005 wurde Brabeck auch noch zum Verwaltungsratspräsidenten gewählt – er entwickelte sich zu einem der einflussreichsten »big linkers« in der Schweizer Wirtschaft. Beim Pharma-Multi Hoffmann-La Roche wurde Franz B. Humer im Jahr 1995 nach Karrierestationen bei ICME Zürich, Schering und Glaxo zum Mitglied des Board of Directors und zum Leiter der Pharmaceuticals Division. Seit 2001 fungiert er als Chairman of the Board of Directors und CEO der Roche Holding.

Im Management Board des deutschen Chemieriesen Henkel waren 2004 zwei Österreicher

Erfolg seit 1945: Engel Austria, 1945 durch Ludwig Engel gegründet. Innenansicht Werk St. Valentin, 2005 vertreten, Alois Linder und Klaus Morwind. Auch in den großen deutschen Autokonzernen waren immer wieder Österreicher in Spitzenpositionen zu finden. Zum Beispiel war Ferdinand Piëch, Enkel von Ferdinand Porsche, ab 1988 Vorstandsvorsitzender bei Audi und von 1993 bis 2002 Chef der Volkswagen AG. Den Posten des Vorstandsvorsitzenden bei Audi bekleidete 1995/96 auch Herbert Demel, der anschließend ab dem Jahr 1997 VW do Brasil leitete und 2002/03 Vorstandsvorsitzender der Magna Steyr AG & Co KG wurde. Demel wechselte schließlich 2003 zum Fiat-Automobilkonzern, den er bis Anfang des Jahres 2005 leitete.

Ergriffene Chancen auf den liberalisierten Weltmärkten

Im Rahmen der strukturellen Umbrüche seit den Achtzigerjahren tat sich eine neue Generation von Unternehmern mit beeindruckenden Erfolgen hervor, die zur nachhaltigen Internationalisierung der österreichischen Industrie beitrugen. Alteingesessenen und neuen Industriellen gelang es, globale Marktsegmente zu besetzen, in der Wohlstandsgesellschaft kam neuen Marketingstrategien eine bisher ungeahnte Bedeutung zu und die Reorganisation der ehemaligen verstaatlichten Betriebe bot initiativen Unternehmern reiche Betätigungsmöglichkeiten.

Zahlreiche österreichische Industrieunternehmen, die überlegenes technisches Know-how in ihrem Bereich aufgebaut hatten, ergriffen die Chance auf globale Expansion in klug gewählten Marktnischen, die sich nun im Zuge der europäischen Integration und der voranschreitenden Weltmarktliberalisierung boten. Einige Beispiele seien stellvertretend für die große Zahl dieser Erfolgsstories in der gegenüberliegenden Darstellung angeführt.

Als charakteristische Entwicklungsstrategie österreichischer Industrieunternehmen findet sich häufig, dass sie anfänglich im Rahmen eines kontinuierlichen organischen Wachstums Spitzen-Know-how für ihren Markt aufbauen, während sie sich überwiegend auf Innenfinanzierung aus dem laufenden Cashflow stützen. Erst wenn auf diesem Weg eine kritische Größe erreicht ist, folgt auch externes Wachstum durch Akquisitionen, das zur Bildung eines international wettbewerbsfähigen Unternehmensnetzwerkes führt. Optimierung der Wertschöpfungsprozesse, Absicherung der Position durch laufende Innovationen, enge Kontakte mit den Kunden und entsprechendes Marketing gehören zu den unverzichtbaren Elementen derartiger Erfolgsgeschichten.

Der oberösterreichische Ingenieur Johann Neunteufel demonstrierte, wie aus einem jungen Start-up-Unternehmen innerhalb weniger Jahre ein globaler Nischenplayer werden kann. 1981 gründete er in Linz die Neuson Hydraulik GmbH. Neunteufel erkannte das enorme Wachstumspotenzial der Marktnische für Mini-Baumaschinen, in die er 1984 mit dem ersten hydraulischen Minibagger eintrat. 1990 folgte die Gründung der Neuson Baumaschinen GmbH. 1997 wurde das Angebot um Holzerntemaschinen erweitert. Die Phase des internationalen, externen Wachstums begann 1998 mit dem Erwerb des britischen Dumper-Erzeugers Lifton Ltd. (GB) und der Einbringung der Ebbs-&-Radinger-Firmengruppe, ebenfalls ein Dumper-Erzeuger, in die Neuson-Holding. 2001 erfolgte die Fusion der Neuson AG mit den Kramer-Werken (Deutschland), dem führenden Erzeuger von allradgetriebenen Radladern, zur Neuson Kramer Baumaschinen AG. Sie wurde zum strategischen Zentrum der operativen Unternehmen. 2002 rundete die Gruppe das Dienstleistungsangebot durch maßgeschneiderte Finanzierungsmodelle im Wege der Neuson Kramer Finance Immorent GmbH ab.

Zahlreiche Unternehmen des hochwertigen Maschinenbaus unterschiedlicher Größe setzten sich erfolgreich in ihren Weltmarktbereichen durch, zum Beispiel die Engel-Gruppe,

BEISPIELE ÖSTERREICHISCHER WELTMARKTNISCHEN-CHAMPIONS

Firma	Umsatz 2004 in Mio. Euro	Beschäftigte 2004	Weltmarktsegment
AMI	394	1.066	Melamin, 2004 Weltmarktanteil von 20 Prozent
ALPLA	1.420	6.700	Weltmarkt-Technologieführer für Kunststoffverpackungen
BERNDORF AG-Gr.	293	1.630	Mit Berndorf Band AG globale Technologie für polierte Stahlbänder über 30 %, mit der Beteiligung Schoeller Bleckmann Oilfield Equipment AG im Segment Bohrstrangteile 60 % Weltmarktanteil
DOPPELMAYR-GRUPPE	464	2.102	Führender Anbieter von Seilbahnen
ENGEL AUSTRIA-Gr.	2004/05: 586	2004/05: 3.457	Eines der weltweit führenden Unternehmen des Kunststoffmaschinenbaus
LENZING AG-Gr.	871	4.845	Weltweit größter integrierter Viskose-, Modal- und Lyocellfaserhersteller, Weltmarktanteil von 22 Prozent
MIBA AG-Gr.	328	2.600	Globale Präsenz durch Technologieführerschaft und Kundenorientierung. Gleitlager für Motorenbau: 45 Prozent Weltmarktanteil (ca. 100 Mio. Euro Umsatz)
NEUSON KRAMER AG	180	533	Erschließt sich 1984 durch die Entwicklung von Hydraulik-Minibaggern eine Weltmarktnische mit rund 10 Prozent Weltmarktanteil
PLANSEE-GRUPPE	680	4.600	Weltweit führendes Unternehmen auf dem Gebiet der Pulvermetallurgie
PLASSER & THEURER	439	3.000	Führender Hersteller von Gleisbaumaschinen
RED BULL GmbH-Gr.	1.668	2.604	Weltweite Nummer eins bei Energy Drinks
RHI AG-Gr.	1.297	7.807	Weltmarktführer bei hochwertigen keramischen Feuerfestmaterialien, durchschnittlicher Weltmarktanteil 13 Prozent
ROSENBAUER INTERNATIONAL AG-Gr.	299	1.376	International vertriebsstärkste Gruppe für mobilen Brand- und Katastrophenschutz, bei Feuerwehrfahrzeugen Weltmarktanteil von 16 Prozent
SWAROWSKI D. u. Co.-Gr.	1.830	16.000	Der größte Kristallkonzern der Welt, Optik KG ist Weltmarktführer bei Ferngläsern und Militäroptik, Tyrolit ist zweitgrößter Schleifmittelhersteller der Welt und Nummer eins in Europa
TRIERENBERG HOLDING AG-Gr.	616	3.590	Weltmarktführer für Zigarettenpapier: Weltmarktanteil bei Tipping 26 Prozent, bei Tippingbasispapier 33 Prozent, bei Zigarettenpapier 21 Prozent
WIENERBERGER AG-Gr.	1.759	12.154	Zum zweiten Mal in der Unternehmensgeschichte größter Ziegelerzeuger der Welt (war dies bereits in den Sechzigerjahren des 19. Jahrhunderts)

Quellen: IV OÖ; Goldener Trend 2005; Angaben der Unternehmen.

Miba AG, Palfinger AG, Plasser & Theurer, Rosenbauer AG, Thöni Industriebetriebe und andere mehr. Im Bereich Kunststoffe und Verpackungen entwickelten sich die Alpla-Werke, die Greiner Holding und die Teich AG (im Rahmen der Constantia-Gruppe) zu erfolgreichen Global Players.

Eine konsequente globale Nischenstrategie als Global Player mit Kernkompetenz in der Erzeugung von Spezialpapieren setzte die Trierenberg-Gruppe um. Das Familienunternehmen hat sich auf Zigarettenpapier spezialisiert. Neben den heimischen Standorten in Traun und Wattens hat man unter der Leitung von Christian Trierenberg Werke in Finnland, Tschechien, Kanada, Kolumbien und Deutschland erworben.

Den größten Expansionsschritt vollzog Trierenberg im Jahr 1999: Als damals schon zweitgrößter Zigarettenpapiererzeuger der Welt gliederte sich die Gruppe die noch größere Zigarettenpapiertochter Tervakoski des Stira-Enso-Konzerns (Schweden/Finnland) ein und wurde somit selbst zur globalen Nummer eins. Jüngst hat man daneben ein zweites Standbein in den Bereichen Kunststoff und Mikroelektronik aufgebaut, die in der Engineered Products Group und der Identification & Security Group organisiert sind.

Generell gingen die traditionsreichen österreichischen Papierindustrieunternehmen ab Beginn der Achtzigerjahre auf internationalen Expansionskurs bzw. wurden sie in internationale Gruppierungen eingebracht, wodurch sie zu starken Playern auf den internationalen Märkten wurden. Einen aktiven Internationalisierungskurs verfolgten zum Beispiel Thomas Prinzhorn mit der Hamburger AG, Michael Gröller bzw. Wilhelm Hörmanseder bei Mayr-Melnhof und Alfred H. Heinzel mit seiner Gruppe um die Heinzel Holding GmbH mit Pöls, Biocel etc.

Erfolg durch Internationalisierung: Miba AG, Laakirchen, 2005

Die Frantschach-Gruppe wurde unter der Leitung von Veit Sorger in die Mondi-Gruppe integriert, eine Hundert-Prozent-Tochter der Anglo American. Auch Neusiedler gehört seit 2000 zur Mondi-Gruppe, wo es in die Mondi Business Paper Group eingegliedert ist. Die Sappi-Gruppe betreibt das Werk in Gratkorn. Laakirchen wurde von Heinzel an den schwedischen Papierkonzern SCA verkauft, wo er einige Jahre als Chef der Hygienepapiersparte fungierte, und die Nettingsdorfer Papierfabrik wurde 2004 von Ulrich Stepski an die internationale Smurfit Group veräußert.

In der Brauindustrie fand die Internationalisierung im lukrativen Verkauf der BBAG an den Heineken-Konzern einen Abschluss. Dieses Geschäft brachte Karl Büche über die Bühne, dessen Großvater die heute größte Brauereiengruppe Österreichs gegründet hatte. An dem Deal um die von Christian Beurle überaus erfolgreich exponierte Gruppe partizipierte auch Marcus Mautner Markhof, Spross einer der traditionsreichsten österreichischen Industriellenfamilien, der seinerseits die familieneigenen Betriebe (Essig, Senf etc.) nach 312 Jahren an die bayerische Develey-Gruppe verkaufte. Er plant die Erlöse wieder industriellen Engagements zuzuführen.

Durch erhöhtes Marketingbewusstsein gelang es zuletzt immer mehr österreichischen Industriellen, die Chancen zu nutzen, die mit dem strukturellen Wandel vom Verkäufermarkt der Nachkriegszeit zum Käufermarkt in der modernen Wohlstandsgesellschaft verbunden waren. Jene Unternehmer, die diese Trends rechtzeitig erkannten, konnten gänzlich neue Marktsegmente kreieren beziehungsweise das nunmehr geänderte Nachfrageverhalten für ihre Unternehmensstrategien erschließen.

Die Möglichkeiten der globalisierten Ökonomie erkannte das Marketing-Genie Dietrich Mateschitz in besonders wirksamer Weise. Innerhalb weniger Jahre wurde der ehemalige Blendax-Manager durch den Aufbau der Weltmarke Red Bull zum Selfmade-Milliardär. Er errichtete gemeinsam mit dem thailändischen Partner Chaleo Yovidhya einen globalen Konzern ohne eigene Fabriken – in Österreich wird bei Rauch produziert. 2003 wurden weltweit 1,5 Milliarden Dosen Red Bull getrunken. Damit erzielte das Unternehmen einen Umsatz von 1,261 Milliarden Euro. Mateschitz verkörpert mit seinem umfassend angelegten Aufbau der Marke, der in vielfältige Kultur-, Sport- und Eventaktivitäten eingebettet ist, einen neuen unternehmerischen Trend, der in den vergangenen Jahren an Stellenwert gewonnen hat.

Der traditionsreiche Familienkonzern Daniel Swarovski hat eine schwere Unternehmenskrise in den Siebzigerjahren durch neue Produkte und offensives Marketing überwunden. Die Kristallsparte des Hauses fungierte bis dahin als anonymer Zulieferer für die Luster- und Modeschmuckindustrie. Der Absatz bei

Erfolg durch Tradition: Manfred Mautner Markhof (III), Sergius Pauser, Öl auf Leinwand, 1968

Erfolg durch Marketing: Dietrich Mateschitz schuf die Weltmarke Red Bull. Formel-1-Wagen von Red Bull mit Christian Klien am Steuer. Grand Prix von Malaysia, 2005

Lustern brach jedoch ein. Unter der Leitung von Gernot Langes-Swarovski begann man eigene Vertriebsstrukturen aufzubauen und die eigene Marke zu entwickeln. Zwar handelte man sich mit der Übernahme der amerikanischen Modeschmuckkette Zale einen millionenschweren Flop ein, doch insgesamt trug dieser Strategiewandel zu einer nachhaltigen Stärkung des Konzerns bei. 1976 kam die bekannte Kristallmaus auf den Markt, 1987 wurde die Swarovski Collectors Society gegründet und 1989 die Luxusmarke Daniel Swarovski Paris etabliert. Gegenwärtig hat man mit dem neuen Schmuckstein Xilion den Vorsprung vor der Konkurrenz wieder ausgebaut. Die Kristallsparte erzielt heute mehr als zwei Drittel der Einnahmen. Neben den Swarovski-Figuren und dem Modeschmuck entfällt jedoch mehr als die Hälfte des Kristallumsatzes nach wie vor auf die Industriedivision. Der gegenwärtige Vorstandssprecher Markus Langes-Swarovski setzt den eingeschlagenen Kurs erfolgreich fort. Die Kristalle erlangten sowohl bei Modedesignern und »Celebrities« als auch bei breitesten Käuferschichten höchste Popularität. Damit wird allerdings der Spagat zwischen Exklusivität und Massengeschäft zu einer Herausforderung. Einige Familienmitglieder erwogen, die Schleifmittelsparte Tyrolit zu verkaufen, doch hat sich die Familie dagegen entschieden. In der 1948 gegründeten Optiksparte erzielt das Unternehmen laut eigenen Angaben dank überlegener Qualität 40 Prozent höhere Margen als die Konkurrenz. 1995 eröffnete Swarovski aus Anlass des hundertjährigen Firmenjubiläums die von André Heller gestalteten Kristallwelten in Wattens, die sich seither zur am zweitbesten besuchten Touristenattraktion in Österreich entwickelt haben. Nur das Schloss Schönbrunn in Wien verzeichnet mehr Besucher.

So wie bei Swarovskis Turnaround der Unternehmensentwicklung seit den Siebzigerjahren bildete auch bei der Sanierung des Zweiradproduzenten KTM das Marketing ein zentrales Moment. Motorräder sind längst vom kostengünstigen Ersatz für Autos zum qualitativ hochwertigen Sport- und Freizeitartikel geworden, der mit entsprechendem Image-Mehr-

des Investmenthauses BC Partners wieder zurück. In Kooperation mit dem Salzburger Industriedesigner Gerald Kiska brachte er attraktive neue Modelle auf den Markt, die sich dank neu entwickelter Motoren auch im Rennsport bewährten. Unter der Leitung von Sportchef und Ex-Rennfahrer Hans Kinigadner hat KTM seit 2001 alljährlich den Sieg bei der Dakar-Rallye errungen. Mehr als 5 Prozent des Umsatzes werden in die verkaufsfördernden Rennsportveranstaltungen investiert. Mit Marketing und Produktqualität ist KTM vom Pleitefall zur Nummer eins bei Geländemotorrädern in Europa mit rund 20 Prozent Marktanteil im Jahr 2004 geworden. Auf diesen Erfolg aufbauend hat das Unternehmen 2004 auch die Produktion von Straßenmotorrädern aufgenommen.

Im Zuge der Verstaatlichtenkrise standen in Österreich zahlreiche Betriebe zur Disposition, die zwar schwere Turbulenzen hinter sich hatten, aber großes Zukunftspotenzial aufwiesen. Zu den Erfolgsgeschichten in diesem Zusammenhang gehört die Entwicklung der Berndorf-Gruppe. Der 1986 in die marode Berndorf AG als Sanierer geholte Norbert Zimmermann führte ein Syndikat an, das Ende 1987 ein couragiertes Übernahmeangebot

wert aufgeladen sein muss. 1991 erwarb der Sanierer Stefan Pierer zusammen mit einigen Partnern den insolventen Zweiraderzeuger. Ende 1996 brachte er das Unternehmen, das inzwischen auf einen Jahresumsatz von einer Milliarde Schilling kam, an die Börse, kaufte jedoch im Jahr 1999 den Streubesitz mit Hilfe

Erfolg durch Neuorientierung: KTM Sportmotorcycle AG, Mattighofen. 2005, Endmontage von Offroad-Maschinen. Nach der Insolvenz 1991/92 wurde das Unternehmen vollkommen neu strukturiert.

Erfolg durch Nischenpolitik nach Management-Buy-out: Norbert Zimmermann, Berndorf-Gruppe

auf dem Wege eines Management-Buy-outs vorlegte. 1988 wurde der Deal beschlossen und umgesetzt und im Jahr 1989 durch eine Mitarbeiterbeteiligung (24 Prozent) perfektioniert. Gegen den anfänglich massiven Widerstand der Belegschaft und regionaler Politiker schlug Zimmermann einen Reformkurs ein, der vorerst eine Reduktion der Belegschaft um 150 auf 600 Mitarbeiter erforderte. Bereits ab 1988 schaffte er es, wieder schwarze Zahlen zu schreiben. Dies war jedoch erst der Auftakt zur Entwicklung der Berndorf-Gruppe zu einem ertragsstarken internationalen High-Tech-Konzern. 1995 erwarb die Berndorf AG die Firma Schoeller Bleckmann Oilfield Equipment AG (SBO), die sich unter der Leitung von Gerald Grohmann und Franz Gritsch als globaler Marktführer im Bereich von Bohrstrangteilen für das »intelligente Ölbohren« (Richtbohren bzw. »measurement while drilling«) etabliert hat. Die Aktien wurden 1997 an der Brüsseler EASDAQ eingeführt, anlässlich des Wechsels an die Wiener Börse im Jahr 2004 erwiesen sie sich als großer Erfolg für die Anleger. Im Frühjahr 2005 wurden drei Millionen neue SBO-Aktien emittiert und Berndorf zog sich auf einen Anteil von 31 Prozent zurück. SBO plant in den nächsten Jahren rund 100 Millionen Euro in Kapazitätserweiterungen, Zukäufe und die Entwicklung neuer Standorte zu investieren. Im Jahr 2004 kam man mit 837 Mitarbeitern, von denen etwa ein Viertel im Stammwerk Ternitz beschäftigt ist, auf einen Umsatz von 152 Millionen Euro. Ebenfalls zur Erfolgsstory entwickelte sich Berndorf Band, heute einer der beiden weltweit führenden Anbieter von Edelstahlbändern für verschiedenste Industrieprozesse in der Holz-, Chemie- und Lebensmittelindustrie. Ende der Neunzigerjahre wurde das Unternehmen in ein Jointventure mit dem Namen Berndorf Hueck Holding eingebracht, mit der deutschen Hueck-Hella-Gruppe als Partner. Zimmermann steht weiterhin an der Spitze der Berndorf AG, die Berndorf-Hueck-Gruppe wird von Dietmar Müller, Franz Viehböck und Jordi Reichert geleitet. 1997 wurde die Firma Aichelin aus deutschem Familienbesitz erworben. Sie gehört zu den weltweit führenden Anbietern von Metallhärtereianlagen (»thermotechnologies«), als Geschäftsführer fungiert Heinrich Novak. Die Berndorf Metall- und Bäderbau gmbH tritt insbesondere in Mittel- und Osteuropa als führender Anbieter von Schwimmbadanlagen sowie als Generalunternehmer für Großprojekte auf. Die Berndorf-Gruppe verfolgt die strategische Zielsetzung, in den gewählten Marktnischen eine international führende Position einzunehmen. Lediglich die Sparte Besteck hat dies nicht geschafft, sie wurde 1999/2003 an das französische Unternehmen Guy Degrenne verkauft, an dem sich Berndorf im Gegenzug beteiligte.

Zimmermann bezeichnete den Unternehmer Hellmut Longin als seinen geistigen Mentor. Longin bildete 1987 durch das erste Management-Buy-out in Österreich aus der amerikanischen General Refractories Co. die Radex Heraklith Industriebeteiligungs AG (RHI). Nach erfolgreicher Börseneinführung setzte die Entwicklung zum Weltmarktführer durch globale Expansion ein. Nachdem sich Longin

von dem Unternehmen getrennt hatte, geriet es zwar durch mit kostspieligen Asbest-Klagen belastete Akquisitionen in den USA in eine schwere Krise, wurde jedoch zuletzt von Helmut Draxler wieder erfolgreich saniert.
Diverse staatliche Großunternehmen wurden ab den späten Achtzigerjahren sukzessive privatisiert und radikal umgestaltet. So gelang es der ÖMV beziehungsweise OMV, deren Anteile ab 1987 an private Eigentümer verkauft wurden, unter der Leitung der Generaldirektoren Ludwig Bauer, Herbert Kaes, Richard Schenz und Wolfgang Ruttenstorfer zum führenden Erdöl- und Erdgaskonzern in Zentral- und Osteuropa zu werden. Dabei wurden auch Teilbereiche der ehemaligen Chemie Linz integriert. Der OMV-Konzern ist seit 1984 im internationalen Explorationsgeschäft aktiv. Seit Beginn der Neunzigerjahre werden eigene Tankstellen in Österreich und Zentraleuropa betrieben. 1994 beteiligte sich IPIC (Abu Dhabi) mit 19,6 Prozent am Grundkapital. 2004 erfolgte unter der Leitung von Generaldirektor Ruttenstorfer und seinem Stellvertreter Gerhard Roiss die Neustrukturierung in eine Management-Holding mit den Geschäftsbereichen Raffinerie & Marketing (inklusive Kunststoffe), Exploration & Produktion sowie Gas, Chemie. Durch den Erwerb von 51 Prozent des größten rumänischen Öl- und Gasunternehmens Petrom haben sich die Öl- und Gasreserven der OMV 2004 mehr als verdreifacht. Mit 1,5 Milliarden Euro war dies die größte je von Österreich getätigte Auslandsinvestition. Die zum umsatzstärksten Unternehmen Österreichs aufgerückte OMV hat im Juni 2005 einen weiteren massiven Schritt der Expansion gesetzt. Zusammen mit der IPIC hat sie zu 100 Prozent den zweitgrößten europäischen Kunststoffhersteller Borealis mit einem Umsatz von 4,6 Milliarden Euro zur Gänze übernommen. Das im Kunststoffbereich weltweit fünftgrößte Unternehmen beschäftigt 4.500 Mitarbeiter, davon rund 450 ausschließlich für Forschung und Entwicklung. Obwohl die OMV nur 35 Prozent hält, liegt die Führung in österreichischer Hand. Die OMV stellt mit Gerhard Roiss den Aufsichtsratspräsidenten. Es ist geplant, die Verwaltungszentrale nach Wien zu verlegen und den Forschungsstandort Linz auszubauen.

Erfolg durch Wachstum: OMV, Generaldirektor Wolfgang Ruttenstorfer und Stellvertreter Gerhard Roiss

Aus der ehemaligen VOEST Alpine AG, welche nach existenziellen Problemen in den Jahren 1985 bis 1987 zu Ende der Achtzigerjahre wirtschaftlich liquidiert wurde, ist eine Reihe von erfolgreichen, privatisierten Unternehmen hervorgegangen, etwa die voestalpine AG (Stahl- und Stahl verarbeitende Industrie), VA Technologie AG (Anlagenbau, Elektro- und Automatisationstechnologie, inzwischen überwiegend in den Siemens-Konzern eingegliedert), Böhler Uddeholm AG (Edelstahl) oder die AT & S AG (Leiterplatten).
Die erfolgreiche strategische Neuausrichtung der voestalpine Mitte der Neunzigerjahre wurde wesentlich vom damaligen Generaldirektor Peter Strahammer geprägt. Der heutige Chef, Wolfgang Eder, hat in seinem Berufsleben alle Höhen und Tiefen des Konzerns erlebt. Er rückte mit dem Börsengang 1995 in den Vorstand auf und wurde 2004 Vorsitzender. Seit Jahren verfolgt die voestalpine die Strategie, nicht »mehr Stahl«, sondern »mehr

aus Stahl zu machen«. Die Wertschöpfungskette verlängern lautet daher die Devise, verbunden mit einer nachhaltigen Internationalisierung des Konzerns. Auf die drei inzwischen global aufgestellten Verarbeitungs-Divisionen »Bahnsysteme«, »Profilform« und »motion« (Automobil-Zulieferteile) entfällt bereits

Erfolg durch Verlängerung der Wertschöpfungskette: Wolfgang Eder, Vorsitzender des Vorstands, voestalpine AG

die Hälfte des Umsatzes. Die strategische Gratwanderung besteht darin, den Kunden Zusatznutzen zu bieten, ohne sie, wie es Eder formulierte, zu »kannibalisieren«. Die voestalpine nützt dabei – wie viele andere österreichische Unternehmen auch – einerseits die vorteilhafte Nähe zu den traditionellen westeuropäischen Industriezentren, andererseits aber vor allem die Nähe zu den langfristigen Wachstumsmärkten Mittel- und Osteuropas.

Einschneidende Veränderungen von Seiten der Eigentümerstrukturen ergaben sich seit den Achtzigerjahren nicht nur bei den ehemals direkt verstaatlichten Industrien, sondern auch bei den Industriekonzernen der österreichischen Großbanken. Mit den radikalen Umbrüchen im Bankensektor wurden viele Industriebeteiligungen abgestoßen (zum Beispiel Steyr und Wienerberger aus dem CA-Konzern). Auch in Unternehmen, deren Anteile noch in den Bankenportefeuilles blieben, trat ein Wandel der Unternehmenskultur ein. An der Lenzing AG hält nach wie vor die Bank Austria Creditanstalt im Wege der B&C Holding eine Mehrheitsbeteiligung. Das Unternehmen entwickelte sich bereits in den Sechzigerjahren zum größten Viskosespinnfasererzeuger in Europa. Seit den Siebzigerjahren wurde konsequent der Weg in Richtung umweltfreundliche Produktion beschritten. Mit der Einführung der Modal- und Lyocellfasern bewies das Unternehmen seine Innovationsstärke. 1997 wurde das neue Lyocellwerk in Heiligenkreuz (Burgenland) eröffnet. Zur Etablierung innovativer Fasern auf dem Weltmarkt wurden Verkauf und Marketing in die Gesamtorganisation eingegliedert. Die Geschäftsführung der Lenzing Lyocell GmbH oblag nun direkt dem Vorstand. Seit 2000 konnte das Produktionsvolumen in Heiligenkreuz auf 40.000 t pro Jahr ausgeweitet werden. 2004 stand eine Bereinigung des Lyocell-Marktes an. Der britisch-amerikanische Erzeuger Tencel verfügt mit einer Gesamtnennkapazität von rund 80.000 Jahrestonnen über den doppelten Output von Heiligenkreuz. Trotzdem kam es dazu, dass nicht Heiligenkreuz von Tencel aufgekauft wurde, wie dies von der Acordis-Gruppe angestrebt wurde, sondern Lenzing unter der Leitung von CEO Thomas Fahnemann am 4. Mai 2004 den Kaufvertrag für den Erwerb von Tencel unterzeichnete. Allerdings wurden vom Oberlandesgericht Wien in seiner Funktion als Kartellgericht zur Akquisition der Tencel-Gruppe Bedenken ausgesprochen, obwohl mit diesem Deal Lenzing als nationaler österreichischer Champion im Bereich Lyocellfaser auf dem Weltmarkt erheblich gestärkt würde, ohne dass im vielseitigen internationalen Faserangebot ein preisunempfindliches Monopol entstünde.

Die Umbrüche in der globalisierten Weltwirtschaft ermöglichten nicht nur Chancen auf unternehmerische Erfolge, sondern brachten auch massive Herausforderungen für Industrien, die durch die Liberalisierungstendenzen vermehrt unter Druck geraten sind. Zum Beispiel hat in der Textilindustrie eine gnadenlose Verdrängung aller Unternehmen stattgefunden, die nicht durch offensives Marketing, Konzentration auf höchste Qualitäten und Ausschöpfung aller Kosteneinsparungspotenziale bei gleichzeitiger innovativer Weiterentwicklung der Standorte dem verschärften Konkurrenzkampf getrotzt haben. Auf dem Endverbrauchermarkt haben Wäschekonzerne wie Wolford, Palmers und Triumph diesen Weg beschritten. Noch stärker waren die Verdrängungstendenzen im Bereich der Garne und Gewebe für Weiterverarbeiter ausgeprägt. Gewissermaßen im Alleingang gelang es der Linz-Textil-Gruppe, entgegen dem allgemeinen Trend ab den späten Siebzigerjahren einen Wachstumskurs zu realisieren. Im Bereich der Viskosegarne beträgt der Europamarktanteil 20 Prozent. Das Jahr 2000 wurde zum besten in der Unternehmensgeschichte. Gegenwärtig stellen der Wegfall von Importbeschränkungen im Zuge von WTO-Regelungen und der hohe Euro-Kurs neue Herausforderungen an das Management dar. Im Jahr 2004 wurde mit der Integration der Vossen AG die Wertschöpfungskette bis zum Endverbrauchsprodukt ausgeweitet.

Ähnlich wie in der Textilindustrie intensivierte sich die internationale Konkurrenzsituation für Düngemittel, wenn auch der kritische Lieferradius auf rund 500 Kilometer beschränkt ist – im Gegensatz zur Textilindustrie, wo der Konkurrenzkampf auch 10.000 Kilometer und mehr überwindet. Die auf Düngemittel spezialisierte Agro Linz begann in den Neunzigerjahren ihr zweites Standbein Melamin (Rohstoff zur Herstellung von Leimen, Harzen, Lacken etc., die in der Holz verarbeitenden Industrie zur Anwendung kommen) auszubauen. Im Jahr 2004 erreichte die ein Jahr zuvor auf AMI (Agro Melamine International GmbH) umbenannte Firma einen Weltmarktanteil von knapp 20 Prozent. Unter der Führung von OMV-Vorstand Gerhard Roiss wird der Aufbau einer Produktion im Mittleren Osten für die Belieferung des asiatischen Marktes angestrebt. Außerdem soll dadurch der Weltmarktanteil bis zum Jahr 2010 auf 26

Erfolg durch Zulieferung: Kurt Rüdiger von Barisani, der Vater des erfolgreichen österreichischen Modells der Zulieferung für die Automobilindustrie

Prozent gesteigert werden. AMI ist weltweit zweitgrößter Melaminproduzent und strebt über derzeitige Investmentprojekte bis 2010 die Weltmarktführerschaft an.

Der neue Unternehmertyp in der globalisierten Ökonomie

Die dargestellten Erfolgsstories zeigen, wie österreichische Industrielle die Chancen auf Weltmarkterfolge ergriffen haben, und dies in einer Periode, in der das Image der Manager nicht immer das beste war. Kurzfristiges Denken und Exzesse der Gier haben in den Neunzigerjahren weltweit zahlreiche Unternehmen nicht stärker, sondern schwächer gemacht;

Erfolg durch Spezialisierung: Greiner Extrusionstechnik, Nußbach/Oberösterreich: Hier werden gesamte Extrusionslinien zusammengebaut und zur Serienproduktion von Kunststoff-Extrusionsprofilen für den globalen Kundenkreis finalisiert.

auf den New-Economy-Hype folgte das Platzen der spekulativen Blase im Jahr 2000. Von dem Rückschlag waren vor allem Handels- und Dienstleistungsfirmen wie Libro oder YLine betroffen, doch brachte der Wertverlust entsprechender Investments auch darüber hinaus dämpfende Effekte. Angesichts dieser Entwicklungen umso höher einzuschätzen sind die Leistungen der Unternehmer, die wider diesen Zeitgeist auf dem Boden der wirtschaftlichen Realitäten blieben und zugleich trotzdem die Chancen zu ergreifen wussten, die sich in der veränderten Umwelt boten.

Nachhaltig erfolgreiches operatives Management erforderte schon immer exzellente Sachkompetenz. Die Pflege der Kundennähe ist seit dem Übergang von den Verkäufermärkten zu den Käufermärkten in den Vordergrund getreten. Marketing in jedem Sinne des Wortes hat an Stellenwert gewonnen. Gerade an Hochlohnstandorten müssen die Kompetenzen der Mitarbeiter als Wissensarbeiter integriert werden.

Erfolgreiche Unternehmen haben den Anspruch, an der Spitze des Wandels zu stehen. In Österreich weiß sich eine neue Generation von Industriellen diesen Anforderungen zu stellen. Mobilität und internationale Sozialisation sind zur Selbstverständlichkeit geworden, allfällige frühere Schwellenängste gegenüber neuen Märkten überwunden. Weltgewandtheit in unterschiedlichen Kulturen und Bildung über den Erwerb von Fertigkeiten für die unmittelbare Tätigkeit hinaus tragen zum geistigen Horizont für komplexe Problemlösungen bei.

Herbert Krejci konstatiert im Jahr 2003 in einem Interview in der Zeitschrift »trend« treffend: Die Industriellen haben gelernt, »dass Marketing und Verkaufen wichtige Dimensionen sind«. Eine Generation ist auf den Plan getreten, die »die innere Bereitschaft zur Öffnung hatte. ... Die Jungen stellen sich freiwillig dem Wettbewerb, diese neue Generation hatte die Internationalität schon mit der Muttermilch aufgesogen.«

Der neue Typus des Arbeitnehmers

Die Erste Republik war durch lange Phasen ökonomischer Stagnation und hoher Arbeitslosigkeit gekennzeichnet. Im Österreich nach dem Zweiten Weltkrieg erreichten die Arbeitnehmer einen bisher nicht gekannten Wohlstand und eine gesellschaftliche Anerkennung. Damit ging auch die Entwicklung des Wohlfahrtsstaates einher. Die Schichtung der Gesellschaft gewann an Durchlässigkeit, soziale Unterschiede prägten in geringerem Maße das gesellschaftliche Leben. Nach dem Jahr 1955, dem Jahr der Wiedergewinnung der vollen Souveränität Österreichs, sank die Arbeitslosenquote nahezu kontinuierlich. 1961 wurde mit einer Quote von 2,6 Prozent Vollbeschäftigung erreicht, die in den folgenden zwanzig Jahren aufrechterhalten werden konnte. In den Jahren von 1972 bis 1974 wurden äußerst niedrige Arbeitslosenquoten von knapp über 1 Prozent verzeichnet. In diesen beiden Jahrzehnten stieg auch die Zahl der unselbstständig Beschäftigten nahezu kontinuierlich von rund 2 Millionen 1955 auf rund 2,8 Millionen im Jahr 1981 an. In dieser Ära wurden zahlreiche soziale Verbesserungen, auch eine Stärkung der Mitsprache der Arbeitnehmer im Betrieb und Verkürzungen der Arbeitszeit durchgesetzt. Den sozialen Aufstieg der Lohnabhängigen wie auch den Rückgang der Zahl der Selbstständigen (insbesondere in der Landwirtschaft) spiegelt die Volkseinkommensrechnung wider: Der Anteil der Löhne und Gehälter am Volkseinkommen stieg nahezu kontinuierlich von unter 60 Prozent im Jahr 1955 auf über 75 Prozent im Jahr 1978.

Neue Arbeitswelt: Infineon Technologies Austria, Villach

Seit dieser Zeit schwächte sich jedoch nicht nur das Wachstum der Beschäftigtenzahlen ab, es kam auch zu einem relativ starken Anstieg der Arbeitslosigkeit. Zum Ende der Betrachtungsperiode im Jahr 2004 wurden rund 3,2 Millionen unselbstständig Beschäftigte gezählt, die Arbeitslosenquote erreichte mehr als 7 Prozent. Konjunkturelle Aufschwünge reichten nicht mehr aus, um die relativ hohe Sockelarbeitslosigkeit zu beseitigen. Neu eintretende Beschäftigte hatten mit deutlich verschlechterten Bedingungen zu rechnen, ein wachsender Teil der Arbeit wurde in den so genannten »prekären« oder »atypischen« Beschäftigungsverhältnissen organisiert. Seit 1978 bis 2000 sank die »bereinigte« Lohnquote, also bei Eliminierung von Verschiebungen in der Beschäftigtenstruktur, im Trend um 0,8 Prozent jährlich, wie Markus Marterbauer und Ewald Walterskirchen in einer Studie des Wirtschaftsforschungsinstituts errechnet haben. Als wichtigste Gründe für diese Entwicklung nennen sie das Ansteigen der Arbeitslosigkeit, das relativ rasche Wachstum der Produktivität und die strukturelle Verschiebung der Gesamtbeschäftigung in Richtung Dienstleistungen.

Strukturverschiebungen in der Beschäftigung

Die Wirtschaftsstruktur folgt in fast allen Industriestaaten demselben Entwicklungsmuster: Zunächst verliert der dominierende Sektor, die Landwirtschaft, gegenüber dem sekundären Sektor – Industrie und verarbeitendes Gewerbe – stark an Bedeutung. In der Folge wächst der äußerst heterogene tertiäre oder Dienstleistungs-Sektor stark an, zunächst begleitet vom Bedeutungsverlust der Landwirtschaft. Wie im zweiten Band der »Österreichischen Industriegeschichte« gezeigt wurde, folgte die österreichische Entwicklung zunächst nicht diesem Muster. Der Agrarsektor weitete seinen Anteil in der Zwischenkriegszeit aus, der Industriebereich blieb zurück, der Anteil des Dienstleistungssektors blieb – mit Ausnahme des anwachsenden öffentlichen Dienstes – im Wesentlichen unverändert. Die wichtigsten Ursachen für diese Besonderheit liegen in der auf Erhaltung der Agrarwirtschaft gerichteten Wirtschaftspolitik und der industriellen Stagnation.

Erst nach dem Zweiten Weltkrieg setzte sich der allgemeine Trend auch in Österreich durch. Schließt man alle Erwerbstätigen in die Betrachtung ein, so war in den Volkszählungen insbesondere eine starke und anhaltende Abnahme ihrer Zahl in der Land- und Forstwirtschaft von rund 1,1 Millionen im Jahr 1951 auf 214.500 im Jahr 1991 festzustellen, während sich die Zahl der Erwerbstätigen in den Dienstleistungen im selben Zeitraum mehr als verdoppelte (1951: rund 1 Million, 1991: rund 2,2 Millionen). Die Zahl der Erwerbspersonen im Sektor Bergbau, Industrie und Gewerbe veränderte sich in diesem Zeitraum relativ geringfügig, 1951 wurden etwas weniger als 1,3 Millionen gezählt, 1981 fast 1,4 Millionen, 1991 etwas mehr als 1,3 Millionen Erwerbstätige. Der Mikrozensus des Jahres 2002 erfasste allerdings nur mehr 760.000 Erwerbstätige in den Sektoren Bergbau, Sachgütererzeugung, Energie und Wasserversorgung und etwas mehr als 200.000 Erwerbstätige in der Landwirtschaft, mehr als 2,7 Millionen Erwerbstätige entfallen auf den »dritten Sektor«.

Richtet man das Augenmerk auf die Industrie im engeren Sinn und ihre Arbeitnehmer, so ergibt sich folgendes Bild: Die Zahl der unselbstständig Beschäftigten stieg von 539.000 im Jahr 1955 bis 1961 auf 580.000, um dann bis 1968 mit einer Zahl von 543.000 nahezu auf das Ausgangsniveau zurückzufallen. 1973 erreichte die Industriebeschäftigung in Österreich mit 618.000 Personen ihren Höchststand um dann kontinuierlich zu sinken. 1982 lag sie bereits unter dem Niveau von 1955, zuletzt, im Jahr 2004, wurden nur noch rund 380.000 Industriebeschäftigte gezählt.

Selbst hinter den auf den ersten Blick wenig

dramatischen Entwicklungen, die bis in die Siebzigerjahre vor sich gingen, verbergen sich recht beachtliche Strukturverschiebungen zwischen den einzelnen Industriezweigen, aber auch zwischen einzelnen Gruppen von Arbeitnehmern. Naturgemäß zählten die Industriebranchen mit dem stärksten Produktionswachstum auch zu jenen Bereichen, deren Beschäftigtenzahlen zunächst am stärksten stiegen. Eine Ausnahme bildeten die Bekleidungsindustrie und die Lederverarbeitung. Obwohl beide Industriezweige relativ niedriges Produktivitätsniveau und -wachstum aufwiesen, nahm die Zahl der Arbeiter und Angestellten in diesen Branchen relativ stark zu. Dieses erstaunliche Phänomen findet wohl hauptsächlich seine Erklärung in zwei Faktoren: in dem Vordringen industrieller Produktionen in vorwiegend gewerbliche Erzeugungen sowie in den Direktinvestitionen, die nach Ausschöpfung ihres heimischen Arbeitsmarktes von deutschen Unternehmen in den Sechzigerjahren vorgenommen wurden.

Das langsamere Wachstum der Industrieproduktion und nach wie vor hohe Produktivitätsanstiege waren die wesentlichen Ursachen für den seit der ersten Hälfte der Siebzigerjahre feststellbaren Rückgang der Beschäftigung. Das jährliche Wachstum der Produktion sank kontinuierlich von 5,5 Prozent in den Sechzigerjahren auf 3,9 in den Siebziger- beziehungsweise 2,9 Prozent in den Achtzigerjahren. Im Zeitraum 1990 bis 2003 ging die industrielle Dynamik weiter auf 2,3 Prozent zurück. Die Produktivität zeigte eine ziemlich gleichmäßige Entwicklung, im Durchschnitt der Jahre 1960 bis 2003 wuchs sie jährlich um 4,5 Prozent.

Alle Industriebranchen erhöhten in den letzten fünfzig Jahren ihre Erzeugung, die einzige Ausnahme war der Bergbau. Der Rückgang der Beschäftigten im selben Zeitraum traf ebenfalls alle Branchen, wenn auch in sehr unterschiedlichem Ausmaß. Die einzige Ausnahme war die Fahrzeugindustrie. Österreich wurde spät, aber in hohem Tempo wieder Erzeuger von Automobilen, vor allem aber ein wichtiger Zulieferer für ausländische Fahrzeughersteller.

Der Rückgang des Anteils der Industriebeschäftigten an der Gesamtzahl der unselbstständig Erwerbstätigen war auch einer der für das Sinken der Lohnquote verantwortlichen Faktoren. Der Anteil der Löhne an der Wertschöpfung der Sachgüterproduktion liegt nämlich deutlich über dem Durchschnitt der Gesamtwirtschaft – und dies trotz höherer Kapitalintensität als in den meisten anderen Wirtschaftszweigen. In den meisten Dienstleistungen ist dagegen der Anteil selbstständiger Arbeit an der Wertschöpfung wesentlich höher.

Bemerkenswert ist, dass sich der Anteil der Arbeitnehmerentgelte an der Wertschöpfung in der Sachgüterproduktion zwischen 1988 und 2000 von etwa zwei Dritteln auf 57,7 Prozent reduziert hat.

Traditionelle Arbeiterkultur: Kammer für Arbeiter und Angestellte, Linz. Hauptgebäude, 1928–1930, Architekt Hubert Gessner

Computerarbeitsplatz an der Schalttafel: Bene, Waidhofen/Ybbs, 2005

Betriebliche Innovation und Arbeitsinhalt

Wesentliche Triebfeder des Produktivitätsfortschritts ist die betriebliche Innovation, die Verbesserung traditioneller wie die Entwicklung neuer Produktionsmethoden und neuer Produkte. In den Fünfziger- und frühen Sechzigerjahren galt es zunächst, neue Arbeitskräfte für die Industrie zu rekrutieren.

Der technische Fortschritt, insbesondere das Absterben ganzer Gewerbezweige, führte der Industrie neue, angelernte Arbeitskräfte zu, die in manchen Wachstumsbranchen zum dominierenden Faktor wurden. Ein Beispiel dafür war die besonders dynamische chemische Industrie, die zunächst keine branchenspezifische Ausbildung zum Facharbeiter kannte und daher zum Auffangbecken für gewerbliche Facharbeiter verschiedenster Qualifikationen wurde. Die strukturellen Veränderungen führten bereits in den späten Sechziger- und zu Anfang der Siebzigerjahre dazu, dass an die berufliche Mobilität der Arbeiter hohe Anforderungen gestellt wurden. Nur mehr etwa die Hälfte der Arbeiter war zu diesem Zeitpunkt in ihrem ursprünglich erlernten Beruf tätig. Bereits Ende der Sechzigerjahre gab im Rahmen einer Untersuchung über die Auswirkungen des technischen Wandels lediglich ein Viertel der Beschäftigten an, dass keine Änderung ihrer Arbeit durch Arbeitsplatzwechsel oder Innovation in den letzten fünf Jahren stattgefunden hatte. Das Tempo der Einführung technischer Neuerungen, der Rationalisierungen und des Strukturwandels innerhalb der Industrie erhöhte sich in der Folge und stellte Arbeiter wie Angestellte vor wesentlich erhöhte Anforderungen.

Die Richtung des technischen Fortschritts ist: Ersatz der Hand- durch die Maschinenarbeit, Ersatz der Bedienung einer Maschine durch die Mehrstellenbedienung beziehungsweise durch Überwachung eines gesamten Maschinenparks oder eines Produktionsablaufs, aber auch Vereinfachung von Tätigkeiten mit Tendenz zu Eintönigkeit der Arbeit, vermehrter Einsatz in der Instandhaltung, oft auch die Ausgliederung dieses Bereichs. Entsprechend veränderten sich die Belastungen. Arbeitserschwernisse wie Nässe, Schmutz, Staub, extreme Temperaturen nahmen ebenso ab wie die Unfallgefährdung am Arbeitsplatz. Geringerer körperlicher Anstrengung standen Stressfaktoren wie höhere Aufmerksamkeit und Verantwortung, erhöhtes Arbeitstempo und häufig auch höhere Lärmbelastung gegenüber.

Die Angestelltentätigkeiten veränderten sich anfangs deutlich langsamer als die der Arbeiter, mit vermehrtem Einsatz der Informationstechnologien beschleunigte sich das Tempo der Veränderungen auch an ihren Arbeitsplätzen. Einerseits sanken die Qualitätsanforderungen durch Standardisierung von Abläufen, andererseits erforderte zunehmende Spezialisierung längere Ausbildungs- oder Weiterbildungszeiten. Während bestimmte Tätigkeiten nahezu verschwanden, man denke nur an zentralisierte Schreibbüros, entstanden neue, geringe Qualifizierung erfordernde, wie etwa die Eingabe von Daten in die EDV.

Die oben genannte Untersuchung zeigt ein durchaus ambivalentes Bild, was die Akzep-

Satzstudio 2005: ueberreuter print und digimedia

Setzerei 1965: Druckerei Metten, Wien IX

tanz technischer Neuerungen durch Arbeiter und Angestellte betrifft. Einerseits ist durchaus ein Zusammenhang zwischen betrieblichen Innovationen und Arbeitszufriedenheit aus den Befragungen ablesbar, auf der anderen Seite wird die zunehmende nervliche Belastung als negativ angeführt und auch die »Überqualifikation« ist als Herd von Unzufriedenheit feststellbar. Dabei geht es vor allem darum, dass erworbene, bisher geschätzte Fertigkeiten und Qualifikationen durch technische Neuerungen obsolet geworden sind. Beispielsweise erkannten Hüttenarbeiter in der Edelstahlindustrie durch optische Prüfung das Legierungsverhältnis einer spezifischen Charge. Die chemische Analyse, verarbeitet im Computer, gibt nunmehr genaueren und genauso schnellen Aufschluss über das Mischungsverhältnis und entwertet damit eine im Laufe vieler Jahre erworbene Fertigkeit, reduziert den »Stahlkocher« auf die Beaufsichtigung des Schmelzvorganges. Das extremste Beispiel ist wohl das der Schriftsetzer, einer Berufsgruppe mit höchster Qualifikation, großer Tradition und entsprechendem Prestige in der Arbeiterschaft, die innerhalb

weniger Jahre durch neue, wesentlich kostengünstigere Verfahren der Texterstellung obsolet geworden ist.
Erhöhte Verantwortung ist die Folge des Einsatzes immer teurerer Maschinen und Maschinengruppen, erhöhte Ansprüche an die Qualifikation entstehen bei der Einstellung der Maschinen, Eingriffen bei Störungen und der Instandhaltung des Maschinenparks, ist doch jedes Fehlverhalten mit weitaus größerem Schaden verbunden als in der durch einfache Maschinen und Handarbeit dominierten Erzeugung. Freilich ist dieser Strukturwandel insbesondere bei Arbeitern auch mit erhöhtem Selbstwert, besserer Entlohnung und vermehrtem Sozialprestige verbunden.
In den von Arbeitskräfteknappheit geprägten Zeiten, vor allem in den Siebzigerjahren, wurde die Frage der Humanisierung der Arbeit, die Anpassung der Arbeitsinhalte und -formen an den Menschen, nicht nur von den Gewerkschaften, sondern auch von fortschrittlichen Unternehmen propagiert. Abbau monotoner Arbeit, systematischer Wechsel solcher Tätigkeiten, Einbeziehung der Qualitätskontrolle in den Arbeitsprozess und die Forcierung von Gruppenarbeit wurden als Alternativen zu wesentlich fremdbestimmten Arbeitsabläufen entwickelt, um Arbeitszufriedenheit, aber auch Arbeitsproduktivität zu steigern. In den von wiederum steigender Arbeitslosigkeit geprägten späteren Jahrzehnten hat die Entwicklung neuer Arbeitsformen ein vorläufiges Ende gefunden.
Erhöhte Belastungen, insbesondere für Industriearbeiter, entstanden durch Zunahme der Schicht-, vor allem der Nachtschichtarbeit, die mit der Erhöhung des Kapitaleinsatzes je Arbeitsplatz einherging. In der Sachgüterproduktion – also Industrie und produzierendes Gewerbe zusammen – leisteten 2003 fast 30 Prozent der Erwerbstätigen »Abendarbeit«, also Schichtarbeit bis 22 Uhr, rund 18 Prozent Nachtarbeit. Rund ein Drittel leistete Samstagsarbeit, ein Siebentel war auch an Sonntagen in der Sachgütererzeugung eingesetzt.

Arbeiter – Angestellte

In der Industrie ist die Segmentierung in einzelne Gruppen von Arbeitnehmern kein neues Phänomen. Der industrielle Großbetrieb schuf zwei große Gruppen von Arbeitnehmern mit unterschiedlichen Arbeitsinhalten, unterschiedlichen sozialen Rechten und unterschiedlicher Entlohnungsform: Arbeiter und Angestellte, die ihrerseits wieder in verschiedene Kategorien unterteilt wurden. Die direkt in der Produktion Tätigen, mit Handarbeit oder Maschinenbedienung, meist produktionsabhängig und wöchentlich Entlohnten genossen ursprünglich geringeren sozialen Schutz als die Angestellten, denen als »Meister« die Überwachung der Arbeiter und des Arbeitsablaufes oblag oder die in der Verwaltung oder im Vertrieb des Unternehmens tätig waren. Der Sprachgebrauch verrät die Muster, an denen sich diese Differenzierung orientierte: Angestellte werden auch heute noch von Älteren häufig als »Beamte« tituliert. Die Großorganisation Staat inspirierte den organisatorischen Aufbau der Industrie ebenso wie das Militär, was insbesondere dann zum Ausdruck kommt, wenn ein Unternehmensleiter von den in der Spitze der Hierarchie Angesiedelten als »seinen Offizieren« spricht. Dies gilt insbesondere für den deutschen Sprachraum, während im anglo-amerikanischen Raum nach der Farbe der Arbeitskleidung unterschieden wird – »blue collar« oder »white collar«.
Diese Differenzierung prägt bis heute das industrielle Geschehen, wenn auch die Unterschiede in Lebensform und im Sozialprestige geringer geworden sind. Was arbeits- und sozialrechtliche Standards betrifft, ist praktisch die Gleichstellung erreicht. Diese Entwicklung ist wohl einerseits auf die höhere Wertschätzung der Facharbeit zurückzuführen, andererseits aber auch auf die Abwertung von Qualifikationen Angestellter vor allem im nichtindustriellen Bereich, man denke etwa an das Berufsbild des »Handlungsgehilfen«

im Vergleich zur Tätigkeit des Auffüllens von Regalen oder des Kassierens an der Scanner-Kasse im Supermarkt.
Der Vorläufer des Managers von heute musste sich angesichts der Dominanz patriarchalisch geführter Familienunternehmen meist mit der Rolle eines Assistenten begnügen. Mit wachsenden Unternehmensgrößen wurde die Firma von kaufmännischen und technischen Fachleuten geführt, die das Vertrauen der Großaktionäre besaßen und durch in Berichtsebenen gegliederte leitende Angestellte in ihrer Leitungsfunktion unterstützt wurden. Die Fünfziger- und Sechzigerjahre des 20. Jahrhunderts waren geprägt von diesem Wandel, der in einer umfangreichen Literatur über diese neue Schicht beschrieben wird. Ihr wird sogar ein neues Krankheitsbild zugeschrieben: die »Manager-Krankheit«, heute als »beruflicher Stress« schon in weiteren Kreisen verbreitet.
Eine Tendenz in der jüngsten Zeit ist die Verquickung von Aktionärs- und Managementfunktion. In einem Fall, im so genannten Management-Buy-out, übernehmen die professionellen Unternehmensleiter, meist im Gefolge einer Krise in diese Funktion berufen, teilweise oder zur Gänze das Eigentum am Unternehmen. Ein anderer Fall ist die Beteiligung von Managern an der von ihnen geführten Firma, häufig durch Hingabe von Aktien-Optionen, was nicht nur eine Belohnung für die Leistung des Managers darstellen, sondern auch sein Interesse an der Aufwärtsentwicklung des Aktienkurses wecken soll.
Die Industriebeschäftigung war in den letzten Jahrzehnten durch eine beachtliche Verschiebung des Verhältnisses Arbeiter – Angestellte gekennzeichnet. Der Anteil der Angestellten hat sich in den fünfzig Jahren, die hier beschrieben werden, mehr als verdoppelt. Die Arbeiter dominieren zwar nach wie vor, doch zählt nach der Wende zum 21. Jahrhundert

Die Maschine dominiert den Arbeitsplatz: Böhler Edelstahl GmbH, Kapfenberg. Freiformschmiede, Langschmiedemaschine, 2005 bereits mehr als ein Drittel der Industriebeschäftigten zu den Angestellten. Die Zunahme der dispositiven und Überwachungstätigkeiten in der modernen Industrie ist die wichtigste Erklärung für diese Entwicklung, daneben spielt auch die Überführung bisheriger Arbeiter in den Angestelltenstand eine Rolle. Hinsichtlich der Entwicklung des Einkommensgefüges bestehen nämlich zwischen Arbeitern und Angestellten erhebliche Unterschiede. Die Einkommenskurve steigt bei den meisten Angestellten mit dem Alter an, während für den Verlauf des Lebenseinkommens

Der Politiker und der Arbeiter: Bruno Kreisky im Gespräch mit einem Arbeiter der Böhlerwerke. Böhler Edelstahl GmbH, Kapfenberg, 1975

der Arbeiter eine Kurve typisch ist, die zunächst ansteigt, um dann – bei altersbedingt geringerer Leistungsfähigkeit – wieder abzufallen. Die Kollektivverträge der letzten Jahre zeigen ein neues Bild. Die Spitzen der so genannten »automatischen Vorrückungen« bei Angestellten werden abgebrochen, sodass das Höchsteinkommen früher erreicht wird und dann bis zum Pensionsantritt gleich bleibt, während sich Arbeitergewerkschaften bemühen, den Einkommensverlauf der von ihnen Vertretenen an den der Angestellten anzupassen. Beispielsweise war dies eines der Ergebnisse der Kollektivvertragsverhandlungen in der Metallindustrie im Herbst 2004.

Die längerfristige Entwicklung der Industrielöhne nach Branchen illustriert eine von Wolfgang Pollan publizierte Untersuchung des WIFO. Die Änderung des wirtschaftlichen Klimas wird vor allem bei der Lohndrift deutlich, der Abweichung effektiv bezahlter zu den kollekivvertraglich vereinbarten Stundenlöhnen. In den Sechziger- und in der ersten Hälfte der Siebzigerjahre stiegen die Effektivlöhne deutlich stärker als die Tariflöhne, diese Tendenz hat sich seither umgekehrt. Anfang der Achtzigerjahre machten die Überzahlungen bei Arbeitern mehr als ein Drittel, bei Angestellten mehr als ein Viertel aus, bei den Arbeitern war der Rückgang bis 1998 auf etwas mehr als ein Fünftel drastischer als bei den Angestellten, die 2000 auch etwa bei diesem Anteil an Überzahlungen lagen.

Die Branchenhierarchie der Löhne ändert sich nur relativ langsam. Die Eisenhütten lagen 1981 wie 1998 mit einem durchschnittlichen Stundenlohn von 63,71 beziehungsweise von 148,11 Schilling an der Spitze der Lohnhierarchie, das Schlusslicht bildete im Jahr 1981 die Bekleidungsindustrie (41,20 Schilling), 1998 die Lederverarbeitung (77,29 Schilling).

Facharbeiter, Angelernte, Hilfsarbeiter

Nach ihrer Qualifikation wird in der Gruppe der Arbeiter nach Fach-, angelernten und Hilfsarbeitern unterschieden. Die Zahl der Facharbeiter in der Industrie war 1955 nur etwas geringer als die Zahl der angelernten Arbeiter, rund 34 Prozent waren Facharbeiter, 40 Prozent waren Angelernte, die Hilfsarbeiter stellten mit rund 26 Prozent die kleinste Gruppe. Bis zur ersten Hälfte der Siebzigerjahre änderte sich dieses Bild in bedeutendem Ausmaß: 1973 stellten die Angelernten weit mehr als die Hälfte der Industriearbeiterschaft, die Facharbeiter machten nur rund ein Viertel aus, der Anteil der Hilfsarbeiter erreichte nicht einmal mehr ein Fünftel. Die moderne Industrie hatte ihre Anknüpfungspunkte in der gewerblichen Produktion und deren Berufsbildern, welche die Grundmuster für die Ausbildung der meisten Facharbeiter darstellten, in zunehmendem Maße verloren; ein bereits zitiertes Beispiel dafür lieferte die chemische Industrie. In vielen Produktionsbereichen wurden angelernte Arbeitskräfte eingesetzt, während Instandhaltungs- und Reparaturgruppen in der Regel aus Facharbeitern bestanden.

In der Folge änderte sich das Bild signifikant. Mit sinkender Industriebeschäftigung und geringerem Nachschub aus verschwindenden Gewerben ging die Tendenz wieder in die umgekehrte Richtung: 1990 waren rund 37 Prozent Facharbeiter, die angelernten Arbeiter machten rund die Hälfte der Industriearbeiterschaft aus, die Hilfsarbeiter nur noch ein Achtel. Bis zum Jahr 2003 stieg der Anteil der Facharbeiter weiter auf rund 43 Prozent, die angelernten Arbeiter erreichten nur noch einen Anteil von 47 Prozent, die Hilfsarbeiter nur noch 10 Prozent der Industriearbeiterschaft. Das Verhältnis von Fach- zu angelernten Arbeitern hatte sich gegenüber dem Ausgangspunkt unserer Betrachtung wenig verändert, die Verringerung des Anteils der Hilfsarbeiter von mehr als einem Viertel auf 10 Prozent zeigt deutlich das Ausmaß der erhöhten Qualifikation der Industriearbeiter.

Von der Wohnbevölkerung, die im Jahr 2002 das 15. Lebensjahr erreicht oder überschritten hatte, hatten mehr als 35 Prozent eine Lehre als höchste abgeschlossene Ausbildung, in den Jahrgängen von 25 bis 60 waren es mehr als 40 Prozent. Besonders stark war der Trend zum Abschluss einer höheren Schulausbildung in den letzten Jahrzehnten. Der Anteil der Absolventen höherer Schulen im Alter zwischen 20 und 30 lag 2000 mehr als viermal so hoch wie in der Altersklasse 60 und mehr Jahre.

Frauenarbeit: Frauen am Fließband der Firma Iglo im Juni 1987, Großenzersdorf

Frauenarbeit

Rund ein Drittel der Industriebeschäftigten des Jahres 1956 waren weiblichen Geschlechts, ihre Zahl und auch ihr Anteil stieg zunächst noch an, Ende der Sechzigerjahre waren rund 35 Prozent der Industriebeschäftigten Frauen. In der Folge nahm er ziemlich kontinuierlich ab. 1990 waren es nur noch rund 28 Prozent, 2003 knapp über 23 Prozent. Der Frauenanteil bei den Angestellten lag anfangs deutlich höher als bei den Arbeitern und sank etwas langsamer.

Die Gründe für das Sinken des Anteils der Frauenbeschäftigung, ein Phänomen, das deutlich von der Entwicklung der Gesamtbeschäftigung abweicht, lagen hauptsächlich im industriellen Strukturwandel. Die weiblich dominierte Heimarbeit verschwand fast völlig, Branchen mit hohem Anteil weiblicher Beschäftigter, beispielsweise die Bekleidungsindustrie, wuchsen zunächst kräftig um dann stark zu schrumpfen. Bei den Angestellten war es zweifellos der Effekt technischer Veränderungen im Büro, der zahlreiche, traditionell von Frauen eingenommene Arbeitsplätze wie den der Stenotypistin obsolet gemacht hatte. Auch in der Ausgliederung in industrienahe Dienstleistungen wie im vermehrten Abbau weiblicher Arbeitskräfte, die aus – fälschlicherweise – so genannten »Doppelverdienerhaushalten« kommen, mögen Ursachen zu finden sein. Die Segmentierung zwischen Frauen- und Männerarbeit hielt sich bis in die Achtzigerjahre in manchen industriellen Kollektivverträgen. Formal wurde diese Differenzierung zwar überwunden, die Unterschiede in der Entlohnung zwischen Arbeiterinnen und Arbeitern wie in den Karrieremustern weiblicher und männlicher Angestellter bestehen jedoch weiter.

Wie Michael Mesch in Untersuchungen der Wiener Arbeiterkammer zeigt, sind die Unterschiede zwischen den Median-Einkommen männlicher und weiblicher Beschäftigter nach wie vor beträchtlich. Das Median-Einkommen der Frauen lag 1987 bei rund 67 Prozent und 1993 bei rund 69 Prozent des Vergleichswerts ihrer männlichen Kollegen, und zwar für Arbeiter und Angestellte zusammen. Schaltet man die Verzerrung durch Teilzeitarbeit aus, so verringern sich die Unterschiede auf 73 beziehungsweise 77 Prozent. Der Anteil der Teilzeitarbeit – die nicht immer freiwillig gewählt wird – ist stark steigend, allein zwischen 1995 und 2000 stieg die Teilzeitquote bei weiblichen Beschäftigten von 24 auf 29,5 Prozent.

Ausländische Arbeitskräfte

Die das Angebot übersteigende Nachfrage am Arbeitsmarkt erzeugte im Europa der Nachkriegszeit ein neues Phänomen: den so genannten Gastarbeiter. Wanderungsbewegungen begleiteten die Industriegesellschaft allerdings von ihrem Anfang an. Neben den – vorindustriellen – Wanderungen der Handwerksburschen waren es Fachkräfte wie beispielsweise in den Bergwerken Deutschlands und Frankreichs eingesetzte Polen und Ukrainer, teils waren es proletarisierte Handwerker, die aus den verschiedenen Gebieten der Monarchie nach Wien strömten. Wie in Band zwei der »Österreichischen Industriegeschichte« ausgeführt, war während des Zweiten Weltkriegs nur durch massenhaften Einsatz von Häftlingen und ausländischen Zwangs- und Fremdarbeitern die Aufrechterhaltung der Versorgung der Front und des Hinterlandes Hitler-Deutschlands zu bewerkstelligen. In der Periode nach dem Zweiten Weltkrieg kam es zu massenhaften Wanderungsbewegungen in jene westeuropäischen Länder, in denen die starke wirtschaftliche Dynamik den Arbeitsmarkt ausgeschöpft hatte und daher Vollbeschäftigung herrschte.

Da Österreich später als viele westeuropäische Länder Vollbeschäftigung erreichte, kam es auch zu einer Verzögerung beim »Import« ausländischer Arbeitskräfte. Im Jahr 1962 einigten sich die Sozialpartner auf die jährliche Festlegung eines Kontingents. Doch erst in der zweiten Hälfte der Sechzigerjahre begann der Einsatz ausländischer Arbeitskräfte massiv an Bedeutung zu gewinnen. Während früher, entsprechend den Engpässen am Arbeitsmarkt, die durch das »Wirtschaftswunder« entstanden waren, italienische Gastarbeiter nach Deutschland und in die Schweiz strömten, waren es aus dem ehemaligen Jugoslawien und der Türkei stammende Arbeitskräfte, die in verschiedenen Wirtschaftszweigen Österreichs zum Einsatz kamen und bis heute kommen. Vorwiegend nahmen sie Arbeitsplätze ein, die mit niedriger Qualifikation, höheren Belastungen, mit geringerem Sozialprestige und mit niedrigeren Löhnen verbunden sind. In den erwähnten Untersuchungen zur Lohnstruktur kommt zum Ausdruck, dass sie daher als Konkurrenz der Beschäftigten in den Niedriglohnbereichen auftraten, was Gegenstrategien der Gewerkschaften zur überproportionalen Erhöhung der Mindestlöhne auslöste.

Die starke Dynamik der österreichischen Wirtschaft in der ersten Hälfte der Siebzigerjahre führte zu einem äußerst raschen Anstieg des Einsatzes ausländischer Arbeitskräfte, 1973 waren fast 9 Prozent der Beschäftigten in Österreich Ausländer. In der Folge ging die Zahl der Gastarbeiter bis in die Jahre 1984/1985 auf 4,4 Prozent zurück und stieg dann ziemlich kontinuierlich auf rund ein Zehntel der Gesamtzahl unselbstständig Beschäftigter. Für ausländische wie für inländische Arbeitnehmer gelten in den Kollektivverträgen der Industrie formal dieselben Standards, die ausländischen sind aber bis heute in der Vertretung ihrer Interessen benachteiligt.

Exponierte und geschützte Sektoren

Die zunehmende wirtschaftliche Verflechtung mit dem Ausland und die Verlangsamung des wirtschaftlichen Wachstums führten zu einer neuen Differenzierung zwischen verschiedenen Gruppen von Arbeitnehmern, zur Unterscheidung von Arbeitsplätzen im so genannten »exponierten« und im »geschützten« Bereich der Volkswirtschaft. Der exponierte, ausländischer Konkurrenz ausgesetzte Teil der Volkswirtschaft – ein großer Bereich der Industrie – stand einem Bereich gegenüber, der nur geringen oder überhaupt keinen Konkurrenzdruck verspürte. Im geschützten Bereich kann der Rationalisierungsdruck geringer sein und gefährdet die Kostenentwicklung in geringerem Maße die Konkurrenzposition des Unternehmens. Für eine Gewerkschaftsbewegung, die sich eine »solidarische«, also möglichst gleichmäßige Lohnentwickklung zum Ziel gesetzt hat, ist dies naturgemäß eine beachtliche Herausforderung. Sie kann auch mit ihrer Kollektivvertragspolitik weder die betrieblichen noch die individuellen Spielräume, die letzten Endes zur Lohndrift führen, außer Acht lassen. Diese Auseinandersetzung nimmt angesichts steigender Arbeitslosenzahlen und stagnierender Realeinkommen an Schärfe zu. Sie ist auch die Triebfeder für die anhaltenden Diskussionen um die Beseitigung vermeintlicher oder tatsächlicher Vorrechte von Arbeitnehmern in bestimmten Berufsgruppen oder Unternehmen bis hin zu den Forderungen nach Harmonisierung der Pensionssysteme.

Die ersten Gastarbeiter kommen an: Wien, April 1964

Arbeitnehmer und Betrieb

Nach dem Zweiten Weltkrieg wurde an das 1919 eingeführte Mitbestimmungsrecht angeknüpft, das die Einrichtung von Betriebsräten und Arbeiterkammern vorsah, die in Arbeitsteilung mit den Gewerkschaften auf überbetrieblicher Ebene die Interessen der Arbeiter und Angestellten vertreten. Das öffentliche Eigentum an vielen Industrieunternehmen –

direkt durch Verstaatlichung, indirekt durch den Einfluss verstaatlichter Banken als Großaktionäre – stärkte die betriebliche Vertretung der Arbeitnehmer in diesem Sektor de facto, de jure wurde in den Siebzigerjahren durch ein neues Arbeitsverfassungsgesetz die Stellung der Arbeitnehmer und des Betriebsrates in den größeren Unternehmen gestärkt. Eine der wichtigsten Änderungen war die Verbesserung der Position der Arbeitnehmervertreter im Aufsichtsrat der Aktiengesellschaften und großer Gesellschaften mit beschränkter Haftung, die nunmehr zur Einrichtung eines solchen Gremiums verpflichtet wurden, sowie die Einführung eines Mitbestimmungsrechts auf Konzernebene. Im Gegensatz zur Bundesrepublik Deutschland, die auf dem

Streik der Gießereiarbeiter Ottakring bei den Vereinigten Wiener Metallwerken, 1968

Gebiet der institutionalisierten betrieblichen Mitbestimmung eine Vorreiterrolle in Europa einnahm, wurde jedoch keine Parität, auch keine indirekte Vertretung im Unternehmensvorstand angestrebt. Die Arbeitnehmer werden ausschließlich durch Betriebsräte im Aufsichtsrat vertreten, eine besondere Vertretung leitender Angestellter ist ebenfalls nicht vorgesehen.

Die Bedeutung des Aufsichtsrates in der Unternehmensverfassung hat durch Novellierungen des Aktienrechts, vor allem aber durch jüngste Empfehlungen der »corporate governance« zugenommen. Dies und steigendes Selbstbewusstsein der Arbeitnehmervertreter im Aufsichtsrat haben einerseits die Stellung des Betriebsrats im Unternehmen gestärkt, andererseits ist im Zuge der Privatisierungen, insbesondere durch Eigentumsübergang an ausländische Gesellschaften, ihr Einfluss auf die Firmenpolitik gesunken. Zwar sind in einigen europäischen Großunternehmen bereits Betriebsvertretungen, länderübergreifend, auf Konzernebene tätig, doch ist angesichts der Unterschiede in Organisationsgrad und Tradition der gewerkschaftlichen Vertretungen und vieler praktischer Hindernisse ihre Einflussmöglichkeit begrenzt.

Tendenzen in der Änderung der Politik zahlreicher industrieller Unternehmen stellen die Arbeiter und Angestellten, wie auch ihre Interessenvertretungen, vor bisher kaum gekannte Probleme. Viele dieser Trends kommen aus dem anglo-amerikanischen Raum, in dem sich in den letzten Jahren ein tief greifender Wandel in den Grundsätzen der Unternehmensführung vollzogen hat. Insbesondere unter dem Druck der an kurzfristigen Kursgewinnen und hohen Ausschüttungen interessierten Anleger und ihrer Agenten, der Analysten, ist Unternehmenspolitik immer mehr an kurzfristigen Rentabilitätszielen und der Kurspflege interessiert. Unterstützt wird diese Tendenz durch neue Bewertungsgrundsätze für die Rechnungsabschlüsse der Unternehmen. Waren diese bisher stark an den Interessen der Gläubiger orientiert – galt doch die Bildung möglichst hoher »stiller Reserven« in traditioneller Sicht geradezu als Beweis der Bonität eines Unternehmens –, so wurden sie nunmehr in eine Richtung verändert, die den Aktionär bevorzugt und das Unternehmen zur Ausschüttung solcher Reserven veranlassen soll.

Damit wird auch die Abhängigkeit des Unternehmens von wirtschaftlichen Schwankungen stärker, dieser Druck wird naturgemäß auch in verschiedenster Form an die Arbeitnehmer weitergegeben. So werden manche Dienstleistungsbereiche aus den Industrieunternehmen entweder ausgegliedert oder Partnern übertragen, vom Reinigungsdienst über Instandhaltung, Teilen des Rechnungswesens bis zur Logistik, ja in Einzelfällen bis hin zur Forschung und Produktentwicklung. Viele Funktionen werden auf ein Minimum reduziert, die Verantwortung dafür vor- oder nachgelagerten Stufen übertragen, wie beispielsweise die Lagerhaltung. Die in der Regel höheren Löhne im industriellen Sektor sind ein weiteres Motiv für die Auslagerung von Funktionen. Aus diesem Grund ist auch Vorsicht bei der Interpretation der Beschäftigungsdaten der Industrie angebracht. Trotz Rückgang der Beschäftigung in der Industrie ist ihre Bedeutung für das Niveau der Wertschöpfung wie der Gesamtbeschäftigung nach wie vor groß, da viele industrienahe Dienstleistungen nicht mehr in der Industriestatistik erfasst werden. Für die Gewerkschaften bedeutet diese Entwicklung zunächst eine Schwächung einer ihrer Bastionen, des industriellen Großbetriebs.

Die Anstrengungen der Unternehmensleiter, zu größerer Flexibilität des Arbeitseinsatzes zu gelangen, gehen über diese Strategien hinaus. Diese Flexibilisierung betrifft einerseits die Organisation des Unternehmens, die dahin geht, nicht nur Randbereiche auszugliedern, sondern bis in Kernbereiche Kooperationen mit spezialisierten Firmen, Selbstständige und mit »golden handshake« selbstständig gemachte ehemalige Mitarbeiter umfasst. Mehr und mehr wird das Risiko der Auslastung des Betriebes auf einen neuen Typ von Arbeitnehmer abgewälzt. Durch Flexibilisierung der Arbeitszeit wird einerseits die individuelle Gestaltung des »Arbeitstages« ermöglicht, andererseits wird so vom Unternehmen oft die Orientierung der Arbeitszeit an den jeweiligen Schwankungen der Kapazitätsnutzung verordnet. Der rechtliche Rahmen zur Überführung von Arbeitnehmern in so genannte »prekäre Beschäftigungen« ist vielfältig, er reicht von der Leiharbeit, von zeitlich befristeten Verträgen, Werkverträgen usw. bis hin zur Schein- oder tatsächlichen Selbstständigkeit.

In jüngster Zeit haben insbesondere Argumente des Standortwettbewerbs an Schärfe

Der Kollektivvertrag: Eine gewerkschaftliche Errungenschaft vor neuen Herausforderungen

gewonnen. Die Öffnung der vormals kommunistischen Länder Mittel- und Osteuropas, Russlands und Chinas und die zunehmende Qualifizierung von Arbeitskräften in Süd- und Südostasien haben zu zahlreichen Betriebsverlagerungen aus den westlichen Industrieländern geführt. Häufig wird Lohnkürzung, beispielsweise durch die längeren Durchrechnungszeiträume für geleistete Arbeitszeit, welche die Überstundenentlohnung hinfällig machen, in Verbindung mit Verlängerung der Arbeitszeit als probates Mittel gegen die Abwanderung industrieller Kapazitäten angeboten. Allerdings sind die Lohnunterschiede in vielen Fällen so groß, dass ein Tradeoff kaum möglich erscheint. Abgesehen davon eröffnet dies die Gefahr einer Spiralentwick-

Der Österreichische Gewerkschaftsbund: Zentrale, Wien I, Eingang mit Logo

lung nach unten, wie sie angesichts der Währungsabwertungen und der Errichtung von Handelshemmnissen im Gefolge der Weltwirtschaftskrise zu beobachten war. Werden diese Maßnahmen nämlich verallgemeinert, verliert man wieder den vermeintlichen Wettbewerbsvorsprung und mehr Produktion steht weniger Nachfrage gegenüber.

Die Kollektivverträge der letzten Jahre hatten der Forderung der Arbeitgeber nach erhöhter Flexibilität des Arbeitseinsatzes Rechnung getragen, meist im Gegenzug zu Verkürzungen der Arbeitszeit, auch wurde die Autonomie der betrieblichen Ebene mit so genannten Öffnungsklauseln gestärkt.

Sowohl die Zusammenarbeit der Spitzenverbände als auch die häufig gut funktionierende Kooperation auf betrieblicher Ebene, die oft in ihrer Bedeutung unterschätzt wird, haben dazu beigetragen, dass sich die »industrial relations« in der Zweiten Republik positiv entwickelt haben.

Einer der Gradmesser dafür ist die im Vergleich zur Zwischenkriegszeit geringere Anzahl wie auch Dauer von Streiks. Ihre Erfolgsaussichten sind hingegen im Vergleich zu den Zwanziger- und Dreißigerjahren beachtlich gestiegen, was natürlich auch eine Folge des höheren Beschäftigungsgrades war. Unter den westeuropäischen Ländern zählt Österreich seit vielen Jahren zu jenen mit geringster Streikdauer, lediglich in den Jahren 2003 und 2004 kam es zu Streikbewegungen, die vor allem gegen den Abbau von sozialen Transfers oder die Verschlechterungen des Dienstrechts in vorwiegend öffentlichen Unternehmen gerichtet waren. Zunehmende Spannungen zwischen Regierung und Sozialpartner – vor allem der Arbeitnehmerseite – entstanden im Konflikt um den Spitzenverband der Sozialversicherungseinrichtungen und um die Finanzierung der Arbeiterkammer, wo erstmals seit 1945 Eingriffe in bisher als autonom angesehene Bereiche der Interessenvertretung erwogen wurden.

Zukunft der Arbeit

Höchst widersprüchlich scheinen die Tendenzen zur Zukunft der Arbeit zu sein. Die relativ hohe und noch immer wachsende Arbeitslosigkeit in Europa bedroht zwar nicht in dem Maße die soziale Position der Arbeiter und Angestellten und die gesellschaftliche Stabilität wie zur Zeit der Weltwirtschaftskrise in der Zwischenkriegszeit, da das soziale Netz tatsächlich enger geknüpft ist, wenn auch budgetäre Restriktionen so manche Masche dieses Netzes erweitert haben. Andererseits sind in den USA Beschäftigungszuwächse zumindest teilweise durch beträchtliche Lohnkürzungen erkauft worden, ist das Phänomen der »working poor« entstanden. Die Gewerkschaften sind einerseits durch Erosion der Beschäftigung in ihren Kernbereichen – den industriellen Großbetrieben – geschwächt, andererseits müssen sie sich auf die Vertretung einer neuen Gruppe von abhängig Beschäftigten einstellen, für die der traditionelle Arbeitnehmerschutz nicht ausreicht.

Vermehrte Marktorientierung und raschere Reaktionszeiten stellen auch traditionelle Formen der Arbeitsorganisation in Frage. In vielen Fällen kann nur durch Dezentralisierung von Entscheidungsmacht die oft beklagte Trägheit der Großorganisation überwunden werden. Der Versuch, ein Gleichgewicht zwischen der Notwendigkeit zentraler Koordination und möglichst autonomem Funktionieren der oft unter höchst unterschiedlichen Rahmenbedingungen operierenden Tochterunternehmen und Abteilungen herzustellen, führt zu beträchtlichen Anspannungen. Manche Autoren sprechen bereits von einer Tendenz zur »permanenten Reorganisation«. In diesen neuen Organisationsformen werden auch neue Formen industrieller Beziehungen, wird eine neue Balance zwischen den Grenzen der Verfügbarkeit von Arbeitskraft und den Anforderungen des Marktes gefunden werden müssen.

ÖGB
ÖSTERREICHISCHER
GEWERKSCHAFTSBUND

Der Weg der Industrie: Grundstoffe – Verarbeitung – Dienstleistungen

Industrie als Wachstumsmotor

In den ersten zehn Nachkriegsjahren hatte sich die industrielle Produktion Österreichs im Vergleich zum Vorkriegsniveau mehr als verdoppelt, unter den westeuropäischen Industriestaaten konnten nur Italien und Finnland eine ähnlich rasche Expansion erreichen. Die Industrie nahm damit im wirtschaftlichen Aufholprozess Österreichs nach dem Zweiten Weltkrieg eine dominierende Rolle ein. Auch in den Sechzigerjahren sind die Steigerungsraten der industriellen Produktion beachtlich, sie liegen – je nach Wahl des Ausgangsjahres – zwischen 5,5 und 6 Prozent. Die Industrie war somit Schrittmacher des wirtschaftlichen Wachstums, und dies umso mehr, als die industrielle Produktion in Österreich einen relativ großen Anteil an den Wirtschaftssektoren innehatte. Gemessen an der gesamten Wirtschaftsleistung, dem Bruttoinlandsprodukt, nahm die Industrie zu Beginn der hier behandelten Periode einen Anteil von etwa einem Viertel ein, der bis Anfang des 21. Jahrhunderts auf unter ein Fünftel zurückging. In dieser Zeit kam es zu beachtlichen strukturellen Verschiebungen zwischen den einzelnen Industriebranchen, gewannen Wachstumsindustrien rasch an Bedeutung, während traditionelle Branchen ebenso rasch an Boden verloren.

Schwerindustrie:
Arbeit am Hammer,
Ölgemälde, undatiert

Rascher struktureller Wandel

Folgt man den Abgrenzungen, die das Österreichische Institut für Wirtschaftsforschung in seinen Industrieanalysen vornimmt, so nahmen die Basisindustrien im Ausgangsjahr 1956 rund 28,7 Prozent des Produktionswertes und 23,5 Prozent der Beschäftigung der Industrie ein. Bis zum Jahr 2004 sanken die Anteile an der Gesamtproduktion auf 16,7 Prozent, die an der Gesamtbeschäftigung auf 10,7 Prozent. Der Grundstoffsektor war in Österreich ein vergleichsweise wichtiger Bereich der Industrie. Der Bergbau spielte zwar eine relativ untergeordnete Rolle – im Vergleichszeitraum sank sein Anteil am Produktionswert der Industrie von rund 4 auf 0,8 Prozent –, auch der Anteil der Erdölproduktion und -verarbeitung sank, wenn auch schwächer, von 4 auf unter 3 Prozent. 1956 war Österreich hinsichtlich der Versorgung mit Mineralölprodukten noch autark, es war sogar – wenn auch unfreiwillig – Exporteur, wurden doch Ablösezahlungen aus dem Staatsvertrag in Form von Erdöllieferungen an die Sowjetunion geleistet.
Der Anteilsrückgang der Basisindustrien war kein kontinuierlicher Prozess. Maßgeblich dafür war die Steigerung des Produktionswertes der Erdölindustrie und der Eisenhütten in der

Grundstoff-Hausse der Siebzigerjahre. Die Eisen- und Stahlproduktion ist bei weitem die größte Branche der Grundstofferzeugung und stellt einen im internationalen Vergleich relativ großen Bereich der Gesamterzeugung der österreichischen Industrie dar. Ihr Anteil am Produktionswert der gesamten Industrie ging von fast 8 Prozent im Laufe der nahezu 50 Jahre auf 5,5 Prozent zurück, das stark überdurchschnittliche Produktivitätswachstum erklärt den Rückgang des Beschäftigungsanteils von 7,3 auf 3,5 Prozent.

Ebenfalls wichtig ist die Papiererzeugung, die allerdings ihren Anteil von 6,2 Prozent am Produktionswert im Ausgangsjahr nicht halten konnte. 4,0 Prozent im Jahr 2004 zählen trotzdem europaweit – mit Ausnahme von Schweden und Finnland – zu den höchsten Werten.

Die nach dem Krieg erfolgte durchgreifende Modernisierung der Papiererzeugung mit Mitteln des Marshallplans gemeinsam mit der anhaltend hohen Investitionsintensität in den Folgejahren machte die Branche zu einem der Spitzenreiter des Produktivitätsfortschritts. Die Gießereien büßten im Beobachtungszeitraum ein Drittel ihres Anteils am Produktionswert (1956: 2,1 Prozent, 2004: 1,4 Prozent) ein, der Beschäftigungsanteil sank schwächer – von 2,4 auf 2 Prozent.

Dramatisch war der Rückgang im Bereich der traditionellen Konsumgüter. Seit dem Ausgangsjahr 1956 schrumpfte der damals größte Sektor von einem Anteil von 30,5 Prozent am gesamten Produktionswert auf nunmehr 13,1 Prozent, beim Anteil der Industriebeschäftigten verlor der Bereich der traditionellen Konsumgüter fast die Hälfte. Der absolute Produktionswert dieses Sektors stieg zunächst noch fast im Gleichschritt mit der Industrieproduktion, um in den beiden letzten Jahrzehnten sogar leicht zu schrumpfen. Die Textilbranche war im Jahr 1956 mit Anteilen von fast 12 Prozent am Produktionswert der zweitgrößte Erzeuger und mit fast 13 Prozent an der Gesamtbeschäftigung der Industrie ihr größter Arbeitgeber gewesen. 2003 nimmt sie nur noch 2,2 Prozent der Erzeugung und 3,6 Prozent der Beschäftigung ein. Die Bedeutung der Nahrungs- und Genussmittelerzeugung, die 1956 mit einem Anteil am Produktionswert von 13,6 Prozent die größte Industriebranche darstellte, ging bis 2004 auf 8,7 Prozent zurück. Die Branchen Bekleidung und Ledererzeugung zeigen ein vom allgemeinen Trend der Konsumgüter abweichendes Bild. Sie wuchsen die erste Hälfte des Beobachtungszeitraums überdurchschnittlich, um dann – nach einer Stagnationsphase – in den

Rohstoff Holz: Holzlagerplatz

Grundstoff Zement: Lafarge Perlmooser AG, Mannersdorf, September 1988

Halbfabrikate: AMAG, Ranshofen. Walzstraße für Aluminiumbleche, 2005

letzten Jahren auf absolute Produktionswerte zurückzufallen, die sie bereits 1970 erreicht hatten. Die Erklärung dafür liegt vor allem darin, dass die Erzeuger zunächst vor allem Niedriglohnregionen Österreichs für die arbeitsintensiven Erzeugungen aufgesucht und nunmehr wieder auf der Suche nach Standorten mit niedrigeren Löhnen – insbesondere im ehemaligen »Ostblock« – verlassen haben. Der einzige, aber relativ kleine Industriezweig unter den Konsumgüterindustrien, der seine Anteile an Produktion und Beschäftigung an der Gesamtindustrie außerordentlich stark ausweiten konnte, ist die Papierverarbeitung.

Galt Österreich lange Zeit als Industrieland mit einem Übergewicht der Grundstoffindustrien und einer Schwäche in der industriellen Verarbeitung, insbesondere bei technisch anspruchsvollen Erzeugungen, hat sich das Bild in den letzten Jahren deutlich gewandelt. Der Anteil der technischen Verarbeitungsprodukte, das sind Erzeugnisse der Maschinen-, Fahrzeug- und Elektroindustrie sowie der Eisen- und Metallwarenerzeugung, am Gesamtwert der Industrieproduktion hat sich mehr als verdoppelt (1956: 21,7 Prozent, 2004: 47,5 Prozent), der Anteil an den Beschäftigten stieg von 28,4 auf 48,3 Prozent. Fast jeder zweite Industriebeschäftigte ist demnach in diesem technisch anspruchsvollen Sektor tätig. Die stärkste Dynamik in dieser Gruppe hatte über den gesamten Zeitraum die Elektroindustrie aufzuweisen, gefolgt von der Eisen- und Metallwarenerzeugung und der Maschinenindustrie. In den Betrieben der

Industrie und Kultur: Bereits 5 Millionen Menschen aus aller Welt wurden von den Swarovski-Kristallwelten seit ihrer Eröffnung 1995 begeistert. André Heller (Artevent)

Fahrzeugindustrie wurde zunächst die Fertigung kompletter Fahrzeuge fast zur Gänze aufgegeben, die Branche profilierte sich mit großem Erfolg als Zulieferer, sodass ihr im letzten Jahrzehnt immer größere Aufträge wiederum zur Lieferung ganzer, meist spezialisierter Fahrzeuge von großen Autokonzernen erteilt wurden. Als Wachstumsindustrie par excellence erwies sich in den letzten fünfzig Jahren die chemische Industrie, die 2004 mehr als ein Zehntel des Produktionswertes und der Beschäftigung der österreichischen Industrie auf sich vereinigte.

Überraschen mag, dass auch die Bauzulieferbranchen gegenüber 1956 ihren Anteil an Produktionswert und Beschäftigung um jeweils mehr als zwei Prozentpunkte steigern konnten (2004: 11,6 beziehungsweise 14,3 Prozent). Dafür waren vor allem die außerordentlichen hohen Wachstumsraten in den Sparten Steine-Keramik, Glas und Holzverarbeitung in der ersten Hälfte unseres Beobachtungszeitraums verantwortlich. Seit 1980 hat sich das Wachstum etwa im Gleichschritt mit dem der Bauwirtschaft deutlich verringert.

Stärken und Schwächen

Die Frage der strukturellen Entwicklung der österreichischen Industrie war Gegenstand zahlreicher wirtschaftspolitischer Debatten. Insbesondere der relativ niedrige Anteil von Forschungs- und Entwicklungsausgaben am Bruttoinlandsprodukt und das Handelsbilanzdefizit bei technisch anspruchsvollen Gütern

Industrie und Tourismus: Liebherr, Interalpen Hotel Telfs. Zur Firmengruppe Liebherr gehören sechs Hotels, zwei davon in Österreich.

gaben Anlass für Kritik, die beispielsweise zum Ausspruch eines Wirtschaftsforschers führte, dass Österreich »Weltmeister auf schrumpfenden Märkten« sei.
Wie vielfach in Debatten um die Strukturentwicklung sind die kritischen Einschätzungen im Grunde wohl richtig, allerdings hat das Konzept der »Wachstumsindustrien« zumindest auf Ebene der Volkswirtschaften zu wenig Trennschärfe, wie Hans Seidel angemerkt hat. Ihm zufolge hatte Österreich lange Zeit eine »mittlere Position« in Bezug auf wichtige Standortfaktoren wie Lohnhöhe oder Nähe zu den Absatzmärkten inne, die »ein breites Spektrum von Produktionsmöglichkeiten bot«. Die Sozialpartnerschaft und das hohe Gewicht der verstaatlichten Industrie mögen auch Ursache dafür gewesen sein, dass sich der strukturelle Wandel lange Zeit eher in bestehenden Betrieben und Unternehmen als durch die Schumpeter'sche schöpferische Zerstörung industrieller Kapazitäten vollzog. Der relativ hohe Anteil ausländischer Unternehmen, gerade in technisch anspruchsvollen Zweigen, könnte auch einen Teil der Erklärung dafür bieten, dass bei unterdurchschnittlichem Forschungsanteil die industrielle Dynamik Österreichs auch in den letzten Jahren überdurchschnittlich war.
Zwar liegen für den Vergleich mit den höchstentwickelten Ländern der Europäischen Union lediglich Angaben über die gesamte Sachgütererzeugung vor, man kann aber davon ausgehen, dass die Hereinnahme des produzierenden Gewerbes das Bild nicht wesentlich verändert. In den Jahren 1985 bis 2002 war die österreichische Industrie im Jahresdurchschnitt um 4,1 Prozent gewachsen, die der zehn vergleichbaren EU-Länder um 3,7 Prozent. Auf höheres Produktivitätswachstum deutet die Entwicklung der Beschäftigung in diesem Sektor hin. Während sie in Österreich im genannten Zeitraum um durchschnittlich 1 Prozent pro Jahr zurückging, betrug der Rückgang in der Europäischen Union – trotz geringeren Wachstums – nur 0,9 Prozent.
Die Arbeitsproduktivität stieg ziemlich gleichmäßig in allen Industriesektoren und in den einzelnen Dezennien des letzten halben Jahrhunderts an, im Durchschnitt der Jahre wuchs sie um 4,5 Prozent, in den Sechzigerjahren etwas stärker, in den Siebzigerjahren etwas schwächer. Deutlich über dem Durchschnitt lag die Produktivitätssteigerung in der chemischen Industrie, deutlich darunter in der Erzeugung traditioneller Konsumgüter.

»Tertiärisierung« – die industrienahen Dienstleistungen

Verlangsamtes industrielles Wachstum in Verbindung mit hohen Steigerungsraten der Arbeitsproduktivität haben seit Beginn der Achtzigerjahre zu einem starken Rückgang der Beschäftigtenzahlen in der Industrie geführt. Dennoch wird man nur in einzelnen Branchen und vor allem in den städtischen Regionen in den Neunzigerjahren von einer »Deindustrialisierung« sprechen können. Von den Industriezweigen sind es Bekleidung, Lederverarbeitung, die Textilindustrie und der Bergbau, die im letzten Jahrzehnt sowohl an Beschäftigung als auch an Produktionswert verloren haben.
Einer der Erklärungsfaktoren für diese Entwicklung ist das rasante Ansteigen der Mobilität industriellen Kapitals. Fortschritte in der Kommunikationstechnik und die Liberalisierung des Kapitalverkehrs, insbesondere die Öffnung der früheren Ostblockstaaten, haben zu umfassenden Verlagerungen industrieller Fertigungen geführt und damit den Strukturwandel in Richtung tertiärer Sektor noch beschleunigt. Die modernen Kommunikationsmittel erlauben eine Aufspaltung betrieblicher Funktionen ohne Effizienzeinbußen. Vertriebs- und Serviceabteilungen benötigen vielfach die Nähe zum Markt, Entwicklungszentren die Nähe universitärer Einrichtungen, daher verbleiben sie in den städtischen Agglomerationen, während die Fertigungen in

Industrie und Kommunikation: Telekom-Gebäude Wien, Unternehmenszentrale in der Lassallestraße, Wien II

periphere Gebiete verlegt werden, in denen Grundstücke billiger und Arbeitskosten niedriger sind. Besonders betroffen sind davon vor allem traditionelle industrielle Zentren in größeren Städten, eine Entwicklung, die in der gesamten industriellen Welt beobachtet werden kann. So fiel der Anteil der Beschäftigten in der Sachgüterproduktion Wiens schon in den Neunzigerjahren auf unter 20 Prozent, andererseits stieg der Anteil der industrienahen Dienstleistungen beträchtlich an.

In der aktuellen Standortdiskussion haben diese »industrienahen« oder »produktionsnahen« Dienstleistungen stark an Bedeutung gewonnen. Es sind sehr heterogene Dienstleistungen, die von Unternehmen verschiedenster Größenordnung zur Unterstützung industrieller Produktions- und Vermarktungsprozesse erbracht werden. Ihre Reichweite geht von der Beratung des Managements bis hin zur Bewachung der Produktionsanlagen. Kernbereiche sind zweifellos Unternehmens-, Steuer- und Rechtsberatung, Wirtschaftsprüfung, technische Planung, Datenverarbeitung und Öffentlichkeitsarbeit. Im Zuge der Spezialisierung, aber auch der Ausgliederung betrieblicher Funktionen hat gerade dieser Sektor in allen Industrieländern eine starke Ausweitung – der Zahl der Unternehmen, der Beschäftigten und auch des Produktionswertes – erfahren. Dieser Sektor ist unter den Dienstleistungen der dynamischste, die Wachstumsraten für die letzten beiden Jahrzehnte lagen zwischen 5 und 6 Prozent pro Jahr. Ein relativ großer Anteil der Dienstleistungen dieser Art dürfte allerdings noch immer im Rahmen der Industriebetriebe selbst erbracht werden. Für 1996 schätzten Gerhard Hammerer und Martin Putschek die Zahl jener Beschäftigten, die von der Industriestatistik erfasst wurden, aber auch tatsächlich »Dienstleister« waren, auf 7 Prozent der Industriebeschäftigten.

Seither dürfte sich das Tempo der Ausgliederungen von Dienstleistungsbereichen aus den Industrieunternehmen im Rahmen einer Strategie des »outsourcing« wesentlich verstärkt haben. Gleichzeitig erhöhte sich die Nachfrage vor allem nach Leistungen der Rechts- und Wirtschaftsberatung und der Informationstechnologie. Einer Berechnung des Industriewissenschaftlichen Instituts in Wien folgend ist der Produktionswert der industrienahen Dienstleistungen in den letzten fünfundzwanzig Jahren viermal schneller gewachsen als das Bruttoinlandsprodukt. Sie sollen 2003 schon mehr als 230.000 Arbeitnehmer beschäftigt haben und der Außenhandel mit diesen Dienstleistungen soll bereits 16 Milliarden Euro, bei einem Ausfuhrüberschuss von fast 1 Milliarde Euro, erreicht haben. Ein nicht unbeträchtlicher Anteil dieser Exporte entfiel auf den Anlagenbau und andere industrielle Systemanbieter.

Alle Untersuchungen kommen jedoch zu der Erkenntnis, dass dieser Sektor in vielen Industrieländern noch rascher gewachsen ist als in Österreich, insbesondere an Standorten, an denen die Zentralen großer Unternehmen oder spezialisierte Zentren – beispielsweise der Finanzwirtschaft – zu finden sind. Die Attraktivität des Industriestandortes Österreich für industrienahe Dienstleistungen wird also nicht zuletzt davon abhängen, ob es gelingt, die Entscheidungszentren industrieller Unternehmen im Land zu halten und die Rolle Wiens als Tor zu einer der dynamischsten Regionen – dem zentral- und osteuropäischen Raum – zu festigen.

Metallwarenfabrik: Waidhofen/Ybbs, Sergius Pauser, Aquarell, 1953

III. BRANCHEN UND UNTERNEHMEN

Hütten, Eisen- und Metallerzeugung, Metallwarenindustrie

Die Eisen- und Metallwarenindustrie nahm in der Zweiten Republik bezogen auf ihre Wachstumsperformance zwischen 1960 und 2004 den sechsten Rang aller Industriebranchen ein, wobei sich die Wachstumsstärke kontinuierlich von Jahrzehnt zu Jahrzehnt steigerte. In Spitzenzeiten arbeiteten an die 60.000 Menschen (1974) in dieser Branche, heute sind es rund 44.000 Arbeitnehmerinnen und Arbeitnehmer. Den Anteil am Gesamtproduktionswert steigerte die Eisen- und Metallwarenindustrie von 6,7 Prozent im Jahr 1956 auf 9,7 Prozent im Jahr 2004, den Beschäftigungsanteil an der Gesamtindustrie von 7,3 auf 11,8 Prozent.

Eine umgekehrte Entwicklung nahm die reine Eisen- und Metallerzeugung. Die Eisenhütten büßten ihren Anteil am Gesamtproduktionswert ebenso ein (1956: 7,8 Prozent; 2004: 5,5 Prozent) wie jenen an der Beschäftigung, der von 7,3 auf 3,5 Prozent fiel. Ähnlich die Entwicklung in den Metallhütten. Der Anteil der Metallproduktion am industriellen Gesamtproduktionswert fiel von 4,4 auf 2,2 Prozent. In absoluten Zahlen halbierte sich die Anzahl der Mitarbeiterinnen und Mitarbeiter in den Metallhütten von bis zu 10.000 Anfang der Sechzigerjahre auf knapp 5.000 im Jahr 2004. In den österreichischen Eisenhütten arbeiteten 2004 mehr als 13.000 Menschen, 1957 und in den Siebzigerjahren waren es noch über 40.000 gewesen.

Für die Eisen- und Stahlerzeugung sowie die -verarbeitung spielte naturgemäß die heutige voestalpine eine zentrale Rolle. Sie war – nachdem sie 1945 als deutsches Eigentum von der amerikanischen Besatzungsverwaltung beschlagnahmt und von der Alpine-Montan AG getrennt wurde – 1946 unter dem Namen VÖEST verstaatlicht worden. Gemeinsam mit den weiteren Stahl und Eisen erzeugenden und verarbeitenden Unternehmen in den industriellen Kernregionen in der Steiermark spielte sie eine bedeutende Rolle in den Jahren des österreichischen Wiederaufbaus und entwickelte sich mit den anderen – ebenfalls verstaatlichten – Unternehmen der Eisen- und Metallindustrie zu einem der ökonomischen Identifikationsträger Österreichs. Im Bewusstsein der Nachkriegsgeneration war insbesondere die Stahl- und Eisenindustrie ein wichtiger und unumstrittener Bestandteil des wirtschaftlichen Systems Österreichs. Der Einfluss der Politik blieb in diesen Jahren und Jahrzehnten freilich bestimmend (vom »Königreich Waldbrunner« der späten Vierzigerjahre bis zur endgültigen Privatisierung in den Neunzigerjahren), auch in der Überzeugung, dass die verstaatlichten Unternehmen eine besondere gemeinwirtschaftliche Leistung (insbesondere bei der Beschäftigung) zu erfüllen hätten, die weit über den rein betriebswirtschaftlichen Zweck hinausging.

Dabei zeichnete sich nach den Jahren des Wiederaufbaus für die Stahl- und Eisenbranche spätestens in den Siebzigerjahren eine länger anhaltende Krise – nicht zuletzt infolge des Ölpreisschocks – ab, der die nicht primär auf ihre Wettbewerbsfähigkeit ausgerichteten verstaatlichten Unternehmen wie VÖEST Apine, Böhler oder Schoeller-Bleckmann nicht gewachsen waren. Böhler versuchte der schwierigen Entwicklung durch eine Reihe von Strukturkonzepten Herr zu werden. 1975 wurden Böhler, Schoeller-Bleckmann und die steirischen Gussstahlwerke ein gemeinsames Unternehmen: die Vereinigte Edelstahlwerke AG mit dem Eigentümer VOEST. Einheitliche Beschaffung und Herstellung sollten primär Synergien möglich machen. Dies misslang ebenso wie das zweite und dritte Strukturprogramm, bei Letzterem stand die Spezialisierung Kapfenbergs im Mittelpunkt. 1987 wurde die Böhler GesmbH neu gegründet, 1990 wiederum durch die VOEST Alpine übernommen und 1991 mit der schwedischen Uddeholm zu Böhler-Uddeholm verschmolzen.

1973 wurde die VÖEST Alpine mit der Oesterreichisch-Alpine Montangesellschaft zur VOEST Alpine AG fusioniert, die der Österreichischen Industrieholding AG unterstellt war. Die schrumpfenden Märkte führten ab 1975 zu einer Reihe von Gegenmaßnahmen, die von Frühpensionierungen bis zu Versuchen reichten, durch den Industrieanlagenbau, mit neuen Produkten im Elektronikbereich, mit Auslandsinvestitionen wie dem Stahlwerk Bayou in den USA und der Gründung der Handelstochter Intertrading neue Märkte zu erschließen. Im Jahr 1985 betrugen die Verluste der VOEST Alpine AG 11,7 Milliarden Schilling. Zwischen 1980 und 1985 reduzierte sich die Beschäftigtenzahl von 41.900 auf 38.100, im Gesamtkonzern ÖIAG von 79.400 auf 69.700. Die Aufteilung der VOEST Alpine AG 1988/89 in sechs Branchenholdings sollte die Sanierung des Unternehmens unterstützen, im Zuge des Privatisierungsgesetzes 1993 wurden drei Konzerne aus der inzwischen gebildeten Austrian Industries AG geschaffen: die VA Technologie AG, die Böhler Uddeholm AG und die VOEST Alpine Stahl AG.

Kupferdrahtwerk: Berndorfer Metallwaren AG, 1956

Dabei zeigte sich die Innovationskraft der österreichischen Stahl- und Eisenindustrie ungebrochen: Für die industrielle Roheisenerzeugung entwickelte die VOEST Alpine AG ab 1979 – gemeinsam mit dem deutschen Stahlproduzenten Korf – ein neues Verfahren zur möglichst kostengünstigen und umweltschonenden Erzeugung von Roheisen direkt aus nicht metallurgischer Kohle und Eisenerz, das so genannte Corex®-Verfahren. Die erste Corex®-Anlage ging 1989 in Pretoria in Südafrika in Betrieb, wurde allerdings 1997 – durch die Aufgabe des Werkes – wieder geschlossen. Der Erfolg war jedoch ungebrochen: 1995 ging eine Corex®-Anlage in Pohang in Südkorea in Betrieb, seit 1998 und 2000 produzieren zwei weitere Anlagen in Indien. Das aus dem Corex®-Verfahren gewonnene Roheisen machte 2002 rund 1 Prozent der weltweiten Gesamtproduktion aus. Ein weiteres Beispiel für den hohen technischen Standard und Fertigungsgrad der österreichischen Stahlproduktion und des Anlagenbaus ist das Stranggussverfahren – ein kontinuierliches Gießverfahren, bei dem der flüssige Stahl zu einem Endlosstrang vergossen wird. 1993 entwickelte die voestalpine ein spezielles Verfahren für die Erzeugung beschichteter Bleche für die Automobilindustrie.

Die Umstrukturierung und Teilprivatisierung der großen österreichischen Stahlerzeuger wie VOEST Alpine und Böhler-Uddeholm führten

LD-Stahlwerk: VOEST Alpine in Linz, um 1978

– gepaart mit dem weltweit positiven Konjunkturzyklus – insbesondere seit Mitte der Neunzigerjahre schließlich zu wesentlichen Investitionsschüben, welche die österreichische Stahlindustrie zurück zur internationalen Wettbewerbsfähigkeit führten. Die Produktionskapazität nahm daher auch wieder deutlich zu: 1997 wurde mit 5,2 Millionen Tonnen Rohstahl-, 4 Millionen Tonnen Roheisen- und 4,5 Millionen Tonnen Walzstahlproduktion zu einem Rekordjahr.

Böhler-Uddeholm positionierte sich unter der energischen Führung des Managers Claus Raidl als Weltmarktführer im Bereich Werkzeugstahl, Bimetallband, Stanzmesserstahl, Rill- und Schneidlinien sowie Turbinenschaufeln für Gas- und Dampfturbinen; bei Schnellarbeitsstahl ist Böhler weltweit die Nummer zwei. Die rund 100.000 Kunden kommen primär aus der Automobil- und Automobilzulieferindustrie, sind Werkzeug- und Werkzeugmaschinenhersteller, Flugzeughersteller, kommen aus der Konsumgüter- und Elektronikindustrie, aus Holz- und Sägeindustrie, Textil- und Papierindustrie, dem Stahl- und Apparatebau sowie dem Kraftwerks- und Anlagenbau.

Bei der voestalpine zog sich 2003 die ÖIAG auf einen 15-Prozent-Anteil im Rahmen des Privatisierungsprogramms der ÖVP/FPÖ-Bundesregierung zurück. Dieser Anteil wurde jedoch über den Weg einer Umtauschanleihe Ende August 2005 an institutionelle ausländische Investoren transferiert.

Insbesondere bei der voestalpine wurde ab 1995 unter dem Management von Peter Strahammer und Wolfgang Eder von Linz ausgehend Erfolgsgeschichte geschrieben: Als international tätiger Stahl-, Verarbeitungs- und Dienstleistungskonzern setzte die voestalpine ihren Schwerpunkt auf die Produktion höchstwertiger Stahlerzeugnisse und die Weiterverarbeitung von Stahl zu Komponenten und Komplettsystemen. Die Fokussierung auf den Bereich Mobilität – Automobil- und Eisenbahnindustrie – zeigt sich am Konzernumsatz, der zu 60 Prozent aus diesem Bereich kommt. Zehn Jahre nach den ersten Privatisierungsschritten waren rund 23.000 Mitarbeiter (ohne Lehrlinge) im voestalpine-Konzern beschäftigt, davon 37 Prozent in Österreich. Der Konzern ist in mehr als 30 Ländern vertreten, mehr als 80 Prozent des Konzernumsatzes werden im Export erzielt.

Auch der Stahlstandort Donawitz konnte

durch die Fokussierung auf die Schienenerzeugung und die Erfindung bzw. Innovation der »ultralangen Schiene« abgesichert werden. 1990 gelang bei der erst im darauf folgenden Jahr gegründeten voestalpine Schienen GmbH der Neuanfang mit der Produktion von 120 Meter langen und außergewöhnlich belastbaren Schienen, die sich international als äußerst konkurrenzfähig erwiesen. Insbesondere entfallen Schweißkosten, da sich die Schweißstellen um 70 Prozent reduzieren und insgesamt durch Just-in-time-Lieferung eine Senkung der Supply-Chain-Kosten um 20 Prozent gegenüber konventionellen Schienen erreicht wurde. Der Erhalt der Technologieführerschaft gehört seitdem zu einer der Hauptaufgaben in Donawitz.

Im Jahr 2000 wurde Stahl von voestalpine in Linz und Donawitz erzeugt, Elektrostahl von der Breitenfeld Edelstahl AG, von Böhler Edelstahl sowie dem Stahl- und Walzwerk Marienhütte. Die Rohstahlproduktion wird in Österreich auch im ersten Jahrzehnt des 21. Jahrhunderts weiter steigen: Im Oktober 2004 eröffnete die voestalpine einen neuen Hochofen im Rahmen des Ausbau- und Investitionsprogramms »Linz 2010«. Allein mit dem neuen Hochofen wird die Rohstahlproduktion in Linz auf zunächst 5,2 Millionen Jahrestonnen hochgefahren und dann in einem weiteren Ausbauschritt bis etwa 2008 auf 5,5 Millionen Tonnen gesteigert. Bis 2004 hatten die Kapazitäten 4,4 Millionen Tonnen betragen.

Erzberg – Abbau bis 2015

Im Gegensatz zu dem wenig erfolgreichen Kupfer- und Bleibergbau hatte der Erztagebau auch in der Zweiten Republik eine gewisse Bedeutung, wiewohl sich der Erzberg als größter Erztagebau Mitteleuropas und größte Sideritlagerstätte der Welt den Krisen der Stahl- und der Eisenindustrie ebenfalls nicht entziehen

Hochöfen:
VOEST Alpine, Linz,
um 1978

konnte. Waren 1963 noch 4.200 Menschen im Eisenerzer Bergbau beschäftigt, verblieben 2004 nur noch rund 230. Die aus der staatlichen Bergbauholding ausgegliederte VA Erzberg GmbH erwirtschaftete 2003 einen Umsatz von rund 23 Millionen Euro. Diese Entwicklung hatte – wie die gesamte Krise und Restrukturierung der verstaatlichten Industrie – auch auf das Umfeld große Auswirkungen. Die Einwohnerzahl von Eisenerz ist von 13.000 im Jahr 1961 auf 7.000 im Jahr 2004 zurückgegangen.

Der unrentable Unter-Tag-Abbau wurde 1986 eingestellt. Die Spitze der Erzförderung wurde mit einer Jahresleistung von 3,76 Millionen Tonnen Erz 1974 erreicht. Anfang des 21. Jahrhunderts werden pro Jahr zwischen einer und zwei Millionen Tonnen Erz mit der Eisenbahn nach Linz und Donawitz zur Verhüttung gebracht. Pläne der VOEST Alpine im Oktober 1986, auf dem Areal eine Mülldeponie zu errichten, stießen auf heftigen Widerstand der Gemeinde Eisenerz, die darin eine Gefahr für ihre Tourismus-Bemühungen sah.

Die Erzreserven des Erzberges werden 2015 erschöpft sein, eine Stiftungslösung soll der Zukunft der Region eine neue Chance geben: Als Gegenleistung für die Verpflichtung der ÖIAG, ihre Anteile an der Gesellschaft in die Privatstiftung einzubringen, bezahlt die voestalpine AG an die ÖIAG 10 Millionen Euro und bringt ihren Anteil zusammen mit den Anteilen der ÖIAG in eine Stiftung ein. Diese wird in das Eigentum des Landes Steiermark, des Begünstigten, übergehen und soll für die touristische und kulturelle Nutzung dieses österreichischen Industriedenkmals sorgen.

Österreichs Metallwarenindustrie 1955–2005

Während die Eisen- und Stahlindustrie für österreichische Verhältnisse recht groß strukturiert ist, wird die Erzeugung von Metallwaren von Klein- und Mittelbetrieben dominiert.

150-Tonnen-LD-Converter, Siemens VAI, Aquarell von Erwin Kastner, 2001

Die Metallwarenindustrie erfüllt primär – mit wenigen Ausnahmen wie beispielsweise der Produktion von Besteck als Konsumartikel – die Rolle eines klassischen Zulieferers der Finalindustrie wie der Automobil- oder Bauindustrie. Wie andere Industriebranchen ist der Sektor seit Jahrzehnten vom Export geprägt. Zwei Drittel der Produkte gehen in das Ausland, wobei Deutschland traditionell Haupthandelspartner blieb.

Zu den einzelnen Branchen der Metallwarenindustrie gehören Oberflächenveredelung, Baukonstruktionen, Feinmechanik, Werkzeuge, Profile, Rohre und Bänder. Parallel zu ihren Hauptkunden und deren Marktsituation erfolgte in den Achtziger- und Neunzigerjahren in der Metallwarenindustrie ein wesentlicher Umstrukturierungs- und Marktanpassungs-

Blaue Sensen: Sensenschmiede in Laussa, Oberösterreich, um 1981

Telefonkabel: Joh. Pengg AG, 1999

prozess, der die rund 780 Klein- und Mittelbetriebe (82 Prozent davon haben weniger als 100 Beschäftigte, elf Betriebe zwischen 500 und 100 und vier über 1.000) zu Spezialisten in Marktnischen machte. In diesem Zeitraum gingen jedoch 5.000 Arbeitsplätze verloren. Ende 1997 waren rund 45.600 Beschäftigte in der Metallwarenindustrie tätig, was einem Rückgang von 1,5 Prozent gegenüber 1996 entspricht.

Eine industriegeschichtlich besondere Rolle nahmen für die Metallverarbeitung in Österreich ab den Fünfzigerjahren die Bemühungen um die Aluminiumerzeugung und die Aluminiumverarbeitung in größerem Stil ein. Österreichs größte Aluminiumproduktion stand seit 1938 im oberösterreichischen Ranshofen. 1946 verstaatlicht, wurde Ranshofen ab 1957 mit der Berndorfer Metallwarenfabrik Arthur Krupp AG und der Oesterreichischen Metallwerke AG zu den Vereinigten Metallwerken Ranshofen-Berndorf (VMW) zusammengeschlossen. Ziel war, durch die Errichtung eines Tafelwalzwerks für Aluminiumhalbzeug in Berndorf auch die Industriegeschichte im niederösterreichischen Triestingtal erfolgreich fortzuführen. Dabei wurden so genannte »Platinen« aus Ranshofen nach Berndorf für die Weiterverarbeitung geliefert. Auch der Gedanke, dass der besser entwickelte Westen Österreichs dem Osten half, war ein Teil industriepolitischer Überlegungen.

Die in den damals als besonders zukunftsträchtig erachteten Werkstoff gesetzten Erwartungen erfüllten sich aber nur bedingt. Insbesondere wurden nicht die Produkte entwickelt, die schnell am Markt reüssieren ließen, darüber hinaus stieß der Gesamtabsatz und damit die Weltproduktion an Aluminium bereits ab 1963 auf einen weitgehend gesättigten Weltmarkt. Die chronischen Verluste des Finalbereichs in Berndorf konnten durch die Grundstofferzeugung nicht mehr abgedeckt werden, weitere Nicht-Aluminium-Produktgruppen in Berndorf wie Besteck, Bänder oder Buntmetall waren entweder selbst nicht gewinnbringend oder noch im Aufbau begriffen. Nach einer Erholungsphase (der Aluminiumpreis stieg stark an) nach dem Ölpreisschock von 1973 verebbte zu Beginn der Achtzigerjahre endgültig die Hoffnung, mit Aluminium längerfristig in der gewählten Konstruktion VMW – in Form des größten Nichteisen-Metallkonzerns Österreichs – erfolgreich sein zu können. 1984 wurde das Zweigwerk Berndorf als Berndorfer Metallwaren GesmbH (BMWG) herausgelöst, blieb aber im Verbund mit der Austria Metall AG (AMAG) als Nach-

folger der VMW. 1986 stand auch diese Zusammenarbeit vor dem Aus.
Die AMAG selbst stellte mit Ende der Achtzigerjahre die Aluminium-Elektrolyse in Ranshofen ein. Nach turbulenten Jahren mit internationalen Zukäufen wurde das Unternehmen durch ein Management-Buy-out zu 40 Prozent durch Klaus Hammerer, zu 40 Prozent durch Herbert Turnauer und zu 20 Prozent durch die Mitarbeiter privatisiert. Die AMAG betreibt in Ranshofen ein Walz- und ein Presswerk sowie eine Hütten- und eine Sekundärgießerei. Die Rohstoffbasis wird durch Beteiligung an je einer Elektrolyse in Kanada und Deutschland sichergestellt, vor allem in der Automobil- und Flugzeugindustrie sollen neue Märkte erschlossen werden.
Auch die Berndorfer Metallwaren GesmbH (BMWG) wurde durch ein Management-Buy-out privatisiert. Norbert Zimmermann, seit 1986 Geschäftsführer der BMWG, kaufte 1988 gemeinsam mit neun weiteren Führungskräften 50 Prozent des Unternehmens, weitere 24 Prozent aus dem Eigentum der AMAG gingen 1989 an Mitarbeiter, die restlichen 26 Prozent wiederum ebenfalls 1989 an das Management. Mit einem weitreichenden Kultur- und Strukturwandel sowie einer Internationalisierungsstrategie gelang es, das Unternehmen nachhaltig zu sanieren und konkurrenzfähig zu machen. Während die traditionsreiche Besteck-Produktion an den französischen Mitbewerber Guy Degrenne verkauft wurde, erwarb Berndorf 1995 die Schoeller-Bleckmann Oilfield Equipment AG (SBO) und baute den Bandbereich ebenso wie den Metall- und Bäderbau aus, der vor allem von der Öffnung der Märkte in Mittel- und Osteuropa profitierte. Zudem wurde der deutsche Industrieofenbauer Aichelin erworben, ebenso wie Anteile an dem Drahterzeuger Joh. Pengg AG, seit 2003 notiert die SBO an der Wiener Börse. Das Triestingtal bleibt – mittlerweile im globalen Verbund – auch zu Beginn des 21. Jahrhunderts eine starke Industrieregion.
Neben Berndorf und Ranshofen war die Aluminium- und Metallverarbeitung in der Hand primär mittelbetrieblicher Familienunternehmen. Die seit 1912 bestehende Teich AG, die als ein Aluminiumwalzwerk in Weinburg und in Natschbach-Loipersbach Aluminiumfolien und -verbundstoffe für Verpackungen veredelt, wurde 1962 mehrheitlich von Herbert Turnauer und seiner Constantia-Gruppe übernommen. Rund 700 Mitarbeiter erwirtschafteten Mitte der Neunzigerjahre 1,8 Milliarden Schilling Umsatz, mit einem Exportanteil von rund 83 Prozent. 2004 lag der Exportanteil bei über 90 Prozent, weltweit wurden 1.800 Mitarbeiter beschäftigt.
Die Salzburger Aluminium AG wurde als Tochter der Alusuisse 1898 als dritte Aluminiumerzeugung Europas in Lend gegründet. 1992

Rote Plastik »It's you«, Aluminium, gegossen und überarbeitet, Liz Lorraine, 2005

übernahm Geschäftsführer Josef Wöhrer durch ein Management-Buy-out das Unternehmen, damit wurde die Salzburger Aluminium AG gegründet. Mit ihren Tochtergesellschaften ist die Salzburger Aluminium AG ein international tätiger Hersteller von Aluminiumkomponenten für die Automobil-, Flugzeug-, Motorrad-, Nutzfahrzeug- und Schienenfahrzeugindustrie sowie von Aluminium-Werkstoffen für die verarbeitende Industrie. Weltweit werden Kunden mit Kraftstofftanks, Druckluftbehältern, Luftspeichern, Leichtbausitzstrukturen, Energiemanagementsystemen, aber auch mit Leichtbaukomponenten für die Flugzeugindustrie, Gusslegierungen, Thixotroper Aluminiumlegierung (Thixallo), Stromschienen und gegossenen Platten beliefert.

Berndorf Band GmbH: Schleifmaschine zur Oberflächenbehandlung endloser Stahlbänder in Berndorf, 2005

In Tirol baute der Unternehmer Arthur Thöni in Telfs aus einer 1962 gegründeten Schlosserei eine Industriegruppe auf, dessen größtes Geschäftsfeld seit den Achtzigerjahren die Aluminiumverarbeitung ist. In insgesamt vier Produktionsstätten – zwei in Telfs, eine in Landeck in Tirol, eine in Kempten im Allgäu – produziert die Thöni-Gruppe neben Aluminiumprodukten Schläuche, Maschinen und Anlagen insbesondere für den Umweltbereich.

Als geradezu idealtypisches Beispiel für viele familiengeführte österreichische industrielle Unternehmen im Bereich der Metallwarenindustrie kann Welser Profile gelten. Das Unternehmen entwickelte sich ab den Sechzigerjahren zum Marktführer im Bereich offener Sonderprofile, geschweißter Profilrohre und kompletter Profilsysteme. Aus einem Stammwerk in Ybbsitz wurde ein globaler Nischenplayer. In Österreich produziert Welser neben Ybbsitz seit 1972 in Gresten, in den Neunzigerjahren wurde eine Produktionsstätte in Deutschland erworben, 2002 das Stammwerk in Ybbsitz in das Technologiezentrum des Unternehmens umgewandelt. Welser Profile kommen vor allem im Baubereich, aber auch im Fahrzeugbau, Regal- und Maschinenbau und in der Elektroindustrie zum Einsatz.

Für die Metallwarenindustrie stehen aber auch Unternehmen wie der Vorarlberger Beschlägehersteller Blum, der 1964 das erste Blum-Scharnier erzeugte und gegenwärtig weltweit 4.200 Mitarbeiter beschäftigt, weiters klassische Erzeuger wie Schmid Schrauben, die seit 1842 in Hainfeld Draht- und Nagelprodukte erzeugen, oder die ab 1972 unter dem Namen Austria Email firmierenden Knittelfelder Erzeuger von Warmwassertechnik, Gas- und Solaranlagen sowie Sanitärartikeln. Die Produktion Letzterer wurde jedoch 1979 eingestellt.

Abhängig blieb die Branche in den Jahrzehnten der Zweiten Republik von den Vormaterialien, insbesondere von Stahl und Aluminium, und deren Preis. Die weltweit starke Stahlkonjunktur, vor allem der Bauboom in China seit den späten Neunzigerjahren, stellt die Branche damit vor große Herausforderungen.

Die Maschinenindustrie

Die österreichische Maschinenindustrie ist die Beschäftigung und den Produktionswert betreffend die wichtigste österreichische Industriebranche, deren Stellung auch zu Beginn des 21. Jahrhunderts weiter wächst. Zwischen 1956 und 2004 steigerte sie ihren Anteil am gesamten Produktionswert der Industrie

Schweißarbeiten an einer Trocknungstrommel für Klärschlamm. Andritz-Group, Graz

von 6,2 auf 13,6 Prozent. Der Anteil an der Gesamtbeschäftigung in der Industrie wuchs von 9,2 auf 15,7 Prozent. 1953 war man in puncto Produktionswert noch an der sechsten Stelle gelegen, bei den Beschäftigten aber bereits an zweiter Stelle.

In absoluten Beschäftigtenzahlen erreichte die Branche mit mehr als 71.000 Arbeitnehmern im Jahr 1970 einen Höhepunkt, bis 1960 waren weniger als 50.000 Menschen im Maschinenbau beschäftigt, 2003 lag dieser Wert bei mehr als 60.000. In der Wachstumshierarchie der Industriebranchen belegte die Maschinenindustrie über die Jahrzehnte zwischen 1960 und 2003 den siebenten Rang. 2004 wurden dem Maschinenbau in Österreich rund 590 Unternehmen zugerechnet.

Leitbetriebe

Die Maschinenindustrie zeigt in Österreich eine große Vielfalt, die von Bau-, Kraft- und

Voith Turbo GmbH & Co. KG. Kühl- und Schmiermittelversorgung mit Innenzahnradpumpen

Landmaschinen, Apparatebau, Verpackungs- und Kunststoffmaschinen sowie Pumpentechnik bis zu Textil-, Papier- und Druckmaschinen reicht.

Bis 1989 war die im Jahr 1946 verstaatlichte Simmering-Graz-Pauker AG (SGP) das größte Maschinenbauunternehmen Österreichs. Zusätzlich zur Produktion von Lokomotiven und Waggons wurden unter anderem Kraftwerkskessel, Pressen, Kräne und Dieselmotoren produziert und weltweit vermarktet. In den Sechziger- und Siebzigerjahren zählte SGP zu den erfolgreichsten Unternehmen der verstaatlichten Industrie, ab 1970 war sie Teil der ÖIAG. Mitte der Achtzigerjahre waren rund 4.500 Arbeitnehmer bei der SGP beschäftigt.

Im Zuge der Umstrukturierungsmaßnahmen der verstaatlichten Industrie erfolgte 1989 die Teilung der SGP in SGP-VA Energie- und Umwelttechnik (zusammen mit dem Bereich aus der VOEST-Alpine) und SGP Verkehrstechnik GmbH, welche die Tradition der Schienenfahrzeugfertigung fortführte. Die betriebswirtschaftliche Überlebensfähigkeit der SGP Verkehrstechnik war allerdings begrenzt, insbesondere blieben die Inlandsaufträge von der ÖBB und weiteren Schienenfahrzeugbetreibern unbefriedigend. 1992 beteiligte sich die Siemens AG Österreich mit 26 Prozent an der SGP Verkehrstechnik GmbH und erhöhte ihren Anteil 1993 auf 74 Prozent; 1996 erfolgte die Umbenennung in Siemens SGP Verkehrstechnik.

Die betriebswirtschaftlichen Schwierigkeiten waren damit aber noch nicht überwunden, neue ÖBB-Aufträge und Exportaufträge, die im Rahmen des neuen Eigentümers möglich wurden, liefen erst in den späten Neunzigerjahren und nach der Jahrtausendwende wieder an. Mit einem Beschäftigtenabbau Ende des Jahres 1995 auf mehr als 1.100 Mitarbeiter in Wien und Graz sowie Kurzarbeit wurde der hartnäckigen Krise begegnet. Unter anderem erzeugte das Unternehmen ab 1996 gemeinsam mit Jenbacher Doppelstockwagen für die ÖBB, dazu kamen im Laufe der Jahre Aufträge der Gemeinde Wien für Niederflur-Straßenbahnen. 2003 war das Tief der österreichischen Siemens-Tochter endgültig gemeistert, eine Fertigungsauslastung für Jahre gesichert. Der Mitarbeiterstand in Wien und Graz hatte sich wieder auf mehr als 1.800 erhöht.

In Wien wurden Metrofahrzeuge, Nahverkehrszüge und Reisezugwagen, in Graz Fahrwerke für den Weltmarkt produziert. Engineering, Projektmanagement, Einkauf, Fertigung, Zulieferpartner, Vertrieb und Kundenservice sind in der steirischen Landeshauptstadt zusammengeführt. Auch die Fahrwerke für die ÖBB-Lokomotiven des Typs Taurus und Hercules werden in Graz hergestellt. Seit April 2004 firmiert das Unternehmen unter Siemens Transportation Systems GmbH & Co KG.

Ebenfalls in Graz produziert seit 1852 mit der Andritz AG ein weiteres traditionsreiches Unternehmen und ein Leitbetrieb der Maschinen- und Anlagenbauindustrie. 1951 nahm Andritz gemeinsam mit der Escher-Wyss-Gruppe die Produktion kompletter Papiermaschinen auf. In den Sechzigerjahren begann Andritz elektrochemische und metallurgische Anlagen sowie Hauptkühlpumpen für Atomreaktoren zu erzeugen. Das Unternehmen wuchs kontinuierlich, bis die zweite Erdölkrise sowie die stagnierende Weltkonjunktur zu Beginn der Achtzigerjahre zu rückläufigen Aufträgen und betriebswirtschaftlich negativen Ergebnissen führten. Nur Subventionen der öffentlichen Hand konnten Andritz, das zu den Industriebeteiligungen der Creditanstalt gehörte, vor dem Konkurs bewahren. Zwischen 1981 und 1985 wurden eine Reihe von Rationalisierungsmaßnahmen durchgeführt, darunter auch die Schließung der Gießerei. Die Anzahl der Mitarbeiter wurde von 2.300 auf 1.600 reduziert.

1987 wurden erstmals wieder operative Gewinne erzielt und die deutsche Investmentgesellschaft AGIV AG erwarb mehrheitlich das Unternehmen. Die CA hielt weiter 42 Prozent, Escher Wyss 7 Prozent. 1990 kaufte Andritz das US-amerikanische Unternehmen Sprout-Bauer, das Maschinen und Anlagen zur Herstellung von Holzstoff und Futtermittel produzierte. Damit manifestierte sich endgültig auch der Strategiewechsel von einem Lizenznehmer anderer Maschinenhersteller zu einem internationalen Anbieter von Produktionssystemen.

Obwohl Exportaufträge wie die Lieferung dreier Groß-Turbinen für das umstrittene Donaukraftwerk Nagymaros in den Neunzigerjahren aus politischen Gründen vereitelt wurden und teilweise Kurzarbeit in Graz eingesetzt werden musste, wuchs Andritz durch gezielte Zukäufe im letzten Jahrzehnt des 20. Jahrhunderts kontinuierlich weiter. Das Unternehmen erwarb weiter Produktions-Know-how und -kapazität im Bereich Holzverarbeitung, Futtermittel, Kaltwalzlinien und Behandlungsanlagen für die Stahlindustrie.

1999 verkaufte die AGIV AG ihren 51-Prozent-Anteil an ein Konsortium aus internationalen Investoren und dem Management unter der Leitung Wolfgang Leitners, der das Unternehmen operativ leitet. 2001 ging Andritz an die Wiener Börse. Die Akquisitionen gingen auch in den Jahren nach 2000 ungebremst weiter. Unter anderem entwickelte sich die Andritz AG zum Komplettanbieter im Bereich von Feuerverzinkungsanlagen, im November 2004 wurde die Übernahme des Geschäftsbereiches Fließbetttrocknungssysteme der VA TECH WABAG abgeschlossen.

Im 153. Jahr des Bestehens zeigt sich, dass Andritz die Chance der Internationalisierung voll ergriffen hat: Die Andritz-Gruppe ist einer der Weltmarktführer im Bereich von Produktionssystemen für die Zellstoff- und Papierindustrie, Stahlindustrie und weitere spezialisierte Industriezweige. Andritz beschäftigt weltweit 5.300 Mitarbeiter – in Österreich mehr als 1.100 – und entwickelt und erzeugt in 15 Produktionsstätten in Deutschland, Finnland, Dänemark, Frankreich, den Niederlanden, den USA, Kanada, China und Österreich.

Erfolgreiche Nischen-Weltmarktführer

Neben den größeren traditionsreichen Maschinenbau-Unternehmen, zu denen auch die Österreich-Tochter des deutschen Maschinenbauers Voith in St. Pölten gehört, die sich vor allem auf den Bereich Papier- und Kartonmaschinen im weltweiten Verbund spezialisierte, kann die österreichische Maschinenindustrie

Peter Kogler: Projekt Jenbach; Jenbacher AG, Fassadengestaltung, 2002. Die Fassade des Gebäudes aus den 1960er-Jahren wurde durch die künstlerische Intervention von Peter Kogler signifikant verändert.

seit 1955 auf eine Reihe bemerkenswerter Erfolgsgeschichten ursprünglich klein- und mittelständischer Unternehmen verweisen. Herausragende Beispiele sind der Bahnbauspezialist Plasser & Theurer, Engel Austria, der Kranhersteller Palfinger, die Vorarlberger Firmengruppe Bertsch, der Feuerlöschfahrzeugspezialist Rosenbauer, die Landmaschinenhersteller Pöttinger oder auch die Reformwerke Bauer, Zimmer Maschinenbau und die 1951 von Erhard Pildner-Steinburg gegründete Grazer GAW-Gruppe.

Plasser & Theurer GmbH, Linz. Universal-Stopfmaschine Unimat 09-32 4S

Das Linzer Unternehmen Plasser & Theurer startete beispielsweise 1953 seine Produktion mit neun Mitarbeitern und entwickelte die erste hydraulische Gleisstopfmaschine HGL. Der Bahnbaumaschinenhersteller profitiert seit seiner Gründung vom weltweiten Bahnausbau. 1955 begann die Serienproduktion, schon in den späten Fünfzigerjahren gelang der Verkauf der ersten Maschinen in das Ausland – unter anderem nach Deutschland, Großbritannien und in die USA. Ab 1963 wurde in Freilassing und in Italien produziert, 1966 ein Werk in Indien eröffnet. Die Produktpalette wurde in den Siebzigerjahren zügig um Schweißmaschinen, Schotterbettreinigungsmaschinen, Aggregate und Eisenbahnkräne sowie Fahrzeuge zum Bau und zur Instandhaltung von Oberleitungen erweitert. Anfang der Achtzigerjahre erfolgten Werkseröffnungen in Australien und Brasilien; die Vorbereitung des Gleisbettes für den französischen Hochgeschwindigkeitszug TGV brachte 1981 international zusätzliches Renommee. Auch der Weltrekord des deutschen Intercity Experimental mit 406,9 km/h auf der Neubaustrecke Würzburg–Fulda fand 1988 zum Großteil auf von Plasser-&-Theurer-Maschinen gebauten Bahn-Oberbauten statt. Einen weiteren Weltrekord auf von Plasser & Theurer vorbereiteten Gleiskörpern erreichte der TGV im Jahr 1990 mit 515,3 km/h. 1997 wurde die 11.000ste Großmaschine an einen Kunden übergeben, im Jahr 2000 erstmals in über 100 Länder exportiert. 2004 beschäftigte Plasser & Theurer weltweit rund 3.000 Arbeitnehmer, das Unternehmen ist derzeit der weltgrößte Produzent von Bahnbaumaschinen.

Auch Engel Maschinenbau gehört zu den rund hundert österreichischen Mittelbetrieben, die – oft unbemerkt von der Öffentlichkeit – in Nischenbereichen Weltspitzenniveau erreicht haben. 1945 als Reparaturwerkstätte mit zehn Mitarbeitern im oberösterreichischen Schwertberg durch Ludwig Engel gegründet, wurde 1948 die erste Kunststoffpresse gebaut, 1952 die erste Spritzgießmaschine gefertigt. Im

Staatsvertragsjahr 1955 erfolgte darüber hinaus die Serienfertigung von Kunststoffpressen, Ende der Fünfzigerjahre konnte ein komplettes Spritzgussmaschinenprogramm entwickelt werden. Die Sechzigerjahre waren bei Engel geprägt durch die Entwicklung des Sondermaschinenbaus und den Generationenwechsel zu Irene und Georg Schwarz im Jahr 1965. Die Intensivierung der Auslandsaktivitäten führten 1972 zur ersten Auslandsniederlassung in Kopenhagen, 1974 folgte Kanada, wo bis 1979 auch das erste Produktionswerk außerhalb Österreichs gebaut wurde. In den Achtzigerjahren fertigte Engel erstmals Linearroboter, ab 1986 wurden diese im Werk Steyr/Münichholz produziert. Für die Erzeugung von Großmaschinen ging 1988 ein Werk in St. Valentin in Betrieb, für den nordamerikanischen Markt wurden Großmaschinen ab 1989 in York, Pennsylvania, produziert. 1995 kam eine weitere Roboterfertigung in Ontario hinzu. 1998 wurde in Dietach bei Steyr ein Roboterwerk in Österreich eröffnet, seit 2001 wird auch in Südkorea produziert. Engel befindet sich seit seiner Gründung zu 100 Prozent in Familienbesitz. Aus zehn Mitarbeitern 1945 wurden weltweit an die 3.300, davon mehr als 2.200 in Österreich. Der weltweite Umsatz liegt im aktuellen Geschäftsjahr 2004/2005 bei rund 600 Millionen Euro, die Exportquote beträgt 96 Prozent.

1932 als Schlosserei und Reparaturwerkstätte für landwirtschaftliche Fahrzeuge gegründet, zählt Palfinger seit vielen Jahren zu den international führenden Herstellern hydraulischer Hebe-, Lade- und Handlingssysteme. Der erste Kran wurde 1959 gebaut, 1964 spezialisierte sich das Unternehmen auf hydraulische Ladekräne. 1966 wurden die Kräne erstmals exportiert, im Jahr 2004 lag die Exportquote bereits bei rund 97 Prozent. Anfang 2005 lieferte Palfinger den 150.000sten Kran aus.

Das Stammprodukt »Kran« wurde im Laufe der Jahre für unterschiedlichste Einsatzgebiete zum hochtechnischen, multifunktionalen Spezialgerät weiterentwickelt. Seit 1992 ergänzen Produkte wie Speziallösungen für Eisenbahnen, Containerwechselsysteme, Hubarbeits-

Palfinger AG, Bergheim. Endmontage eines KFZ-Kranarmes, 2005 bühnen, Ladebordwände oder Mitnahmestapler kontinuierlich das Portfolio. Produziert wird in Lengau, Köstendorf und Elsbethen, Sitz der Unternehmensleitung ist Bergheim in Salzburg. Außerhalb Österreichs verfügt Palfinger über Produktionsstandorte in Italien, Bulgarien, Slowenien und Brasilien. Die Erzeugnisse werden in 125 Länder weltweit geliefert und von über 1.500 Servicestützpunkten auf allen fünf Kontinenten serviciert.

Seit 1999 notiert das Unternehmen an der Wiener Börse, seit Mitte Juni 2000 werden die Aktien der Palfinger AG außerdem im Freiverkehr der Börsen Stuttgart, Berlin, Düsseldorf und Frankfurt gehandelt. Im Oktober 2001 erfolgte die Aufnahme in den ATX-Leitindex. Die Gruppe steht zu rund 64 Prozent im Besitz der Familie Palfinger und zu rund 31 Prozent im Streubesitz. 5 Prozent hat die Palfinger AG im Rahmen eines Aktienrückkaufprogramms erworben. Im Jahr 2004 erwirtschaftete das Unternehmen mit 2.563 Mitarbeitern einen Gesamtumsatz von 404 Millionen Euro (EBIT: 41,5 Millionen Euro).

Rosenbauer International AG, Leonding. Flughafen-Löschfahrzeug Panther 8x8 für den Flughafen Salzburg, 2004

Auch das Vorarlberger Familienunternehmen Bertsch entwickelte sich aus einem Handwerksbetrieb und wurde als Kupferschmiede 1925 gegründet. Ab Beginn der Dreißigerjahre hat sich Bertsch durch den Bau von Anlagen für die Nahrungsmitteltechnik, vor allem im Bereich Molkereien und Käsereien, sowie von Hoch- und Niederdruckdampfkesseln kontinuierlich weiterentwickelt. In den Sechzigerjahren wurden erste Wasserrohr-Hochdruck-Dampfkessel und Kraft-Wärme-Kopplungsanlagen gebaut. 1965 entstand in Linz eine zusätzliche Produktionsstätte. Eine erhebliche Kapazitätsausweitung ergab sich durch den Neubau des Werkes in Bludenz/Nüziders zu Beginn der Siebzigerjahre, dabei wurde der Apparatebau für die Chemie und Petrochemie stark ausgebaut. 1970 begann auch der Aufbau des Exports in die Märkte Mittel- und Osteuropas.

In den vergangenen Jahren wurde das Lieferprogramm kontinuierlich ausgebaut. Im Bereich der Nahrungsmitteltechnik sind es Anlagen für die Milchwirtschaft und Getränkeindustrie sowie für die Fleischereiindustrie. Die Energietechnik hat sich neben dem konventionellen Kesselbau vor allem auf Sonderanlagen im Bereich Biomasseanlagen, Abhitzetechnik nach Gasturbinen sowie Abhitzeverwertung nach verschiedensten Verfahren konzentriert. Mit diesen Produkten und Innovationen ist Bertsch weltweit auf dem Markt präsent, der Exportanteil liegt bei 80 Prozent.

Der Rosenbauer-Konzern hat seinen Ursprung im »Handelshaus für Feuerwehrgeräte«, das bereits 1866 von Johann Rosenbauer gegründet worden war. Im ersten Jahrzehnt des letzten Jahrhunderts wurde mit der Produktion von Handdruck- und Motorspritzen begonnen, im Jahr 1919 die Produktion von Feuerwehrfahrzeugen aufgenommen. Der Rosenbauer-Konzern weist seit Jahrzehnten eine ausgeprägte internationale Orientierung auf. Bereits in den Zwanzigerjahren exportierte er seine Produkte bis nach China. Heute ist das Unternehmen einer der drei größten Hersteller von Feuerwehrfahrzeugen weltweit. Mit der Produktion von Feuerwehrfahrzeugen nach europäischer und US-Norm, der Herstellung von mobilen Löschsystemen und dem Handel von

feuerwehrspezifischer Ausrüstung ist Rosenbauer der »Vollsortimenter« der Branche. Der Konzern erreicht einen Exportanteil von über 80 Prozent. In weltweit neun Produktions- und Handelsbetrieben erwirtschafteten im Jahr 2004 mehr als 1.350 Mitarbeiter einen Umsatz von rund 300 Millionen Euro.

Weitere typische Unternehmen des Maschinenbausektors sind die Österreich-Tochter des deutschen Maschinenbauers Leitz, die vom langjährigen Arbeitgeber-Chefverhandler Hermann Haslauer operativ in Österreich gemanagt wird; der 1966 gegründete Maschinen- und Anlagenbauer Fill aus Gurten; die 1946 in Wels gegründete Rübig Schmiedetechnik und Anlagenbau; die GFM – Gesellschaft für Fertigungstechnik und Maschinenbau – in Steyr oder der Erdbewegungsmaschinenhersteller Neuson.

Das Traditionsunternehmen Rotax – ab 1947 in Gunskirchen ansässig – entwickelte sich als Teil der Bombardier-Recreational-Products-Gruppe zum führenden Entwickler und Produzenten von innovativen Motoren für den Freizeit- und Nutzfahrzeugebereich wie etwa für Schneeschlitten (Ski-Doos), Aufsitzboote und Sportboote (Sea-Doos), ATV-Geländefahrzeuge (Bombardier), Motorräder (zum Beispiel BMW), Motorroller, Karts sowie Leicht- und Ultraleichtflugzeuge. BRP-Rotax beschäftigt 1.200 Mitarbeiter und ist somit der größte Arbeitgeber im Bezirk Wels-Land; die Exportrate des Unternehmens liegt bei ca. 97 Prozent.

Als führender Werkzeugmaschinenhersteller positionierte sich in den Siebziger- und Achtzigerjahren das Familienunternehmen Emco in Hallein. 1995 in Ausgleich geraten, erwarb es 1997 wiederum die Familie Maier gemeinsam mit Investor Mirko Kovats, der Emco 2002 ganz übernahm und Teile der Produktion nach Ostdeutschland und Tschechien auslagerte.

Bedeutsam für Österreich ist auch die Firmengruppe Liebherr. Im Jahr 1949 von dem deutschen Unternehmer Hans Liebherr gegründet und mit einem leicht montierbaren Turmkran erfolgreich, entwickelte sich Liebherr zu einer internationalen Unternehmensgruppe, die neben dem großen Baumaschinenprogramm

A. Pöttinger Maschinenfabrik GmbH, Grieskirchen. In der Produktionshalle, Zusammenbau eines Silierwagens, 2005 über eine große Produktpalette verfügt: Kühl- und Gefriergeräte, Schiffs-, Offshore-, Container- und Hafenmobilkräne, Maschinen- und Anlagenbau, Werkzeugmaschinen, Materialflusstechnik, Verkehrstechnik bis zu Flugausrüstungen. In Österreich ist Liebherr an fünf Standorten vertreten: 1960 wurde in Bischofshofen mit dem Bau von Umkehrmischern und Turmdrehkränen begonnen, diese Produkte wurden 1986 auf andere Standorte verlegt und die Liebherr-Werk Bischofshofen GmbH auf eine Radladerfertigung umstrukturiert. Seit 1976 produziert das Unternehmen in Telfs Planier- und Laderaupen sowie in Nenzing unter anderem Seilbagger, Schiffs-, Offshore- und Hafenmobilkräne, seit 1980 in Lienz Kühlgeräte und seit 1997 in Korneuburg Klimatisierungssysteme für Schienenfahrzeuge. Liebherr beschäftigt in Österreich mehr als 4.100 Mitarbeiter und besitzt zudem zwei Hotelanlagen – das Interalpen Hotel Tyrol in Telfs und das Löwenhotel Schruns.

In der Landmaschinenherstellung reüssieren österreichische Maschinenbauer wie die Reformwerke Bauer oder der Grieskirchner Landmaschinenhersteller Pöttinger. Bei Letzterem nützte die dritte Familiengeneration ab 1956 beständige Innovationskraft zur Marktführerschaft in einer traditionellen Branche. Die Spezialisierung auf die Grünlandmechanisierung und die Erfindung des Erntewagens 1972 sicherten die Wettbewerbsfähigkeit, 1987 stieg Pöttinger in die Entsorgungstechnik ein. Unter der vierten Eigentümergeneration wurde im Jahr 2001 die Pöttinger Sätechnik durch den Erwerb des deutschen Sätechnikwerkes Bernburg gegründet, schon 1975 war die Bayerische Pflugfabrik hinzugekauft worden. Der Mitarbeiterstand entwickelte sich zwischen 1997 und 2004 von 817 auf 930. Rund 50 Prozent des Umsatzes werden außerhalb von Österreich und Deutschland erwirtschaftet.

Freilich gab es auch Verlierer der Branche – traditionelle Landmaschinenhersteller wie Hofherr & Schrantz, Epple-Buxbaum konnten sich am Markt nicht behaupten.

Dass Innovation der Schlüssel zum Erfolg ist, bewies auch die 1950 in Kufstein (wieder) gegründete Zimmer Maschinenbau. 1955 gelang die Konstruktion der ersten Rotationsschablonendruckmaschine der Welt. Durch die weltweit einzigartige Einführung der elektronisch gesteuerten Spritzdrucktechnik für das Bedrucken von Teppichen (Chromojet) reüssiert das Familienunternehmen, das darüber hinaus auch Textilien und Papier bedruckt. Zimmer verfügt über zwei weitere Niederlassungen in Klagenfurt und Kühnsdorf und beschäftigt rund 500 Mitarbeiter.

Schiffbau in Österreich

Österreich verfügte 1955 über zwei größere Werften, die insbesondere für die Binnenschifffahrt, aber auch Hochseeschiffe produzierten.

Die Schiffswerft in Korneuburg wurde 1852 als Reparaturwerft der DDSG gegründet, im 20. Jahrhundert erfolgte der größte Ausbau zwischen 1938 und 1945 durch die Eingliederung in die Hermann-Göring-Werke. 1.300 Arbeitnehmer produzierten für die Kriegsmarine unter anderem Schleppschiffe, Tankkähne und Turmbauten für U-Boote.

Nach 1945 unter sowjetische USIA-Verwaltung gestellt, erfolgte 1955 die Rückgabe an die DDSG. Die Werft begann auch mit dem Bau von Seeschiffen mit je 1.500 Tonnen Ladegewicht, die in der Nordsee eingesetzt wurden, das Werftgelände war mehr als 160.000 Quadratmeter groß.

1959 wurde die Werft von der DDSG getrennt und als »Schiffswerft Korneuburg AG« selbstständig weitergeführt. 1960 baute Korneuburg für einen griechischen Reeder eines der modernsten Fischerei-Fang- und Kühlschiffe und lieferte kurze Zeit darauf zwei große, moderne Personenschiffe an die Sowjetunion. In der Folge entwickelten die Techniker der Werft die touristisch zu nutzenden Hotelschiffe »Wolga« und »Dnjepr«. Für die DDSG wurde 1965 das

Flaggschiff »Theodor Körner« fertig gestellt, ebenso stammen die DDSG-Ausflugsschiffe »Austria« (1971 gebaut) und »Wachau« (1975 gebaut) aus der Korneuburger Werft.
Mit Beginn 1974 fusionierten die Schiffswerften von Korneuburg und Linz zu einer neuen Gesellschaft mit der Firmenbezeichnung »Österreichische Schiffswerften AG Linz Korneuburg« (ÖSWAG). Gleichzeitig erfolgte die Eingliederung in den Konzern der VOEST-Alpine AG mit Sitz in Linz. In den folgenden Jahren wurde in Korneuburg der Großschiffbau forciert, wobei die Konstruktion in Korneuburg erfolgte und die Endmontage in einer rumänischen Werft durchgeführt wurde.
Ende der Achtzigerjahre arbeiteten in der Korneuburger Werft insgesamt 653 Menschen. Neben einer großen Zahl von Personenschiffen wurden auf der Werft auch Schwimmkräne bis zu 350 Tonnen, Getreideumlader mit einer Leistung von 500 Tonnen/Stunde und Greifumlader erzeugt. Zu den Exportmärkten der Schiffe gehörten neben der dominierenden Sowjetunion die BRD, Griechenland, Ecuador, Ägypten, Saudi-Arabien, Nigeria, Rumänien, Libyen, der Irak, Indonesien und der Libanon. 1991 wurde die Korneuburger Werft privatisiert und 1994 endgültig – an die 250 Mitarbeiter waren noch in der Werft beschäftigt – geschlossen. Als letztes Projekt verwirklichte Korneuburg ein schwimmendes Gymnasium, das zwischen der Wiener Nordbahn- und Floridsdorferbrücke vor Anker liegt. Zuletzt erzielte die Schiffswerft Korneuburg einen Umsatz in Höhe von 400 Millionen Schilling. Das Geschäft der Werft kam infolge des Zusammenbruchs der ehemaligen Sowjetunion zum Erliegen.
Die Linzer Werft wurde bereits im Jahr 1840 gegründet und ebenfalls 1946 verstaatlicht. Im Verbund mit der Korneuburger Werft spezialisierte sie sich auf die Märkte des RGW, insbesondere auf die UdSSR, die bis 1992 eine gute Auslastung sicherte. Ab 1993 und nach dem Wegbrechen der Ostmärkte schwer defizitär wirtschaftend musste die Werft ihren Personalstand von 300 Mitarbeitern auf weniger als 100 im Jahr 2003 reduzieren. 1992 wurde die Werft durch Herbert Liaunigs Auricon Beteiligungs AG übernommen und firmiert seither als ÖSWAG Werft Linz GesmbH mit den Schwerpunkten Reparatur und Umbau sowie Überholen von Fahrgastschiffen während der Wintermonate. 1999 wurde sie Teil der Waagner-Biró-Gruppe (Binder + Co) und 2004 in einem Management-Buy-out verkauft. Die Österreichische Schiffswerften AG produziert – neben der Lohnfertigung im Maschinen- und Anlagenbau – mittlerweile auch wieder Schiffe für den Binnenverkehr.

VA Tech Hydro, Rohrturbinenlaufrad für das Wasserkraftwerk Melk an der Donau

Schwieriges Terrain Militärprodukte

Nie wirklich von der Wirtschafts- und Sicherheitspolitik gefördert und gewollt sowie in einem engen Korsett der Neutralitäts-Gesetzgebung operierend, haben sich nur wenige Hersteller militärischer Produkte im Österreich der Zweiten Republik halten können. Meist waren dies Hersteller, die auf Aufträge des Bundesheeres hoffen konnten beziehungsweise sich in Nischen am Weltmarkt positionierten.

Der Tradition der Erzeugung hochqualitativer Handfeuerwaffen entsprachen die Gewehre von Steyr-Mannlicher. Ein Exporterfolg wurde das Sturmgewehr AUG, das als StG 77 beim Bundesheer eingeführt wurde und von vielen Armeen der Welt – unter anderem in Irland und Australien – verwendet wird.

Einen ebenso spektakulären Erfolg verbuchten die Pistolen der Firma Glock, die unter anderem seit 1963 in Deutsch Wagram produziert werden und deren innovative Technik und Robustheit für weltweite Aufträge von Polizei und Sicherheitskräften sorgen.

Die kleine österreichische Panzerproduktion war primär von Bundesheer-Aufträgen abhängig. In den Sechzigerjahren wurden Saurer-Schützenpanzer entwickelt, die bis heute im Einsatz des Bundesheeres stehen, darüber hinaus entwickelte und produzierte Steyr den Jagdpanzer »Kürassier«, in späterer Folge den Schützenpanzer »Ulan« und den Radpanzer »Pandur«. Die Steyr-Daimler-Puch Spezialfahrzeug AG (SSF) wurde als Teil der Steyr-Daimler-Puch im Rahmen des Kaufes durch Magna nicht übernommen. Nach einem Management-Buy-out durch Michael Malzacher und Partner gehört die SSF mittlerweile zu General Dynamics.

Die Produktion der technisch innovativen Noricum-Kanone durch die Maschinenfabrik Liezen blieb eine Episode und führte aufgrund illegaler Exporte in den Nahen Osten zu innenpolitischen Turbulenzen. Es konnte kein seriöser Käufer gefunden werden, die Produktion wurde eingestellt.

Österreichische Militärtechnologie: Jagdpanzer Kürassier in Marschformation

Fahrzeug- und Fahrzeugzulieferindustrie

Die Fahrzeug- und Fahrzeugzulieferindustrie profitierte naturgemäß in besonderem Ausmaß von der Wohlstandssteigerung in den Jahrzehnten nach dem Zweiten Weltkrieg und der damit einhergehenden Motorisierung Österreichs. Bereits zwischen 1950 und 1955 erhöhte sich der Anteil der Branche an der

Magna Steyr, Graz, Jeep Grand Cherokee, Radmontage

Wertschöpfung sprunghaft. Innerhalb des Zeitraums von 1953 bis 1955 stieg der Gesamtproduktionswert um 71 Prozent von 2,1 auf 3,6 Milliarden Schilling.

Mit steigendem Wohlstand zeichnete sich schon in den Fünfzigerjahren der Trend vom Motorrad zum Kleinauto ab. Die noch unterentwickelte Kooperationsstruktur in der Produktplanung führte in Österreich aber unter anderem dazu, dass die Markteinführung des ersten österreichischen Kleinwagens Steyr-Puch 500 im Jahr 1957 einen zweijährigen Rückstand zum ausländischen Mitbewerber bedeutete und eine fehlende gemeinsame Vertriebsorganisation im Ausland die Marktchancen weiter minderte.

Die steigenden Importe führten schon Ende der Fünfzigerjahre zu einer Marktsättigung. Rationalisierungen und Zusammenschlüsse waren die Folge. Besonders groß war der Wettbewerbsdruck auf dem Gebiet der LKW- und Omnibuserzeugung. Im Jahr 1959 mussten die

Österreichischen Saurerwerke als Erzeuger von Schwerlastkraftwagen ihre Selbstständigkeit aufgeben, die Steyr-Daimler-Puch AG erwarb die Aktienmehrheit. 1970 folgte die Fusion von Gräf & Stift mit der Oesterreichischen Automobilfabrik AG. Im selben Jahr fand auch der Verkauf des für die Volksmotorisierung Österreichs wichtigen Motorroller-Erzeugers Lohner an den kanadischen Konzern Bombardier statt. Lohner hatte im Wettbewerb mit

Im Ziel: Bundeskanzler Bruno Kreisky und Generaldirektor Eberhard von Kuenheim beim Spatenstich des BMW-Motorenwerks in Steyr, 1979

Puch-Rollern mit dem L 125, der ab dem Jahr 1954 erzeugt wurde, eines der prägenden Rollermodelle im Österreich der Fünfzigerjahre geschaffen. Die Rollererzeugung bei Lohner endete 1965, als das letzte Exemplar des Modells L 150 das Werk in Floridsdorf verließ, ab dann wurden nur noch Mopeds produziert.
Was den Motorisierungsgrad in Österreich betraf, stieg dieser von 1965 bis 2000 um mehr als 350 Prozent von 109 auf 505 PKW pro 1.000 Einwohner. Die jährlichen Steigerungsraten waren in den Siebzigerjahren mit durchschnittlich 6 bis 7 Prozent deutlich höher als in den Neunzigern mit durchschnittlich 2,5 Prozent Wachstum pro Jahr.

Parallel zu dem ab den Sechzigerjahren laufenden Konzentrationsprozess schrumpfte der Anteil der österreichischen Fahrzeugindustrie an der gesamtindustriellen Wertschöpfung zwischen 1955 und 1967 kontinuierlich. Erst 1968 ergab sich eine Trendwende, ab den Siebzigerjahren positionierte sich diese Industriebranche in puncto Wachstumsstärke im Mittelfeld. Gemeinsam mit den Erzeugern von Anhängern, Aufbauten, Fahrrädern, sonstigen Straßenfahrzeugen und den Fahrzeugreparaturwerken zählte der Sektor Mitte der Siebzigerjahre rund 33.000 Beschäftigte – damals mehr als 5 Prozent der Beschäftigten des sekundären Sektors.

Die PKW-Erzeugung

Während sich die Produktion und das Assembling von Kleinwagen in Österreich als immer schwieriger und nicht wettbewerbsfähig erwies – Steyr produzierte bis zum Jahr 1973 Kleinwagen –, zeigten Spezialsegmente beachtliche internationale Erfolge. Geländewagen wie der Puch Haflinger (erzeugt von 1959 bis 1974) oder der größere Pinzgauer (1971–2000) sowie der Puch G (ab 1979) waren Zeugnis österreichischen technologischen Know-hows in der Fahrzeugindustrie.
Projekte wie der so genannte »Austroporsche«, eine insbesondere vom damaligen Bundeskanzler Bruno Kreisky in der zweiten Hälfte der Siebzigerjahre forcierte wirtschaftspolitische Idee, waren nicht von Erfolg gekrönt. Diese österreichische Entwicklung eines Serien-Kraftfahrzeuges sollte – fast ausschließlich aus Aluminium gefertigt – Österreich, aufgeladen durch die Marke Porsche, auf den internationalen Märkten als PKW-Produzenten neu positionieren. Die Umsetzung scheiterte, nicht aber die Grundidee eines verstärkten Engagements im Automobilbau und in der Automobil-Zulieferindustrie. Vor allem wurde der politische Druck verstärkt, dass der Automobilproduzent Deutschland österreichische

Unternehmen verstärkt als Zulieferer berücksichtigen sollte. Darüber hinaus wurden internationale Automobilproduzenten umworben in Österreich zu investieren.

Politische Bemühungen gab es in diesem Zusammenhang auch in Richtung Japan: Die Zölle für japanische Autos wurden von 20 auf 4 Prozent gesenkt, im Gegenzug Zulieferungen an die japanische Automobilindustrie vereinbart. Davon profitierten vor allem der Reifenhersteller Semperit, aber auch die AMAG und Eybl.

1979 begann ein von der damaligen Daimler Benz AG und der Steyr-Daimler-Puch AG gegründetes Gemeinschaftsunternehmen den Geländewagen Mercedes G beziehungsweise Puch G in einer eigens dafür errichteten Halle im Werk Graz zu produzieren. Die technisch völlig identen Fahrzeuge, die weltweit unter der Markenbezeichnung Mercedes G vertrieben wurden, nur in Österreich, der Schweiz und den ehemaligen COMECON-Staaten unter der Markenbezeichnung Puch G, erreichten bis zum Ende der Achtzigerjahre Produktionszahlen zwischen rund 5.000 und 7.500 Stück jährlich. Die Einführung einer neuen Modellreihe bewirkte 1990 eine Produktionssteigerung auf mehr als 8.800 Fahrzeuge. Der absolute Höhepunkt in der G-Fertigung wurde mit über 9.000 Fahrzeugen im Jahr 2002 erreicht – im 23. Produktionsjahr des Geländewagens.

Für einen bedeutsamen Aufschwung der Automobilproduktion am Standort Graz sorgte die im Jahr 1984 aufgenommene Fertigung des allradgetriebenen VW-Transporters T3 syncro, von dem bis zum geplanten Auslauf im Jahr 1992 insgesamt rund 65.000 Fahrzeuge gebaut wurden. Der VW-Transporter war neben dem Geländewagen G auch maßgeblich daran beteiligt, dass 1990 der erste Sprung über die 25.000-Stück-Marke gelang. Damals wurden im Grazer Werk auch noch der VW Golf Country und die Audi-V8-Langversion gefertigt.

Mit der Aufnahme der Chrysler-Voyager-Produktion 1991 und der Jeep-Grand-Cherokee-Fertigung ab 1994 erreichte die jährliche PKW-Produktion in Österreich die Größenordnung von rund 60.000 Fahrzeugen. 1996 folgten zusätzlich die Modelle der Mercedes-Benz E-Klasse. Von 1999 bis 2002 wurde auch die Mercedes-Benz M-Klasse in Graz gebaut, von 2001 bis 2002 auch der Chrysler PT Cruiser.

Einen Meilenstein in der Geschichte der Automobilproduktion am Standort Graz bedeutete das Jahr 2003, in dem durch die Aufnahme der Produktion des Saab 9-3 Cabrios im Juni und des BMW X3 im Oktober bei Magna Steyr die Produktionsstückzahlen eine völlig neue Dimension erreichten: 2004 wurden im Grazer Werk erstmals mehr als 227.000 Fahrzeuge gefertigt, womit Österreich in der Rangordnung der PKW-Produzenten Europas ein bedeutsamer Sprung nach vorne gelang.

Eine wichtige Rolle in dieser Erfolgsgeschichte spielte die in Graz entwickelte Kompetenz in der Allrad- und Geländefahrzeugtechnik. Was in den Fünfzigerjahren mit dem kleinen Geländewagen Puch Haflinger begann, führte in einer fünfzigjährigen kontinuierlichen Entwicklung über den Puch Pinzgauer, den Geländewagen G, den VW-Allrad-Transporter,

Steyr-Daimler-Puch-Werke, Montage des Puch 500, Oktober 1957

den Jeep Grand Cherokee, die Mercedes-Benz E-Klasse 4MATIC schließlich bis zum BMW X3 – alles Fahrzeuge »made in Graz« und ausgestattet mit Grazer Allradtechnik. Darüber hinaus konnten sich die Magna-Gruppen Magna Steyr und Magna Drivetrain als Nachfolgeunternehmen der vormaligen Steyr-Daimler-Puch AG auch als Entwickler und Hersteller von Allradsystemen für eine Vielzahl unterschiedlicher Fahrzeugmarken und -typen vom kleinen Fiat Panda 4x4 bis zum Land Rover Discovery eine weltweit führende Marktposition aufbauen.

Diese quantitativen Entwicklungen waren begleitet von dem auch in anderen Industriebranchen spätestens in den Achtzigerjahren einsetzenden Internationalisierungsprozess – einerseits durch die Ansiedlung von Niederlassungen internationaler Konzerne, andererseits durch den Kauf österreichischer Erzeuger. Beides waren Entwicklungen mit großer wirtschaftspolitischer Symbolik und fanden unter großer öffentlicher Aufmerksamkeit statt.

BMW Steyr, Motorenfertigung

Zu den signifikanten neuen Niederlassungen internationaler Fahrzeughersteller gehört das 1979 gegründete und seit 1982 produzierende BMW-Motoren-Werk in Steyr. Es avancierte zum größten Motorenwerk der BMW Group und erzeugte im Jahr 2004 bereits 600.000 Benzin- und Dieselmotoren, derzeit beschäftigt es mehr als 2.600 Mitarbeiterinnen und Mitarbeiter.

Ebenfalls 1979 unterzeichneten Bundeskanzler Bruno Kreisky und Helmuth Schimpf, Generaldirektor von General Motors Austria, den Vertrag zur Errichtung eines Motorenwerkes in Wien-Aspern, ab Oktober 1982 wurde produziert. Die Produktion wurde kontinuierlich ausgebaut: 1997 kam eine Ecotec-Motoren-Fertigung hinzu, 2001 fuhr jeder zweite Opel mit einem Getriebe aus dem Wiener Fiat-GM-Powertrain-Werk. 2004 wurde zusätzlich ein Sechsgang-Getriebewerk eröffnet, 2.100 Mitarbeiterinnen und Mitarbeiter arbeiten derzeit in Wien-Aspern.

Als 50:50-Jointventure des Chrysler-Konzerns mit Steyr-Daimler-Puch Fahrzeugtechnik produzierte das Eurostar-Automobilwerk in Graz ab Oktober 1991 den Minivan Voyager, 1999 ging das Werk zu 100 Prozent an DaimlerChrysler, drei Jahre später wurde es dann von Magna Steyr übernommen.

Der vormalige KFZ-Mischkonzern Steyr-Daimler-Puch AG wurde 1998 von der kanadischen Magna International Inc. übernommen. Daraus ging 2001 die Magna Steyr AG mit Zentrale in Oberwaltersdorf und dem Hauptwerk in Graz hervor.

Eine wichtige Rolle spielte dabei das besondere Engagement des Austro-Kanadiers Frank Stronach. Der gebürtige Weizer war 1954 nach Kanada ausgewandert und baute mit Magna im Laufe der Jahrzehnte einen der bedeutendsten globalen Automobilzulieferkonzerne auf. Seit 1987 investiert Stronach wieder in seiner alten Heimat, 1995 errichtete Magna in Oberwaltersdorf seine Europa-Zentrale. Neben den automotiven Engagements in der Steiermark und in Niederösterreich nahm Stronach

Magna Steyr, Werk Albersdorf, Luftaufnahme

nach seiner Rückkehr nach Österreich auch im sportlichen Bereich als Förderer eine aktive Rolle ein. Dies unter anderem im Fußball als Gründer einer Fußball-Nachwuchs-Akademie, bei Austria Wien und als Präsident der österreichischen Fußball-Bundesliga. Mit der vom Automobilbereich unabhängigen Gesellschaft Magna Entertainment Corporation errichtete er in Ebreichsdorf in Niederösterreich den modernsten Pferdesportpark Europas.

Der gelernte Werkzeugmacher führt mit dem Magna-Konzern ein Unternehmen mit mehr als 80.000 Mitarbeitern in mehr als 260 Werken in 22 Ländern, die 2004 über 20 Milliarden US-Dollar umsetzten.

In Österreich investierte Magna International bis 2004 weit mehr als eine Milliarde Euro. Auch Bildungskooperationen wurden gesetzt: Das »Frank-Stronach-Institut« (FSI) an der TU Graz startete im Sommersemester 2005 den dreisemestrigen Studienzweig »Production-Science and Management« im Zuge des Maschinenbau-Studiums.

Gerade die technischen Universitäten und die dort vielfach mit Unternehmen gemeinsam durchgeführte Forschung waren und sind für die Entwicklung des Automobilstandortes Österreich von großer Bedeutung.

Aber auch über Jahrzehnte in österreichischem Eigentum stehende Unternehmen zeigten ihre globale Wettbewerbsfähigkeit. AVL List in Graz ist zu Beginn des 21. Jahrhunderts mit mehr als 3.000 Mitarbeitern das weltweit größte private und unabhängige Unternehmen für die Entwicklung von Antriebssystemen mit Verbrennungsmotoren und Mess- und Prüftechnik. 1948 durch Prof. Hans List als Arbeitsgemeinschaft gegründet, gelang es, kontinuierlich die Technologieführerschaft in der Entwicklung und Verbesserung von Antriebssystemen aufzubauen. In der Diesel-Direkteinspritzung zum Beispiel war die AVL durch die Entwicklung richtungsweisender Technologie Vorreiter.

Darüber hinaus bilden eine Reihe von im internationalen Maßstab kleinen und mittleren Unternehmen das Rückgrat der Zulieferindustrie in Österreich. Dazu gehören branchentypische Beispiele wie der oberösterreichische Gleitlager- und Sinterformteil- sowie Reibbelägehersteller Miba oder der auf Automobiltextilien spezialisierte Eybl-Konzern.

1927 übernahm Franz Mitterbauer die Werkstätte seines Lehrmeisters und entwickelte aus einer Reparaturwerkstätte beziehungsweise Zylinder- und Kurbelwellenschleiferei einen

Semperit: Die Reifen-Erzeugung von Semperit mit mehr als 100-jähriger Tradition in Traiskirchen wurde 1985 in den Continental-Konzern eingegliedert. 2002 wurde die Produktion in Traiskirchen stillgelegt. Plakat, Koszler, um 1970

Produktionsbetrieb, der ab 1949 Gleitlager herstellte, die 1955 erstmals unter dem Namen »Miba« exportiert wurden. Ab 1963 folgte die Produktion von Sinterformteilen, ab 1975 jene von Reibbelägen. Unter der Führung von Peter Mitterbauer, der von 1996 bis 2004 auch Präsident der Industriellenvereinigung war, expandierte das Unternehmen weiter: Das Familienunternehmen notiert seit 1986 an der Börse und beschritt 1989 den Weg der Internationalisierung. Die Miba wurde Entwicklungspartner und Zulieferer der internationalen Motoren- und Fahrzeugindustrie mit Produktionsstandorten in Österreich, Italien, der Slowakei, den USA, Brasilien und Spanien. Miba nutzte wie viele mittelständische Unternehmen nach 1989 die neuen Produktionsmöglichkeiten in Mitteleuropa, um die Beschäftigung in Österreich abzusichern beziehungsweise bei Produktion und Beschäftigung weiter in Österreich expandieren zu können. So kam zu den Standorten Laakirchen und Vorchdorf 2004 ein neues Werk in Roitham hinzu. Womit von den weltweit 2.600 Miba-Mitarbeitern mehr als die Hälfte in Österreich arbeiten, abgesichert durch die globale Produktionsstrategie.

Eybl, heute Österreichs größtes Textilunternehmen, wurde bereits 1868 als Manufaktur gegründet. Nach einer umfassenden Erweiterung erzeugte das Unternehmen ab 1960 textiles Automobilzubehör. 1984 gelang mit dem von Eybl entwickelten »Henkelplüsch« der Marktdurchbruch in der Fertigung von Autotextilien – als Kunden wurden VW, Mercedes, Porsche, Opel, Suzuki und die Deutsche Bahn gewonnen. 1998 notierte Eybl an der Nasdaq Europe, 2003 wechselte das Unternehmen an den Prime Market der Wiener Börse. 2003/2004 erfolgte die Errichtung des neuen Forschungs- und Entwicklungszentrums FAI und die Eröffnung des Logistikzentrums »Eybl Logistics«. Eybl International positioniert sich als europäischer Automotive-Interieur-Konzern in den Bereichen textile Flächenbildung, Konfektion und Interieur. Eybl beliefert den Großteil der europäischen Automobilhersteller und stattet rund 3,6 Millionen Fahrzeuge mit Sitzbezügen und Interieurteilen aus.

Der weitere Fahrzeugmarkt

Die LKW-Erzeugung wurde ebenfalls nach und nach durch internationale Unternehmen übernommen: 1989 erwarb die deutsche MAN 80 Prozent der Steyr Nutzfahrzeuge AG. Die Österreichische Automobilfabrik ÖAF-Gräf & Stift AG wurde bereits 1971 in den Fertigungsverbund von MAN eingegliedert und firmiert als MAN Sonderfahrzeuge AG am österreichischen Markt. In Wien und Steyr werden Sonderfahrzeuge, leichte und mittlere Modellreihen und die komplette Fahrerhausfertigung der Modellreihe F 2000 gebaut. Die LKW-Produktion erreichte in den Achtziger- und Neunzigerjahren Spitzenwerte von bis zu 25.000 Stück. Eine sehr viel weniger bedeutsame

Rolle spielte die Autobus-Erzeugung, die über einen einmaligen Spitzenwert von 664 erzeugten Omnibussen im Jahr 1959 nicht hinauskam. 2003 wurden 138 Stück in Österreich produziert.

Die Motorraderzeugung erlebte bereits zu Beginn der Sechzigerjahre einen Einbruch. Eine besondere Rolle in der Motorrad- und Mopederzeugung spielte – neben Puch – vor allem das Mattighofener Unternehmen KTM. Ab 1953 fertigte KTM Motorräder in Serie, das 1.000ste Motorrad wurde 1954 ausgeliefert, im selben Jahr die Staatsmeisterschaft in der 125er-Klasse gewonnen. Schon 1960 stellte das Unternehmen aber die Motorradproduktion ein, erzeugte dafür Ponny-Roller (bis 1989) und Mofas. Durch die Spezialisierung auf Geländemaschinen – insbesondere in den Klassen mit 125 und 250 Kubikzentimetern – gelang es darüber hinaus, auf dem schwierigen Zweirad-Markt wettbewerbsfähig zu bleiben. Zahlreiche Weltmeistertitel (unter anderem von Heinz Kinigadner) bestätigen den erfolgreichen Weg von KTM. Nach dem Konkurs der Firma 1991/92 folgte die Aufsplitterung in eigenständige Nachfolgefirmen für Kühler, Motorräder, Fahrräder und Werkzeugbau. Die Motorradsparte wurde 1992 neu formiert und die Spezialisierung auf Geländemaschinen gepaart mit Design und Technologieführerschaft führten zur erfolgreichen globalen Positionierung. 2004 setzte KTM mehr als 76.000 Motorräder weltweit ab, den Großteil davon im Offroad-Segment.

Die Marke Puch wurde für die Motorrad- und Mopedherstellung bereits 1987 durch den italienischen Hersteller Piaggio übernommen, seitdem produziert nur noch KTM Motorräder in Österreich.

Die Traktorenerzeugung erreichte 1956 mit mehr als 18.000 Stück einen Höhepunkt und pendelte sich in den darauf folgenden Jahren und Jahrzehnten bei 9.000 bis 10.000 Stück ein. Hauptproduzenten waren eine Hand voll Erzeuger, mit Steyr und Lindner in Kundl als den wichtigsten. Die Steyr-Traktorenerzeugung wurde 1995 vom US-amerikanischen Erzeuger Case übernommen.

Die Fahrradindustrie hat in Österreich mit der Schließung der steirischen Betriebe von Junior in Graz (1968) und Köflach (1975) sowie vor allem der Zweiraddivision von Puch (1987) stark an Bedeutung verloren. Die höchsten Produktionszahlen wurden von 1972 bis 1974 erreicht, als mehr als 1 Million Fahrräder jährlich gefertigt wurden. 1975 sank die Produktion auf 318.000 Stück ab. Schon in den Sechziger- und Siebzigerjahren ging der Grad der Komponenten-Eigenfertigung zurück und das Assembling rückte in den Vordergrund.

Motorroller der Wiener Lohner-Werke nach dem Modell der italienischen Vespa, 1950.

Lindner-Traktor mit Holzfuhre, 1954. Erster österreichischer Traktor mit Allradantrieb. Lindner Traktorenwerk GesmbH, Kundl

In Österreich werden pro Jahr aber immer noch rund 100.000 Räder produziert, bei der oberösterreichischen KTM Fahrrad (Mattighofen), beim Vorarlberger Unternehmen Simplon (Hard) und bei Katarga nahe bei Wien. Zum Vergleich: Puch fertigte in Graz im Jahr 1980 allein 310.000 Einheiten.

Maria Moser, Arbeit auf Papier (Ersatzteilkatalog Lindner)

Cluster als Erfolgsrezept

Für den Aufstieg der automotiven Industrie im Österreich der Neunzigerjahre war insbesondere auch die Idee des Clusters des US-amerikanischen Industrieökonomen Michael Porter prägend. Als Porter während des Europäischen Forums Alpbach in den frühen Neunzigerjahren seine Überlegungen zur Bildung von Clustern präsentierte, war der Grundstein für die spätere Gründung des Autoclusters Steiermark gelegt. Landesregierung, Interessenvertretungen (führend war die steirische Industriellenvereinigung) und Forschungseinrichtungen entwickelten den Automobil Cluster Styria, der für Österreich vorbildhaft wurde.

Grundidee des Clusters ist es, in einer kleinteiligeren Wirtschaftsstruktur rund um Leitbetriebe (im Fall der Steiermark waren dies unter anderem AVL, Magna etc.) ein strategisch kooperierendes Netzwerk aus Zulieferern, Forschungseinrichtungen und regionaler Politik zu legen. Damit wird Wettbewerbsfähigkeit gegenüber größeren Unternehmensstrukturen erreicht. Für die Steiermark eignete sich die Clusteridee insbesondere für die automotive Industrie, Oberösterreich mit dem Automobil-Cluster und Wien mit dem AC Vienna Region folgten mit eigenen Clustern.

Die gesamte automotive Industrie umfasst gegenwärtig rund 700 Unternehmen mit 175.000 Beschäftigten.

Die Elektroindustrie

Die österreichische Elektro- und Elektronikindustrie gehört seit 1955 zu den beschäftigungsintensivsten und wachstumsstärksten Industriebranchen in Österreich. Zwischen den Jahren 1956 und 2004 steigerte sich der Anteil des Produktionswertes an der Gesamtindustrie von 4,4 auf 10,5 Prozent, der

Zukunftsarbeitsplätze: Infineon, Villach, Fertigungshalle

Beschäftigtenanteil von 8,2 auf 13,1 Prozent aller Industriebeschäftigten.

In der Wachstumshierarchie belegte die Elektro- und Elektronikbranche zwischen 1960 und 2004 den dritten Platz, in absoluten Zahlen pendelte die Zahl der Beschäftigten in der Branche zwischen etwas mehr als 44.000 im Jahr 1956 und bis zu 73.422 im Jahr 1990. Unmittelbar nach dem Zweiten Weltkrieg hatten übrigens nur 16.200 Menschen in der Elektroindustrie gearbeitet. Die Elektro- und Elektronikindustrie erfüllte jedenfalls spätestens mit Beginn der Sechzigerjahre die Rolle einer Schlüsselindustrie für Österreich, die wesentlichen Einfluss auf die gesamtindustrielle Entwicklung ausübte.

Am Beginn der Entwicklung der Branche in der Zweiten Republik stand einerseits der Energieversorgungsausbau mit dem 1955 eröffneten Kraftwerk Kaprun sowie zahlreichen weiteren Speicher- und Laufkraftwerken wie Ybbs-Persenbeug an der Donau. Der zweite

Der Mark-M, eines der Renommierprodukte von Eumig, 1965.
Die Erfolgsgeschichte von Eumig, 1919 gegründet, mit Fabriken in Wiener Neudorf, Fürstenfeld, Fohnsdorf, Kirchdorf an der Krems und Bad Deutsch-Altenburg und bis zu 6.000 Beschäftigten endete 1981 mit Konkurs.

Wachstumstreiber war die Elektrifizierung der Bahn in Österreich. Die Westbahn war Ende 1952 vollständig elektrifiziert, weitere Bahnstrecken folgten, auf den Hauptstrecken war die Elektrifizierung Beginn der Siebzigerjahre abgeschlossen. Für die Zuwächse der Elektroindustrie sorgten in den Aufbaujahren darüber hinaus der Bau von Fernleitungen und Ortsnetzen, die Errichtung von Schaltanlagen, der Seilbahnbau, die Einführung des automatischen Ortssprech- und Fernsprechverkehrs, der Ausbau des Richtfunknetzes, die Einführung des Fernsehens und nicht zuletzt der große Nachholbedarf bei Haushaltsgeräten (nach dem Zweiten Weltkrieg gab es in Wien nur 3.000 Waschmaschinen!) beziehungsweise deren Neueinführung.

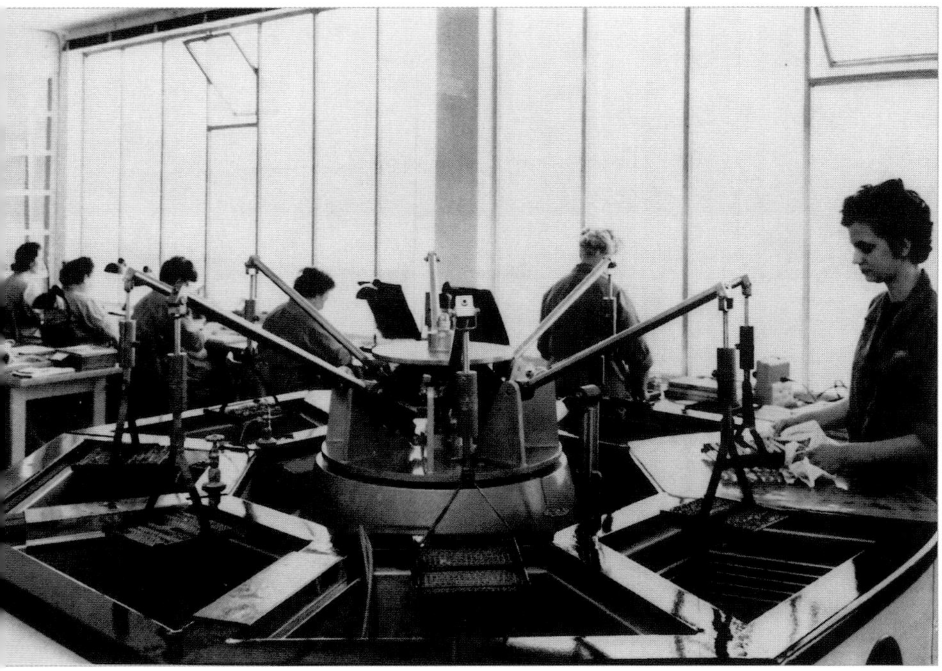

Große Geschichte: Eumig, Linsenreinigung mit Ultraschall, 1964

Die durchschnittliche Wachstumsrate der Elektroindustrie lag zwischen 1964 und 1970 bei 10,8 Prozent und damit deutlich über jener der Gesamtindustrie von 5,9 Prozent. In diesen Jahren entwickelte sich als eigenständige Sparte zusätzlich zur klassischen Elektroindustrie die Elektronikindustrie. Technologische Grundlage dafür war die Entwicklung der Mikroelektronik im Jahr 1959 – auf einem Stück Silizium wurde die erste Halbleiterschaltung mit mehreren Transistoren entwickelt. Mit dieser neuen Schlüsseltechnologie gelang es, weiter ein hohes Wachstum zu erzielen, das selbst in Phasen internationaler Rezession weitgehend unbeeinflusst blieb.

Mit Ende der Achtzigerjahre zeigte sich die Elektro- und Elektronikindustrie im Vergleich zu anderen Industriebranchen größer strukturiert, von öffentlichen Aufträgen abhängiger und besonders exportorientiert. Hauptabnehmer war neben den privaten Haushalten und der Investitionsgüterindustrie vor allem die öffentliche Hand. Die gesamte öffentliche Bautätigkeit von Bund, Ländern und Gemeinden stellte einen ebenso wichtigen Teil der Abnehmer dar wie die (damals in öffentlicher Hand befindliche) Elektrizitätswirtschaft, die Österreichische Post- und Telegraphenverwaltung und die Österreichischen Bundesbahnen.

Schon Ende der Achtzigerjahre wurden zwei Drittel der Produktion ausgeführt. Davon gingen 74 Prozent in die EG, 9 Prozent in die EFTA-Staaten und 5 Prozent in die Länder des Rates für gegenseitige Wirtschaftshilfe (RGW). Deutschland nahm mit allein 45 Prozent der Exporte eine beherrschende Stellung ein. Insgesamt zählte im Jahr 1988 die Statistik 270 Unternehmen und Betriebsstätten in Österreich, wobei auffällig war, dass 12 Unternehmen der Branche mehr als die Hälfte der Mitarbeiterinnen und Mitarbeiter beschäftigten. Die Elektro- und Elektronikindustrie war damals – wie auch noch heute – eine Industrie

von für österreichische Verhältnisse großen Unternehmen.
Als eine naturgemäß technologisch getriebene und zukunftsorientierte Branche machte die Elektroindustrie auch die ersten Schritte in Richtung Tertiärisierung. Zu den klassischen Produktionstätigkeiten kamen Dienstleistungen wie Montage und Reparaturen, Softwareerstellung, Engineering, Planung und Generalunternehmerleistungen. Die Problemlösung, statt der reinen Produktion, rückte in den Vordergrund.
Die bedeutendsten Sparten der Elektro- und Elektronikindustrie waren und sind abseits der Konsumgüter Energietechnik, Elektronik, Kommunikations- und Informationstechnik und Bauelemente. Bei den Konsumgütern standen Unterhaltungselektronik, Haushalts- und Wärmegeräte sowie Beleuchtungstechnik im Vordergrund.
Die Produktion der Energietechnik reichte von der Errichtung vollständiger Kraftwerksanlagen und dem Freileitungsbau bis zu Geräten und Anlagen zur Erzeugung, Umwandlung, Verteilung und Fortleitung von Energie (Generatoren, Motoren etc.) und Labor- und Industrieöfen. Die Gesamtproduktion entwickelte sich im Laufe der Jahrzehnte rückläufig, vor allem, nachdem der aufkeimende ökologische Gedanke den Ausbau von Kraftwerken und Freileitungen nachhaltig dämpfte. Das betraf nicht nur den gescheiterten Einstieg in die Atomenergie, sondern insbesondere größere Kraftwerksausbauten, die nach den Hainburg-Erfahrungen von 1984 mit nur größter Vorsicht durchgeführt wurden. Für den Automobilmarkt und darüber hinaus erwies sich die Akkumulatoren- und Batterieerzeugung als Wegbegleiterin, die bis zu 75 Prozent des Inlandsbedarfs abdeckte. Die traditionsreiche Kabelerzeugung hatte hingegen seit Beginn der Achtzigerjahre mit Problemen zu kämpfen, nicht nur, weil immer mehr drahtlose Übertragungsmöglichkeiten entwickelt wurden, sondern weil dieser Sektor auch vom Kraftwerksbau abhängig war.

Der Nachfrageboom nach elektrischen Haushaltsgeräten: Die VA TECH ELIN EBG GmbH entstand im Juni 1997 aus der Zusammenführung der ELIN Energieanwendung GmbH und der Elektro Bau AG.

Der Bereich der Telekommunikation hatte durch das Post-Monopol seit 1955 vor allem einen Inland-fokussierten Charakter, der sich erst nach der Liberalisierung der Märkte und endgültig nach dem EU-Beitritt änderte. Eine Hand voll größerer Unternehmen dominierten diesen Bereich und profitierten auch von der zu Beginn der Achtzigerjahre einsetzenden Digitalisierung des Fernsprechnetzes. Darüber hinaus spielten Eisenbahnsicherungs- und Signalanlagen eine bedeutende Rolle.
Ab Ende der Achtzigerjahre entwickelte sich die Sparte Elektromedizin vielversprechend. Die Produktion elektronischer Bauelemente wie Chips und Leiterplatten ging ab Mitte der Achtzigerjahre durch Höhen und Tiefen, hat aber nach wie vor eine wesentliche Bedeutung innerhalb der Branche.

In der öffentlichen Wahrnehmung spielte die Unterhaltungselektronik Made in Austria eine große Rolle. Noch 1988 machte der Bereich wertmäßig 19 Prozent der Branche aus (2003: 5,8 Prozent). Internationale Unternehmen wählten Österreich als Standort für die Erzeugung von Fernsehern, Videorekordern und Radiorekordern, bis die globale Arbeitsteilung dieser Produktion endgültig ein Ende bescherte. Die Erzeugung von Haushaltsgeräten konnte sich länger behaupten. Besondere Bedeutung kam und kommt in der österreichischen Elektro- und Elektronikindustrie der Forschung und Entwicklung zu. 1993 betrug diese bis zu 15 Prozent des Unternehmensumsatzes und umfasste insgesamt 40 Prozent der österreichischen Forschungs- und Entwicklungsaufwendungen.

Elektrizität,
Maria Lassnig,
Öl auf Leinwand,
1991

Die großen Unternehmen der Elektroindustrie

Im öffentlichen Bewusstsein wird die Elektro- und Elektronikindustrie von einigen wenigen Unternehmen dominiert, ohne welche die Entwicklung der Branche unvorstellbar wäre. Allen voran steht Siemens Österreich als einer der größten industriellen Arbeitgeber Österreichs, der unter den Generaldirektoren Walter Wolfsberger (1974–1994) und Albert Hochleitner (1994–2005) seine Stellung kontinuierlich ausbaute.

Siemens in Österreich war als Zweigstelle des Berliner Stammhauses nach dem Zweiten Weltkrieg von den Alliierten beschlagnahmt und Teile des Unternehmens 1946 als deutsches Eigentum verstaatlicht worden. Die Teilung der Besatzungszonen traf Siemens hart. Die Elektromedizin und Röntgentechnik der Reiniger-Werke lag in der amerikanischen Zone, die Siemens Bauunion in der französischen, Siemens & Halske in der britischen und beide großen Produktionsstätten der Siemens-Schuckert-Werke lagen in der russischen Zone.

Nach 1955 profitierte Siemens wie die gesamte Branche vom Aufbau der Infrastruktur und dem Nachholbedarf beim privaten Konsum. Nach dem Startschuss für die Entwicklung der Mikroelektronik in den Sechzigerjahren kamen im folgenden Jahrzehnt die ersten Mikroprozessoren und Speicherchips auf den Markt. Damit begann auch für Siemens der Übergang vom Industrie- ins Informationszeitalter.

Der Kontakt zwischen den österreichischen Siemens-Aktivitäten und dem Stammhaus blieb in den Jahren nach dem Zweiten Weltkrieg eng – durchaus im Gegensatz zu Unternehmen wie der AEG. Bei der Restauration der Siemens-Interessen in Österreich spielte die Reprivatisierung eine wichtige Rolle. Dabei kam es zu umfangreichen Verhandlungen mit der IBV aufgrund der umstrittenen Zuordnung der Wiener Kabel- und Metallwerke AG zu den verstaatlichten Siemens-Betrieben. Durch die Zwischenschaltung einer Holding in einem »Drittland« wurde der Staatsvertrag umgangen, die Luxemburger Siemens-Holding Emcolux erwarb 60 Prozent des Aktienkapitals der Wiener Kabel- und Metallwerke.

Eine eigenständige Siemens AG Österreich entstand endgültig 1971 im Zuge der Umstrukturierung der verstaatlichten Industrie. Das Unternehmen setzte sich aus der Siemens GmbH, den Nachrichtentechnischen Werken, den Siemens-Reiniger-Werken und den Wiener Kabel- und Metallwerken zusammen. Der staatliche Anteil betrug über die ÖIAG 43,6 Prozent. In den Achtzigerjahren vollzog sich endgültig die mikroelektronische Revolution.

Siemens rezipierte die technologischen Entwicklungen: Personal Computer, Fax und Online-Vernetzung revolutionierten Alltag und Unternehmen. Die Bedeutung der Software wuchs permanent neben jener der Hardware. Siemens gründete 1979 das Entwicklungszentrum für Mikroelektronik in Villach, wo man Ende 1983 als erstes europäisches Unternehmen den 256K-bit-Chip fertigte. Der wachsende Software-Bedarf wurde durch die Siemens Programm- und Systementwicklung PSE abgedeckt. Mobilfunk und Internet revolutionier-

M. Lassnig 1991

ten in der Folge die Kommunikation. Siemens errichtete mit dem Gerätewerk Wien eine der modernsten Fertigungsstätten Österreichs, legte den Grundstein für das heute größte industrielle Rechenzentrum Österreichs und eröffnete den Standort Erdberg mit dem Siemens-Forum. Dieser Standort wird jedoch 2010 zugunsten der geplanten »Siemens City« Floridsdorf aufgegeben werden.

Einen besonderen Wachstumsimpuls bekam Siemens Österreich 1994 durch die Verantwortung für das Geschäft in der Slowakei, in Slowenien und Kroatien. Die breite Aufstellung des Konzerns mit Energie-, Verkehrs-, Medizin- und Nachrichtentechnik machte sich am Ende des Internet-Booms und mit dem Platzen der »New Economy Bubble« bezahlt. Siemens entwickelte die Vernetzungs-, Informations- und Kommunikationstechnik zu entscheidenden Bestandteilen seiner Produkte und Lösungen. Der Wachstumsschub aus Mittel- und Osteuropa führte zudem in neue Umsatzdimensionen. Seit 2004 trägt Siemens Österreich zusätzlich für Serbien und Montenegro, Bosnien-Herzegowina, Rumänien und seit Oktober 2004 für Bulgarien Geschäftsverantwortung. Als Lieferant von Mobilfunk-Infrastruktur hält das Unternehmen die Marktführerposition im Wirtschaftsraum Zentral- und Osteuropa. Siemens Österreich beliefert in den Ländern Slowenien, Slowakei, Kroatien, Bosnien-Herzegowina, Union Serbien-Montenegro, Rumänien und Bulgarien aktuell 15 von 26 Netzbetreibern. Damit arbeitet mehr als die Hälfte der Operatoren in dieser Region mit Netzkomponenten von Siemens. Darüber hinaus nimmt das Unternehmen in Kroatien, Rumänien und Serbien-Montenegro an vier UMTS-Feldversuchen teil. In Österreich beliefert Siemens alle Netzbetreiber mit Mobilfunktechnologie abseits der Handys.

Siemens Österreich stieg mit dem Kauf der VA Technologie 2005 zu einem der drei umsatzstärksten Industrieunternehmen Österreichs auf und wurde ein Mischkonzern, der von klassischen Industrieprodukten wie Lokomotiven und Waggons (durch die Simmering-Graz-Pauker AG, im Jahr 1993 in mehrheitliches Eigentum der Siemens gelangt) bis zu IKT (Informations- und Kommunikationstechnologie Systemlösungen) und Medizintechnik viele Produkte und Dienstleistungen anbietet.

Neben Siemens waren und sind eine Reihe von weiteren internationalen Töchtern für die Elektro- und Elektronikindustrie bedeutsam. Dazu gehört der niederländische Elektronikkonzern Philips, der bereits 1926 eine Vertriebsgesellschaft in Österreich gegründet hatte. In Zeiten des intensivsten Philips-Engagements in Österreich zwischen 1970 und 1980 produzierten und verkauften mehr als 11.000 Mitarbeiterinnen und Mitarbeiter für Philips Österreich, gefertigt wurden Videorekorder, Videokassetten in Wien und Bildröhren in Lebring. 2003 wurde das Engagement auf Entwicklungs- und Produktionsbereiche in Wien, Gratkorn und Klagenfurt reduziert. Von den 2.200 Mitarbeiterinnen und Mitarbeitern arbeiten zurzeit 1.150 in Produktion und Infrastruktur, 750 in Forschung und Entwicklung sowie 300 in Vertrieb und Verwaltung. In Wien befindet sich unter anderem ein Kompetenzzentrum für Handy-Lautsprecher, in Gratkorn eines für Halbleiter-Entwicklung und in Klagenfurt jenes für Haushalts- und Körperpflegegeräte (Haartrockner, Epilierer etc.).

Alcatel Austria ist als Tochtergesellschaft des französischen Elektronikkonzerns Alcatel ein traditionsreiches Unternehmen, das seit seinem Bestehen wichtige Meilensteine in der Kommunikationsindustrie gesetzt hat. Seit 1925 Mitglied der ITT Corporation, errichtete ITT Austria 1957 das erste telefonische Wählamt in Koordinationsschalter-Technik, im Jahr 1971 wurde der österreichische Mikrocomputer ITT 0802 zur Steuerung von Telefon- und Eisenbahnsicherungsanlagen entwickelt; seit 1987 ist das als Czeija & Nissl 1884 gegründete Unternehmen Mitglied des Alcatel-Konzerns und seit 2003 unter anderem für Management und Betrieb eines Mobilfunksystems in Österreich verantwortlich.

Kapsch, Wien, 2005. Qualifizierung des AOI-Prozesses (Automatische Optische Inspektion) der Platinen

Jünger ist die Geschichte des Engagements des japanischen Elektronikkonzerns Sony in Österreich. Seit 1979 produziert Sony im Land Salzburg, Thalgau, CDs. Bei der Wahl des Standortes hatte auch Herbert von Karajan als künstlerischer Leiter der Salzburger Osterfestspiele und als Sony-Vertragsnehmer eine Rolle gespielt. Der Standort hat sich dabei als äußerst wettbewerbsfähig erwiesen, der ehemalige VOEST-Alpine-Manager und Sony-Österreich-Geschäftsführer Otto Zich wurde 1999 Geschäftsführer von Sony Europe.

Auch dem traditionsreichen österreichischen Elektrounternehmen Kapsch gelang es, sich auf den technologischen Wandel und die globalen Herausforderungen einzustellen. Gegründet 1892 als feinmechanische Werkstätte, in späteren Jahren Produzent von Geräten der Unterhaltungselektronik, setzte das Unternehmen schließlich auf Telekommunikationslösungen und zählte zu den Hauptlieferanten der österreichischen Post. Mit innovativen Lösungen für private und öffentliche Netze, dem Eingehen von strategischen Partnerschaften (u. a. mit Nortel, Bay und Fore Systems) sowie der erfolgreichen Entwicklung von Verkehrskontrollsystemen für Straße und Schiene konnten die Krisen der Achtziger- und frühen Neunzigerjahre überwunden werden. Heute ist das Unternehmen auf den Märkten Mittel- und Osteuropas – mit den Verkehrslösungen darüber hinaus sogar weltweit – präsent. Die Kapsch-Gruppe steht nach wie vor zu 100 Prozent im Eigentum der Familie Kapsch. Einen besonderen Erfolg stellte die Ausstattung der österreichischen Autobahnen mit einem auf Mikrowellentechnologie basierenden Maut-Kontrollsystem dar, das anfangs 2004 plangemäß und erfolgreich in Betrieb ging.

Auch das Traditionsunternehmen Schrack reüssierte mit einem der ersten Sicherungsautomaten in Schmalbauweise und dem ersten Fehlerstromschutzschalter in Europa. Schrack Energietechnik wurde von der Rexel-Gruppe im Jahr 2000 gekauft. Der Bereich Kommunikation bei Schrack, der Teil der Österreich-Tochter der Ericsson AG war, firmiert als Kapsch-Tochter seit 2001 unter Kapsch BusinessCom.

Als sehr erfolgreiches Beispiel eines mittelständischen österreichischen Elektronikunternehmens kann die oberösterreichische KEBA gelten. 1968 gegründet, ist KEBA primär in der Industrie-, Bank- und Sägewerksautomation tätig. Vor allem durch Selbstbedienungslösungen für Geldinstitute, Lotteriegesellschaften und Dienstleistungsunternehmen erlangte das Unternehmen breitere Bekanntheit. Mit rund 620 Mitarbeitern im Jahr 2005 ist KEBA weltweit tätig – mehr als 75 Prozent der Automationslösungen werden exportiert.

Als eines der wenigen originär österreichischen Unternehmen trachtet die 1990 gegründete Gericom auf dem Notebook-Markt, aber auch im Bereich Digital-Kameras und seit 2003 mit Home-Entertainment-Produkten zu reüssieren. Seit 2000 ist die Gericom AG am Neuen Markt in Frankfurt börsenotiert.

Manche andere Unternehmen der Unterhaltungs-Elektrobranche scheiterten in Österreich teilweise spektakulär: Das 1919 gegründete Elektro- und Elektronikunternehmen Eumig, das bereits ab 1931 Schmalfilmprojektoren – Eumig war zeitweise der weltgrößte Filmprojektorhersteller – und bis 1960 auch Radio- und Fernsehgeräte herstellte, musste 1981 den Konkurs anmelden (in diesem Jahr waren auch Funder und Klimatechnik gezwungen Ausgleich bzw. Konkurs anzumelden). 6.000 Beschäftigte in den Fabriken in Wiener Neudorf, Fürstenfeld, Fohnsdorf, Kirchdorf an der Krems und Bad Deutsch-Altenburg waren betroffen. Trotz teilweiser Technologieführerschaft war es nicht gelungen, nachhaltig am Markt zu reüssieren.

Kofferradio Grundig UKW Boy 56, 1956

Ähnlich – wenngleich mit einiger Verzögerung – erging es dem ebenfalls 1919 gegründeten Wiener Traditionsunternehmen Minerva. Im Jahr 1950 lief in Wien-Meidling der erste UKW-Empfänger vom Band, 1957 lieferte das Unternehmen das erste transportable Transistorradio Österreichs, das sich mit Produkten anderer Branchengrößen wie Philips oder Eumig maß. Bei der Entwicklung und Produktion der ersten Fernsehempfänger war Minerva – wie auch bei der Einführung des Farbfernsehens – ebenfalls wettbewerbsfähig. Zum 50-jährigen Firmenjubiläum im Jahr 1969 ging das Unternehmen schließlich in den Besitz des bayerischen Unternehmers Max Grundig über. Die Marke Minerva wurde mit der Übernahme damals eingestellt.

Durch Produktionsverlagerungen wurde das Wiener TV-Werk unter Grundig zunächst deutlich aufgewertet. 1984 übernahm der niederländische Elektronikkonzern Philips das deutsche Familienunternehmen samt Wiener Produktion. Wegen hoher Verluste stieg 1997 aber auch Philips wieder aus und ein Bankenkonsortium übernahm vorerst die Führung.

Im Jahr 2000 rettete der Besitzer eines der größten deutschen Hersteller von Antennenanlagen, Anton Kathrein, Grundig mit seinem Einstieg vor dem Konkurs. Ein Sanierungskonzept der Unternehmensberatung Roland Berger ließ den Wiener Standort noch einmal hoffen. Mitte 2001 wurde die gesamte Fernsehproduktion von Nürnberg nach Wien verlagert, aber die Verluste des Konzerns beliefen sich in diesem Jahr bereits auf 150 Millionen Euro. 2003 meldete der Grundig-Konzern die Insolvenz an. Die Wiener Produktion ging daraufhin in Konkurs und wurde eingestellt.

Einen durchaus signifikanten Anteil an der Wahrnehmbarkeit der heimischen Elektro-

industrie hatte auch die Produktion der so genannten »Weißen Ware«. Waschmaschinen, Gefrierschränke, Geschirrspüler etc. begleiteten die Österreicherinnen und Österreicher auf ihrem Weg in die Wohlstandsgesellschaft. In Österreich produzierten unter anderem Unternehmen wie Elektra Bregenz, das ab 1950 Kühlschränke herstellte und bereits 1965 ein Tochterunternehmen des Brown-Boveri-Konzerns wurde. 1978 war Elektra Bregenz der größte Hersteller von Koch- und Heißwassergeräten in Österreich und wurde ein Teil der Blomberg-Gruppe. 1985 wurden die Tirolia-Werke in Schwaz übernommen, ab 1987 in Tirol Mikrowellenherde erzeugt. 1992 erfolgte als Teil der El.Fi-Gruppe eine Produktionsausweitung in Schwaz, die Produktion endete jedoch 2003, nachdem die Eigentümergruppe Brandt-Moulinex 2002 in Konkurs gegangen war.
Auch der Gunskirchner Waschmaschinenhersteller Eudora musste 2003 Konkurs anmelden. Das Unternehmen hatte noch in den Achtzigerjahren mehr als 80.000 Geschirrspüler und Waschmaschinen erzeugt.

Biotechnologiechip von Infineon, München, 2002

Die größten Unternehmen der Elektronikindustrie

Bedeutend besser gelang es der österreichischen Elektronikindustrie, Erfolgsgeschichten zu schreiben. Chip- und Leiterplattenhersteller bewiesen und beweisen, dass es trotz des oft schwierigen globalen Marktumfeldes in Österreich möglich ist, gewinnbringend zu produzieren. Große Bedeutung für Kärnten hat beispielsweise die Infineon Technologies Austria

AT & S, Leoben, 2005. Automatische Inspektion der einzelnen Lagen zur Qualitätssicherung im Produktionsprozess

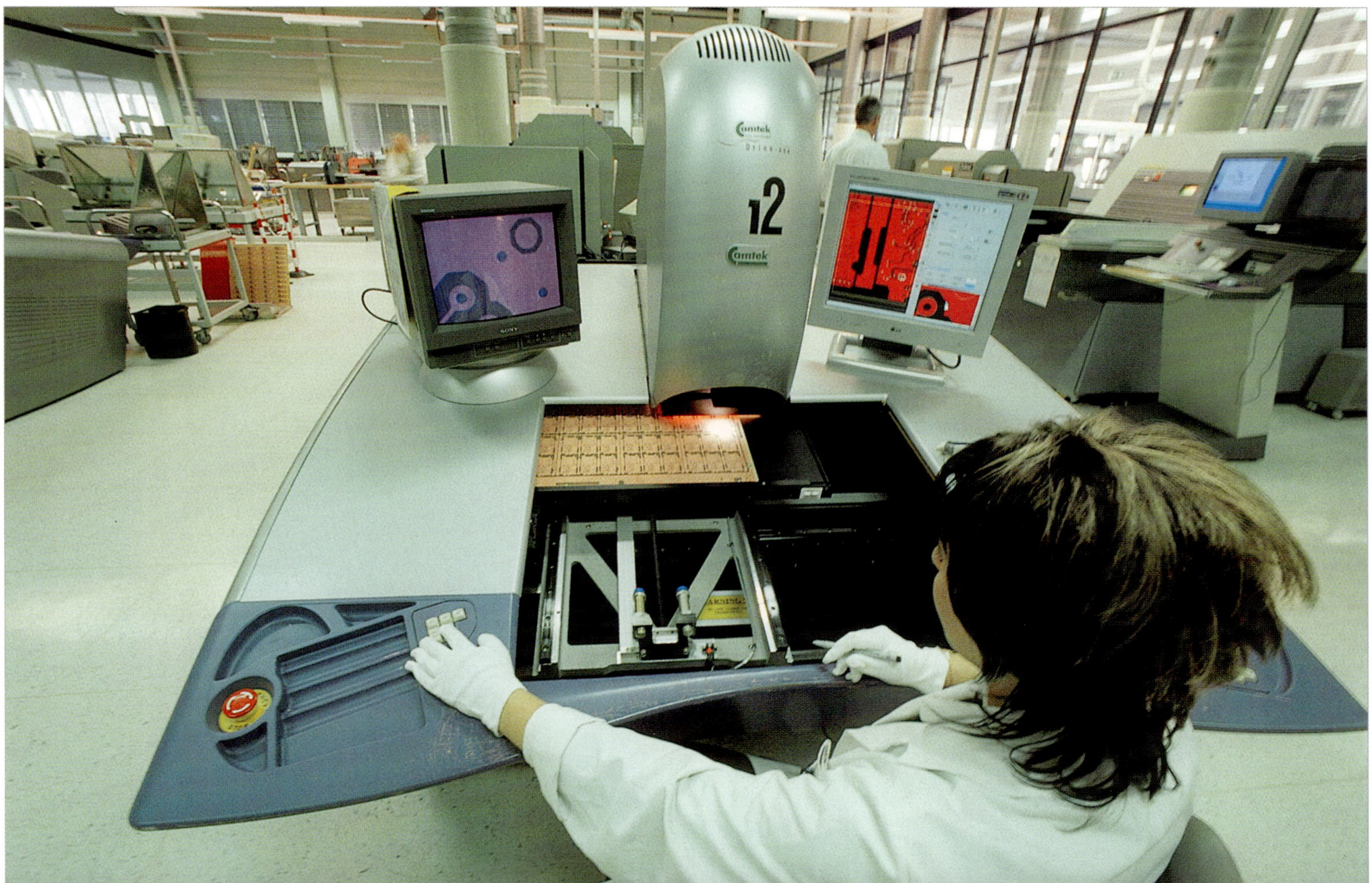

AG. Bereits 1970 war von Siemens in Villach eine Diodenproduktion gegründet worden, 1979 startete die Wafer-Produktion. 1999 gliederte Siemens den Halbleiterbereich aus, Infineon Austria entstand als Tochterunternehmen von Infineon Technologies.
In Graz, Linz und Villach entwickelt und produziert das Unternehmen Halbleiter (Chips), die vor allem in der Automobil- und Industrieelektronik, aber unter anderem auch bei Sprach- und Datenübermittlung sowie Speichersystemen zum Einsatz kommen. In Klagenfurt ist seit 2004 der Bereich weltweite IT-Services von Infineon angesiedelt. Infineon verfügt über die größte Entwicklungseinheit für Mikroelektronik in Österreich. 2004 arbeiteten 700 der 2.650 Mitarbeiter im gesamten F&E-Bereich, die diesbezüglichen Aufwendungen betrugen 153 Millionen Euro.
Aus einer Reihe kleinerer steirischer Leiterplattenhersteller fusionierte der ehemalige Finanzminister Hannes Androsch gemeinsam mit dem dortigen Management Willibald Dörflinger und Helmut Zoidl als Investor die AT&S, Austria Technologie & Systemtechnik AG, die in Leoben, Fohnsdsorf (bis 2005), Fehring und Klagenfurt produziert. Der Ursprung des Unternehmens lag 1974 im Bau des Werkes in Fehring. Erzeugt wurden Fernsehgeräte mit vorgelagerter Leiterplattenfertigung. Das Werk war ausschließlich als In-House-Lieferant für die deutsche Körting-Gruppe tätig. Nach deren Konkurs 1978 wurde das Fehringer Werk vom verstaatlichten Elin-Konzern erworben und in die »steirische Elektronik« umgewandelt. Der Schwerpunkt der Geschäftstätigkeit lag in der Produktion von einseitig und doppelseitig nicht durchkontaktierten Leiterplatten. 1989 wurden dann die steirische Elektronik Fehring, Eumig Fohnsdorf sowie die AT&S Hinterberg zur »Elektronik Leiterplatten-Industrieholding« zusammengefasst und 1991 zur Elektronik-Leiterplatten-Industrieholding mit der AT&S fusioniert. Die AT&S wurde drei Jahre später im Rahmen eines Management-Buy-outs privatisiert, im Jahr 1999 erfolgte der Börsengang.
Während das Fehringer Werk 1975 noch umgerechnet 1,1 Millionen Euro Umsatz bei 50 Mitarbeitern erwirtschaftete, waren es 1980 bereits 120 Mitarbeiter und 4,4 Millionen Euro, im Jahr 2004 hielt das Werk bei 61 Millionen Euro Umsatz, erwirtschaftet von 455 Mitarbeitern.
Die Elektro- und Elektronikindustrie ist auch zu Beginn des 21. Jahrhunderts eine der österreichischen Schlüsselindustrien. 12,3 Prozent aller Ausfuhren waren 2003 Elektrotechnik- und Elektronikprodukte, die am Umsatz gemessene Exportquote betrug 71 Prozent.

Anteil der nach Produktionswert gestaffelten Sparten an den 57.000 Beschäftigten der Branche im Jahr 2005

	Anteil in Prozent
Bauelemente	16,3
Verteilungs- und Schalteinrichtungen	15,8
Motoren, Generatoren, Transformatoren	14,9
Kommunikationstechnik	14,9
Elektrische Ausrüstungen für KFZ, Akkumulatoren	8,8
Haushaltsgeräte	7,3
Elektrische Ausrüstungen	7,0
Mess- und Prüftechnik	6,0
Unterhaltungselektronik	3,6
Kabel, Leitungen und Drähte	3,1
Leuchten	2,3

Quelle: Fachverband der Elektro- und Elektronikindustrie (2005).

Chemie-, Pharma- und Kunststoffindustrie

Insbesondere die Grundstoffindustrie wie die chemische Industrie war – wie in vielen anderen Ländern – einer der Haupttreiber für den rasanten Auf- und Nachholprozess nach dem Zweiten Weltkrieg. Die Chemieindustrie erreichte 1959 das Drei- bis Vierfache des Vorkriegsniveaus.

OMV: Filterseparatoren der Station Baumgartenberg

Die Jahre nach dem Abschluss des Staatsvertrags waren für die chemische Industrie in Österreich von stürmischem Wachstum geprägt. Die Wachstumszahlen lagen über jenen der Gesamtindustrie und waren mit der Elektro- sowie der Nahrungs- und Genussmittelindustrie vergleichbar. Die Kohlechemie als Zulieferer organischer Zwischenprodukte verlor dabei zunehmend an Bedeutung. An ihre Stelle traten Grundstoffe für die Kunststofferzeugung wie Acetylen, das später durch Paraffine ersetzt wurde, Olefine ersetzten in weiterer Folge natürliche Fette. Diese Grundprodukte fanden Verwendung in der Waschmittelherstellung, bei der Erzeugung von Lacken, Anstrichmitteln und Textilhilfsstoffen oder in der Pharma- und Kosmetikindustrie.
Diese technologischen Entwicklungen führten zu weiteren Wachstumsschüben in den Sechzigerjahren, welche die chemische Industrie 1968 mit einem Bruttoproduktionswert von 20,467 Milliarden Schilling an die

OMV-Bohranlage: Blick von der Bohrplattform in die Bohranlage

Spitze der heimischen Industriebranchen führten (insgesamt war sie in den Sechzigern die am stärksten wachsende Industriebranche). Zwischen 1956 und 1976 stieg der Bruttoproduktionswert der chemischen Industrie in Österreich mit einem jährlichen durchschnittlichen Zuwachs von 27,1 Prozent um das fast Sechseinhalbfache. Die Wachstumsraten bis in die Mitte der Neunzigerjahre waren mit 5,4 Prozent deutlich geringer, führten aber dennoch zu einer Verdoppelung des Bruttoproduktionswerts. Der Export spielte für die chemische Industrie dabei kontinuierlich eine bedeutende Rolle.

Parallel zu der konjunkturellen Entwicklung nahm auch die Anzahl der Unternehmen zu: Von 1950 bis 1994 stieg sie von 345 auf 622 österreichweit. Wiewohl gerade auch die größeren Unternehmen mehr wurden, ist die Branche nach wie vor eine klein- und mittelbetrieblich getragene: 16 Unternehmen der chemischen Industrie beschäftigten Mitte der Neunzigerjahre mehr als 500 Mitarbeiter, 98 zwischen 100 und 500, 508 Unternehmen weniger als 100 Arbeitnehmer.

Blickt man auf die Gesamtentwicklung der österreichischen Industrie, dann hat der chemische Sektor seinen Anteil an den Industriebeschäftigten von 1955 bis 2004 von 6,9 auf 10,8 Prozent gesteigert. Die reale Produktion expandierte mit 5,5 Prozent per anno am stärksten von allen Sektoren, die Produktivität stieg um durchschnittlich 5,6 Prozent pro Jahr. Mehr als 40.000 Beschäftigte waren 2004 in der chemischen Industrie beschäftigt.

»Stärkol«, Schneebeli & Cie in Lochau bei Bregenz. Entwurf Vorarlberger Graphik, Willy Kriegl, 1954

Die Erdölindustrie

Die Entwicklung der chemischen Industrie ist ohne die österreichische Erdölindustrie als Rohstofflieferant nicht darstellbar. Dies insbesondere durch die ab den Fünfzigerjahren einsetzende Entwicklung von der Kohle- zur Petrochemie.

Es war daher von besonderer symbolhafter Bedeutung, als im Jahr 1955 die Rückkehr der Erdölindustrie in österreichisches Eigentum erfolgte, wenngleich damit Zahlungen und Rohöllieferungen verbunden waren. Mit der »Österreichische Mineralölverwaltung Aktiengesellschaft« (ÖMV) verfügte Österreich über ein starkes verstaatlichtes Unternehmen der Erdölindustrie: Die ÖMV übernahm rund 95 Prozent der vorhandenen Ölfelder und Produktionsanlagen, die restlichen 5 Prozent blieben im Eigentum privater Gesellschaften.

Bis in die frühen Sechzigerjahre wurde ein Rationalisierungs- und Modernisierungsprogramm durchgeführt, das in den fehlenden Investitionen der Nachkriegsjahre begründet war. Die meist nur notdürftig reparierten Förderanlagen wurden auf zeitgemäßen Standard gebracht, aus den fünf Produktionsstand-

orten (Vösendorf, Lobau, Moosbierbaum, Korneuburg und Schwechat) einer geschaffen: Schwechat wurde zur Großraffinerie.
Der Ausbau in Schwechat erfolgte schnell: Die erste Ausbaustufe war 1961 abgeschlossen, im Sommer 1963 war die zweite beendet. Die neue Anlage verfügte damals über eine Einsatzkapazität von 4 Millionen Tonnen pro Jahr. Die konzentrierten technologischen und produktionsspezifischen Möglichkeiten der neuen Raffinerie in Schwechat waren einer der Grundsteine für die Expansion der österreichischen Petrochemie.
Als unternehmerischer Rahmen diente die Österreichische Rohölverwertungs GesmbH, die 1960 gemeinsam mit den multinationalen Unternehmen Mobil Oil Austria und Shell Austria gegründet wurde. Die ÖMV hielt 75 Prozent, während die restlichen Anteile zu gleichen Teilen im Eigentum der internationalen Partner standen. Ziel war die Verarbeitung des in Österreich geförderten Erdöls in den Verarbeitungsbetrieben der beteiligten Unternehmen. Wobei die Fördermengen in Österreich in den Jahren bis 1970 kontinuierlich zurückgegangen sind, während die Erdgasförderung teilweise signifikante Zuwächse erzielte.
Ende der Sechzigerjahre wurde die Vertriebsstruktur der ÖMV neu gestaltet: Aus der ÖROP Handels AG wurde – für Österreichs immer mehr werdende Auto- und Motorradfahrer sichtbar – 1968 die Elan Mineralölvertriebs AG. In diesem Jahr verfügte Elan bereits über das beachtliche Netz von 582 Tankstellen, die aus neun Tanklagern beliefert wurden. 1971 stieg die Zahl der Elan-Tankstellen nach Fusion mit der PAM Austria auf über 800 an. Der Sprung ins Ausland begann ebenfalls in den Siebzigerjahren. Die erste ÖMV-Tankstelle eröffnete 1990, im Jahr darauf expandierte die ÖMV mit ihrem Tankstellengeschäft in das benachbarte Ausland.
Um die Versorgungssicherheit zu gewährleisten und aus logistischen Gründen errichtete die ÖMV ein zweites großes Tanklager in St. Valentin, das ebenso wie das Lager in der

Lobau mit einer direkten Pipeline mit der Raffinerie Schwechat verbunden wurde. Darüber hinaus beteiligte sich die ÖMV an einer Reihe von Pipeline-Projekten wie der Adria-Wien-Pipeline (Inbetriebnahme 1970), dazu kamen Beteiligungen an Aufschließungsgesellschaften im Iran, in Ägypten, Kanada, Tunesien und Norwegen (Nordsee).

In den Siebzigerjahren erfolgte auch der Einstieg der ÖMV in die petrochemische Produktion. So wurden 50 Prozent der Petrochemie Schwechat übernommen, die wiederum mit 50 Prozent an der Danubia Olefinwerke GesmbH beteiligt war. Die Rohstoffe Propylen und Äthylen wurden in Schwechat produziert. Polypropylen wurde in Schwechat bereits zu Beginn der Sechzigerjahre durch die Danubia Petrochemie AG (ab 1967 Petrochemie Schwechat GmbH) erzeugt. 1989 erfolgte die Übernahme der PCD Polymere GmbH, 1998 der Verkauf der Petrochemie Danubia an die Borealis Group, im Gegenzug beteiligte sich die OMV an Borealis mit 25 Prozent. Im Sommer 2005 hat die OMV zusammen mit der Dubaier Investment-Gesellschaft IPIC die Borealis zur Gänze übernommen und ist mit 35 Prozent an dieser Gesellschaft beteiligt.

Die ÖMV expandierte kontinuierlich weiter. Konsequenterweise erfolgte im Zuge der Internationalisierung 1995 die Umbenennung des Konzerns in OMV. Die Teilprivatisierung (1987: 15 Prozent; 1989: 10 Prozent; 1996: 15 Prozent) führte zu einem Rückzug der Österreichischen Industrieholding AG (ÖIAG) im Jahr 1994 auf eine Sperrminorität von 25 Prozent. Der zweite Kernaktionär, die staatliche Ölgesellschaft aus Abu Dhabi, IPIC, kaufte 19,6 Prozent der Aktien. Die Neunzigerjahre und frühen Jahre des 21. Jahrhunderts waren geprägt von einer forcierten Wachstums- und weiteren Produktivitätssteigerungsstrategie. Wie bei vielen der aus Österreich operierenden Industrieunternehmen lag dabei die Entwicklung in Mittel- und Osteuropa im Hauptfokus der OMV. Nach der Beteiligung mit 10 Prozent an der ungarischen MOL (2000) und dem Erwerb von 25,1 Prozent an der Rompetrol Group gelang mit dem Kauf von 51 Prozent des rumänischen Öl- und Gaskonzerns Petrom im Jahr 2004 ein weiterer signifikanter Schritt in der strategisch erwünschten starken Positionierung des österreichischen Energiekonzerns in Mittel- und Osteuropa. Mit einem Investitionsvolumen von 1,5 Milliarden Euro war dies die bis dahin größte je getätigte Akquisition eines österreichischen Unternehmens.

Neben der Erdölindustrie spielten die ***chemikalische Grundstoffindustrie*** und eine Reihe weiter spezialisierter Unterbranchen für die chemische Industrie eine große Rolle, die entweder von Tochterunternehmen internationaler Konzerne oder Nischenmarktführern geprägt war.

Die Grundchemikalienindustrie war, ähnlich wie die Erdölindustrie von der ÖMV, von der Österreichischen Stickstoffwerke AG in Linz dominiert. Schon nach Kriegsende 1945 begann sie chemische Grundstoffe wie Leim, Gerbstoff, Humusdünger oder Weichmittel (ab 1950) zu erzeugen. Es folgte eine kontinuierliche Verbreiterung der Produktpalette zu Chlor-Alkali und Schwefelsäure (Inbetriebnahme einer neuen Produktionsanlage) mit teilweise hohem Exportanteil (Schwefelsäure ab 1963/64). Vor allem PSA (Phthalsäureanhydrid), das Grundlage für die Erzeugung von Kunstharzen, Lacken und Farbstoffen ist, war für Exporterfolge verantwortlich.

Die chemische Grundstoffindustrie entwickelte sich bis Mitte der Achtzigerjahre zur mengenmäßig stärksten Chemiebranche. Zwischen 1985 und 1995 erreichten die Zuwachsraten allerdings nur noch 1,1 Prozent.

Eine traditionsreiche Rolle hat auch die Solvay Österreich inne, die in Ebensee am Traunsee Soda, Natriumbikarbonat und gefälltes Kalziumkarbonat erzeugte. Das Werk Ebensee war 1883 als fünfte Solvay-Fabrik weltweit eröffnet worden. Bis 1977 erzeugte sie neben den genannten Chemikalien auch Ätz-

Tiger Lacke: Die Tigerwerk, Lack- u. Farbenfabrik GmbH & Co. KG Wels hat sich seit der Gründung Anfang der 1930er-Jahre zu einem weltweit agierenden Familienunternehmen entwickelt.

natron, ab 1968 Baustoffe (das Werk mit rund 220 Mitarbeitern wurde 2005 stillgelegt). Die Produktion von gefälltem Kalziumkarbonat wird jedoch weitergeführt, Neuinvestitionen von rund 6 Millionen Euro stehen an, es sollen rund 60 Mitarbeiter beschäftigt werden.

Bis 1997 betrieb die Solvay Österreich auch eine Elektrolyse in Hallein, in der Natronlauge, Chlor, Salzsäure, Natriumhypochlorit und Wasserstoff erzeugt wurden. Ende 1997 wurde dieser Betrieb stillgelegt. In Wien unterhält Solvay unter dem Namen Solvay Vienna GmbH ein Verkaufsbüro.

Die Österreichische Salinen AG mit Unternehmenssitz in Bad Ischl und Produktionsstandort in Ebensee, in direkter Nachbarschaft und als langjähriger Zulieferer des Solvay-Werkes, hat in der Zweiten Republik durch die fortschreitende Technisierung (etwa Umstieg von der offenen Pfannentechnik auf Thermokompression) eine Reihe von Rationalisierungsmaßnahmen umgesetzt. Zwischen 1965 und 1967 wurden daher die Pfannensalinen in Hallstatt und Bad Ischl sowie der Salzbergbau und die Sudhütte in Hall in Tirol stillgelegt. Es folgte die Schließung der Sudhäuser in Hallein und Bad Aussee. Entscheidend für die Wettbewerbsfähigkeit der Salzerzeugung wurde die Entwicklung von der Salzverwaltung zum international agierenden Unternehmen. 1979 wurden die Österreichischen Salinen in eine AG umgewandelt und nach dem Beitritt Österreichs zur Europäischen Union 1995 sowie dem Wegfall des Monopols im Jahr 1997 erfolgreich privatisiert. Aktive Salzbergbaue werden in Altaussee und Hallstatt sowie ein Sondenfeld bei Bad Ischl betrieben, von wo die gewonnene Sole zum Standort Ebensee geleitet und zu Salz verdampft wird. Im Geschäftsjahr 2003/04 wurden über 760.000 Tonnen Siedesalz hergestellt, ein Umsatz von mehr als 74 Millionen Euro erlöst und ein EGT von 6,8 Millionen Euro erwirtschaftet. Der Konzern beschäftigt an mehreren Standorten im Salzkammergut ca. 440 Mitarbeiter. Die Eigentümerstruktur der Österreichischen Salinen AG gliedert sich folgendermaßen: 36 Prozent Androsch International Consulting, 36 Prozent Raiffeisen Landesbank OÖ, 18 Prozent Management und Einzelpersonen, 10 Prozent Salinen-Mitarbeiter.

Die Linzer Stickstoffwerke waren nicht nur für die Erzeugung von Grundchemikalien, sondern insbesondere auch von *Düngern für die Landwirtschaft* bedeutsam. Mit der Aufnahme der Schwefelsäureproduktion wurden 1954 auch Superphosphatdünger hergestellt. Ein Jahr zuvor lief die Produktion von Volldüngern, welche die Grundstoffe Stickstoff, Phosphorsäure und Kali enthalten, an. Die

Lenzing AG, Außenansicht

Nachfrage entwickelte sich äußerst zufriedenstellend, sodass in den Jahren 1965 und 1973 weitere Erzeugungsanlagen in Betrieb gingen. 1973 wurde eine Jahresproduktion von 480.000 Tonnen Volldünger erreicht.
Parallel dazu erzeugten die Stickstoffwerke Spezialdünger, die mithalfen die Produktivitätsfortschritte in der Landwirtschaft zu erreichen. Für diese Angebotspalette wurde ab 1957 Harnstoff produziert, ein Grundstoff, der auch bei der Holzfaserplatten- und Kaltleimerzeugung zum Einsatz kommt.
Insgesamt erreichte die Düngemittelproduktion in Österreich mit 1,75 Millionen Tonnen im Jahr 1974 einen Höhepunkt. Die Folgejahre waren hingegen vom sich verschärfenden internationalen Wettbewerb geprägt. Dies vor allem auch dadurch, dass die bisherigen Assets des Standortes – primär die vorhandene Rohstoffbasis – an Wertigkeit verloren. Bereits zu Beginn der Achtzigerjahre war klar, dass eine betriebswirtschaftliche Basis für die Düngemittelherstellung in Linz nicht mehr gewährleistet war, und Umweltschutzauflagen

Chemiepark Linz, Luftaufnahme

erhöhten den Kostendruck zusätzlich. Die aus der Chemie Linz AG (die Österreichischen Stickstoffwerke waren 1973 umbenannt worden) ausgegliederte Agrolinz Melamine stellte daher Ende der Achtzigerjahre die Düngemittelproduktion auf eine technisch neue und umweltschonende Basis. Die Chemie-Linz-Gruppe wurde 1990 von der ÖMV erworben. Der Preisverfall am internationalen Düngemittelmarkt setzte sich bis in die Mitte der Neunzigerjahre fort, während zur Jahrtausendwende eine Stabilisierung eintrat. Insbesondere die Agrolinz Melamine behauptet sich auf den globalen Märkten. Die Düngemittelindustrie hat in den Jahrzehnten nach 1955 fast durchwegs wertmäßig mehr exportiert als importiert.

Auch die Donau Chemie AG produziert – nach ihrer Reprivatisierung 1958 – unter anderem Düngemittel in den Werken Pischelsdorf (Wiederaufbau ab 1960), Landeck und Brückl. Vor allem in Pischelsdorf wurden ab den Sechzigerjahren besonders umweltschonende Phosphatdünger hergestellt, umweltverträgliche Mineraldünger folgten in den Achtzigerjahren, 1992 war der Umstieg von der organischen zur anorganischen Chlorchemie vollzogen. 1997 erfolgte ein Management-Buyout durch den Mehrheitseigentümer Rhône-Poulenc an den Vorstandsvorsitzenden Alain de Krassny, im Jahr 2000 wurden die deutsche Lurgi Aktivkohle GmbH und das italienische Unternehmen SIRI SpA akquiriert.

Größere Bedeutung in der *chemischen Finalindustrie* erreichten in Österreich neben der Farben- und Lacke- sowie der Pflegemittelindustrie (mit der seit den Achtzigerjahren für Mittel- und Osteuropa Verantwortung tragenden Henkel Central Eastern Europe) vor allem die Chemiefaser-, Kautschuk/Gummi- und Kunststoffindustrie, wo Unternehmen wie Greiner in Kremsmünster arbeiten.

Die *Chemiefaserindustrie* mit ihrem Aushängeschild, der Lenzing AG, spürte über Jahrzehnte exemplarisch die Herausforderungen durch Internationalisierung und Innovationsdruck. Zu Beginn der Neunzigerjahre zwang der – trotz kontinuierlicher Produktinnovationen – immer stärker werdende Rationalisierungsdruck in Lenzing zu einer Reduktion der Mitarbeiterzahl von 3.900 auf 3.100. Die erfolgreiche Umsetzung des Einsparungsprogramms und laufende Prozessoptimierungen ließen Lenzing noch in den Neunzigerjahren zum Kostenführer in Europa werden. Konsequente Produktentwicklung machte aus der Lenzing AG einen Anbieter einer ganzen Palette von Faserspezialitäten. Ständig steigende Produktionsmengen bedeuteten geringere Fixkosten und damit einen entscheidenden Wettbewerbsvorteil. Die globale Präsenz auf allen wichtigen Märkten legte ebenfalls einen Grundstein für die Aufwärtsentwicklung. Entscheidende Meilensteine waren der Kauf des Mitbewerbers Tencel im Jahr 2004 und die Entscheidung für den Bau einer Viskosefaserproduktion in Nanjing, China. Damit ist der »World Leader in Cellulose Fiber Technology« Lenzing mit sechs Produktionsstandorten weltweit die Nummer eins im Cellulosestapelfasergeschäft.
Der Wettbewerb muss jedenfalls global geführt werden: Mitbewerber um die Spitzenposition am Weltmarkt sind die indische Birla-Gruppe und neuerdings China, wo rund ein Dutzend neue Viskosefaserhersteller im Entstehen sind. Auch Lenzing hat sich zu einem aktiven Schritt in das Reich des Drachen entschieden. Mit einem Verbrauch von über 800.000 Tonnen Viskosestapelfasern ist China heute weltweit wichtigster Absatzmarkt für Viskose- und Modalfasern. Die Produktion in China spart nicht nur Importzölle, sie bringt die Lenzing-Gruppe vor allem noch näher an die Kunden in diesem wichtigen Markt.
Der Faserhersteller Glanzstoff Austria in St. Pölten produziert in der niederösterreichischen Landeshauptstadt seit 1904. Die Viskosegarne werden nicht nur im textilen Bereich, sondern seit 1965 auch in der Reifenherstellung verwendet. Die Glanzstoff durchlebte – neben kontinuierlicher Umweltprobleme bis in die Neunzigerjahre – eine Reihe von Krisen. 1988 wurde sie durch Lenzing erworben, 1994 übernahm die CAG-Holding des Industriellen Cornelius Grupp zu 100 Prozent die Glanzstoff Austria. Die anhaltend hohe Nachfrage nach technischen Viskosegarnen ließ die Glanzstoff-Gruppe mit den zusätzlichen Kapazitäten von Glanzstoff Bohemia und den beiden Konvertierbetrieben in Frankreich und in Luxemburg zum zweitgrößten Hersteller weltweit avancieren. Mit Umweltinvestitionen Ende der Neunzigerjahre konnte auch die ökologische Problematik gemildert werden. Gegenwärtig sind in St. Pölten mehr als 400 Mitarbeiter beschäftigt.

Die traditionsreiche *Reifenherstellung* fand in Österreich im Jahr 2002 ihr wenig rühmliches Ende. Dabei durchlebte der Reifenhersteller Semperit AG bereits zu Beginn der Sechzigerjahre eine Krise, welche die Produktion um drei Viertel einbrechen ließ. Erst die Umstel-

lung auf die Produktion von Spezialreifen ab 1961 (1963 wurden Spikereifen eingeführt, ab 1967 ging der Radialreifen in Fertigung) half, dass im Jahr 1965 die Branche wieder auf ein Umsatzwachstum von 7,7 Prozent verweisen konnte. Die Expansion der Automobilindustrie schaffte das Umfeld für weitere steigende Produktionszahlen, bis die (zu) hohen Produktionskosten ein Überleben nur mehr in Kooperation mit einem großen Reifenhersteller möglich erscheinen ließen. Semperit wurde 1985 durch den deutschen Reifenkonzern Continental übernommen. Die Öffnung der günstigen Produktionsmärkte in Mittel- und Osteuropa sowie das Low-Tech-Produkt Reifen führte im Jahr 2002 endgültig zur Schließung der Semperit-Reifenherstellung in Österreich nach dem Ablauf der zehnjährigen Standortgarantie und heftigen innenpolitischen Querelen. Dem Traiskirchner Werk war es nicht gelungen, im konzerninternen Wettbewerb gegen die dramatisch günstigeren Produktionsstätten im östlichen Mitteleuropa zu reüssieren.
Die Semperit Holding, die nach dem Verkauf des Bereiches Reifen primär auf die Erzeugung von Gummiprodukten wie Handschuhe für den medizinischen Gebrauch oder Transportbänder wie Handläufe von Rolltreppen spezialisiert ist, steht hingegen auf betriebswirtschaftlich äußerst wettbewerbsfähigen Beinen. Durch eine nachhaltige Innovations- und Internationalisierungsstrategie wächst das Unternehmen mit Stammwerk in Wimpassing seit seiner Abspaltung von der Reifensparte kontinuierlich.

Die österreichische Pharmaindustrie hatte innerhalb der Chemischen Industrie über Jahrzehnte eine Sonderstellung. In ihrer Funktion als Versorger mit Arzneimitteln, aber auch als traditionell bedeutender Industriezweig mit hohem Forschungsanteil und Innovationskraft war sie immer wieder auch von gesundheits- und wirtschaftspolitischem Interesse. 1956 betrug der Bruttoproduktionswert 344 Millionen Schilling, dieser überschritt 1961 bereits die 500-Millionen-Schilling-Marke, 1965 lag er bei 783 Millionen Schilling. Neue Produkte wie der Poliomyelitis-Impfstoff und die verstärkte Produktion pharmazeutischer Rohstoffe wie »paraffinum liquidum« stützten diese Entwicklung. Beständig wurde über Jahrzehnte um die gesetzlichen Rahmenbedingungen gerungen, um den Markteintritt für Medikamente in Österreich zumindest wettbewerbsfähig zu gestalten. Das Verhältnis

Semperit AG,
Gummihandschuhe,
1999

inländischer zu ausländischen Erzeugnissen am Medikamentenmarkt betrug 46,55 zu 53,45 Prozent im Jahr 1964.
Dieses Verhältnis entwickelte sich nach und nach zu Ungunsten der inländischen Produktion (1975: 44,7 zu 55,3 Prozent), parallel dazu floss ausländisches Kapital nach Österreich. Die hohen Forschungsaufwendungen begünstigten diese Entwicklung. Andererseits halfen österreichische Innovationen am Weltmarkt konkurrenzfähig zu bleiben. Bahn-

Sandoz GmbH, Kundl, biotechnische Produktion, Werk Kundl

Sandoz GmbH, Kundl, Werk Schaftenau

brechend war etwa die Entwicklung von Penicillin V durch Chemiker der Biochemie Kundl im Jahr 1953 oder das Sulfonamid Madribon, das durch die Chemie Linz entwickelt, weltweit durch Hoffmann-La Roche vertrieben wurde.

Auch in den Achtziger- und Neunzigerjahren steigerte sich der Produktionswert der Pharmaindustrie kontinuierlich zu zweistelligen Milliarden-Schilling-Beträgen. Die größten Unternehmen der Branche sind Töchter von internationalen Pharmakonzernen wie La Roche Austria oder stehen wie die Biochemie Kundl (Österreichische Sandoz als Tochter der Novartis), Immuno AG (1997 durch den US-amerikanischen Konzern Baxter übernommen) oder die ehemalige Bender, die 1998 die erfolgreiche und forschungsintensive Boehringer Ingelheim Austria GmbH wurde, in internationalem Eigentum. Im Regelfall gelang es – wie bei den genannten Unternehmen –, dass Österreich zu einem wichtigen Standbein im globalen Auftritt wurde, auch wenn die Zentrale der Novartis-Tochter Sandoz 2005 von Wien nach München wanderte. Parallel dazu bewies aber auch der pharmaindustrielle Mittelstand mit Unternehmen wie der Tiroler Montavit seine internationale Wettbewerbsfähigkeit.

Zu Beginn des 21. Jahrhunderts steht die Pharmaindustrie für ein Drittel der Wertschöpfung der chemischen Industrie – ein Wert, der weit über dem EU-Durchschnitt liegt. Rund 9.000 Arbeitnehmer und Arbeitnehmerinnen arbeiten in der Branche, 2002 gelang erstmals ein Exportüberschuss bei Arzneimitteln, die Schwerpunkte der Produktion liegen in den Bereichen Antibiotika, Diagnostika, Immunologie und Onkologie. Die Biotechnologie als eine der Schlüsseltechnologien des 21. Jahrhunderts bestimmt mit einer Reihe von Spin-offs, aber auch in den traditionellen Pharmaproduktionen in Österreich immer stärker die Zukunft der österreichischen Pharmaindustrie. Beispiele dafür sind die Unternehmen am Campus Vienna Biocenter wie Intercell, das zu einem der bestfinanzierten forschenden Biotech-Unternehmen weltweit wurde, mehr als 120 Wissenschafter beschäftigt und im Jahr 2005 an die Wiener Börse ging.

Die ökologische Herausforderung

Ähnlich wie bei anderen energieintensiven und emissionsreichen Branchen hatte sich vor allem die chemische Industrie in Österreich der ökologischen Herausforderung zu stellen. Neben den kontinuierlichen Auseinandersetzungen mit der Bevölkerung wegen der von den Produktionsanlagen emittierten Schadstoffe erhielt die öffentliche Diskussion auch über die Chemieindustrie insbesondere in den Siebzigerjahren eine mediale Dramatik, der sich die Produktionsbetriebe nicht entziehen konnten.

Dieser großen öffentlichen Aufmerksamkeit war die Branche spätestens seit der Umweltkatastrophe von Seveso im Juli 1976 ausgesetzt. Aus einer Produktionsanlage, 30 Kilometer nördlich von Mailand, entwich Tetrachlorodibenzo-p-dioxin (TCDD), kurz Dioxin. Mehr als 700 Menschen mussten evakuiert, mehr als 50.000 Tiere getötet werden. Das Dioxin hinterließ bei den Menschen, die mit ihm in Berührung gekommen waren, eine spezifische »Akne«, Auswirkungen wie Missbildungen bei Neugeborenen etc. waren darüber hinaus die Folge. Im Jahr 1984 entfachte der Austritt von Methyl-Isocyanid im indischen Bhopal mit 2.500 Toten und rund 600.000 geschädigten Menschen die Diskussion von neuem.

Die politischen Folgen in Österreich waren unter anderem strengere Umweltauflagen für die chemische Industrie und ein Imageproblem, das erst nach und nach wieder abgebaut werden konnte. Bereits in der zweiten Hälfte der Siebzigerjahre gab die chemische Industrie in Österreich 4,6 Milliarden Schilling für Umweltschutzmaßnahmen aus. 1983 lagen diese Ausgaben bei 17 Prozent aller Investitionen (rund 200 Millionen Schilling), 1986 umfassten die Investitionen bereits 3 Milliarden Schilling.

Das zusätzliche Bekenntnis zu »Responsible Care« in den Neunzigerjahren führte unter anderem zu einem Imagegewinn, der die chemische Industrie in Österreich aus der ökologischen Diskussion endgültig herausführte. Die Investitionen der Siebziger- und Achtzigerjahre waren Grundlage dafür, dass die österreichische Industrie im Allgemeinen zu den umwelteffizientesten Europas gezählt werden kann.

Die Holzverarbeitungsindustrie

In den ersten Jahrzehnten der Zweiten Republik war die Holzverarbeitungsindustrie in Österreich mit ihren Hauptsparten Säge-, Möbel-, Platten- und Bauindustrie (Fenster, Türen, Häuser, Hallen, Fußböden) klein- und mittelbetrieblich strukturiert. Traditionell ist auch die Skiindustrie Teil der Holzverarbeitungsindustrie, sie wird jedoch im Kapitel Sport- und Freizeitindustrie behandelt.

Die Holzindustrie zeigte sich – trotz der klein- und mittelbetrieblichen Struktur – im Vergleich zu anderen Industriebranchen über die Jahrzehnte hinweg als sehr wettbewerbsfähig und krisenresistent. In der Wachstumshierarchie belegte die Holzverarbeitung zwischen 1960 und 2003 den vierten Rang, wobei ihre Wachstumsdynamik allerdings kontinuierlich nachließ. Zwischen 1960 und 1970 lag die Holzverarbeitung noch auf Rang drei der wachstumsstärksten Branchen, zwischen 1990 und 2003 jedoch mit Rang zehn nur noch im Mittelfeld der Wachstumsdynamik.

Die Beschäftigungszahlen bewegten sich seit 1956 zwischen 25.000 (1956) und 35.000 (1973) Mitarbeiterinnen und Mitarbeitern. 2004 beschäftigte die Branche mehr als 30.000 Arbeitnehmerinnen und Arbeitnehmer in

Frantschach-St. Gertraud (Mondi Packaging Group), Arbeit am Holzlagerplatz, um 1980

Österreich. Die Holzverarbeitung erwirtschaftete durch eine Exportquote von rund 70 Prozent und guten Voraussetzungen auf dem österreichischen Markt einen Exportüberschuss von rund 2 Milliarden Euro.
Da die Branche sich lange Zeit auf vergleichsweise niedrigem Wertschöpfungsniveau bewegte, jedoch durch den Wald- und damit Rohstoffreichtum Österreichs – im österreichischen Wald stehen ca. 1 Milliarde Kubikmeter Holz – großes Entwicklungspotenzial hatte, entschieden sich die Branchenvertretungen schon in den Vierzigerjahren, ihr besonderes Augenmerk auf die Ausbildung zukünftiger Mitarbeiterinnen und Mitarbeiter zu richten. Das Holztechnikum Kuchl hat seit 1942 als Ausbildungsstätte – seit 1995 um Fachhochschulstudiengänge bereichert – zur Qualität der österreichischen Holzindustrie beigetragen. Eigene so genannte Holz-Lehrstühle an den Technischen Universitäten Graz und Innsbruck runden das Ausbildungsangebot ab.

Die Branchen

Die Produktion von Fenstern, Türen, Holzfußböden und von Holzhäusern war naturgemäß von der Baukonjunktur abhängig. Der ab den Siebzigerjahren einsetzende Trend zu natürlichen Baustoffen und natürlichem Wohnen kam der Entwicklung des Sektors entgegen, parallel dazu setzten einzelne Unternehmen mit innovativen ***Lösungen für Bauvorhaben***

Moderne Industriearchitektur: Funder Industrie Gesellschaft m.b.H., St. Veit/Glan. Bürogebäude, Holzfront

Bene AG, Waidhofen/Ybbs, 2005. Bearbeitungsstraße KFR 24

Akzente. (Der Bruttoproduktionswert steigerte sich zwischen 1989 und 2003 von 5,1 Milliarden Schilling auf 1,65 Milliarden Euro (22,7 Milliarden Schilling.)
Zu diesen gehören das Altheimer Unternehmen Wiesner-Hager, das 1955 als erster österreichischer Betrieb mit der Erzeugung von Holzleimbindern, etwas später mit der Produktion von dreischichtverleimten Schalungsplatten begann. Seit den Sechzigerjahren positioniert sich das oberösterreichische Unternehmen in der Bauwirtschaft durch weiter wachsendes Know-how im konstruktiven Holzleimbau. Ausdruck dieser Entwicklung sind Projekte wie der Austria-Pavillon des Architekten Gustav Peichl auf der New Yorker Weltausstellung im Jahr 1962. 1966 baute Wiesner-Hager die größte Holzhalle Europas. Im Laufe der Jahre zusätzlich erworbene Engineering-Kompetenz führte zu weltweiten Aufträgen: 1998 errichtete Wiesner-Hager Messehallen in Magdeburg, Markthallen in Rom, aber auch das Österreicherhaus für die Olympischen Spiele in Nagano, Japan. Ermöglicht wurden diese Erfolge auch durch die beständige Innovationskraft: Im April 1999 ging das modernste Produktionswerk für Brettschichtholz in Altheim in Betrieb. Ziel war und ist es, die Wettbewerbsfähigkeit von Holz gegenüber anderen Baustoffen entscheidend zu verbessern.
Ebenfalls auf die Begleitung von Bauvorhaben hat sich die zur Umdasch AG in Amstetten gehörende Doka-Gruppe spezialisiert. Durch ausgeklügelte Schalungstechnik (Wand- und Deckenschalungen, Selbstklettertechnik, Bogenschalwägen) werden weltweit Brückenbauten, Tunnels und (Hoch-)Häuser begleitet. Die erste Kletterschalung wurde 1971 auf den Markt gebracht, 2004 arbeiteten 3.300 Mitarbeiter für Doka in Österreich.

Im Bereich *Fenstererzeugung*, der nach wie vor bedeutendsten Sparte des bauabhängigen Bereichs (Produktionswert 2003: 335,9 Millionen Euro), gelang es wie auch im Holzbau, sich nachhaltig als erfolgreicher Produktionsstandort zu positionieren. Mit der industriellen Fertigung von Normfenstern und -haustüren beginnt beispielsweise 1963 das Frohnleitner Unternehmen Gaulhofer, das bislang darüber hinaus Möbel und Innenausbau an-

DOKA Amstetten: Endmontage von Schalungsträgern, 2005. Die Doka Schalungstechnik ist eines der führenden europäischen Unternehmen für komplette Schalungssysteme für Wände und Decken sowie für Kletter- und Selbstkletterschalungen.

geboten hat. Unter anderem wurde nach dem Zweiten Weltkrieg das Grazer Schauspielhaus generalsaniert sowie Fenster und Türen des Grazer Hauptbahnhofs durch Gaulhofer gefertigt. Nach Zukäufen in Übelbach und Mäder sowie mit Vertriebsstätten in Deutschland und der Schweiz wurden Ende der Achtzigerjahre bereits 650 Mitarbeiter beschäftigt. Mit Übernahme des Werkes Pichl bei Wels wurde von der Größe her endgültig europäische Wettbewerbsfähigkeit erreicht – ab 1997 bot man erstmals für den Privatkundenmarkt Holz-Alu-Fenster an.

Drei weitere bedeutende industrielle Player in der Fenstererzeugung sind Josko, Internorm und Actual. Josko – gegenwärtig Nummer zwei am österreichischen Fenstermarkt und Komplettanbieter von Fenstern, Ganzglassystemen (»Fixframe«), Haus- und Innentüren – wurde 1960 als Tischlereibetrieb im Innviertel gegründet. Rund 480 Mitarbeiter erwirtschafteten im Jahr 2004 in Andorf und Kopfing 70 Millionen Euro. Josko vertreibt in Österreich flächendeckend seine Produkte. Das franchiseähnliche System besteht aus 80 Partnern und 65 Studios. 90 Prozent der Produkte werden an den Privatbau geliefert. Der Exportanteil beträgt 5 Prozent. Der Markteintritt in Bayern wurde mit Beginn 2005 erfolgreich vollzogen. Das Unternehmen wird von den Eigentümern Hans und Herwig Scheuringer und Christa und Karl Wagner geführt.

Das Familienunternehmen Internorm – Marktführer am österreichischen Fenster- und Türenmarkt – eröffnete 1964 in Traun das erste österreichische Produktionswerk für Kunststofffenster, ab 1977 wurde auch in Sarleinsbach produziert, 1980 wurde ein Werk in St. Andrä-Wördern (bis 1993 in Betrieb), 1982 in Lannach in Betrieb genommen, 1983 wurden die Exportbemühungen offensiv gebündelt. Seit 1988 fertigt Internorm auch Holzfenster in Lannach. Das Unternehmen produzierte 2003 mehr als 800.000 Einheiten.

Actual wurde 1970 in Haid bei Ansfelden gegründet. Die Produktionskapazität konnte in den mehr als 30 Jahren des Bestehens auf mehr als 200.000 Einheiten gesteigert werden. Ebenso wie die Mitbewerber Gaulhofer und Internorm bietet auch Actual eine komplette Produktpalette an Fenstern und Türen aus Kunststoff, Holz und Aluminium an.

Funder Industrie Gesellschaft m.b.H., St. Veit/Glan. Neue Kurztaktpresse im Werk III

Besondere Stärke erreichte die österreichische Holzverarbeitungsindustrie im Bereich der *Erzeugung von Span- und Faserplatten*. Zu den führenden Unternehmen der Plattenindustrie, die sich aus der Sägeindustrie entwickelten, gehören die Unternehmen Egger, Funder und Kaindl Holzindustrie.

Die Unternehmensgruppe Egger mit Stammsitz in St. Johann in Tirol wurde 1960 von Fritz Egger sen. gegründet. Bis zu seinem Tod 1982 expandierte das Unternehmen innerhalb Österreichs mit dem Aufbau eines Faserplattenwerks in Wörgl, der Inbetriebnahme des Spanplattenwerks in Unterradlberg (1970) und dem Erwerb von 50 Prozent an der Novopan in Leoben. Die zweite Generation setzte dann zur internationalen Expansion an. 2004 gehörten zur Egger-Gruppe 15 Werke in fünf Ländern, die insgesamt ca. 4.900 Mitarbeiter beschäftigten, sowie Vertriebsniederlassungen in den wichtigsten Industrienationen der Welt. Der europäische Marktanteil lag bei rund 11 Prozent. Damit gehört der Familienbetrieb zu den weltweit bedeutendsten Erzeugern von Span-, MDF- und OSB-Platten sowie weiterveredelten Produkten wie beschichteten Platten, Post- und Softforming-Elementen, Fertigteilen, Schichtstoffen, Kanten und Laminatfußböden. Zur Unternehmensgruppe gehören auch eine Brauerei und eine Limonadenerzeugung.

Auch Funder entwickelte sich aus einem lokalen Sägewerk zu einem international agierenden Industrieunternehmen. Nach der innerösterreichischen Expansion der Fünfziger-, Sechziger- und Siebzigerjahre wurde Funder 1981 nach der Anmeldung des Ausgleichs durch die Constantia Iso Holding AG (seit 2005 Constantia Industrie AG) übernommen. Nach der erfolgreichen Sanierung – das Werk Pöckstein wurde stillgelegt, die beiden übrigen Werke produzieren beschichtete Spanplatten und Hartfaserplatten – wird in einem dritten Werk in St. Donat seit Ende der Achtzigerjahre imprägniertes Dekorpapier erzeugt. 2000/2001 erfolgte der Neubau der zu diesem Zeitpunkt weltweit modernsten Faserplattenanlage, die Kooperation mit der Schwesterfirma Isomax AG (ebenfalls im Eigentum der Constantia-Holding) bringt gemeinsame Vertriebsstrukturen in Österreich, weitere Expansionsstrategien sind in Umsetzung.

Die Wurzeln der Unternehmensgeschichte von Kaindl liegen 1897 in der Gründung eines Sägewerks in Lungötz. Ab 1941 wurden in Lungötz Türen produziert, 1948 begann man mit der industriellen Fertigung von Sperrholz- und Paneelplatten. 1959 errichtete Kaindl ein Werk in Wals in Salzburg und produzierte dort 1962 die erste Kaindl-Spanplatte. Im Jahr 1982 wurde das Werk in Lungötz komplett neu strukturiert, es entstand eine neue Anlage für

Küche als Kommunikationszentrum: ewe-Küchen, softmobil 1973 und Revival des Designklassikers 30 Jahre später im Jahr 2004: Coop Himmelb(l)au entwarf gemeinsam mit ewe die »softmobil«, die zum absoluten Küchenhit wurde.

Endloslaminat und Arbeitsplatten. Nachdem 1989 ein Großbrand die Produktionsanlagen in Wals fast vollständig vernichtet hatte, wurde das Werk wieder aufgebaut und komplett modernisiert. Im gleichen Jahr begann Kaindl mit der Produktion von Laminatfußböden in Lungötz, seit 1999 fertigt das Unternehmen in Wals auch MDF-Platten. Im Jahr 2000 wurde in Wals ein eigenes Logistikcenter errichtet um eine reibungslose und schnelle Distribution zu sichern. Die Tochter Kaindl Flooring GmbH gehört zu den weltweit führenden Anbietern von Laminatfußböden. 2004 erzielte das Gesamtunternehmen mit rund 800 Mitarbeitern einen Umsatz von 360 Millionen Euro. Mehr als 90 Prozent der Produkte werden in mehr als 70 Länder exportiert.

Für Kärnten von großer Bedeutung wurde ab dem Beginn der Achtzigerjahre die Tilly Holzindustrie, die durch die Übernahme eines Sägewerks in Althofen entstand. Seit 1985 werden Naturholzplatten erzeugt. Speziel im Großraum St. Veit zählt das Unternehmen zu den größten Arbeitgebern. Neben Tilly Holzindustrie hat auch die Unternehmensgruppe Hasslacher, die 2001 ihr hundertjähriges Jubiläum feierte, in Kärnten eine starke regionale Bedeutung in der Holzwirtschaft.

Auch die österreichische ***Möbelindustrie*** entwickelte sich primär aus handwerklicher Tradition mit industriellen Erzeugungsmethoden in der Zweiten Republik weiter. Die überwiegende Anzahl der Unternehmen – um das Jahr 2000 waren es rund 70 Betriebe mit ca. 10.500 Mitarbeitern – sind Mittelbetriebe, die sich nach wie vor in privater Hand befinden.

Stärkefelder sind die Büro- und Ladenbauhersteller – repräsentiert durch Unternehmen wie Bene, Wiesner-Hager, Hali oder Neudörfler –, Küchen- und Polstermöbelhersteller. Der Konzentration am Küchenhersteller-Markt fielen produzierende Unternehmen wie Regina-Küchen Mitte der Neunzigerjahre zum Opfer,

Multiplex-Spanplatten von Kaindl: Rohspanplatte und Birke-Multiplex-Platte

weitere Hersteller wie Dan, Ewe oder FM-Küchen konnten sich auf dem Markt behaupten. Darüber hinaus reüssierten europaweit Sitzmöbelhersteller wie Braun im burgenländischen Lockenhaus. Von den klassischen Möbelherstellern wie Joka, der sich auf Betten spezialisierte, erlangte insbesondere das Etsdorfer Unternehmen Wittmann internationale Bedeutung. Dies vor allem deshalb, weil bewusst der Weg in das Premiumsegment gewählt wurde. Durch die Wiederauflage von österreichischen Möbelklassikern der Jahrhundertwende, insbesondere des Architekten und Designers Josef Hoffmann, wurde internationale Aufmerksamkeit erreicht. Die jahrzehntelange Zusammenarbeit mit internationalen Designern wie Paolo Piva verschaffte Wittmann eine herausragende Stellung im hochqualitativen internationalen Polstermöbel-Markt. Wittmann setzte damit bewusst einen Kontrapunkt zur jahrzehntelangen Design-Schwäche der österreichischen Möbelindustrie, die ihre internationalen Chancen deshalb nur bedingt wahrnehmen konnte.
Der ebenfalls im Top-Segment agierende traditionsreiche Sesselhersteller Thonet startete in Österreich nach dem Zweiten Weltkrieg seine Sesselproduktion zunächst 1949 in Rohrbach an der Lafnitz, 1963 im neuen Werk in Friedberg in der Steiermark. 1996 von der deutschen Lafo Verwaltungsgesellschaft übernommen, ging Thonet Österreich 2001 an den italienischen Möbelhersteller Poltrona. In Friedberg arbeiten noch rund 25 Mitarbeiter in der Möbelherstellung. In Wien, Linz und in Graz verfügt Thonet über so genannte Flagship-Stores.
2003 produzierte Österreichs Möbelindustrie Möbel im Wert von 2,27 Milliarden Euro. Die wichtigsten Exportmärkte sind Deutschland, Italien und Großbritannien, wie bei vielen anderen Branchen liegen die Zukunftsmärkte für die österreichische Möbelindustrie aber in Mittel- und Osteuropa. Der Export nach Ungarn umfasste 2003 beispielsweise bereits ein Volumen von 100 Millionen Euro.

Die österreichische *Sägeindustrie* behielt in der Zweiten Republik zunächst weitgehend ihre kleinteilige Struktur. Gab es Anfang der Fünfzigerjahre 5.400 Sägewerke in Österreich, sind es nun nur noch 1.400. Die österreichische Sägeindustrie gehört zu den führenden Holzindustrien der Welt. Mit mehr als 10 Millionen Kubikmetern Nadelschnittholz (2003) liegt Österreich weltweit an fünfter Stelle der Holzexportländer. Die Stärken der heimischen Sägeindustrie liegen in der extrem rationalisierten Produktion und in der Marktnähe zu den großen mitteleuropäischen Absatzmärkten. Unternehmen wie Mayr-Melnhof und Schweighofer investierten seit 1989 auch in eigene Sägewerke vor Ort. Im nordmährischen Paskov baute Mayr-Melnhof 2003/2004 ein Sägewerk in direkter Nachbarschaft des zur Heinzel-Gruppe gehörenden Zellulosewerks Biocel Paskov, das anfallendes Hackgut verwertet. Ziel ist die Etablierung eines Holzclusters nach steirischem Vorbild.
Die Entwicklung der Sägeindustrie war – ähnlich wie in den anderen Sparten der Holzindustrie – bestimmt vom Zwang zur Weiterverarbeitung um eine höhere Wertschöpfung zu erreichen, von der Bildung größerer Einheiten um eine bessere Ausnützung der vorhandenen Maschinen zu erreichen, von der Internationalisierung der Rohstoff- und Absatzmärkte und von der Konzentration zu global agierenden Unternehmen. Schon heute erzeugen in Österreich zehn Werke rund 60 Prozent der gesamten Schnittholzproduktion. Auffällig bleibt, dass die Eigentümerstruktur dieser Unternehmen stärker als in anderen Industriebranchen zu einem überwiegenden Teil österreichisch ist. Darunter befindet sich übrigens auch kirchliches Eigentum, wie bei der STIA Holzindustrie, dem Marktführer in der Parkettindustrie, die im Eigentum des Benediktinerstiftes Admont steht (das Sägewerk wurde allerdings stillgelegt). Der Verkauf der Sägegruppe Schweighofer an den globalen Weltmarktführer Stora Enso Timber im Jahr 2001 (1998 war noch die Fusion mit Stora

Stühle von Wittmann:
Stuhl Stoclet

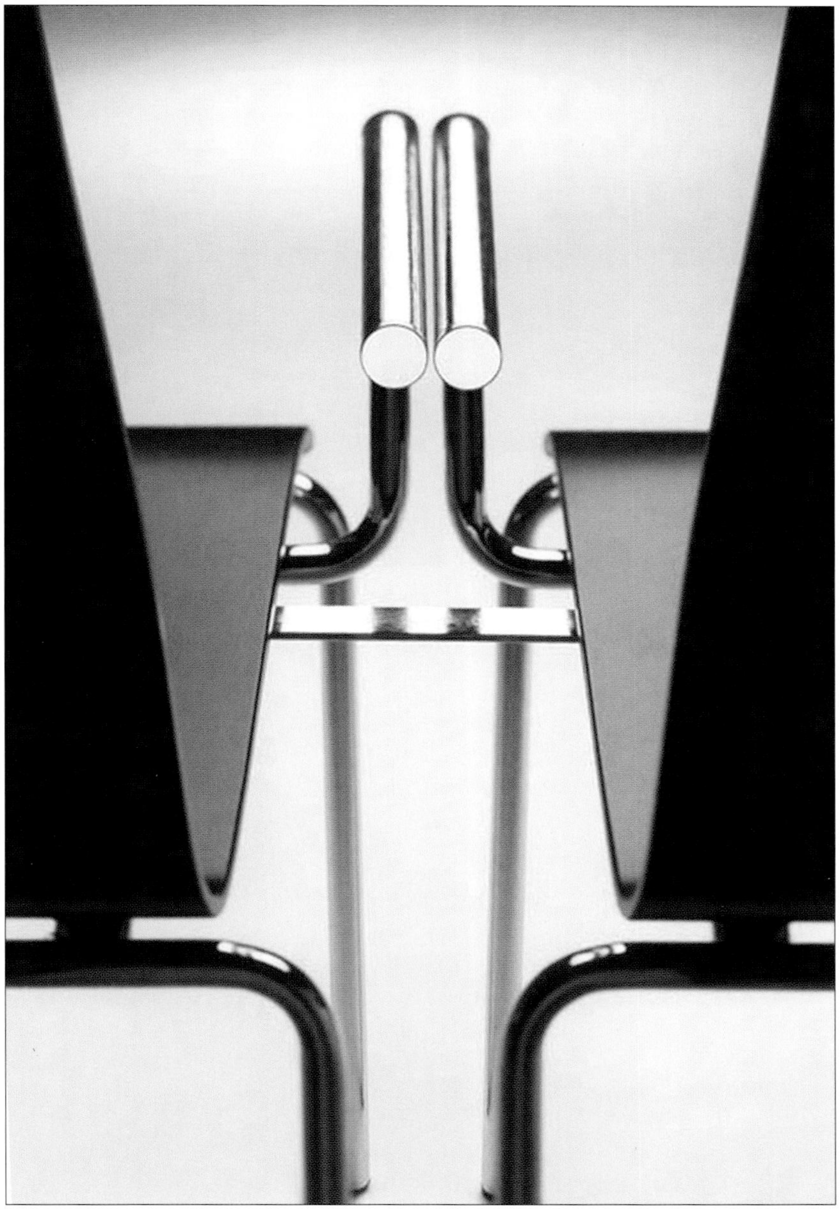

Braun Lockenhaus,
Stuhl:
Braun Lockenhaus ist einer der führenden österreichischen Anbieter im Bereich Objektmöbel und Komplettausstattungen.

Enso zum drittgrößten Sägeunternehmen der Welt erfolgt) gehört noch zu Einzelfällen. Der Prozess zur globalen Konzentration steht aber erst am Beginn, der größte Holzkonzern der Welt hat einen Anteil von rund einem Prozent an der gesamten Weltproduktion.

Die Sägeindustrie bleibt in Österreich nach wie vor wettbewerbsfähig. Ist doch die Verfügbarkeit und der Preis für den Rohstoff Rundholz von besonderer Wichtigkeit für die Produktion in der Sägeindustrie. Die Rohstoffversorgung wird dabei durch die vorhandenen Ressourcen in Österreich begünstigt.

Technologisch vollzog sich ein großer Einschnitt in den Siebzigerjahren: In der Nachkriegszeit dominierte das »Gatter«, die Technik des Einschnitts von Nadelrundholz im Sägewerk: Mehrere vertikal gespannte lange Sägeblätter arbeiteten sich mittels mechanischen Antriebs durch den Stamm. Ende der Siebzigerjahre fand die entscheidende Revolution am Maschinensektor statt: Maschinen mit rotierenden Kreissägeblättern, so genannte Zerspaner, die hinsichtlich Geschwindigkeit beim Einschnitt ganz neue Maßstäbe setzten, kamen auf den Markt. Gegenwärtig sind Geschwindigkeiten von bis zu 160 Metern pro Minute möglich, es können also 40 Stämme mit einer Länge von jeweils vier Metern pro Minute eingeschnitten werden. Wenige Arbeitskräfte steuern die Produktion von modernen Steuerkanzeln – die dem Cockpit eines Flugzeugs ähneln – aus. Die Produktion trennt Hauptware aus dem Zentrum und Seitenware aus dem Randbereich des Stamms. Während die Hauptware mit oder ohne Weiterverarbeitung vorwiegend in den Baubereich geht, findet die minderwertige Seitenware ihren Absatz im Verpackungssektor.

Hochwertige Hauptware hat im Schnitt in Österreich einen Anteil an 60 Prozent des Rundholzes gegenüber 45 bis 50 Prozent in Nordamerika und Skandinavien. Die 40 Prozent Sägenebenprodukte, vor allem Hackgut und Sägespäne, sind wertvolle Rohstoffe für die Papier- und die Plattenindustrie.

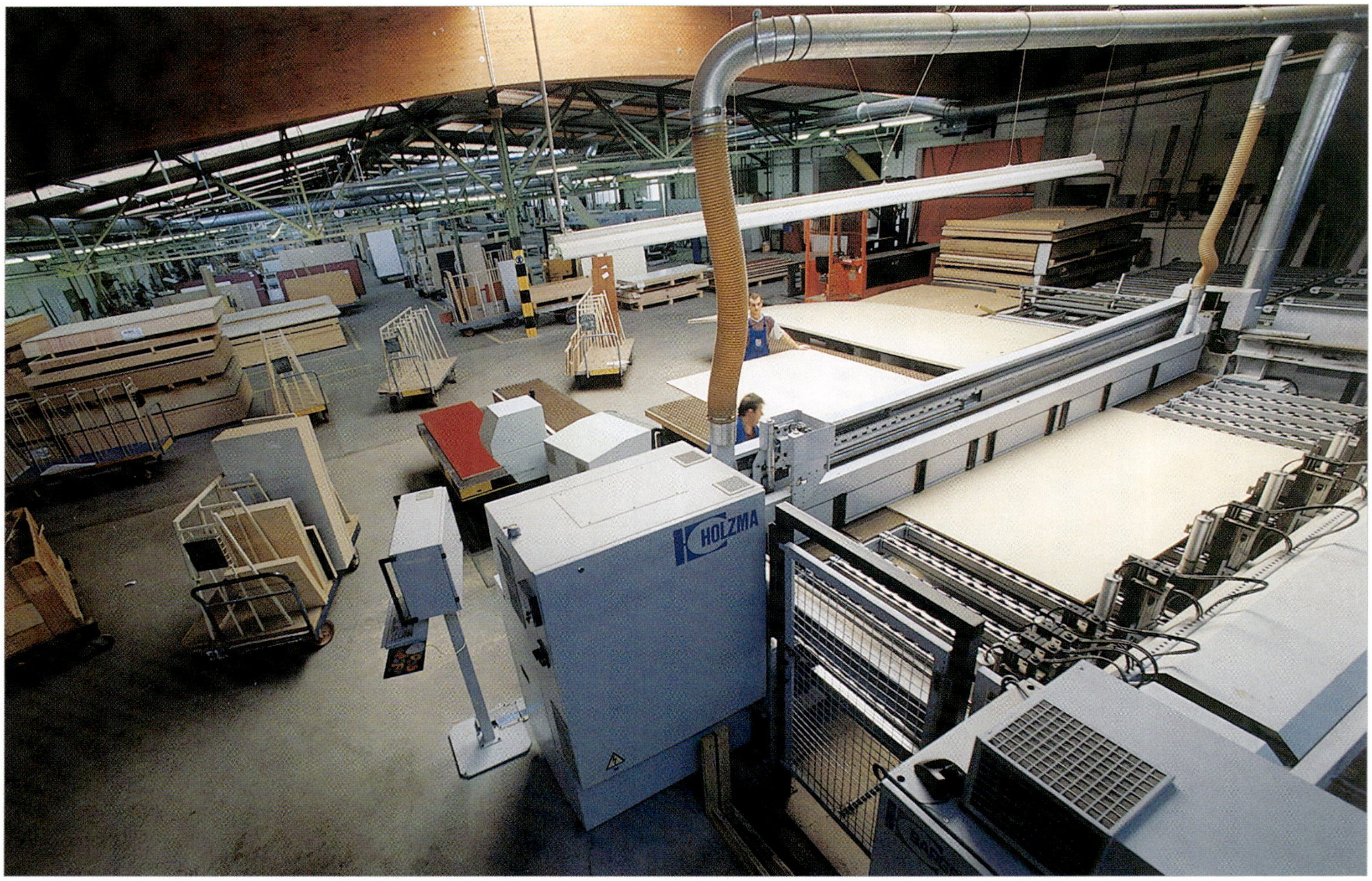

Umdasch Shop Concept, Ladenbau Amstetten, 2005. Plattenschneideautomat und Lagerhalle

Nahrungs- und Genussmittelindustrie

Diese äußerst heterogene Branche ist im Allgemeinen von einem gegen sie gerichteten Trend betroffen, denn bei steigendem Wohlstand nimmt der Anteil von Produkten der Nahrungs- und Genussmittelindustrie am gesamten privaten Konsum ab. 1956 nahm sie, gemessen am Produktionswert, mit einem

Berglandmilch: Füllung von Käsebruch in Formen, 1991

Anteil von 13,6 Prozent noch die führende Position unter den österreichischen Industrien ein, 2004 lag sie mit 8 Prozent nur noch an sechster Stelle. Der Beschäftigtenanteil ist in diesem Zeitraum weniger zurückgegangen: von 8,7 auf 7,7 Prozent. Das Produktivitätswachstum war also deutlich langsamer als im Durchschnitt der Industrie. Die Zahl der Beschäftigten ging seit Erreichung des Höchststandes von mehr als 51.000 Arbeitern und Angestellten auf unter 29.000 im Jahr 2004 nahezu kontinuierlich zurück. Die Erzeugung von Nahrungsmitteln ist in manchen Bereichen nur unscharf von der Landwirtschaft zu trennen, das Gewerbe, dessen Abgrenzung von der Industrie oft recht willkürlich ist, nimmt noch immer einen beachtlichen Teil der Produktion ein – manchmal gegenläufig zum allgemeinen Trend sogar einen gegenüber der industriellen Erzeugung steigenden – wie etwa in der Brot- und Backwarenerzeugung. Landwirtschaftliche Verarbeitungsprodukte waren, im Gegensatz zu allen anderen Industriewaren, größtenteils nicht von ersten Liberalisierungsschritten im Rahmen der europäischen Integration erfasst worden. Der im Jahr 1995 erfolgte Beitritt Österreichs zur Europäischen Union brachte beispielsweise für die Milch verarbeitenden Betriebe große Herausforderungen, waren sie doch bisher weitgehend von der Außenhandelskonkurrenz abgeschirmt gewesen.

Der Außenhandel mit landwirtschaftlichen Verarbeitungsprodukten hat sich seit diesem Datum rasch gesteigert, die Exportquote der österreichischen Betriebe stieg von unter 12 Prozent auf fast ein Drittel. Der Außenhandel mit den Ländern der Europäischen Union (vor der Erweiterungsrunde 2004) ergab 2003

Rupp Käsle, 1958,
Entwurf Kolbeck/Ziegler

einen leichten Überschuss, während in die zentral- und osteuropäischen Länder dreimal so viel an Lebensmitteln exportiert als von dort nach Österreich geliefert wird. Der Anpassungsprozess hat aber trotz dieser Exporterfolge in dieser Branche beachtliche Opfer gefordert. Nach Angaben des Fachverbands ging zwischen 1995 und 2003 die Zahl der Mitgliedsfirmen um 95 auf 251 zurück, rund ein Fünftel der Arbeitsplätze ging verloren, die Umsätze schrumpften bis 1999 und lagen 2003 nur um rund 5 Prozent höher als acht Jahre zuvor.

Konzentration von Handel ...

In besonderem Maße war die Nahrungsmittelindustrie von einer radikalen Veränderung ihrer Absatzwege betroffen. Die Zahl der kleinen Geschäfte des Lebensmitteleinzelhandels ist in den letzten 20 Jahren auf ein Viertel zurückgegangen, der Konzentrationsgrad und die Geschäftsgröße haben sich rasch erhöht. Michael Böheim errechnet in einer Studie des Österreichischen Instituts für Wirtschaftsforschung für den Marktführer Rewe Austria einen Anteil von 32 Prozent, gemeinsam mit dem zweitgrößten Unternehmen SPAR werden fast 60 Prozent erreicht, zusammen mit Hofer und ADEG halten die größten vier Unternehmen bereits einen Anteil von 83 Prozent am Markt.

Die Industrie ist demgemäß mit einer beachtlichen Marktmacht der Nachfrager konfrontiert, etwa die Hälfte der österreichischen Nahrungsmittelhersteller liefern jeweils bereits mehr als die Hälfte ihrer Erzeugung an die fünf größten Handelsunternehmen. Der Einsatz einer so gewaltigen Marktmacht erlaubt die Durchsetzung hoher Rabatte und günstiger Konditionen, trifft naturgemäß eher die kleineren Erzeuger und unterstützt damit die Konzentrationstendenz innerhalb der Industrie, sei es durch Übernahmen oder durch Ausscheiden von Wettbewerbern. Neben allgemeinen Faktoren – wie steigendem Kapitaleinsatz aufgrund technischen Fortschritts und hoher Skalenerträge der Produktion – wirken in einigen Sparten der Nahrungs- und Genussmittelindustrie spezielle Kräfte in Richtung weiterer Konzentration. Dies trifft vor allem für Erzeuger standardisierter Produkte zu, die einen hohen Aufwand für Werbung und Markenpflege treiben. In vielen Bereichen dieser Industrie haben wir es also mit vermachteten Märkten zu tun, steht oft einem Oligopol der Nachfrager ein ebensolches der Produzenten gegenüber.

… und Erzeugung

In einer Reihe von Sektoren hat diese Konzentrationstendenz auch auf der Herstellerseite schon seit langer Zeit die Ländergrenzen überschritten. Beispiele dafür sind Tiefkühlwaren, Speiseeis, Margarine und Speiseöle, bei denen der britisch-holländische Unilever-Konzern seit vielen Jahren Marktführer in Österreich ist, und Fertiggerichte, bei denen Knorr, seit dem Jahr 2000 ebenfalls eine Unilever-Marke, und Maggi, eine Marke des schweizerischen Nestlé-Konzerns, eine führende Stellung innehaben. Unilever hat in den letzten Jahren seine Erzeugungen in Österreich sukzessive eingestellt. Zum Teil hat Unilever seine Produktionsanlagen an inländische Erzeuger verkauft und bezieht von ihnen Fertigwaren, zum Teil hat er Fertigungen aufgelassen (beispielsweise für Eskimo-Speiseeis) und bezieht Waren für den heimischen Markt von ausländischen Schwestergesellschaften. Die Nestlé-Gruppe, die in Wien (Getreide- und Malzkaffee) und Linz (Instant- und Maggi-Produkte) erzeugt, hat das Werk Grimmenstein in Niederösterreich in den Neunzigerjahren geschlossen.

Ein Beispiel für eine grenzüberschreitende Konzentration aus jüngerer Zeit ist die Brauindustrie. In den Fünfzigerjahren waren die größten Erzeuger die Österreichische Brau AG, die Schwechater-Gruppe und die steirische Bierindustrie (Gösser, Reininghaus). Sie standen zum größten Teil im Besitz traditionsreicher Familien, von denen einige geradezu das österreichische Unternehmertum verkörperten. Namhafte Anteile wurden auch von der Creditanstalt-Bankverein gehalten. Die Brau AG übernahm 1978 die Schwechater, fusionierte mit der Steirerbräu im Jahr 1991 und übernahm als Brau Union Betriebe in Ungarn, der Tschechischen Republik, Polen und Rumänien. Im Jahr 2003 kam es zur Übernahme dieses großen österreichischen Braukonzerns durch die niederländische Heineken-Gruppe, die mit 61.000 Beschäftigten einen Ausstoß von fast 100 Millionen Hektolitern Bier erbringt. Die Brau Union, die in Österreich einen Marktanteil von mehr als der Hälfte hält, koordiniert das Geschäft des Heineken-Konzerns in Zentral- und Osteuropa. In fast allen Ländern dieser Region nimmt Heineken damit eine führende Position ein

Trachtenmädchen und »lila Kühe«: Suchard, um 1955, Emailtafel

Eine österreichische Renommiermarke: Gösser in Dosen, 1986/89

Edelstahl-Drucktanks in der Brauerei Göss, Leoben, 1996

und kontrolliert etwa ein Drittel des Marktes. Für den Übernehmer war vor allem diese Marktposition der Brau Union in der Wachstumsregion Zentral- und Osteuropa von Interesse. Der Bierkonsum steigt nämlich längere Zeit parallel mit dem Einkommensniveau, bei höherem Lebensstandard wie in Westeuropa tritt eine Sättigung der Nachfrage ein.

Wie umfassend das Netzwerk mancher internationaler Konzerne der Branche ist und wie rasch die internationale Konzentration fortschreitet, dafür ist die US-Firma Altria ein gutes Beispiel. Obwohl sie in mehr als 150 Ländern und in nahezu allen Bereichen der Branche tätig ist, wird sie unter diesem Namen fast nur von Börsen-Spezialisten gekannt, ihre Produkte aber findet man in allen Regalen unserer Supermärkte. Zu diesem Konglomerat, das in Österreich Fabriken in Bludenz und Wien unter dem Namen Kraft Foods betreibt, gehören die Marken Suchard, Milka, Toblerone, Mirabell, Jacobs Kaffee, Café HAG, Maxwell House, Philadelphia, Kraft, Philip Morris, Marlboro, Chesterfield, Players, Benson & Hedges, Muratti etc. Der Konzern kontrolliert ein Siebentel der Weltproduktion von Zigaretten und ist mit mehr als einem Drittel am zweitgrößten Weltkonzern der Brauwirtschaft beteiligt, an SAB Miller, dem Produkt aus der Mega-Fusion eines führenden südafrikanischen mit einem US-Braukonzern.

Die ursprünglich schweizerische Firma Suchard hatte sich bereits 1887 in Vorarlberg niedergelassen, schloss sich 1970 mit Tobler zur Interfood zusammen, übernahm Mirabell, den Erzeuger von Mozartkugeln, im Jahr 1975 und fusionierte 1982 mit Jacobs. Der traditionsreiche Schokoladehersteller Bensdorp in Tulln wurde 1986 gekauft und in der Folge stillgelegt, die Marke blieb jedoch erhalten. In den Achtzigerjahren stieg der amerikanische Tabakkonzern Philip Morris ins Lebensmittelgeschäft ein, er übernahm General Foods und Kraft. 1993 wurde Kraft mit Jacobs Suchard zusammengeführt. Heute befindet sich alles unter dem Dach der Altria.

Weit über Nahrungsmittelerzeugung geht die Palette einer großen österreichischen Gruppe hinaus, des aus den Raiffeisen-Genossenschaften entstandenen Beteiligungskreises, der im Banken- und Versicherungsbereich, in der Industrie, im Groß- und Einzelhandel, im Mediensektor, in der Bauwirtschaft und in zahlreichen Dienstleistungszweigen tätig ist. Unternehmen der Raiffeisen-Gruppe haben über die Agrana ein Monopol in der österreichischen Zuckererzeugung, nachdem private

Konkurrenten aufgekauft wurden oder ihre Erzeugung einstellten. Mitgliedsfirmen des Verbandes (NÖM, Berglandmilch, Tirol Milch u. a.) übernehmen 95 Prozent der Milchablieferung, erzeugen 90 Prozent der Frischmilch und haben Marktanteile von 80 bis 95 Prozent bei Butter, Fruchtjoghurt und Schnittkäse, wobei allerdings von der Mitgliedschaft beim Raiffeisenverband nicht immer auf eine einheitliche Leitung der Unternehmen geschlossen werden darf. Die Holding Raiffeisen Ware Austria kontrolliert Erzeugungen von Fruchtsäften (Ybbstaler), Tiefkühlprodukten (Frisch & Frost), Tiernahrung (Garant) und Knabbergebäck (Kelly). Zum Einflussbereich der Oberösterreichischen Raiffeisenbank zählt die Vivatis-Gruppe mit Marken wie Inzersdorfer, Maresi, Senna und Landhof. In der Mühlenindustrie ist die österreichische Raiffeisen-Gruppe nach Übernahme der Hamburger VK Mühlen Marktführer in Europa.

Bemerkenswert ist die Expansion einer als agrarische Selbsthilfeorganisation entstandenen Gruppe über die Grenzen Österreichs hinaus. So wurden einerseits Kapitalverflechtungen mit deutschen Raiffeisenunternehmen eingegangen – mit Südzucker und dem BayWa-Konzern –, andererseits brachte Raiffeisen Österreich in einigen Bereichen, vor allem Zucker und Mühlen, eine Reihe der bedeutendsten zentral- und osteuropäischen Unternehmen unter seine Kontrolle.

Jüngsten Meldungen zufolge plant die traditionell in dieser Branche tätige Familie Mautner Markhof ein Comeback mit einer breiten Produktionspalette.

Josef Manner & Comp. AG, der größte rein österreichische Süßwarenproduzent: Die 1998 zum Jubliäum »100 Jahre Mannerschnitte« aufgelegte Nostalgiepackung brach alle Verkaufsrekorde.

Getränke

Die Brauwirtschaft ist mit fast 13 Prozent des Produktionswerts 2003 die größte Sparte der Lebensmittelbranche, anteilsmäßig gefolgt von der Erzeugung alkoholfreier Getränke – zu denen auch die Abfüllung der Mineralwässer zählt – mit 12,1 Prozent. Zwischen diesen beiden Sparten, und auch der Erzeugung von Fruchtsäften, existieren Überschneidungen. So zählt Gasteiner Mineralwasser bereits seit den Zwanziger- und Pago Fruchtsaft seit den Neunzigerjahren des vergangenen Jahrhunderts neben den derzeit acht österreichischen Braustätten zum Einflussbereich der Brau Union. Die Ottakringer Brauerei erwarb neben Braustätten in Ungarn auch die Vöslauer Mineralwasser AG. Den umgekehrten Weg ging der Vorarlberger Fruchtsafterzeuger Rauch, er kaufte die Fohrenburger Brauerei. Die seltene Kombination einer Spanplatten- und Biererzeugung stellt die Firma Egger dar, die 1978 eine Großbrauerei in Unterradlberg bei St. Pölten errichtete.

Die Erwartungen in Richtung einer weiteren Konzentration der Brauwirtschaft haben sich erfüllt, doch wirkte gleichzeitig auch ein gegenläufiger Trend. Einigen mittleren und kleineren Brauereien ist es gelungen, lokalen Marken größere Verbreitung zu verschaffen und mit Spezialprodukten im Hochpreissektor Erfolge zu erzielen, die ihnen deshalb auch zu einem festen Platz in den Regalen der Supermärkte verhalfen.

Den Namen eines der größten österreichischen Marketingerfolge der letzten Jahre wird man vergeblich in der Liste der Getränkehersteller suchen – »Red Bull« wird nicht in einer gleichnamigen Firma erzeugt, sondern von Rauch abgefüllt. Die Getränkeerzeuger, lange Zeit auf den Inlandsmarkt beschränkt, wurden in den letzten 50 Jahren mit erheblicher Konkurrenz aus dem Ausland konfrontiert, sind aber ihrerseits auch jenseits der Grenzen aktiv geworden. So exportiert etwa die Firma Rauch, die mit nahezu einer halben Milliarde Euro Umsatz auch international zu den Großen der Branche zählt, mehr als die Hälfte ihrer Erzeugung.

Erwähnung finden müssen natürlich auch die Abfüllbetriebe ausländischer Unternehmen, unter denen Coca-Cola eine führende Stellung innehat. Der größte Abfüller dieses Konzerns, die in australischem Eigentum stehende Amatil, betreut von Wien aus auch das Geschäft in Zentral- und Osteuropa. Die Firma Spitz hat ihre traditionelle Produktionspalette – Fruchtsäfte und Spirituosen – wesentlich ausgeweitet und erzeugt nunmehr auch Marmeladen, Backwaren, Senf, Mayonnaisen und Energy Drinks.

Unter den ausländischen Herstellern alkoholischer Getränke sind die deutschen Gruppen Underberg – Sektkellerei Schlumberger – und Eckes mit Erzeugungen in Österreich vertreten. Letztere hat die ursprünglich von der italienischen Stock S.p.A. beherrschte Betriebsstätte in Linz sowie die Spirituosenmarken der österreichischen Unternehmen Stroh und Mautner Markhof übernommen. In österreichischem Familienbesitz befindet sich der Sektzerzeuger Kattus mit der Marke Hochriegl.

PEZ-Girl als Pin-up-Model, 1958. Eduard Haas kreierte mit PEZ eine Marke, die ihren Siegeszug über den ganzen Globus antrat.

Süßwaren und Zucker

Süßwaren machen gut 9 Prozent, Zucker gut 5 Prozent des Gesamtproduktionswerts von Lebens- und Genussmitteln aus. Die Klein- und Mittelbetriebe unter den Erzeugern von Süßwaren wurden von der Änderung der Vertriebswege, dem starken Rückgang des Süßwarenfachhandels und dem Vordringen der großen Verbrauchermärkte besonders betroffen. Von jenen Firmen, denen es gelang, ihre Selbstständigkeit zu erhalten und in neue Größenordnungen zu wachsen, ist insbesondere der traditionsreiche Wiener Familienbetrieb Manner zu erwähnen. In den Siebzigerjahren wurden Napoli-Casali, 2000 auch die Marken der Firmen Schmidt, Heller und Walde dem Unternehmen eingegliedert. Manner ist der größte Süßwarenerzeuger Österreichs mit Fertigungsstätten in Wien, Perg und Wolkersdorf und exportiert rund die Hälfte seiner Produktion, großteils sein bekanntestes Produkt: die Manner-Schnitten mit dem Wiener Stephansdom als Markenzeichen.

Bemerkenswert ist auch die internationale Stellung eines Produkts der oberösterreichischen Haas-Gruppe. Mit den PEZ-Bonbons, insbesondere aber auch mit den Feuerzeugen nachempfundenen Dispensern, ist dem Unternehmen die Entwicklung eines mittlerweile schon von Kindern mehrerer Generationen geschätzten Produkts gelungen, das sich aber auch zum Kultobjekt einer internationalen Sammlergemeinde entwickelt hat. Das breite Produktionsprogramm der Firma Ed. Haas reicht von Backhilfsmitteln über Senf und Speisewürzen bis zu Getränken.

Ebenfalls weit über den Bereich der Süßwaren hinaus geht die Produktionspalette der Tochter des US-Konzerns Mars (Umsatz 2003: 14 Milliarden US-Dollar), der Firma Master Foods, in Österreich. Nach der 1973 erfolgten Übernahme der Rondo-Neisse-Fabrik im burgenländischen Breitenbrunn wurde in Bruck an der Leitha 1985 eine Fabrik für Tierfuttermittel errichtet.

Die bereits erwähnte Suchard-Bludenz übernahm Mirabell-Rajsigl in Salzburg, gab sie jedoch 1994 wieder an eine österreichische Privatgruppe ab, die teilweise für Kraft Foods, teilweise unter einer Eigenmarke (Cabos) produziert. Der schweizerische Schokoladenerzeuger Lindt & Sprüngli verfügt über eine österreichische Fabrik, und zwar im niederösterreichischen Gloggnitz, und übernahm den traditionsreichen Wiener Süßwarenerzeuger Hofbauer, von dem freilich nur mehr die Marke übrig blieb. Zwei namhafte österreichische Privatunternehmen der Branche, Niemetz, der Hersteller der »Schweden-Bombe«, und der Bonbonerzeuger Egger, sind in Wien ansässig.

In der Zuckerindustrie fand in den Achtzigerjahren eine radikale Strukturbereinigung statt, die zur Stilllegung der Standorte Enns, Siegendorf und Bruck an der Leitha führte und letztlich zur bereits erwähnten Monopolisierung der Produktion durch die zum Raiffeisen-Bereich zählende Agrana. Durch Verschränkung mit dem nunmehr größten Erzeuger Europas, der deutschen Südzucker, die ebenfalls zum genossenschaftlichen Bereich gehört und mit fast 45 Prozent an der Agrana beteiligt ist, wurde die Internationalisierung des Unternehmens im Jahr 1989 eingeleitet. In den Neunzigerjahren begann die Expansion nach Zentral- und Osteuropa.

Heute werden drei Zuckerfabriken in Österreich und je zwei in Ungarn, der Tschechischen Republik, der Slowakei und Rumänien betrieben, weiters drei Stärkefabriken in Österreich und je eine in Ungarn und Rumänien. In jüngster Zeit drang das Unternehmen in die Fruchtzubereitung vor. Es übernahm neben einer Mehrheitsbeteiligung an Steirerobst auch eine an einem dänischen Unternehmen dieses Sektors und ist mit der Übernahme von ATYS zum Weltmarktführer bei Fruchtzubereitungen geworden.

Agrana Zucker GmbH, Zuckerfabrik in Tulln. Die Agrana betreibt in Österreich die Zuckerfabriken in Hohenau, Leopoldsdorf und Tulln sowie je zwei Zuckerfabriken in Ungarn, Tschechien, der Slowakei und Rumänien.

Genossenschaften – private Klein- und Mittelbetriebe

Eine Reihe von Produktionszweigen der Nahrungs- und Genussmittelindustrie wird von genossenschaftlichen Großunternehmen dominiert, in anderen herrschen private Klein- und Mittelbetriebe vor, in manchen koexistieren beide Bereiche mehr oder weniger friedlich miteinander. In der Milchverarbeitung war die Beschleunigung der betrieblichen Konzentration eine der Folgen des EU-Beitritts Österreichs. Alle großen Molkereibetriebe gehören dem genossenschaftlichen Sektor an, lediglich unter den Käseerzeugern findet man private Mittelbetriebe wie beispielsweise Rupp in Vorarlberg und Woerle in Salzburg. Hingegen wird die Fleischwarenerzeugung von privaten Klein- und Mittelbetrieben dominiert, die SPAR-Gruppe verfügt mit der Firma Tann über einen eigenen Groß-Lieferanten, die Zielpunkt-Kette, Tochter eines deutschen Handelsunternehmens, wird von einer der größten Firmen der Branche, Schirnhofer, beliefert. Zwei große Mühlen Österreichs – Vonwiller und Fritsch – und eine Reihe von Mischfutterwerken sind in genossenschaftlicher Hand, daneben existieren einige größere private Mühlen, die meisten Betriebe sind jedoch gewerblicher Art. Seit den Sechzigerjahren wurde die Stilllegung von mehr als drei Viertel der in Österreich existierenden Mühlen durch staatliche Prämien gefördert um die Überkapazitäten auf diesem Sektor abzubauen. Aus einer Grießmühle entwickelte sich die Firma Recheis in Hall in Tirol zum führenden Teigwarenhersteller Österreichs.

Eine der Großmühlen gehört zur Wiener Ankerbrot-Fabrik, die ein wechselhaftes Schicksal erlebte. Nach dem Zweiten Weltkrieg wurde sie an die aus Österreich vertriebenen Mitglieder der Familie Mendel rückgestellt. 1970 legte sie die Schoeller-Gruppe mit der Hammerbrot zur VNI zusammen, 1981 wurde sie an die Familie Schuster verkauft, die sie mit der ehemaligen Konsum-Firma Ährenstolz fusionierte, bis sie 1997 von der Münchner Firma Müller-Brot mehrheitlich übernommen wurde.

Eine Reihe von Brotfabriken ist in den letzten Jahren gänzlich vom Markt verschwunden. In diesem Bereich konnten neue Technologien relativ rasch von Unternehmen des Großgewerbes übernommen werden, deren Marktanteil gegenüber den industriellen wie auch gegenüber den Kleinbetrieben deutlich anstieg. Einige dieser Unternehmen sind in industrielle Größenordnungen hineingewachsen, ein Beispiel dafür ist die Dornbirner Bäckerei Ölz, die rund 700 Beschäftigte zählt.

Auch in der Obst- und Gemüseverarbeitung herrschen private gewerbliche Kleinbetriebe und mittlere Unternehmen industriellen Zuschnitts vor. Ein bedeutender Erzeuger von konserviertem Obst und Gemüse aber ist die Firma Felix, die auf ein südmährisches Familienunternehmen zurückgeht, in den Sechzigerjahren in den Besitz der schwedischen Zuckerfabriken, einer Einheitsgesellschaft der schwedischen Zuckerindustrie, überging und nunmehr zur norwegischen Orkla-Gruppe gehört, dem größten Markenartikelhersteller Skandinaviens. Auch in diesem Bereich sind landwirtschaftliche Genossenschaften – beispielsweise die oberösterreichische Firma Efko – aktiv. Ein Beispiel für private Erzeuger von Marmeladen, Fruchtzubereitungen und Sirup ist die Firma Darbo. Das ursprünglich in Görz beheimatete Unternehmen beschäftigt heute in Stans in Tirol rund 250 Mitarbeiter.

Die Meinl-Gruppe, die sich in Österreich von ihrem Filialnetz getrennt hat und ihren Schwerpunkt auf das Bankgeschäft verlagerte, lagerte 2005 die Marmeladenerzeugung zur Firma Spitz aus. Sie ist nach wie vor der bedeutendste Kaffeeröster des Landes und neben der Tochter des deutschen Teekanne-Unternehmens führender Anbieter von Teemischungen.

Milde Sorte: Eine der erfolgreichsten österreichischen Zigarettenmarken. Zigarettenwerbung, 2001

Vom Regiebetrieb zu Gallaher

Die Austria Tabak – seit 1784 als Staatsunternehmen, viele Jahre als Tabak-Regie geführt – wurde in zwei Schritten 1997 und 1999 teilprivatisiert. 2001 erfolgte dann der Totalverkauf an den britischen Gallaher-Konzern, den fünftgrößten Hersteller von Zigaretten in der Welt. Von den drei Produktionsstätten für Zigaretten in Österreich – Linz, Hainburg, Schwaz – wurde Letztere Anfang 2005 geschlossen, ebenso wurde die Zigarrenproduktion in Fürstenfeld eingestellt. Gallaher, ein Unternehmen mit rund 10.000 Beschäftigten, besitzt darüber hinaus Fabriken in Großbritannien, Irland, Schweden, der Ukraine, Polen, Russland und Kasachstan. Benson & Hedges, Silk Cut, Sovereign, Ronson sind neben den österreichischen Traditionsmarken Memphis, Smart oder Meine (früher: Milde) Sorte einige der Zigarettenmarken des Konzerns, der auf seiner Homepage stolz vermerkt, dass sich in jeder Sekunde in allen Teilen der Welt 5.000 Menschen eine Gallaher-Zigarette anstecken.

Die Textilindustrie

In der vor- und frühindustriellen Periode von 1700 bis 1850 nahm die Textilindustrie unter allen Branchen die mit Abstand führende Stellung ein. Sie war schlechthin die Mutter des Industrialisierungsprozesses. In der folgenden Periode von 1850 bis 1955 war

Huber Tricot, Strickereimaschine, Mäder, 2005

sie immer noch die Branche mit der höchsten Beschäftigung, wenn sie auch in der Dynamik mit den neuen Sparten wie Elektro- und Chemieindustrie sowie Fahrzeugbau nicht Schritt halten konnte. Auch zu Beginn der fünfzigjährigen Periode von 1955 bis 2005 beschäftigte die Textilindustrie im Vergleich zu den anderen Sektoren die meisten Arbeitnehmer, verlor diese Position aber in den Sechzigerjahren. Es folgte ein industrieller Abbau, der in seiner Dramatik nur mit dem industriellen Aufbau in der Startphase der Industrialisierung verglichen werden kann. Hatte die Textilindustrie ihren heimischen Markt 1955 noch zu 88 Prozent versorgt, so konnte sie das 1975 nur noch zu 53 Prozent. Im Jahr 2004 waren es nur noch 18 Prozent und die Tendenz ist weiter fallend. Gemindert wird dieser Niedergang durch die zunehmende Ausrichtung der Textilfirmen auf die europäischen Märkte und immer mehr auch auf die Weltmärkte. Das Bild eines ausgeprägten

»Barbie im Dirndlkleid«, 1958, Entwurf von Willy Kriegl. Barbie, die superschlanke Blondine der amerikanischen Popkultur, gibt es seit 1959.

»Blaumänner«, 1958, Entwurf Willy Kriegl

industriellen Abbaus entschärft sich dadurch, ohne sich aber im Grundsätzlichen zu ändern.

An Innovation hatte es der Branche nicht gefehlt. In den Sechzigerjahren wurden die Schützenstühle zunehmend durch die modernen Greifer- und die neuen Projektilwebstühle des Schweizer Textilmaschinenherstellers Sulzer abgelöst, die eine deutliche Leistungssteigerung brachten. In den Siebzigerjahren kam der Luftwebstuhl praxisreif zum Einsatz, der durch den Wegfall zahlreicher bewegter mechanischer Teile im Schusseintrag schlagartig eine Leistungssteigerung von gegen 100 Prozent brachte. Noch revolutionärer waren die neuen Openend-Maschinen, die bei der Garnerzeugung pro Rotor im Vergleich zur Ringspindel eine mindestens fünfmal höhere Produktion erbrachten, allerdings bei einem für viele Applikationen etwas niedrigeren Qualitätsstandard. Im gleichen Jahrzehnt führte die Weiterentwicklung der Rundstrickmaschine sowohl bei der Leistung als auch beim textilen Können zur Diskussion, ob diese Technologie nicht den Webstuhl verdrängen werde, was in der Folge allerdings nicht der Fall war. In den Neunzigerjahren hielten Elektronik und Computersteuerung in raschem Tempo vermehrt Einzug in den Textilmaschinenbau. Dies ermöglichte eine enorme Verbesserung beim materialschonenden Arbeiten, was Leistung, Qualität und auch den Bedienungskomfort für Arbeiter und Meister spürbar erhöhte. Die Umstellung von der Lochkarten- auf die Elektroniksteuerung beim Jacquard-Webstuhl, der für modische und anspruchsvoll bemusterte Gewebe zum Einsatz kommt, hat dessen Produktionsleistung um rund 50 Prozent erhöht.

Trotz all dieser technologischen Sprünge,

»Ein guter Griff«: Benedikt Mäser – Elastisana Dornbirn, Entwurf Othmar Motter 1951/1957. Das Plakat sorgte für einen Skandal und wurde von der Stadt Wien nach dem Schmutz-und-Schund-Gesetz mit einem Verbreitungsverbot belegt.

Palmers-Aufregung: Bundesheer-Soldaten vor einer Plakatwand

welche die Kapitalintensität der Textilindustrie erhöhten, war der Niedergang der Branche in Europa und den USA nicht zu stoppen. Die Lohnvorteile der Niedriglohnländer, oft ergänzt durch wirtschaftspolitische Lenkungsmaßnahmen, ermöglichten in diesen Ländern Erzeugungskosten und damit Produktpreise, die in der industrialisierten Welt nicht darstellbar waren. Zudem herrschte in Europa bei den politischen Entscheidungsträgern die Meinung vor, dass die Textilindustrie als Startindustrie für den wirtschaftlichen Entwicklungsprozess vorwiegend in die Entwicklungsländer gehöre und diese mit den Exporterlösen in Europa und den USA Textilmaschinen, Werkzeugmaschinen, Autos und andere hochwertige Produktionsgüter kaufen sollten. Der Abbau der Textilindustrie im letzten Viertel des 20. Jahrhunderts war nicht nur in Österreich, sondern in ganz Europa enorm. England, das im auslaufenden 18. Jahrhundert den Textilmaschinenbau erfunden und praxisgerecht gemacht und damit im 19. Jahrhundert den textilen Weltmarkt absolut dominiert hatte, schloss am Übergang vom 20. zum 21. Jahrhundert seine letzte Baumwollspinnerei.

So extrem präsentiert sich die Situation in Österreich nicht. Höhere Investitionsbereitschaft und mehr Beweglichkeit im modischen Anpassungsprozess verhinderten einen völligen Ausfall der ersten Stufe der textilen Kette, des Spinnens. Doch auch in Österreich sind drei Viertel der bedeutenden Textilunternehmen liquidiert worden, zumeist im vierten Quartal des auslaufenden 20. Jahrhunderts und zumeist durch Konkurs. In Niederösterreich und Wien waren es die Firmen Pottendorfer und Teesdorfer – sie gehörten mit den Gründungsjahren 1801 und 1803 zu den

Entwicklung der Beschäftigung in der österreichischen Textilindustrie 1956–2004

Jahr	Zahl der Firmen	Gesamtzahl der Beschäftigten	Unternehmen mit mehr als 1.000 Beschäftigten	Unternehmen mit 500 bis 1.000 Beschäftigten
1956	534	80.035	9	28
1960	523	74.259	7	25
1965	528	68.597	7	17
1970	502	65.425	6	19
1975	439	50.592	6	17
1980	398	45.497	4	13
1985	344	36.877	4	12
1990	289	32.180	4	14
1995	247	22.051	2	11
2000	220	21.050	1	10
2004	183	16.580	1	6

Quelle: Fachverband der Textilindustrie Österreichs, bis 1995 ÖSTAT, ab 2000 Fachverbandserhebung, 11.03.05/Schramme.

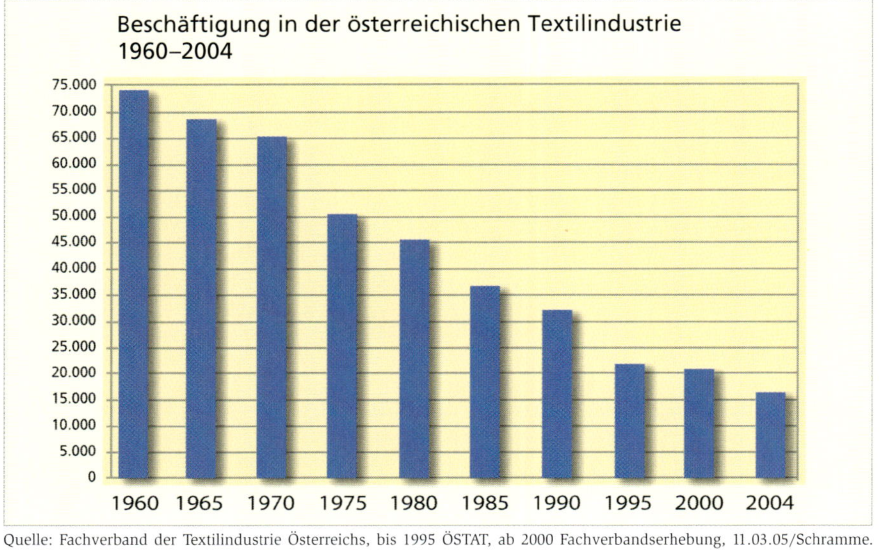

Quelle: Fachverband der Textilindustrie Österreichs, bis 1995 ÖSTAT, ab 2000 Fachverbandserhebung, 11.03.05/Schramme.

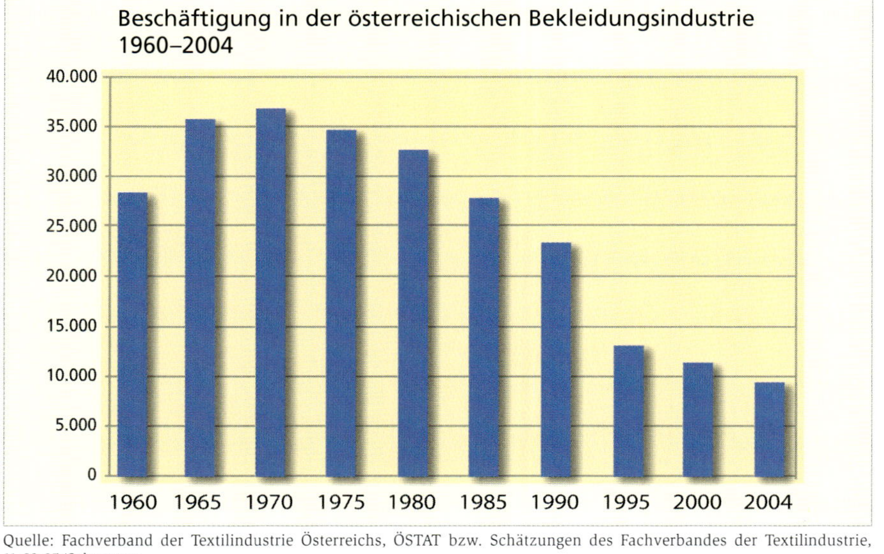

Quelle: Fachverband der Textilindustrie Österreichs, ÖSTAT bzw. Schätzungen des Fachverbandes der Textilindustrie, 11.03.05/Schramme.

Initiatoren des österreichischen Industrialisierungsprozesses –, Vöslauer Kammgarnfabrik AG, Walek, Harlander AG (Coats), Piering Textilwerke AG, PATRIA, Altmann, die Schiel-Gruppe, Richard Hämmerle und HITIAG; in Oberösterreich die Theresienthaler und die SEWAG; in Tirol alle drei großen Lodenfirmen Franz Pischl, Weyrer und Baur-Foradori, die zusammen aus dem Begriff Tiroler Loden eine Weltmarke gemacht haben, sowie Jenny & Schindler (zuletzt nur noch mit einem Standort in Tirol) und Herrburger & Rhomberg; und schließlich in Vorarlberg Ganahl, Jenny & Schindler (der Vorarlberger Teil war Gründungsstandort der Firma), F. M. Rhomberg, Benger GmbH und Benedikt Mäser. Diese verloren gegangenen Produktionsfirmen hatten typischerweise am Höhepunkt einen Beschäftigtenstand von 1.000 bis 2.000 Mitarbeitern und ihre Produkte genossen qualitativ wie auch modisch einen hervorragenden Ruf. Es gelang diesen Firmen aber nicht, die Kostenstruktur mit den durch die internationale Konkurrenz gedrückten Preisen in Einklang zu bringen. Der Abbau betraf aber nicht nur die großen, sondern in ähnlicher Weise auch die mittleren und kleinen Firmen. Entsprechend dramatisch sieht das Bild der Entwicklung der österreichischen Textilindustrie von 1956 bis 2004 aus.

Auch die Bekleidungsindustrie vermochte sich dieser negativen Entwicklung nicht zu entziehen. Nach einem Nachkriegsaufschwung folgte ab 1970 ein steiler Abbau der Beschäftigung. Ende 2004 waren es noch 9.400 Personen. Das Bild wäre noch viel ausgeprägter, würden die deutlich größte Bekleidungsfirma Triumph mit ihren 1.927 Mitarbeitern und die inkludierte chemische Reinigung sowie die Wäschereien mit rund 2.000 Mitarbeitern von den oben genannten 9.400 Beschäftigten in Abzug gebracht.

Nebenstehend wird die Beschäftigungsentwicklung der österreichischen Bekleidungsindustrie mit chemischer Reinigung und den Wäschereien dargestellt.

Die Probleme der österreichischen Textilindustrie im Preiskampf mit der internationalen und immer intensiver mit der asiatischen Konkurrenz zeigen sich auch bei der wichtigen Ertragskennzahl Cashflow. 2002 betrug die Cashflow-Quote auf den Umsatz 4,3 Prozent im Vergleich zu 10,1 Prozent im Durchschnitt aller Industrien. Die fehlende Ertragskraft höhlte die Bilanzen der Branchen aus und löste den existenziellen Niedergang aus. Es ist im Jahr 2005 nur noch begrenzt gerechtfertigt, von einer Industrie zu sprechen, gibt es doch kaum noch zwei aktive Betriebe in einem bestimmten Sektor. Eine Ausnahme davon ist die Vorarlberger Trikotagenindustrie. Von sieben bedeutenden Firmen haben fünf das Jahr 2005 erreicht und nur Mäser (1884 gegründet) und Benger (1885 gegründet) sind durch Konkurs der Branche verloren gegangen. Für das Jahr 2004 zeigt dieser letzte textilindustrielle Nukleus folgendes Bild (siehe nebenstehende Tabelle):

Der Ausblick der europäischen Textilindustrie muss weiterhin als ungünstig eingestuft werden. Dies kommt auch in der geringen Investitionsquote zum Ausdruck, die 2002 lediglich 2 Prozent des Umsatzes ausmachte. Ein gewichtiger Grund für diese Investitionszurückhaltung ist sicher auch die internationale Handelspolitik, die mit dem 1. Januar 2005 den entscheidenden Liberalisierungsschritt im textilen Welthandel setzte. Im Rahmen des GATT (General Agreement on Tariffs and Trade) wurde in den vergangenen Jahrzehnten versucht, der Liberalisierung des Textilhandels gewisse Zügel aufzuerlegen. Das LTA (Long-Term Agreement), das die textilen Ströme von den Entwicklungsländern in Richtung USA und Europa von 1962 bis 1973 regelte, wurde 1974 vom MFA (Multi-fiber Agreement) abgelöst. Dieses Multifaserabkommen war ein aufwändiges Regelwerk von Zöllen und Quoten für die einzelnen Produktgruppen auf ihrem Weg von den Entwicklungsländern in die konsumierende industrialisierte Welt. Mit der 1994 zum Abschluss gekommenen Uruguay-Runde wurde das MFA zum Auslaufmodell mit Enddatum 31. Dezember 2004.

Am 1. Januar 1995 wurde das GATT durch die WTO (World Trade Organization) ersetzt. Zu diesem Datum trat auch das ATC (Agreement on Textiles and Clothing) in Kraft, um die zehnjährige Übergangsperiode für das Auslaufen des MFA zu regeln. Im gleichen Jahr gewährte die EU der Türkei Zollfreiheit für textile Produkte, eine handelsrechtlich mutige, für die Branche aber risikoreiche Maßnahme, da die Türkei seit der Jahrtausendwende über eine größere Textilindustrie verfügt als die ganze EU zusammen.

Österreichische Trikotagenindustrie im Jahr 2004

	Jahresumsatz in Mio. Euro	Beschäftigte
Wolford AG, Bregenz	118	1.590
Huber Tricot GmbH, Götzis, Konzern	96	962
davon Österreich	55	506
Kunert GmbH, Rankweil	51	448
Vorarlberger Wirkwarenfabrik Gebr. Wolff GmbH, Hard	ca. 38	398
Willy Hermann Wirkwarenerzeugung GmbH, Hard	k. A.	166

Quelle: Fachverband der Textilindustrie Österreichs, 11.03.05/ Schramme; Angaben der Unternehmen.

2001 trat China der WTO bei, ein Schritt, der für die europäische Textilindustrie noch dramatischer einzustufen ist als die Begünstigung der Türkei. China, dessen Textilexporte in Dollar ausgedrückt etwa viermal so groß sind wie jene Indiens, bestritt 2004 rund 25 Prozent des Welttextilexports. Man rechnet damit, dass dieser Prozentsatz bis spätestens 2009 durch den Wegfall der Quoten per 1. Januar 2005 auf ca. 50 Prozent steigen wird. Europas Textilbranche steht in der Mitte des ersten Jahrzehnts des neuen Jahrtausends vor einer weiteren massiven Bereinigung.

Einzelunternehmen statt Industrie

Die große Tradition der österreichischen Baumwollspinner und Weber ist im 20. Jahrhundert in ihrer industriellen Dimension zu Ende gegangen. Die Anzahl der Spindeln hat

Getzner AG, Bludenz, 2005. Gewebeausrüstung

sich von 581.200 im Jahr 1961 auf 185.284 sowie 17.056 Openend-Rotoren – per Jahresende 2004 – und bei den Webstühlen noch ausgeprägter von 11.700 auf 934 reduziert. Statt einer Industrie ist eine beachtliche Zahl von Unternehmungen, die man als Einzelkämpfer bezeichnen könnte, geblieben. Sie verfügen über folgende Charakteristika:

- Präzise Ausrichtung auf eine Nische
- Hohe modische Kompetenz
- Extreme Produktivität durch kapitalintensivste Produktion

Die vier größten Textilunternehmen Österreichs 2004

	Jahresumsatz in Mio. Euro	Beschäftigte
Linz Textil GmbH	162	571
Getzner Textil AG	85	700
Sattler AG	83	550
Borckenstein AG	69	531

Quelle: Eigene Erhebungen.

Nachstehend gelangen die vier größten verbleibenden Firmen mit Stand per Dezember 2004 kurz zur Darstellung:

Linz Textil GmbH: Die »Actien-Gesellschaft der Kleinmünchner Baumwoll-Spinnereien und mechanischen Weberei« wurde 1978 vollkommen umorganisiert und erhielt den Namen Linz Textil. Die Strategie wurde neu auf ein Hochleistungshalbfabrikat-Konzept mit teilweise modischen Ansätzen in einzelnen Produktgruppen ausgerichtet und die nicht zu dieser Strategie passenden Firmenteile abgestoßen. Es folgte eine Periode raschen Wachstums sowohl von innen als auch durch mehrere Akquisitionen. Der Umsatz im Kerngeschäft Spinnen und Weben stieg von 12 Millionen Euro 1977 auf knapp 162 Millionen Euro 2004. Von sieben Fabriken in Österreich nehmen drei im europäischen Produktivitätsvergleich die Spitzenposition ein: die Baumwollspinnerei Landeck, die Viskosespinnerei in

Linz (die Linz Textil ist weltweit der größte Kunde der Lenzing AG) und die Rohweberei in Linz. Die Gruppe verfügte Ende 2004 über 123.520 Ringspindeln (davon 43.140 im Ausland), 14.200 Openend-Spindeln und 192 Hochleistungs-Webstühle. Im April 2004 wurde der Marken-Frottier-Erzeuger Vossen zu 100 Prozent erworben, um den sich verschlechternden Wachstumsaussichten im textilen Halbfabrikat entgegenzusteuern.

Getzner Textil AG: Getzner hatte sich im letzten Viertel des 20. Jahrhunderts ganz auf eine Nischenstrategie mit hohem modischen Zuschnitt ausgerichtet. 1992 wurde durch den Verkauf der Spinnerei Klarenbrunn an die Linz Textil die traditionelle dreistufige Vertikalisierung aufgegeben. Die Bereiche Rohgewebe, Bettwäsche und Arbeitsbekleidung wurden im Verlauf der Neunzigerjahre aus dem Produktionsprogramm genommen.
Nach schwierigen Jahren der Umstellungen gelang eine fast lupenreine Konzentration auf die Segmente Hemdenstoffe und Afrika-Damast. Getzner vermochte die Fesseln des europäischen Marktes zu sprengen und außer Afrika auch die Märkte Japan und USA zu erreichen. Im hochmodischen Bereich ist die Firma mit der Jahrtausendwende immer deutlicher zum führenden Hemdenerzeuger nördlich der Alpen geworden.

Borckenstein AG: Das in seinen Ursprüngen auf die 1789 von Graf Batthyány gegründete älteste mechanische Spinnerei Österreichs zurückgehende Unternehmen gibt auch zu Beginn des 21. Jahrhunderts deutliche Lebenszeichen von sich. Die Firma hat in zwei weichenstellenden Konzentrationsschritten die heutige Struktur erreicht. 1967 wurden die Weberei, Färberei und Ausrüstung und 2003 der Schwesterbetrieb in Untereggendorf geschlossen. Der Stand von 24.000 Ring- und 5.000 Zwirnspindeln im Jahr 1960 hat sich bis Ende 2004 auf 69.440 Ring-, 9.092 Zwirn- und 2.856 Openend-Spindeln erhöht. Das von

Andreas Gassner: Getzner Textil AG

CEO Manfred Kern in Neudau konzentrierte Unternehmen ist eine hochflexible Nischenspinnerei mit starkem auf die Marktverhältnisse ausgerichteten Reaktionsvermögen. In diesem Segment ist die Firma Borckenstein eines der drei größten Unternehmen in Europa.

Sattler AG: Dieses Unternehmen ist traditionell auf die Herstellung von technischen Geweben ausgerichtet. In den Fünfzigerjahren begann die Firma, bei der Planenproduktion von bisher Baumwolle und Hanf auf Polyester und bei der Markisenproduktion von Baumwolle auf Acryl umzusteigen. Diese Umstellung auf synthetische Fasern war der Qualität der Gewebe außerordentlich förderlich. In den Jahren 1999 bis 2003 erwarb die Firma systematisch Teile von konkurrierenden Unternehmungen wie Fröhlich & Wolff, Mehler und Ceno Tec. (Gesamtübernahme). Die Produktionsnischen der Firma Sattler sind sehr qualitätsorientiert. Hier stehen immer noch die europäischen Konkurrenten und nicht die vorwiegend asiatischen Anbieter im Vordergrund. Die Sattler AG hat sich, nicht zuletzt durch die erwähnten Akquisitionsschritte, zum führenden europäischen Anbieter von Markisenstoffen emporgearbeitet.

Werner Tessmar-Pfohl: Sattler AG

Das Zulieferwunder

Während das berühmte Haas-Haus gegenüber dem Stephansdom unverändert den Respekt der Wiener Gesellschaft vor einer großen industriellen Leistung genoss, haben die Marktverhältnisse das traditionelle Teppichimperium des Unternehmers Haas, das 1961 vom Besitzer der Firma Kurt Eybl in Krems, Franz Wilhelm, übernommen wurde, in dramatischer Weise eingeholt. 1978 musste die Eybl-Gruppe Insolvenz anmelden. Der Besitz ging in der Folge auf die »Girozentrale« und die »Bank der österreichischen Sparkassen AG« über.

Franz Wilhelm holte 1976 Kurt Rüdiger von Barisani nach Krems, um bei der Sanierung der angeschlagenen Firma mitzuhelfen. Das in den Sechzigerjahren zu Europas führendem Hersteller von Hartfaserteppichen (Tufting-Spannteppichen) aufgestiegene Unternehmen sah sich vor einem übersättigten Markt mit fallenden Preisen. Barisani forcierte erfolgreich den Aufbau der automativen Stofffertigung und wurde 1978 zur Sanierung des Werks Ebergassing bestellt. Er wurde zum Vater des erfolgreichen österreichischen textilen Zuliefermodells für die Automobilindustrie; es ist aber auch das Verdienst der »Girozentrale«, dass sie die ihr zugefallenen Werke nicht der vermögensschonenden Liquidation zuführte, sondern durch erhebliche Investitionen auf eine offensive Sanierung setzte. Der unterschiedliche Weg der 1978 gesellschaftlich getrennten Werke Krems und Ebergassing, die beide seit den Achtzigerjahren eine neue industrielle Chance ergriffen haben, wird nachstehend beschrieben.

Werk Ebergassing: Das von Bundeskanzler Bruno Kreisky angestrebte Projekt des »Austroporsche« war 1978 tot, nicht aber die Option der Zulieferung für die Automobilindustrie. Eine zwischenstaatliche Vereinbarung ermöglichte es Japan, in dem Umfang, in dem österreichische Zulieferprodukte nach Japan geliefert wurden, Autos zollbegünstigt nach Österreich zu liefern. Kurt Barisani erkannte die Chance. Er setzte auf ein Konzept für die Fertigung verformter Teppiche in Tufting und Nadelvlies als Einbauteil für die PKW-Fertigung. 1979 kam der erste Auftrag aus Japan, 1980 folgten der VW Golf und der 3er-BMW sowie Toyota, Madza, Mitsubishi und Honda. 1983 begann die Herstellung von Kunststoffauskleidungsteilen und in den Neunzigerjahren wurde eine völlig neue Technik in Zusammenarbeit mit der Firma Engel entwickelt. Die Möglichkeit, Kunststoff direkt hinter textiles Material zu spritzen, brachte einen Durchbruch und die beschleunigte Internationalisierung und Verbreiterung der Kundenbasis.

1983 wurde Eybl Ebergassing von der deutschen Pegulan AG übernommen und gelangte 1996 in das Konzernumfeld der Magna-Gruppe. Der Firmenname »Automotive-Interieur Eybl GmbH« besteht seit 2001. 2004 erreichte der Umsatz, der 1978 noch rund 15 Millionen Euro betragen hatte, 314 Millionen Euro, der

Sattler AG, Graz, Werk Rudersdorf, 2005. Webstuhl für Markisenstoffe

textile Anteil machte nur noch 9 Prozent aus. 1.233 Mitarbeiter waren im Konzern beschäftigt, davon 920 in Österreich und davon wiederum 120 allein in Forschung und Entwicklung.

Werk Krems: Das Kernwerk der Eybl-Gruppe, das 1978 etwa den vierfachen Umsatz von Ebergassing erwirtschaftete, setzte ebenfalls auf eine Zukunft als Zulieferer für die Automobilindustrie. 1982 wurde ein vollständig neues Werk mit Konzernzentrale im Kremser Hafengebiet errichtet. 1984 gelang mit dem von Eybl entwickelten »Henkelplüsch« für Autositze ein großer Wurf, der zu Aufträgen von VW, Mercedes, Porsche, Opel, Suzuki und der Deutschen Bahn führte. 1989 ging das Unternehmen mit dem Namen »Eybl International AG« an die Börse. In den Neunzigerjahren setzte das Unternehmen auf eine stürmische Fremdkapital-finanzierte Expansion und Internationalisierung, welche die Eigenkapitalbasis auf unter 10 Prozent im Jahr 2001 schmälerten. 2002 wurde Johannes M. Elsner zum ersten Mann bestellt, um die Kapital- und Organisationsstruktur der Unternehmung den personellen und finanziellen Möglichkeiten anzupassen. Die expansive Zielsetzung wurde vorsichtiger praktiziert, blieb aber erhalten. Es gelang die Transformation zu einem gesamtheitlichen Innenausstatter für PKW mit entsprechender Entwicklungskompetenz. 2002 waren neun der zehn großen Automobilkonzerne Kunden von Eybl. Im Jahr 2004 wurde bei einem textilen Anteil von 25 Prozent ein Umsatz von 342 Millionen Euro mit 4.100 Mitarbeitern, davon rund 700 in Österreich, erwirtschaftet. Das Fremdkapital wurde spürbar abgebaut und die Eigenkapitalquote hat sich auf 34 Prozent erholt.

Alte Bausubstanz mit neuem Leben

Es wirkt wie ausgleichende Gerechtigkeit, wenn die sich im Rückzug befindliche Textilindustrie plötzlich auf einer unerwarteten Seite neue Lebenszeichen von sich gibt. Alte Bausubstanz aus dem zweiten und dritten Quartal des 19. Jahrhunderts wird seit den Neunzigerjahren des auslaufenden 20. Jahrhunderts zunehmend neu aktiviert. Im Gegensatz etwa zu Schlössern, die schon seit längerem als Museen und Spiegel der Vergangenheit das Interesse des modernen Menschen finden, leben alte Textilgebäude zweckentfremdet mit neuem wirtschaftlichen Nutzen im Service- und Wohnbereich wieder auf. Diese Neuaktivierung betrifft sowohl Fabriksgebäude als auch die zu den Fabriken gehörenden Herrschaftshäuser.
Die Sanierung und Modernisierung von alten Fabrikgebäuden ist in der Regel mit hohen Kosten verbunden. Die alten Böden in Holzkonstruktion müssen ersetzt werden und die dichte Säulenteilung erfordert stärkere Eingriffe in die Gebäudestruktur. Zudem sind erhebliche Mittel notwendig, um applikationsgerecht den Sicherheitsstandards der EU zu entsprechen. Sechs Beispiele werden nachstehend dargestellt:

SPINNEREI LÜNERSEE

Die 1836 in Bau gegebene Fabrik wurde 1857 auf die heutige Größe fast verdoppelt. Um 1880 war sie mit 29.000 Spindeln eine der größten Spinnereien Vorarlbergs. Die industrielle Nutzung der Fabrik – in späteren Jahren auch als Weberei, Filmdruckerei, Nähfadenfertigung und Bettwäscheerzeugung verwendet – dauerte bis 1985. Eine Verwertungsgesellschaft übernahm 1998 das Areal und errichtete auf 20.000 Quadratmetern den neu entstandenen »Lünersee Park« mit einer Nutzfläche von 6.451 Quadratmetern. Der Investitionsaufwand betrug 6,6 Millionen Euro. Das von der Bevölkerung gut aufgenommene Einkaufszentrum beherbergt Geschäfte, Arztpraxen, ein beliebtes Café, eine Bankfiliale und ein Fitnessstudio im Dachgeschoß mit Panoramablick. Dieses von Manfred Getzner initiierte Fabrikserhaltungsprojekt ist vielleicht das erfolgreichste dieser Art in Österreich. Bilder auf den Seiten 272, 273.

SPINNEREI UND WEBEREI THÜRINGEN

Die Fabrik wurde 1837 errichtet und galt als besonders schön. Nach 130 Jahren erfolgte 1967 die Stilllegung. Nach mehreren Besitzern und unterschiedlicher Nutzung erwarb 1985 die Gemeinde das Areal mit dem inzwischen desolaten Fabriksgebäude. Eine Bregenzer Wohnbaugenossenschaft baute zwischen 1996 und 1999 die Fabrik zum begehrten Wohngebäude in exklusiver Lage um. Zwei Stockwerke des fünfstöckigen Gebäudes wurden abgetragen und es entstanden mit einem Aufwand von 6,5 Millionen Euro 20 Lofts mit traumhafter Aussicht. Das daneben liegende alte Kosthaus wurde beseitigt und zwei neue Wohnblöcke im Stil der Fabrik dazugebaut. Bilder auf der Seite 274.

Ein Ortsansässiger hat den Abschied in Gedichtform gebracht:

> D' Fabrik kunnt weck,
> as ist jetzt würkli wohr,
> und mir hon sie notwendig brucht,
> über hundert Johr.
> Hot der Bau die letzt Ziet eher gstört,
> doch Fabrik hot efach zu Thürig ghört,
> alle hon vo ihra gläbt
> seis direkt, oder indirekt.

TUCHFABRIK RÄDLER

Die Spinnerei Rädler aus dem Jahr 1830 war die älteste Textilfabrik in Linz. Nach einem Brand im Jahr 1907 entstand das heutige dreigeschoßige Bauwerk in den Grundmaßen 50 mal 30 Meter. 1931, in der großen Weltwirtschaftskrise, wurde das Werk stillgelegt, 1934 von Heinrich Himmelreich und Julius Zwicker erworben und zur Tuchfabrik umgestaltet. Nach einer bewegten Phase mit Besitzerwechsel und unterschiedlicher Verwendung kam es 1983 erneut zu Konkurs und Stilllegung. 1989 wurde das Objekt durch die Linzer »Wohnungs-Eigentumsbau« erworben und für 5,9 Millionen Euro umgebaut und saniert. Die Linzer Tuchfabrik beherbergt heute eine Kirche, einen Lebensmittelmarkt mit Trafik und 22 Lofts. Bilder auf Seite 275.

TUCHFABRIK POTTENSTEIN

1930 brachte das Ende der Pottensteiner Baumwollspinnerei. Sie gelangte in französischen Besitz und wurde 1931 nach neunzigjähriger Baumwolltradition zu einer Kammgarn-Weberei und Färberei umgewandelt. 1945 kam die Tuchfabrik in österreichische Hand. 35 Jahre später, 1981, wurde sie stillgelegt. Das Land Niederösterreich erwarb das Areal, die Kubatur der diversen Fabriksgebäude wurde von 95.000 Kubikmetern auf 36.000 Kubikmeter reduziert. Nach Investitionen von 4,7 Millionen Euro konnte die umgebaute Fabrik 1988 ihrer neuen Bestimmung als Straßenmeisterei zugeführt werden. 2004 mietete die Gemeinde Pottenstein Flächen an und siedelte 2005 ihre Feuerwehr in das traditionelle Fabriksareal um. Bilder auf Seite 276.

Die Modernisierung der Herrschaftsvillen ist zwar wegen ihrer Bauweise eher preisgünstiger als bei Fabriksgebäuden, doch eine einfache Sanierung reicht ebenfalls nicht. Die erfolgreichen Unternehmer der frühen Industrialisierungsphase wurden oft mit dem kleinen Adel ausgezeichnet. Sie durften ein »von« vor den Namen setzen oder wurden »Ritter von ...«. Es war immer wieder ihr Ziel, dem großen Adel nachzueifern. Sie bauten ihre Villen oft schlossähnlich mit einer Wohnfläche von typischerweise 1.200 bis 1.500 Quadratmetern. Für heutige Wohnbedürfnisse ist dies schon aus Gründen des Erhaltungsaufwandes viel zu groß. Die Sanierung zur Verwendung für moderne Zwecke erfordert daher substanzielle Anpassungen. Zwei Beispiele sollen dies veranschaulichen:

DOUGLASS-VILLA FALKENHORST IN THÜRINGEN

John Douglass ließ die Villa 1837 in traumhafter Lage erbauen. Nach verschiedenen Besitzern kaufte sie 1997 die Gemeinde Thüringen. Mit einem Aufwand von 950.000 Euro wurde das Objekt von 1999 bis 2000 saniert und zu einem Kultur- und Veranstaltungszentrum umgestaltet. Bilder auf Seite 277.

GRILLMAYR-VILLA IN LINZ

Diese großzügig angelegte Villa wurde um die Mitte des 19. Jahrhunderts von Johann Grillmayr als persönlicher komfortabler Wohnsitz gebaut. Das im Volksmund »Grillmayr-Schlössl« genannte Gebäude mit rund 1.350 Quadratmetern Fläche bewohnten später die Familien Hörzinger und Gallois. Die Linz Textil hat die Villa im Jahr 2000 um 2,1 Millionen Euro saniert. Ins Erdgeschoß ist eine Computerfirma eingezogen und im oberen Stock entstanden elf Wohneinheiten. Bilder auf Seite 278.

Spinnerei Lünersee: Im Zustand 1958 und umgestaltet zum Einkaufszentrum Lünersee Park 2004

Spinnerei und Weberei Thüringen: Um 1870 und nach der Umgestaltung zum begehrten Wohngebäude in exklusiver Lage

Alte Tuchfabrik Rädler, Linz:
Revitalisierung als Supermarkt und Kirche

Tuchfabrik Pottenstein: Alte Tuchfabrik um 1980 und nach der 1987/89 erfolgten Umgestaltung in eine Straßenmeisterei

Douglass-Villa Falkenhorst, Thüringen: Um 1880 und heute als Kultur- und Veranstaltungszentrum

Grillmayr-Villa (»Schlössl«), Linz-Kleinmünchen: Zustand vor und nach der Renovierung im Jahr 2000 und heutige Nutzung als Wohn- und Bürogebäude

Die Papierindustrie

Im Jahr 1955 hatte Österreichs Papierindustrie wieder ein beachtliches Produktionsniveau und neue Stärke erreicht. 104 Betriebe mit 22.381 Arbeitern und Angestellten produzierten eine breit gefächerte Produktpalette: mehr als 481.000 Tonnen Papier, Faltschachtelkarton und Pappe sowie mehr als 613.000 Tonnen Zell- und Holzstoff.

In den folgenden Jahrzehnten ging die Papierindustrie wie auch viele andere traditionsreiche Grundstoffindustrien durch ein Stahlbad der strukturellen Veränderung und neuer Herausforderungen und Chancen. Am Beginn des 21. Jahrhunderts produzierten 27 Unternehmen mit 30 Betriebsstätten und rund 9.500 Arbeitern und Angestellten mehr als 4,5 Millionen Tonnen Papier und Pappe (der europäische Markt produziert rund 100 Millionen Tonnen) sowie mehr als 1,8 Millionen Tonnen Zell- und Holzstoff.

Die Geschichte der österreichischen Papierindustrie war geprägt von einer immer rasanter verlaufenden technologischen und quantitativen Entwicklung.

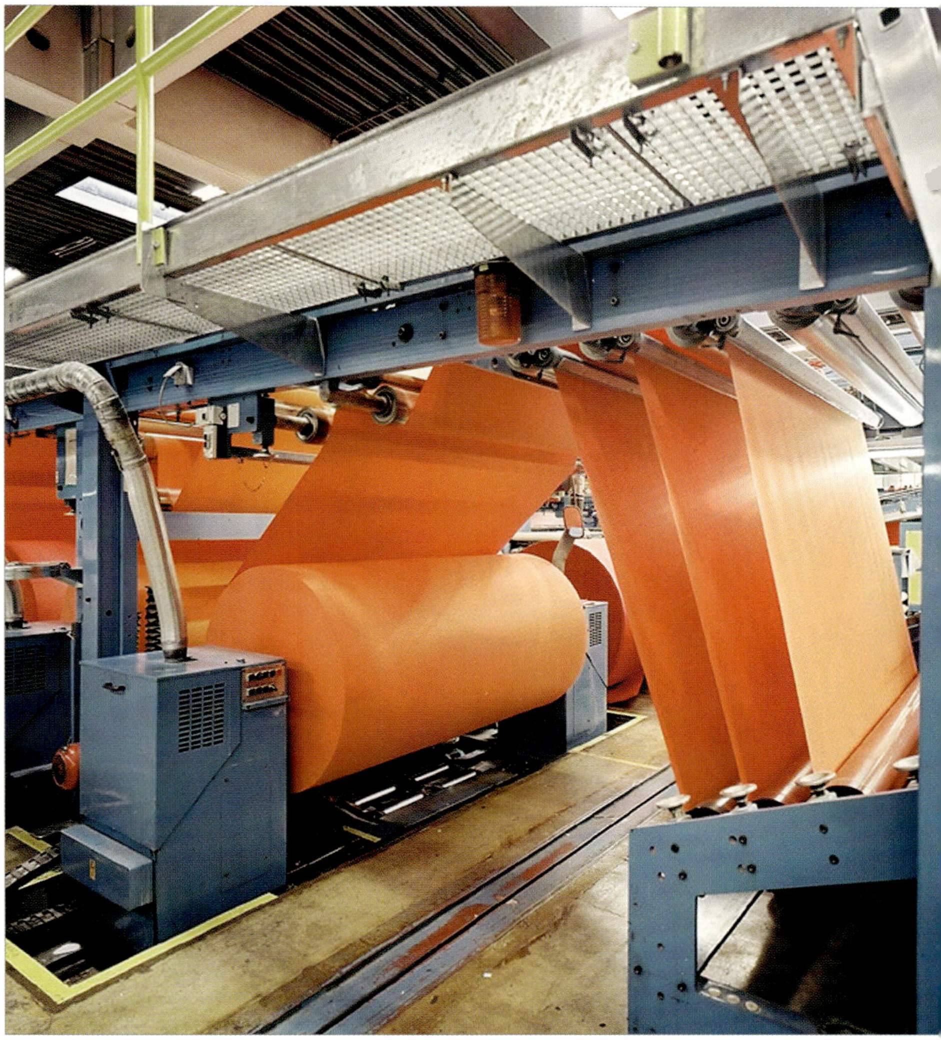

Neusiedler AG (Mondi Business Paper Austria), Werk Hausmening, Abroller

Technologische Entwicklung: schneller, größer, leistungsfähiger

Klare Trends lassen sich für die technologische Entwicklung der Papierindustrie ableiten. So war die Zeit von 1860 bis 1950 von der Vergrößerung der Bahnbreite, der Erhöhung der Arbeitsgeschwindigkeit, der Einführung des Elektroantriebs, weiterer Verbesserung einzelner Maschinenteile und der Entwicklung spezieller für die Herstellung bestimmter Papier- und Kartonsorten konstruierter Maschinen geprägt. Die Produktionsgeschwindigkeit steigerte sich so beispielsweise von 5 Metern/Minute (um 1820) auf über 500 Meter/Minute (um 1930).

In den Jahren 1950 bis 1980 revolutionierte sich die Papierproduktion – noch auf Grundlage der Mechanik – in bislang ungekanntem Ausmaß. Neben der weiteren Vergrößerung der Bahnbreite und der Erhöhung der Arbeitsgeschwindigkeit traten insbesondere neue Rohstoffe wie thermomechanischer Holzstoff und neue Arten der Blattbildung hinzu. Auch wurden die ökologischen Notwendigkeiten (geschlossene Kreisläufe) vermehrt berücksichtigt. Betriebswirtschaftliche Erfordernisse führten zu weiterer Spezialisierung, beispielsweise auf bestimmte Papiersorten, sowie zum Zusammenschluss zu Großkonzernen mit teil-

weiser eigener Rohstoffversorgung und Handelsorganisation.
1980 dynamisierte sich diese Entwicklung weiter: Neue Blattbildungsprinzipien und Zellstoff-Gewinnungsverfahren sowie die Internationalisierung steigerten die Kapitalintensität weiter und gaben der Verflechtung der

Papierfabrik Steyrermühl (UPM-Kymmene Austria), Papiermaschine P3

Unternehmen der Papierindustrie weitere Impulse. Eine Vielzahl spezieller Papiersorten wird für einen stark segregierten Markt produziert, was nicht zuletzt mit den mannigfaltigen an das Produkt Papier gestellten Anforderungen zu tun hat.
Österreichische Unternehmen zeigten sich in diesen Trends immer wieder als besonders innovativ und investitionsfreudig. Dazu einige Beispiele: Die Papiermaschine 4 in Steyrermühl war 1990 die weltgrößte Zeitungspapiermaschine. Auf 8,9 Metern Breite wird ein altpapierhaltiges Zeitungsdruckpapier von 40 bis 52 Gramm/Quadratmeter erzeugt.
1992 war die im niederösterreichischen Werk Ortmann der SCA Hygiene in Betrieb genommene Papiermaschine 4 mit einer Arbeitsbreite von 7 Metern die breiteste, modernste und leistungsfähigste Hygienepapiermaschine der Welt. Sie ist speziell für die Fertigung aus Altpapier konzipiert.
Österreichs größte Papiermaschine steht zu Beginn des 21. Jahrhunderts in Gratkorn: Sappi Austria verfügt mit der Papiermaschine 11 und einer Jahresproduktion von mehr als 470.000 Tonnen gestrichenem Papier über eine Produktionskapazität, die zu rund 50 Prozent über jener vergleichbarer Maschinen liegt. Sie war im Bereich gestrichenes Papier zu Produktionsbeginn 1998 die weltgrößte ihrer Art.

Frantschach-St. Gertraud, Werksansicht, um 1980

Sappi Gratkorn GmbH, Außenansicht, Flugaufnahme, Graz 1999

Unternehmen und Unternehmer

Im Gegensatz zu einer 1955 großteils österreichischen Eigentümerstruktur steht die österreichische Papierindustrie – gemessen am Umsatz – heute zu mehr als 70 Prozent in nichtösterreichischem Eigentum. Österreichische Unternehmen produzieren im Gegenzug vor allem in Mittel- und Osteuropa rund 2 Millionen Tonnen Papier und Pappe.

Zwei parallele Entwicklungen prägten die Unternehmen der Papierindustrie: Einzelnen österreichischen Unternehmerpersönlichkeiten gelang es, wettbewerbsfähige Unternehmensgruppen zu schaffen, die insbesondere die Öffnung der Märkte in Mittel- und Osteuropa nach 1989 nützten. Dazu gehören die Unternehmensgruppen Trierenberg (2004: 19 Standorte mit insgesamt 3.300 Mitarbeitern), die Mayr-Melnhof-Gruppe oder jene des Unternehmers und Politikers Thomas Prinzhorn (Hamburger-Gruppe, unter anderem mit dem Tochterunternehmen Brigl & Bergmeister), aber auch die Gruppe von Alfred Heinzel, der die Zellstoff Pöls im Jahr 2000 übernahm und wie viele Papierindustrielle weiter in Mitteleuropa investierte.

Parallel dazu wählten traditionsreiche Unternehmen wie Frantschach und Neusiedler eine umfassende Expansionsoffensive, die – durch die Öffnung der Märkte Mittel- und Osteuropas weiter dynamisiert – in dem umgesetzten Ausmaß nur durch internationales Kapital möglich war. Der schrittweise Rückzug der Frantschach-Eigentümerfamilie Hartmann zu Gunsten der Papiersparte Mondi der britisch-südafrikanischen Anglo American machte dies unter Führung des Managers und späteren Präsidenten der Industriellenvereinigung, Veit Sorger, erst möglich. Diese Entwicklung begann 1988: Durch die Frantschach AG wurden 55 Prozent der Neusiedler AG sowie Anteile der Pöls AG und der Europapier AG erworben, 1992 übernahm Mondi 43,6 Prozent der Frantschach-Gruppe. Vier Jahre später wurde der Anteil auf 50 Prozent erhöht, 2000 mit 70 Prozent die Mehrheit übernommen, die letzten 30 Prozent wurden 2004 gekauft. Konsequenterweise erfolgte 2004 die Umbenennung der Frantschach AG – mittlerweile der weltgrößte Erzeuger von Sackpapieren und Papiersäcken – in Mondi Packaging, der Neusiedler AG in Mondi Business Paper. Headquarter und Top-Management blieben österreichisch.

Ähnlich die Entwicklung bei der KNP Leykam in Gratkorn, die im Dezember 1997 von dem globalen Papierkonzern Sappi übernommen wurde, oder bei der Norske Skog in Bruck an der Mur.

Die traditionsreiche Papierfabrik Steyrermühl, im mehrheitlichen Eigentum der BAWAG, wurde 1996 an den Augsburger Papierkonzern Haindl verkauft, den wiederum 2001 die finnische UPM übernahm. Die Papierfabrik in Laakirchen sowie die Tissue-Aktivitäten der Bunzl & Biach AG wurden 1988 durch die schwedische SCA übernommen. 1991 wurde der Tissue-Bereich SCA Ortmann AG an die deutsche PWA verkauft. Seit der Übernahme der PWA im Jahr 1995 durch die SCA produziert diese wieder im niederösterreichischen Ortmann bei Pernitz. Die SCA Hygiene Products GmbH Österreich erzeugt beziehungsweise vertreibt Toilettenpapier, Servietten, Taschentücher und Hygienepapiere der Mar-

ken Danke, Zewa, Cosy, Feh, Consens, Tork und Tena für den mittel- und zentraleuropäischen Markt. Eine dritte Papiererzeugung der SCA in Österreich war bis 1979 die ehemalige Hallein Borregaard. Seit 1954 ist SCA auch mit einem Verpackungsunternehmen in Margarethen am Moos in Österreich vertreten.
In österreichischem Eigentum blieb die Mayr-Melnhof-Gruppe, die 1950 im Stammwerk Frohnleiten mit industrieller Kartonfertigung begann. Ab 1974 wurde zusätzlich im niederösterreichischen Hirschwang produziert, international expandierte Mayr-Melnhof 1984 mit dem Erwerb der deutschen FS-Karton. 1994 erfolgte der Börsegang und die Expansion im Bereich Packaging. MM-Packaging ist Europas größter Hersteller von Faltschachteln.
Das Familien-Verpackungs- und (ab 1984) Papierunternehmen Bauernfeind expandierte ab 1990 in Deutschland und im Benelux-Raum, in weiterer Folge im europäischen Ausland. 2004 fusionierte Bauernfeind mit Mondi Packaging.
Wirtschaftspolitisch blieben in den Jahrzehnten nach dem Jahr 1955 Bemühungen, die Papierindustrie als bedeutende österreichische Grundstoffindustrie zu stützen, nur bedingt erfolgreich. Staatsinterventionen, die an Informationsaustausch und unternehmensstrategische Abstimmung gebunden wurden, scheiterten an der mangelnden Bereitschaft der Unternehmen zur Zusammenarbeit. Auch Versuche gemeinsamer Verkaufsgesellschaften scheiterten am fehlenden nachhaltigen Kooperationswillen.
Nichtsdestotrotz präsentiert sich die österrei-

Papierfabrik Steyrermühl (UPM-Kymmene Austria), Papiermaschine P4

chische Papierindustrie sowohl in österreichischem Besitz als auch im Rahmen internationaler Konzerne agierend auch zu Beginn des 21. Jahrhunderts als global bemerkenswert wettbewerbsfähig.

Die ökologische Herausforderung

Österreich verfügt über traditionell ideale Bedingungen für die Papiererzeugung, insbesondere Wald und Wasser als Kernressourcen sind ausreichend vorhanden. Wasser ist das wichtigste Medium für die Papierherstellung. Die spezifischen Wassermengen liegen in Österreich zu Beginn des 21. Jahrhunderts bei 14 Kubikmetern pro Tonne Papier und 34 Kubikmetern für die Tonne Zellstoff.
Ein in den Sechziger- bis Achtzigerjahren bedeutend höherer Ressourcenverbrauch rückte mit dem Erwachen der ökologischen Bewegung in Österreich in den Mittelpunkt mannigfaltiger Auseinandersetzungen. Dabei stand vor allem das Thema Wasserverschmutzung im Mittelpunkt: Insbesondere an der Chlorbleiche und der damit verbundenen Verschmutzung von Flüssen wie der Mur, Traun oder Salzach, an denen produziert wurde, entzündete sich die mediale Auseinandersetzung. Nach jahrelangen Aktionen in den Achtzigerjahren – durch NGOs wie Greenpeace – wurde die traditionelle Chlorbleiche eingestellt. Die annähernd flächendeckende mechanische und biologische Reinigung der Abwässer half, die Gewässergüte der Fließgewässer unterhalb der Standorte der österreichischen Papierindustrie deutlich zu verbessern. Heute ist im Durchschnitt eine Wassergüte von 2 bis 2,5 erreicht, die Gewässerabschnitte mit mäßiger organischer Belastung, hohem Nährstoffangebot, guter Sauerstoffversorgung sowie Pflanzen und Tieren in hoher Arten- und Individuenzahl bezeichnet. Von symbolischer Bedeutung war, dass in der Auseinandersetzung Arbeitsplätze versus Umweltschutz Letzterer die Oberhand errang. So wurde beispielsweise anlässlich der Sanierung der Traun ein Produktionsstopp über Steyrermühl verhängt und die Auseinandersetzung bei Hallein Borregaard ebenfalls im Sinne der Ökologie gelöst.
Zudem ist die Papierindustrie wichtiger Abnehmer bedeutender Mengen an Holz: Jährlich werden 3,5 Millionen Festmeter Durchforstungsholz weiterverarbeitet, ebenso 3,1 Millionen Festmeter Sägerestholz. Ein bedeutender Beitrag wird seit den Fünfzigerjahren beim Recycling von Altpapier geleistet.
Eine besondere Rolle spielte für die Papierindustrie – wie auch für die anderen bedeutenden Industriebranchen in Österreich – die hochwertige Ausbildung um wettbewerbsfähig zu bleiben. Berufsbilder wie der Papiertechniker, der für die computerunterstützte Überwachung und Bedienung von Papiermaschinen verantwortlich ist, wurden entwickelt. Im akademischen Bereich gibt es ebenfalls papierspezifische Ausbildungsformen, so etwa eine dreijährige Ausbildung an der Fachhochschule in München zum Diplomingenieur (FH) oder das Studium der Papier- und Zellstofftechnik an der Technischen Universität Graz (Dauer zehn Semester).

Tann Papier, Traun/Oberösterreich (Trierenberg Holding AG), Werksansicht, 2001

Bauindustrie und Bauwirtschaft

In kaum einem anderen modernen Industriestaat kommt der Bauwirtschaft ein so hoher Stellenwert zu wie in Österreich. Während der Anteil des Bauwesens an der nationalen Wertschöpfung in Frankreich, Schweden und Finnland unter 4 Prozent liegt, beläuft er sich in Österreich auf etwa 7 Prozent. Seit den Siebzigerjahren sind immer wieder Stimmen laut geworden, die eine unausweichliche Redimensionierung vorhersagten. Bis jetzt sind diese Prognosen jedoch nicht eingetroffen.

Österreichische Tunnelbauweise: Arlberg-Tunnel West, Bohrarbeiten in der Kalotte

Im Wiederaufbau nach dem Zweiten Weltkrieg und im wirtschaftlichen Aufholprozess bis in die frühen Siebzigerjahre erfreute sich die Bau- und Baustoffwirtschaft, abgesehen von kurzfristigen Konjunkturstörungen, stets einer hohen Auslastung. Österreichweit er-

Der Florido-Tower, Wien, errichtet von der Porr AG

folgten umfangreiche Investitionen in Wohnbau, Industriebau, öffentliche Gebäude und technische Infrastruktur. Zum Beispiel wurden seit den Fünfzigerjahren die Donaukraftwerke errichtet sowie die Westautobahn (A1) und die Südautobahn (A2) ausgebaut. Zwischen 1959 und 1963 entstand im Zuge der Autobahn Kufstein–Innsbruck–Brenner die Europabrücke als höchste Pfeilerbrücke Europas, die Scheitelstrecke der Tauernautobahn wurde 1974 fertig gestellt, das letzte Teilstück der Pyhrnautobahn 2004 vollendet.

Arlberg-Anleihe 1976

Im Wohnbau erreichte man in Wien zwischen 1960 und 1970 mit einem Gesamtzuwachs von mehr als 105.000 Einheiten die höchste Bauleistung in der Geschichte. Die Wohnbauförderung wurde 1968 grundlegend reformiert und auf die Bundesländer verlagert. Für die Finanzierung des privaten Wohn- und Eigenheimbaus hat das Bausparwesen einen hohen Stellenwert erlangt.

In den Sechzigerjahren führte die starke Auslastung der Bauwirtschaft zu einem akuten Arbeitskräftemangel, der den Hintergrund für die beginnende Ausländerbeschäftigung darstellte. 1962 einigten sich die Sozialpartner im Raab-Olah-Abkommen erstmals auf die Anwerbung von ausländischen Arbeitskräften.

Als sich im Jahr 1972 die Baukonjunktur wiederum überhitzte, reagierte man mit einer so genannten »Baubremse« (Kreditrestriktionen, Reduktion der öffentlichen Nachfrage). Nach den Erschütterungen der Weltwirtschaft in den frühen Siebzigerjahren herrschten dann jedoch bis in die Achtzigerjahre spürbare Schrumpfungstendenzen und erhöhte Bauarbeitslosigkeit vor. In mehreren Jahren führte die Bauwirtschaft die österreichische Insolvenzstatistik an, ab den späten Achtzigerjahren setzte wieder Wachstum ein. Angesichts des anhaltend zunehmenden Verkehrsaufkommens, verschiedener technischer Entwicklungen (zum Beispiel im Telekombereich) und gestiegener Ansprüche an den Wohnbau wurden erhebliche Bauleistungen nachgefragt. In Wien investiert man seit den Siebzigerjahren in großem Ausmaß in die technische Infrastruktur (zum Beispiel U-Bahn-Bau) und in den Achtzigerjahren hat auch der Hochbau wieder zugenommen. In den Neunzigerjahren kam es zum Beispiel in der Bundeshauptstadt geradezu zu einem Hochhausboom.

Die Beschäftigtenzahlen gingen im Bauwesen insgesamt (Hoch- und Tiefbau, Bauhilfsgewerbe) von 240.000 (1973) auf 226.000 (1981) zurück, stiegen danach auf 269.000 (1994) an und haben sich seither wieder bei etwa 240.000 eingependelt. Davon entfallen etwa

90.000 auf den Hoch- und Tiefbau, wovon wiederum etwa 27 Prozent der eigentlichen Bauindustrie zuzurechnen sind. Die Beschäftigtenzahlen in den Bauzulieferbranchen (Steine-Keramik, Glas, Holzverarbeitung) gingen von etwa 70.000 um das Jahr 1970 auf 54.000 im Jahr 2003 zurück. Davon entfielen auf die Steine- und Keramikindustrien in den Sechzigerjahren noch mehr als 25.000 Beschäftigte, 2003 nur noch 16.000.

Auf dem Baumarkt hat sich eine Arbeitsteilung zwischen Baugewerbe und Bauindustrie eingespielt. Dabei geht das Leistungsspektrum der Bauindustrie weit über die eigentliche Bautätigkeit hinaus. Die Angebote und Aktivitäten reichen von der Finanzierung über die Projektentwicklung und Durchführung bis zum langfristigen Facility Management und zu Serviceverträgen für die Bauwerke.

Die Bauindustrie hat auch auf das zunehmende Umweltbewusstsein in der Öffentlichkeit reagiert. War in der Wiederaufbauära primär die rasche Bewältigung großer Bauvolumina im Vordergrund gestanden, so erlangten inzwischen Rücksicht auf die Umwelt und architektonische Qualität einen erhöhten Stellenwert. Geradezu zum Symbol für diesen Umschwung wurde die Verhinderung des Baus einer Kraftwerksstufe in der Hainburger Au durch Umwelt-Aktivisten im Jahr 1984. Als Kehrseite des erhöhten Umweltbewusstseins sowie budgetärer Restriktionen der öffentlichen Hand hat sich in den vergangenen 20 Jahren ein erheblicher Nachholbedarf bei Infrastrukturinvestitionen aufgestaut.

Der Anteil der öffentlichen Hand am Auftragsvolumen des Bauhauptgewerbes (Baugewerbe und Bauindustrie) lag lange Zeit bei 40 Prozent, ist zuletzt jedoch etwas zurückgegangen. Die Finanzierung ist teilweise in spezialisierte Gesellschaften ausgelagert (zum Beispiel in die ASFINAG). Gegenwärtig werden auch neue Modelle von Public-Private-Partnership angedacht, zu ersten Realisierungen kam es zum Beispiel bereits in Linz zwischen Stadt und Raiffeisen Oberösterreich.

DOKA-Schalungstechnik, Bau der Draubrücke Lippitzbach

Bauindustrie: Risikomanagement auf höchstem Technologieniveau

Die Bauwirtschaft unterscheidet sich im Hinblick auf die Erbringung der Produktionsleistungen erheblich von den meisten Industrien, denn der eigentliche Produktionsprozess muss vor Ort durchgeführt werden, nicht in festen Produktionsstätten. Das führt dazu, dass Bauprojekte mehr als die meisten industriellen Produktionsvorgänge von Unwägbarkeiten des Umfeldes beeinflusst werden (vor allem Witterungsverhältnisse, Geologie). Großbaustellen binden über längere Zeit Unternehmenskapital in einem hohen Ausmaß. Beim Bauexport kann sich auch die Stabilität des gesellschaftlich-institutionellen Umfeldes als problematisch erweisen, Kostensteigerungen und Zahlungsausfälle drohen. Zu den Herausforderungen der Bauindustrie gehört es, bei großer Kapitalbindung mit besonders schwer kalkulierbaren Risken umzugehen.
Die Durchführung von Bauprojekten erfordert vom Leitungspersonal technische Kompetenz und hohe soziale Intelligenz. Gute Baustellenleiter sind überaus gefragt, ihnen stehen in der Industrie hervorragende Karrieremöglichkeiten offen.
Angesichts der großen Unwägbarkeiten ist es in der Bauindustrie üblich, lediglich die Grobplanung, in der das Gewerk genau definiert wird, vor dem Baubeginn im Einzelnen festzulegen. Das Bauwerk wird in Ablaufschritte gegliedert, welche die Grundlage für das Arbeitsstudium und die Baustellenplanung bilden. Die mögliche Notwendigkeit, auf Unwägbarkeiten zu reagieren, wird von vornherein eingeplant.
Die Produktionsweise vor Ort in Teams von Arbeitskräften, die aufeinander angewiesen sind und deren Leben oft auch von der Verlässlichkeit der Kollegen abhängt, hat in der Bauindustrie eine besonders kooperative Unternehmenskultur hervorgebracht. Diese äußert sich zum Beispiel darin, dass in öffentlichen Konflikten Bauarbeiter und ihre Arbeitgeber eher Seite an Seite stehen als gegeneinander aufzutreten. Wohl nicht zufällig gehörten Spitzenrepräsentanten der Baugewerkschaft wie Johann Böhm und Franz Olah zu den Gründerpersönlichkeiten der österreichischen Sozialpartnerschaft.

Technische und technologische Entwicklungen

In der Zwischenkriegszeit hatte die österreichische Bauindustrie arbeitsintensiv, aber mit geringem Kapitaleinsatz produziert. Angesichts der notorisch schwachen Auftragslage vermied man es, große Investitionen in den Maschinenpark vorzunehmen, um in Phasen des Stillstands nicht mit hohen Fixkosten belastet zu sein.
Erst die Ära des Wiederaufbaus nach dem Zweiten Weltkrieg brachte einen Umschwung. Der Marshallplan ermöglichte eine Ausstattung der österreichischen Bauindustrie mit schwerem Gerät. Der Bau des Tauernkraftwerks Glockner-Kaprun war ein Meilenstein, da hier erstmals im Nachkriegsösterreich in großem Umfang Maschinen auf der Baustelle eingesetzt wurden.
Der Technologieschub in Form von amerikanischem Gerät war so ausgeprägt, dass der Markenname Caterpillar in der Umgangssprache damals geradezu zum Synonym für schwere Raupenbagger wurde.
Nach dem Staatsvertrag im Jahr 1955 verbesserte sich das Investitionsklima weiter. Die Nachfrage der Bauindustrie nach modernem Gerät verstetigte sich, worauf sich nun auch die österreichische Maschinenbauindustrie einstellte. In der zweiten Hälfte des 20. Jahrhunderts verbesserten im Rahmen des Bauwesens Innovationen permanent die Effizienz sowohl bei Baumaschinen als auch bei Baustoffen und Bauverfahren.
Die Fortschritte beim Maschineneinsatz können anhand der seit 1947 periodisch herausgegebenen österreichischen Baugeräteliste

nachvollzogen werden. In der Bauindustrie kommen Geräte aus den folgenden Kategorien zum Einsatz:

1) Geräte für Betonherstellung und Materiallieferung
2) Hebezeuge und Transportgeräte
3) Erdbaugeräte, Rammen und Bodenverdichter
4) Geräte für Spezialtiefbau und Wasserhaltung
5) Geräte für Straßenbau und Gleisbau
6) Geräte für Hohlraumbau, Druckluft- und Gesteinsbohrtechnik
7) Geräte für Energieumwandlung und -verteilung
8) Nassbaggergeräte und Wasserfahrzeuge, Geräte für den Umweltschutz
9) Sonstige Geräte, Baustellenausstattung

Quelle: Fachverband der Bauindustrie, Bundesinnung der Baugewerbe (Hrsg.), Österreichische Baugeräteliste (Wien 1996).

Der Trend in Richtung größere, leistungsfähigere Maschinen wurde in der jüngeren Vergangenheit vom Vordringen der Mechatronik überlagert. Komplexe Mess- und Steuerungstechnik optimiert die Funktionsweise der Geräte bis hin zu automatisierten Mischanlagen und Baggern. Seit einigen Jahren werden auch vollwertige Mini-Baumaschinen angeboten, die es gestatten, bei beengten Platzverhältnissen erhebliche Produktivitätsreserven auszuschöpfen. Derartige Minibagger kommen zum Beispiel bei Sanierungsarbeiten zum Einsatz.
Zusätzlich zu den im Unternehmensbereich allgemein üblich gewordenen IT-Anwendungen steigern in der Bauindustrie spezifische EDV-Lösungen für Computer Aided Design, Baustatik und Controlling die Effizienz der Planung radikal und erleichtern die Projektdurchführung und -kontrolle. Damit werden auch ganz neue Präsentationstechniken möglich, sogar »Baukastensysteme« für die Kunden selbst, etwa zur Planung individueller Fertighäuser.
Die Baustoffforschung hat die Leistungsfähigkeit der etablierten Materialien wie Ziegel, Beton, Stahl und Glas laufend verbessert. Moderne Erkenntnisse gewährleisten die Erzeugung von Beton mit genau definierten Eigenschaften durch die Beigabe von bestimmten Zuschlag- und Zusatzstoffen. Neue Kunststoffe und Klebstoffe sind hinzugekommen.

Besonders in den Sechzigerjahren wurden massive Anstrengungen unternommen, die Produktivitätspotenziale der Industrialisierung in Form von spezialisierter Massenproduktion auch für das Bauwesen nutzbar zu machen. Mehrere Betriebe für die fabrikmäßige Vorfertigung von Fertigteilen entstanden, sowohl für die Skelett- als auch für die Tafelbauweise. Diese Ansätze konnten sich zwar für den Großwohnbau nicht dauerhaft durchsetzen, vorgefertigte Spannbetonteile bewähren sich aber nach wie vor im Industrie- und Brückenbau.

Zu einem weltweiten Erfolg wurde die seit den späten Fünfzigerjahren entwickelte »Neue Österreichische Tunnelbauweise« (NÖT). Im gebirgigen Land war die Bauindustrie immer wieder gefordert, beim Tunnelbau geologisch schwierige Situationen möglichst kostengünstig zu bewältigen. Die NÖT berücksichtigt das Gebirge selbst als tragenden Bauteil, zur Gebirgsstützung werden Anker, bewehrter Spritzbeton und Stahlbögen eingebaut. Der Erfolg beruht wesentlich auf der Erfahrung und dem Wissen der Ingenieure und Vortriebsmannschaften. Das exzellente technische und unternehmerische Know-how bildet die Grundlage für die Erfolge der österreichischen Industrie im internationalen Baugeschäft.

Konzentrationstendenzen und Internationalisierung

Das für die Bauwirtschaft schwierige Jahrzehnt bis zur Mitte der Achtzigerjahre führte zu einer gewissen Polarisierung des Baumarktes. Zum einen konnten sich kleine, flexible Betriebe behaupten – ihnen kam auch der technische Entwicklungstrend in Richtung kleiner, hochwertiger Maschinen zugute. Andererseits setzte sich bei den großen Unternehmen der Bauindustrie ein Konzentrations- und Internationalisierungsprozess durch,

Wir Eduard Wallnöfer Landeshauptmann von Tirol und
Dr. Herbert Keßler Landeshauptmann von Vorarlberg
beurkunden hiemit den am heutigen Tage erfolgten Stollendurchschlag des
ARLBERG-STRASSEN-TUNNELS
und sprechen bei diesem Anlasse namens unserer beiden Länder dem Herrn
Bundesminister für Bauten und Technik Josef Moser
den Dank aus für alles was er zu dessen Verwirklichung beigetragen hat. Durch den
1218 erstmals urkundlich genannten jahrhundertelang als Saumweg begangenen 1386
durch ein Hospiz gesicherten 1785 mit einer Fahrstraße ausgestatteten seit 1884
durch die Eisenbahn unterfahrenen Arlberg soll dieser Straßentunnel einen neuen
Verkehrsweg bieten zu besserem Kontakt der beiden westlichsten Bundesländer
als leistungsstarke europäische Ost-West-Verbindung Österreich und seinen Nachbarn zum Nutzen. Das bezeugen wir mit unseren Unterschriften und den Siegeln der Länder Tirol und Vorarlberg. Gegeben im Arlberg am 11. November 1977.

DER LANDESHAUPTMANN VON TIROL: DER LANDESHAUPTMANN VON VORARLBERG:

Pergamenturkunde für den Bundesminister für Bauten und Technik Josef Moser anlässlich der Eröffnung des Arlberg-Straßentunnels am 11. November 1977 mit den Unterschriften der Landeshauptleute Eduard Wallnöfer und Herbert Kessler mittelgroße Firmen gerieten vermehrt unter Druck. Großaufträge werden teilweise im Rahmen von Arbeitsgemeinschaften erfüllt. Für die rationelle Belieferung mit Baustoffen wie Transportbeton und Asphaltmischgut haben sich spezialisierte Anbieter etabliert, zum Teil haben die Bauindustriekonzerne im vorgelagerten Bereich Gemeinschaftsunternehmen gegründet.

In den letzten zwei Jahrzehnten haben die Auslandsmärkte an Bedeutung gewonnen, wobei kaum Muskelkraft exportiert wird, sondern in erster Linie Know-how. Die österreichische Bauindustrie spielt dabei ihre Stärken beim Tunnelbau sowie bei der Durchführung von Großprojekten (Eisenbahn- und Infrastrukturbau, Industrieanlagen etc.) als Generalunternehmer aus. Hauptsächlich werden die Märkte in der EU und im angrenzenden Südosteuropa bearbeitet, doch gewinnt auch Asien als Absatzmarkt an Stellenwert. Welch hohe Risken eine rasche Auslandsexpansion birgt, hat der Zusammenbruch der Maculan-Gruppe in den Neunzigerjahren gezeigt.

Seit den Achtzigerjahren wurde die Bauholding Strabag SE zum Marktführer in Österreich und Zentraleuropa. Erste Anfänge des Unternehmens gehen auf den 1835 gegründeten Familienhandwerksbetrieb Anton Lerchbaumer zurück. 1954 entstand in Spittal an der Drau die Fa. Isola & Lerchbaumer, 1975 folgte die Ilbau GmbH & Co. KG, Wien, und 1987 die Bauholding AG. Unter der Leitung von Hans Peter Haselsteiner setzte der erfolgreiche Expansionskurs ein. Die Eingliederung der wesentlich größeren Strabag AG, Köln, einschließlich deren Österreich-Tochter Strabag Österreich AG, bedeutete im Jahr 1998 die Expansion zum größten Bauindustrieunternehmen Zentraleuropas. Die Strabag Österreich hatte ihrerseits Tochterunternehmen in Kroatien, Slowenien und Tschechien errichtet. Gemeinsam mit der Raiffeisen-Gruppe errichtete man die Holdinggesellschaft BIBAG. Damals wurden auch die Vermögenswerte der mit Raiffeisen verbundenen ERA-Bauholding an die Bau Holding AG übertragen. 2002 übernahm die Strabag AG Köln die Deutsche-Asphalt-Gruppe mit 1.500 Mitarbeitern. 2004 setzte die Bauholding-Strabag-Gruppe mit 33.287 Mitarbeitern beinahe 6 Milliarden Euro um, vor allem in Zentraleuropa, aber auch in Asien.

Die Allgemeine Baugesellschaft A. Porr AG geht auf die 1869 in Form einer AG gegründete Allgemeine österreichische Baugesellschaft zurück. 1927 wurde diese mit dem Tochterunternehmen A. Porr Betonbauunternehmung GmbH zur Allgemeine Baugesellschaft A. Porr AG fusioniert. Die Porr war an zahlreichen österreichischen Großbauprojekten beteiligt, wie etwa dem Kraftwerk Kaprun oder der UNO-City in Wien. Das Unternehmen ergänzt bereits seit der Zwischenkriegszeit die Inlandsaktivitäten immer wieder durch Bauexport. Zum Beispiel war man von 1958 an im Iran bei mehreren großen Staudamm- und Eisenbahnprojekten präsent. Im Jahr 2004 kam die Porr-Gruppe bei einem Mitarbeiterstand von etwa 9.400 Personen auf einen Umsatz von 1,854 Milliarden Euro. Davon entfielen rund 70 Prozent auf Österreich, der Rest auf Deutschland, die Schweiz und Osteuropa.

Die 1965 gegründete Alpine Bau GmbH, Salzburg, hat 1997 die Mayreder, Kraus & Co BauholdinggmbH und 2001 die Universale Baugesellschaft AG übernommen. Das Unternehmen hat an zahlreichen Großprojekten im In- und Ausland partizipiert, zum Beispiel am neuen Hauptstadtzentrum in Berlin. Die großteils in Privatbesitz befindliche Gruppe (Familie Pappas, Dietmar Aluta-Oltyan, Otto Mierl) setzte 2004 mit 8.500 Mitarbeitern 1,911 Milliarden Euro um.

Zu den zehn größten Unternehmensgruppen der österreichischen Bau- und Baumaterialienindustrie gehören des Weiteren auch die Schmid Industrieholding, die Swietelsky Baugesellschaft, die Wietersdorfer-Gruppe, die HABAU Hoch- u. Tiefbaugesellschaft mbH, die Asamer-Gruppe und die Readymix Kies-Union.

Der größte österreichische Baustofferzeuger Wienerberger besteht bereits seit 1819. Nach der stagnativen Zwischenkriegszeit und Zerstörungen im Zweiten Weltkrieg erzielte das Unternehmen in der Wiederaufbauära Produktionsrekorde. Danach folgte die Stilllegung unrentabler Betriebe und zwischen 1966 und 1971 die Übernahme einiger lokaler Mitbewerber. Die einstigen Stammbetriebe in Wien mussten 1976 aufgelassen werden. 1980 fand der neu bestellte Generaldirektor Erhard Schaschl ein Unternehmen mit 2.346 Mitarbeitern und einem Gruppenumsatz von 96 Millionen Euro vor, das sich operativ in der Verlustzone befand. Durch Sanierungsschritte, die unter anderem die Reduktion der Beschäftigtenzahl um etwa 1.000 Personen beinhalteten, gelang ihm die Ertüchtigung des Unternehmens. Dies bildete die Voraussetzung für den erfolgreichen Aufstieg zum Weltmarktführer unter Schaschl und seinem Nachfolger Wolfgang Reithofer. Einen wesentlichen Meilenstein auf diesem Weg stellte die Übernahme der Oltmanns-Gruppe im Jahr 1986 dar – Wienerberger wurde damit innerhalb von zwei Jahren zur Nummer eins in Deutschland. Heute verfügt die Unternehmensgruppe, die sich auf den Kernbereich Ziegel (Hintermauerziegel, Vormauerziegel, Dachsysteme) spezialisiert hat, über rund 240 Standorte in 24 Ländern, darunter in Deutschland, Frankreich, Großbritannien, den USA und Ostmitteleuropa. Im Jahr 2004 kam Wienerberger mit 12.154 Mitarbeitern auf einen Umsatz von 1,759 Milliarden Euro.

Wienerberger AG, Strangschneider. Werk Hennersdorf bei Wien, um 1995

In der österreichischen Zementindustrie engagierten sich in den Neunzigerjahren große ausländische Konzerne. Die Branche hatte den Markt ein Jahrhundert lang in einem Kartell organisiert, das nach dem EU-Beitritt nicht mehr aufrechtzuerhalten war. Die Gesamtproduktion ging vom Rekordwert von 6,5 Millionen Tonnen Zement im Jahr 1974 auf etwa 5 Millionen Tonnen in den frühen Neunzigern zurück und stabilisierte sich nach dem EU-Beitritt bei 3,8 Millionen Tonnen. Die 1872 gegründete Perlmooser AG – österreichischer Marktführer mit einem Anteil von etwa 45 Prozent – wurde in den Neunzigerjahren vom französischen Zement-Weltmarktführer Lafarge übernommen.

Zement bildet die Grundlage für einen Baustoff, der um 1900 von Ludwig Hatschek in Vöcklabruck erfunden wurde: Eternit. Hatschek konnte zu Beginn des 20. Jahrhunderts die Lizenz für den Asbestzement ins Ausland verkaufen und auch die eigene Erzeugung rasch ausbauen. Zwischen 1987 und 1993 bewältigte das Unternehmen die große Herausforderung, die gesamte Produktpalette auf asbestfreien Faserzement umzustellen. Dank dieses Innovationsschubs vermochte sich Eternit weiterhin als flexibel einsetzbarer Baustoff zu behaupten.

Kranlandschaften

Sport- und Freizeitindustrie

Der steigende Wohlstand in der Zweiten Republik, insbesondere aber die Entwicklung in der Sozial- und der Arbeitszeitgesetzgebung in den Siebziger- und Achtzigerjahren, führte in Österreich zu mehr Freizeit und mehr verfügbarem Einkommen für die Freizeitgestaltung. Von Januar 1970 bis Januar 1975 wurde etappenweise die 40-Stunden-Woche in Österreich eingeführt. Von dieser Entwicklung profitierte naturgemäß die so genannte Freizeitwirtschaft – Fremdenverkehr, Gastronomiebetriebe, Seilbahnindustrie und vor allem Sportartikelerzeuger.

Es gibt wenige Berechnungen der ökonomischen Effekte sportlicher Betätigung. Eine Untersuchung des Industriewissenschaftlichen Institutes aus den Neunzigerjahren weist für den Kernbereich eine Gesamtwertschöpfung von 2,74 Milliarden Euro aus, wovon 13 Prozent die Sportartikelindustrie und 4 Prozent die Seilbahnen erbringen.

Die Erzeugung von Sportartikeln (Sportgeräte, Sportbekleidung) ist traditionell besonders stark exportorientiert. Sportgeräte, insbesondere Ski, Snowboards und Tennisschläger, gehören zu jenen Exportgütern, mit denen Österreich einen jahrzehntelangen meist erfolgreichen Qualitätswettbewerb bestritten hat. Wiewohl der rechnerische Anteil an der Wertschöpfung der Österreichischen Industrie mit knapp 1 Prozent relativ gering ist, gehen von ihr wichtige qualitative Effekte aus. In den vergangenen 15 Jahren war dabei eine Verschiebung der Ausgaben von den Sportgeräten hin zur Bekleidung erkennbar.

Fischer-Ski, 1950er-Jahre

Aushängeschild Skiindustrie

Die österreichische Skiindustrie entwickelte sich nach dem Zweiten Weltkrieg meist aus kleinen Tischlereien und Wagnereien. Die erste Generation österreichischer Skierzeuger wie Anton Arnsteiner (Blizzard), Josef Fischer (Fischer), Franz Kneissl (Kneissl) oder Alois Rohrmoser (Atomic) und Anton Kästle (Kästle) setzte Holz für die Skiproduktion ein. Begleitet von den Erfolgen österreichischer Spitzensportler und den österreichischen Medien – vor allem vom öffentlich-rechtlichen Rundfunk –, die den Skisport als Nationalsport positionierten, entstanden innerhalb weniger Jahre eine Hand voll Skiproduzenten, die den Weltmarkt beherrschten beziehungs-

weise sich auf diesem bedeutende Marktanteile sichern konnten: Bis Anfang der Neunzigerjahre gelang es, einen Weltmarktanteil von rund 50 Prozent zu erobern.
Die meist patriarchalisch geführten Skiunternehmen der ersten und auch der Nachkriegs-Generation erwiesen sich allerdings oft nicht den Herausforderungen der globalen Märkte und den damit verbundenen Veränderungs- bzw. Krisensituationen gewachsen. So musste Atomic-Gründer Rohrmoser nach Jahren der Expansion – er übernahm 1977 den französischen Skiproduzenten Dynamic, 1983 den Stockhersteller Komperdell, 1989 den Bindungshersteller Ess und die Skischuhfabrik Koflach – nach dem Einbruch am weltweiten Skimarkt seinen Konzern 1994 an die finnische Amer-Gruppe verkaufen. Diese sanierte Atomic und führte das Unternehmen zurück in die Gewinnzone.
Das Mittersiller Unternehmen Blizzard nahm eine ähnliche Entwicklung. 1946 wurde es von Arnsteiner gegründet und war bis 1995 mehrheitlich im Besitz der Familie Schenner-Arnsteiner, nach mehreren Eigentümerwechseln übernahm es der Raiffeisenverband Salzburg. Blizzard zählt nach wie vor zu den fünf größten Alpinskimarken der Welt, die endgültige Sanierung ist aber bis 2005 nicht gelungen, als Blizzard an die niederösterreichische Stöckl-Gruppe verkauft wurde.
Ebenfalls aus einer Landwagnerei hatte sich der Kufsteiner Skihersteller Kneissl entwickelt. Kneissl gelang mit dem »White Star« Anfang der Sechzigerjahre die Produktion des ersten Plastik-Skis, in den Siebzigerjahren wurden zusätzlich Langlaufski und Tennisschläger erzeugt. 1980 musste der Konkursantrag gestellt werden, nach mehrfachen, wenig erfolgreichen Sanierungsversuchen gemeinsam mit dem Skischuhhersteller Dachstein (»Kneissl & friends«) wurde 2003 der Ausgleich über das

Ski-Doo, Bombardier-Rotax, Werk Gunskirchen

Fischer GmbH,
Ried im Innkreis, 2005

Unternehmen eröffnet. Seitdem führt eine Gruppe Tiroler Unternehmer Kneissl.
Die Skimarke Head ist zwar nicht in österreichischem Eigentum, wird aber dennoch seit Anfang der Achtzigerjahre im Land produziert. Die Unternehmenszentrale befindet sich in Kennelbach in Vorarlberg. Die Head-Tyrolia-Mares-Gruppe gehörte von 1993 bis 1995 zur Austria Tabak AG, wurde dann aber an den schwedischen Investor Johan Eliasch übergeben. 1997 wurde die Kästle-Produktion – Kästle gehört seit 1989 zum italienischen Benetton-Konzern – zu Head verlagert. Das Skibindungsunternehmen Tyrolia, das seit 1949 Skibindungen herstellt und seit 2000 weltweiter Marktführer (in Verkaufseinheiten) ist, produziert in Schwechat bei Wien.
Der oberösterreichische Produzent Fischer meisterte die Krise der Neunzigerjahre durch gezielte Innovationen und Diversifikation. Während zu Beginn der Achtzigerjahre die Skiindustrie kontinuierlich ihre Absatzzahlen am Weltmarkt steigern konnte, forschte Fischer intensiv im Langlaufbereich. Fischer griff dabei – um die Ski für den Ausdauersport leichter zu machen – auf Materialien der Flugzeugindustrie zurück. Konkret war dies der Nomex-Wabenkern der Firma DuPont. Da das Material extrem teuer war, entwickelte Fischer ein ähnliches System aus spezieller Wellpappe – eine sehr preisgünstige Lösung. Der Ski kam 1983 auf den Markt und wurde auf Anhieb zu einem Erfolg: Das oberösterreichische Unternehmen stieg zum Weltmarktführer bei Langlaufskiern auf. Die erworbene Kompetenz ermutigte dann zum Markteintritt in die Flugzeugindustrie. Dieser Vorsprung half, um die – in der Skiindustrie – schlechten Neunzigerjahre zu überstehen.
Parallel dazu und teilweise in gemeinsamer Eigentümerschaft konnten auch Ski- und Bergschuhhersteller reüssieren. Dazu gehörten unter anderem Dachstein, Koflach und Kastinger.

Rettungsanker Carving- und Schalenski

Die Krise der österreichischen Skiindustrie wurde durch die Produktinnovation des Schalen- und Carvingskis sowie durch die Einführung des Snowboards überwunden. Ausgelöst wurde die Krise durch einen schrumpfenden Weltmarkt, fehlende Innovationen und den stärker werdenden Wettbewerb insbesondere durch französische Skihersteller. Von 1989 auf 1990 sank der Produktionswert von 3,52 Milliarden auf 3,186 Milliarden Schilling. Gelang es 1992, den Produktionswert wieder auf das Niveau von 1989 heranzuführen, folgte ein weiterer Einbruch auf 3,19 Milliarden Schilling 1993.

Ab dann machten sich die hohen Investitionen durch die Umstellung auf Carving- bzw. Schalenski bezahlt – auch neue, junge Käufergruppen konnten weltweit wieder verstärkt für Alpinski angesprochen werden. 2001 betrug der Carver-Anteil 85 Prozent der Neuverkäufe. Der Weltmarktanteil österreichischer Alpinski konnte 2003 auf mehr als 60 Prozent gesteigert werden. Die Exportquote liegt bei mehr als 85 Prozent. Mit dieser außergewöhnlich hohen Zahl sind die österreichischen Skimarken weltweit präsent. Die Skiindustrie leistet damit seit Jahren einen beachtlichen positiven Beitrag zur österreichischen Außenhandelsbilanz. So konnte in der Saison 2003 ein bedeutender Überschuss von 225 Millionen Euro erzielt werden. 3.500 Mitarbeiter sind derzeit in der österreichischen Skiindustrie beschäftigt, sie produzieren unter anderem jährlich an die 2,9 Millionen Alpinskier. Von den rund 1,2 Millionen Snowboards auf dem Weltmarkt kommen etwas mehr als die Hälfte aus Österreich. Ursprünglich Teil der Holzverarbeitungsindustrie, hat die Skiproduktion aber mit Holz seit Mitte der Sechzigerjahre, als der Metall- und Kunststoffski entwickelt wurde, nicht mehr viel zu tun. Der Einsatzbereich des Holzes beschränkt sich nur mehr auf den Skikern. Die Sportgeräteproduktion umfasste in Österreich

Weltmarktvolumen 2003/2004

	Weltmarkt in Mio. Stk.	Anteil Österreich
Alpinski (Paar)	4,3–4,8	2,50
Langlaufski (Paar)	1,2–1,4	0,82
Snowboard (Board)	1,0–1,3	0,63
Bindung (Paar)	3,9–4,0	2,20 (ca.)

Quelle: Fachverband der Holzindustrie (2004).

Beschneiungsanlage, Sufag GmbH, Kennelbach, Schnee-Kanonen-Erzeuger

Wilhelm Anger gründete 1948 gemeinsam mit Arnold Schmied in Traun die Brillenfabrik Optyl. Anger verkaufte 1978 das auf 4.000 Beschäftigte gewachsene Unternehmen an den Bauer-Verlag, 1996 wurde Optyl von Safilo übernommen und 2003 geschlossen.

Ende der Neunzigerjahre rund 500 Millionen Euro. Dazu gehören auch Skierzeuger wie Kneissl, Head und Fischer, die darüber hinaus auch Tennisschläger produzierten und produzieren.

Im Bereich der Sporttextilien gelang es insbesondere dem Rieder Unternehmen Löffler, das 1973 von Fischer Ski & Tennis übernommen wurde, entgegen dem Trend weiter in Österreich zu produzieren. Löffler erzeugt Sportkleidung und Funktionswäsche primär für Tennis, Ski, Rad, Laufen und Outdoor.

In Feldkirchen an der Donau produziert das Unternehmen Eisbär seit Ende der Fünfzigerjahre handbestickte Skimützen. Durch gelungenes Design und die Zusammenarbeit mit dem Österreichischen Skiverband seit den Siebzigerjahren konnte Eisbär nachhaltige

Exporterfolge erzielen. 2004 produzierte das Unternehmen mit 85 Mitarbeitern in einer modernst ausgestatteten Strickwarenfabrik hochwertige Wintertextilien.

Der zweite industrielle Bereich, der durch das Industriewissenschaftliche Institut im Rahmen der Sportindustrie evaluiert wurde, ist die Seilbahnbetreiber-Industrie. Die Seilbahnen sind Arbeitgeber für rund 12.000 Mitarbeiter, von denen 4.600 ganzjährig, 570 zusätzlich im Sommer und ca. 6.830 als Saisonarbeitskräfte während des Winters beschäftigt werden.

Österreich hat insgesamt mehr als 3.000 Schlepplift- und Seilbahnanlagen, die zu rund 60 Prozent vom Vorarlberger Unternehmen Doppelmayr produziert wurden. Doppelmayr wurde 1892 in Wolfurt gegründet, in den vergangenen 50 Jahren gelang es, Produktionsstandorte sowie Vertriebs- und Serviceniederlassungen in über 30 Ländern aufzubauen. Im Stammbetrieb in Wolfurt wird geplant und konstruiert, was in mittlerweile 75 Staaten exportiert wird. Bis 2004 konnten über 8.900 Anlagen auf fünf Kontinenten realisiert werden. Der Weltmarktanteil betrug 2004 rund 60 Prozent.

Mit dem Korneuburger Unternehmen Girak verfügt Österreich über einen zweiten größeren Hersteller von Aufstiegshilfen. Der österreichische Marktanteil des Unternehmens liegt bei rund 35 Prozent. Der Oberweiser Karosserie-, Kabinen- und Stahlbauer Swoboda positionierte sich als Partner der Seilbahnindustrie und produzierte so beispielsweise für die U-Bahn in dem Tourismusort Serfaus.

Partner der Tourismuswirtschaft sind zudem Unternehmen wie SkiData, das 1977 gegründet wurde und elektronische Zutrittskontrollsysteme entwickelt und erzeugt. Am Beginn stand ein System, das Skilift-Tickets stempeln und registrieren konnte, heute bietet das Salzburger Unternehmen Zutrittskontrollsysteme für Parkgaragen, Mautstellen oder Messen und beschäftigt rund 330 Mitarbeiter.

Die immer unsicherer werdende Schneelage ließ zudem in Kennelbach in Vorarlberg Österreichs einzigen Schnee-Kanonen-Erzeuger entstehen. Die Sufag GmbH wurde 1983 als hundertprozentige Tochtergesellschaft der Elektra Bregenz gegründet und produziert seitdem Schnee-Erzeugungsanlagen.

Massenmedien und Filmindustrie

Die Medienwirtschaft verbindet die Produktion von Inhalten mit industrieller Reproduktion und effizienter Distribution. Die Unternehmen konkurrieren sowohl auf dem Leser-, Hörer- und Sehermarkt als auch auf dem Anzeigenmarkt. Die Produktion und der Vertrieb der Printmedien können für sich als bedeutender Industriezweig gelten, dazu kommt überdies, dass von den elektronischen Medien Impulse auf die Industrien der Unterhaltungs-, der Informations- und der Kommunikationselektronik ausgehen.

Selbstbildnis am Telefon, Maria Lassnig, Öl auf Leinwand, 1973

Angesichts der hohen Anforderungen an Produktion und Vertriebslogistik binden die Medienkonzerne große Kapitalmengen, was hohe Fixkosten zur Folge hat. Daraus resultieren strukturelle Hindernisse gegen den

In der Setzerei des »Wiener Kurier«, Arbeit an der Linotype, 2. Juli 1955

Markteintritt von neuen Anbietern und starke Konzentrationstendenzen. Den Medien kommt eine wichtige Funktion für die kulturelle und politische Entwicklung der Gesellschaft zu. Wegen dieser Besonderheiten geraten die Medien immer wieder ins Visier staatlicher Intervention und Regulation.

Printmedien

Mediaprint-Druckerei, Druckzentrum Wien-Inzersdorf

Nach der nationalsozialistischen Ära wurde das österreichische Zeitungswesen von den alliierten Mächten neu geordnet. 1945 entstand die Tageszeitung »Neues Österreich« als Organ der Regierungsparteien. Bald konnte auch die »Wiener Zeitung« wieder erscheinen und die Parlamentsparteien erhielten Lizenzen für Parteizeitungen. Die größte Zeitung war anfänglich der von der amerikanischen Besatzungsmacht herausgegebene »Wiener Kurier«. Ab 1946 konnte auch die von Ernst Molden neu gegründete »Presse« wieder erscheinen. In den westlichen Bundesländern entstanden unter der Ägide der amerikanischen bzw. französischen Besatzungsmacht die »Oberösterreichischen Nachrichten«, die »Salzburger Nachrichten«, die »Tiroler Tageszeitung« und die »Vorarlberger Nachrichten«. In der Steiermark erschien ab dem Jahr 1948 die »Kleine Zeitung«.

1965 konnten die Leser noch aus 36 Tageszeitungen wählen, danach setzte ein Zeitungssterben bis zur Mitte der Siebzigerjahre ein. Betroffen waren fünf Parteizeitungen sowie das »Neue Österreich« und der »Express«. Ab den Achtzigerjahren nahm die Zahl der Titel erneut dramatisch ab. Vor allem die Parteiblätter wurden großteils eingestellt, während die Bundesländer-Zeitungen all diese Umbrüche erfolgreich überstanden. Die Gesamtauflage aller Tageszeitungen ist von 2,5 Millionen Stück im Jahr 1945 (bei allerdings geringem Seitenumfang) auf 1,2 Millionen im Jahr 1957 zurückgegangen, danach bis 1995 auf beinahe 3 Millionen angestiegen und hat seither durch Einstellung mehrerer Titel oder deren Umwandlung in Wochenzeitungen ziemlich stark abgenommen. Die Österreichische Auflagenkontrolle (ÖAK) meldet für das erste Quartal

Bestandsentwicklung von Tages- und Wochenzeitungen in Österreich

	1952	1965	1975	1985	1995	2004
Tageszeitungen	35	36	30	33	18	17
Wochenzeitungen	156	132	127	141	154	228

Quelle: Verband Österreichischer Zeitungen (Hrsg.), Pressehandbuch, div. Jgg.

2005 für 13 Tageszeitungen eine Druckauflage von 2.271.327 Exemplaren.
1975 wurde die staatliche Presseförderung für Tageszeitungen eingeführt, in manchen Bundesländern wird sie durch regionale Subventionen ergänzt. Die umfangreichen Investitionen in eine Modernisierung des Druckwesens wurden zum Teil aus Mitteln der Arbeitsmarktverwaltung gefördert.
Im Zeitungsdruck ersetzte das Rollenoffsetverfahren den Blei-Hochdruck. Die Produktionskette wurde durch den Lichtsatz, ab den Siebziger- und Achtzigerjahren durch die umweglose Integration von Druck, Satz und Texterfassung bis hin zu »Computer to plate«-Verfahren revolutioniert.
Die Veränderungen machten große Investitionen erforderlich, die einerseits auch kleineren Medien große Kosteneinsparungen und höhere Flexibilität brachten, mit denen andererseits aber auch eine weitreichende Konzentration des Printsektors einherging. Heute dominieren zehn Printmedienunternehmen den österreichischen Markt (nebenstehende Tabelle).
Der Wiener Verleger Ludwig Polsterer übernahm 1954 von der amerikanischen Besatzungsmacht den »Kurier«, den er gemeinsam mit Chefredakteur Hugo Portisch erfolgreich führte, im Hintergrund war der ÖAAB engagiert. Polsterer erwarb auch die Druckerei Waldheim-Eberle und ließ das 12-stöckige Kurier-Hochhaus in Wien-Neubau errichten. 1972 verkaufte er die Zeitung an die neu gegründete »Kurier GmbH«, hinter der zahlreiche Großindustrielle, die Raiffeisengruppe sowie die Styria und andere Printunternehmen standen. 1983 errichtete das Unternehmen eine moderne Großdruckerei in Wien-Inzersdorf.
Die »Presse« ging 1961 an Fred Ungart, 1974 wurde ein neuer Trägerverein gegründet. 1991 und 1999 erwarb der Styria-Konzern in zwei Etappen das bürgerliche Traditionsblatt.
Hans Dichand gründete 1958 gemeinsam mit Kurt Falk die »Neue Kronen Zeitung«, das erfolgreichste Presseprodukt der österreichi-

Die zehn größten Printmedienunternehmen in Österreich (2000/2001)

Rang, Unternehmen	Produkte	Jahresumsatz in Mio. Euro	Beschäftigte
1 Mediaprint-Gruppe	Kronen Zeitung, Kurier	510,0	2.100
2 Styria Media AG	Kleine Zeitung, Die Presse, Die Furche	300,0	2.300
3 News-Gruppe	News, Format, profil, trend, TV-Media, Woman	189,0	528
4 Vorarlberger Medienhaus	Vorarlberger Nachrichten	87,2	650
5 Landesverlags-Gruppe	OÖ Rundschau	87,2	600
6 NÖ Pressehaus	NÖ Nachrichten, NÖ Rundschau	79,9	450
7 Tiroler Tageszeitung-Gruppe	Tiroler Tageszeitung, Bezirksblatt Tirol, Salzburg, Burgenland	72,7	600
8 Wimmer-Gruppe	OÖ Nachrichten	72,7	k. A.
9 Der Standard	Der Standard	43,6	209
10 Vereinigte Familiapress	Die Ganze Woche	40,0	70

Quelle: Arbeiterkammer Wien, Fusionen und Übernahmen 2001. Wettbewerbsbericht der AK Wien, Teil 2 (Wien 2002) 88.

schen Nachkriegsgeschichte. Die Bürgschaft für die Kreditfinanzierung stellte der spätere Gewerkschaftspräsident Franz Olah bei. Das Gespann Dichand-Falk verstand es, durch publikumswirksamen Journalismus und effiziente Werbemaßnahmen die »Krone« bis 1969 zur größten Tageszeitung des Landes zu machen. Ab 1968 begann man mit Regionalausgaben die Bundesländermärkte verstärkt zu bearbeiten. Falk trennte sich in den Achtzigerjahren von der »Kronen Zeitung« und rief das Verlagshaus Familiapress ins Leben. Er errichtete ein neues Druckzentrum in Wien-Floridsdorf, gründete 1985 die vierfärbig gedruckte Wochenzeitung »Die Ganze Woche« und gab von 1992 bis 2000 die Printversion von »Täglich Alles« heraus.

Im Jahr 1988 erfolgte ein großer Schritt im Prozess der österreichischen Pressekonzentration. Nachdem sich die »Westdeutsche Allgemeine Zeitung« (WAZ) 1987 an »Kurier« und »Krone« beteiligt hatte, gründete man als gemeinsame Verlagsinfrastruktur für die beiden Zeitungen die Firma Mediaprint. Mit dieser als »Elefantenhochzeit« bezeichneten Gründung entstand der größte Printmedienverbund Österreichs. Die Druckerei in Wien-Inzersdorf wurde vergrößert und neue Druckzentren entstanden in Salzburg und Kärnten. Außerdem baute man ein weit verzweigtes System der Hauszustellung auf, während die Zeitungskolportage sukzessive zurückging. Die Mediaprint-Gruppe wurde zum größten österreichischen Zeitungskonzern mit mehr als 2.000 Angestellten, noch mehr freien Mitarbeitern und einem Jahresumsatz von mehr als 500 Millionen Euro.

Zum zweitgrößten Printkonzern entwickelte sich die Styria Media AG, die aus dem Katholischen Pressverein Graz-Seckau hervorgegangen ist. Die »Kleine Zeitung« hat sich in Kärnten und der Steiermark trotz intensiver Expansionsbestrebungen der »Kronen Zeitung« als Marktführer behauptet und ist nun die zweitgrößte Tageszeitung Österreichs. Dass der scheinbar so fest gefügte österreichische Printmedienmarkt durchaus noch Entwicklungsmöglichkeiten für neue Projekte bot, hat der Journalist und Verleger Oscar Bronner im Laufe seiner Karriere zweimal unter Beweis gestellt. 1969/70 gründete er die Magazine »trend« und »profil«. 1973/74 erwarb die Kurier-Zeitschriftengruppe, die sich zum dominierenden Faktor auf dem österreichischen Magazinmarkt entwickelte, die Titel. 1988 etablierte Bronner, mit finanzieller Beteiligung des deutschen Axel-Springer-Verlages, die Tageszeitung »Der Standard«, 1998 stieg als neuer deutscher Partner die »Süddeutsche Zeitung« ein. In der Produktion ging man eine enge Kooperation mit der Goldmann Zeitungsdruck GmbH in Tulln ein.

Im Jahr 1995 wurde der Tageszeitungsmarkt schließlich noch durch die Gründung des »WirtschaftsBlatts« bereichert, hinter dem die schwedische Bonnier-Gruppe sowie die ET Multimedia AG stehen.

Der österreichische Magazinmarkt wurde in den Neunzigerjahren durch die News-Gruppe der Gebrüder Fellner grundlegend umgestaltet. 1988 verkauften sie ihre erfolgreichen Titel »Rennbahn-Express« und »Basta« an die Kurier-Gruppe. 1992 gründeten sie mit Unterstützung des Axel-Springer-Verlags das Wochenmagazin »News«, das rasch zur Nummer zwei der österreichischen Wochenmagazine hinter Kurt Falks »Ganze Woche« wurde. 2002

Auflagenzahlen 1984 und 2005

Zeitung		Druckauflage 1984	Druckauflage 2005*
Neue Kronen Zeitung		973.765	998.767
Kleine Zeitung		252.349	294.771
Kurier		525.684	260.517
OÖ Nachrichten		101.303	132.664
Tiroler Tageszeitung		92.817	120.943
Die Presse		63.676	118.829
Der Standard	(1988 gegründet)	–	111.648
Salzburger Nachrichten		71.226	102.211
Vorarlberger Nachrichten		60.637	72.071
WirtschaftsBlatt	(1995 gegründet)	–	58.149

* Erstes Quartal

Quelle: ÖAK, http://www.oeak.at/daten/q4/tz1.html, abgefragt am 8.6.2005.

gelang es, mit 1,2 Millionen Lesern die Spitzenposition zu erobern. Mit den weiteren Magazinen »E-Media«, »Format«, »TV-Media« und »Woman« erreichte man ebenfalls erhebliche Marktanteile. 1998 wurde die News-Gruppe durch eine 75-prozentige Beteiligung von Gruner + Jahr in den Bertelsmann-Konzern eingegliedert. 2001 kam es schließlich nach einem erbitterten Konkurrenzkampf mit dem »profil« zur Magazin-Fusion zwischen der News-Gruppe und dem trend-profil-Verlag (Kurier-Gruppe).
Zu den größten regionalen Wochenzeitungen haben sich die »Niederösterreichischen Nachrichten« (NÖN) und die »Oberösterreichische Rundschau« entwickelt. Die NÖN und die »Niederösterreichische Rundschau« erscheinen im Rahmen des Niederösterreichischen Pressehauses. Die »Oberösterreichische Rundschau« wird von der OÖ Landesverlagsgruppe produziert. In den Neunzigerjahren übernahm die Verlagsgruppe Passau (Euro-Druckservice AG, »Passauer Neue Presse«) von der katholischen Kirche eine Mehrheitsbeteiligung und gestaltete das Unternehmen einschneidend um.

Fritz Molden, Journalist, Zeitungsherausgeber und Verleger, in der Druckerei der »Presse«, 1960

Rundfunk und Fernsehen

Der ORF entwickelte sich zum mit Abstand größten Medienkonzern in Österreich. Seine Position wurde bis in die Neunzigerjahre durch das Rundfunkmonopol gestärkt, das jedoch aus Sicht der Kunden von Beginn an in großen Teilen Österreichs durch terrestrisch empfangbare Auslandssender sowie seit den Achtzigerjahren durch die Kabel- und Satellitentechnik relativiert wurde. Im Jahr 2004 kam die Stiftung ORF abzüglich Werbeabgabe auf einen Umsatz von 877 Millionen Euro. Die Zahl der Mitarbeiter erhöhte sich zum Jahreswechsel 2003/2004 aufgrund eines neuen Kollektivvertrages, der die Anstellung zahlreicher freier Mitarbeiter vorsah, von 2.555 auf rund 3.700.

Die Anfänge des öffentlich-rechtlichen Rundfunks gehen auf das Jahr 1924 zurück. Nach 1945 betrieben die vier Besatzungsmächte eigene Rundfunkanstalten, die im Jahr 1955 im »Österreichischen Rundspruchwesen« wiedervereinigt wurden. Mit der Errichtung der Österreichischen Rundfunk GmbH endeten im Dezember 1957 die Provisorien der Nachkriegszeit. Bis in die Sechzigerjahre krankte der Rundfunk jedoch an notorischer finanzieller Unterdotierung und lähmender staatlicher Einflussnahme. Im Jahr 1964 forderten die unabhängigen österreichischen Zeitungen in einem Rundfunkvolksbegehren einen unabhängigen öffentlich-rechtlichen Rundfunk, was 1966 zum Rundfunkgesetz führte, auf dessen Grundlage 1967 der ORF gegründet wurde. 1974 wandelte man das Unternehmen in eine öffentlich-rechtliche Anstalt und 2001 in eine AG um. Seit 2002 ist der ORF eine Stiftung öffentlichen Rechts.

Fernseh-Versuchssendungen wurden ab 1955 ausgestrahlt, der reguläre Fernsehbetrieb setzte am 1. Jänner 1957 ein. Im Jahr 1959 wurde der hunderttausendste Fernsehteilnehmer registriert, 1968 schließlich die Millionengrenze überschritten.

Radio- und Fernsehbewilligungen 1960 bis 2002

	Radio	Fernsehen
1960	1.988.267	193.046
1970	2.026.157	1.425.622
1980	2.403.579	2.232.577
1990	2.755.126	2.499.890
2002	2.897.864	2.873.458

Quelle: Statistisches Jahrbuch Österreichs 2004, 156

1969 begann in Österreich die Ära des Farbfernsehens. In den Siebzigerjahren überwand man mit dem Bau des neuen ORF-Zentrums am Küniglberg in Wien und der Errichtung von modernen Landesstudios endgültig die Ära improvisierter Produktionsstätten. Mit der Fernsehausstattung der Landesstudios konnte 1978 die Regionalisierung des TV-Angebots beginnen. Ab den Neunzigerjahren setzte der ORF auf die volle Digitalisierung der gesamten Produktionskette in Radio und Fernsehen.

Die Rundfunkliberalisierung setzte in Österreich extrem spät ein. Erst nachdem das Monopol vom Europäischen Menschenrechtsgerichtshof 1993 als menschenrechtswidrig erkannt worden war, schuf man ab 1993 zögerlich in mehreren Anläufen die legistischen Grundlagen für ein duales Rundfunksystem, danach für Kabelfernsehen und 2002 für terrestrisches Privatfernsehen. Das ORF-Radio erreicht heute etwa drei Viertel der österreichischen Bevölkerung ab 14 Jahren. Als erste private Radiostation ging 1995 Antenne Steiermark auf Sendung, die privaten Radioveranstalter erreichen mittlerweile rund 22 Prozent der Bevölkerung. Ab der Mitte der Neunzigerjahre kam es zu ersten Angeboten privater österreichischer Fernsehveranstalter in den Kabelnetzen. Seit 1. Juni 2003 ist der Privatsender ATV+ als erster österreichweit terrestrisch empfangbarer Fernsehanbieter »on air«.

Gerd Bacher: Ein »Macher«, Foto um 1967

ORF-Landesstudio OÖ: Videotechnologie am neuen Fernseh-Regieplatz. Im Vordergrund die zahlreichen Bedienelemente des digitalen Bildmischers, darüber die Anzeigen der Überwachungs-, Prüf- und Messgeräte sowie die Video-Monitorwand im Hintergrund.

Der Film

Das Kino erreichte um die Mitte des 20. Jahrhunderts seine größte Beliebtheit, so registrierten die österreichischen Lichtspieltheater 1956 mehr als 120 Millionen Besucher. Mit dem Aufkommen des Fernsehens ging deren Zahl bis auf nur noch 9,34 Millionen im Jahr 1992 zurück, danach stieg die Frequenz bis 2001 wieder auf 19 Millionen an.

Die Wien-Film, das damals wichtigste Unternehmen der österreichischen Filmindustrie, ging 1955 aus alliierter Kontrolle in Bundesbesitz über. Wenngleich vereinzelte kommerzielle Erfolge gelangen, wie etwa die Sissi-Trilogie, entwickelten sich die Eigenproduktionen immer mehr zu Verlustgeschäften. Daneben bildeten sich in den Sechzigerjahren Ansätze zu einer österreichischen Film-Avantgarde heraus, die jedoch auch keine Grundlage für ein kommerzielles Überleben boten. Die Wien-Film wurde 1985 als staatliche Gesellschaft aufgelöst.

Der österreichische Film überlebte nur dank staatlicher Schutzmaßnahmen, doch seit den Achtzigerjahren gibt er wieder deutliche Lebenszeichen von sich. 1981 setzte in Österreich die kontinuierliche Filmförderung auf Bundesebene ein, die von Unterstützungen auf Landesebene ergänzt wird. Seit Beginn

der Neunzigerjahre nimmt Österreich auch an Programmen auf europäischer Ebene teil. Das Fernsehen wurde vom Konkurrenten zum Partner der Filmwirtschaft und lastet in Europa inzwischen 80 Prozent der Filmkapazitäten durch Zulieferaufträge aus. In Österreich war bis zum Ende des Jahrtausends der ORF aufgrund des Rundfunkmonopols der einzige Fernsehpartner des Kinos. Dies ermöglichte zwar stabile Kooperationsbeziehungen, die zum Beispiel in den Film-Fernseh-Abkommen seit den Achtzigerjahren ihren Niederschlag fanden, der monopolisierte Markt bot jedoch keine Freiräume für ein dynamisches Wachstum neuer audiovisueller Wertschöpfung, wie es etwa im »TV-Piratenland« Luxemburg oder im Raum Köln nach der deutschen Rundfunkliberalisierung einsetzte.
Mehrere Regisseure und Produzenten verstanden es, sich im Rahmen internationaler Kooperationsstrukturen aus der Enge der österreichischen Film-Marktverhältnisse zu befreien. Zum Beispiel arbeitete der renommierte Regisseur Michael Haneke im Rahmen internationaler Kooperationen, bei denen insbesondere französische Partner eingebunden waren, auch Trickfilmer Virgil Widrich hat sich von Beginn an auf internationaler Ebene präsentiert.

Neue Medien

In den Achtzigerjahren bildeten sich die technischen Voraussetzungen für die modernen Online-Medien heraus. Breitband-Internet und Personal Computer sind inzwischen alltäglich geworden. Die eingesessenen österreichischen Massenmedien haben es in den Neunzigerjahren nicht verabsäumt, mit eigenen Internet-Auftritten online zu gehen. Mehr als 4 Millionen Visits konnten im Jahr 2004 zum Beispiel ORF.at, NEWS-Networld, Krone.at und derStandard.at verzeichnen. Der Anteil des Werbemarkts, der auf die neuen Medien entfällt, ist gegenwärtig noch recht gering.
Hohe Zuwachsraten auf den Märkten der Informations- und Kommunikationstechnologien führten in den Neunzigerjahren zum Internet-Boom, im Jahr 2000 platzte jedoch die New-Economy-Blase. Gegenwärtig sind grundlegende Veränderungen im Mediengeschäft im Gange. Neue Vertriebsformen entstehen, die eine Verschiebung der Umsätze und Nachfrage nach neuer Konsumelektronik induzieren. Diese Veränderungen betreffen nicht nur das Medienverhalten, sondern auch das Kaufverhalten. Im Zusammenhang damit gewinnen neue Formen von E-Commerce laufend an Bedeutung.

IV. ÖSTERREICH IM INTERNATIONALEN VERGLEICH

Der Grundtenor der Wirtschaftsgeschichte der zweiten Hälfte des 20. Jahrhunderts war das Wachstum. Niemals in der Geschichte der Menschheit hat sich die Weltwirtschaft besser entwickelt als in diesen 50 Jahren. Das Welt-Sozialprodukt hat sich zwischen 1950 und 2000 mit einer durchschnittlichen Wachstumsrate von 3,9 Prozent pro Jahr versechsfacht, verglichen mit 1,6 Prozent von 1820 bis 1950 und 0,3 Prozent von 1500 bis 1820. Auch pro Kopf der Bevölkerung war der Zuwachs immer noch sehr beträchtlich: 2,1 Prozent pro Jahr zwischen 1950 und 2000, verglichen mit 0,9 Prozent von 1820 bis 1950

Österreich-Pavillon auf der Expo Brüssel, 1958, Entwurf Karl Schwanzer

und 0,05 Prozent zwischen den Jahren 1500 und 1820.

Die Beziehungen zwischen den verschiedenen Regionen haben sich ungemein intensiviert. Die Globalisierung, obwohl sie nicht neu war, wurde zum Grundphänomen. Der Welthandel stieg noch viel stärker als das Sozialprodukt. Die internationale Arbeitsteilung, die Gütertransporte, die Reisen, die Kommunikation, der internationale Austausch von Dienstleistungen, alles wuchs mit vorher nicht gekannter Geschwindigkeit.

Das »goldene Zeitalter« Westeuropas waren die Jahre von 1950 bis 1973: Westeuropas Wirtschaft wuchs um 4,8 Prozent pro Jahr, 1973 bis 2004 hingegen in den Ländern des Euro-Raumes nur noch um 2,3 Prozent. Es war klar, dass die Wachstumsraten der Fünfziger- und Sechzigerjahre nicht zu halten waren. Europa hatte die Chance ergriffen, gegenüber den USA aufzuholen, aber auch die USA hatten hohe Wachstumsraten und Raten des technischen Fortschritts. Der Aufholprozess Westeuropas gegenüber den USA ging zwar auch nach 1973 weiter, doch ein neues Wachstumszentrum begann sich herauszubilden: Fernost.

Österreich war Teil dieses Wachstumsprozesses im »goldenen Zeitalter«, in welchem sich in einer Art »Konvergenzklub« die Pro-Kopf-Einkommen in Westeuropa zunehmend anglichen. Und Österreich hat die Chance ergriffen: Bis in die Vierzigerjahre erschien es als der große Verlierer des wirtschaftlichen Wachstums. Noch 1945 wollte kaum jemand an dieses Land glauben. Die schlechte Ausgangsposition Österreichs nach dem Zweiten Weltkrieg hatte zahlreiche Ursachen: Von den Folgen des Ersten Weltkriegs war Österreich unter allen Beteiligten wohl am schwersten betroffen. Dazu gesellten sich der Zerfall des großen Wirtschaftsgebiets, die Hyperinflation, die Konflikte der Ersten Republik, die Hartnäckigkeit der Weltwirtschaftskrise mit ihrem Vierfachschlag aus Bankenkrise, Industriekrise, Tourismuskrise und Agrarkrise, verbunden mit der politischen Krise aus Diktatur und Bürgerkrieg, dann der Anschluss an das nationalsozialistische Deutschland mit der vordergründig belebenden, aber kostenintensiven und überzogenen Gründungstätigkeit, für deren Finanzierung letztlich alle aufzukommen hatten, und schließlich auch die Zerstörungen durch den Krieg und die Kosten der Besatzung.

Es gab auch immer noch die alten Probleme: eine gewisse Technik- und Innovationsskepsis, die schwachen internationalen Kontakte, das fehlende Handelskapital, die schweren Einbußen durch Nationalsozialismus und Krieg, der Agrarsektor mit seinen naturgegebenen Schwierigkeiten und der aus der ersten Jahrhunderthälfte ererbten Strukturschwäche, auch die Standortprobleme, in engen Tälern, auf traditionellen Standorten, in verkehrsmäßig nicht überall gut erschlossenen Regionen.

Auf der positiven Seite standen die hohen Bildungsstandards, das Unternehmertum, die in der NS-Zeit begonnenen Industriegründungen, die 1945 eingeleitete Westorientierung, die große internationale Hilfe, die Entscheidung für die Sozialpartnerschaft ... Die regionalen Unterschiede wurden durch die Westverlagerung abgeschwächt, die natürlichen Gegebenheiten wirkten sich auf den Tourismus vorteilhaft aus und die Verkehrslage, die wegen der daraus resultierenden Umweltbelastungen oft beklagt wird, wurde zum großen Vorteil.

Österreichs internationale Stellung

Entscheidend für den Nachkriegserfolg war der äußere und innere Konsens: 60 Jahre ohne Krieg, das hat es in der österreichischen Geschichte noch überhaupt nie gegeben. Das viel zitierte »bella gerant alii, tu felix Austria nube« (»Andere mögen Kriege führen, du glückliches Österreich, heirate ...«) stimmt ja nicht, war sogar eine dreiste Lüge. Kaum

Fit für die globale Konkurrenz: Neu gebaute Weberei der Linz Textil, eingeweiht im Juni 2002

ein Land war in so viele Kriege verwickelt. Die längste Friedensperiode, die Österreich zuvor je erlebt hatte, hielt von 1866 bis 1914, also exakt 48 Jahre, bis dahin gab es in der Regel mehr Kriegs- als Friedensjahre. Und die Jahre von 1914 bis 1945 waren von den schwersten außen- und innenpolitischen Gewaltakten gekennzeichnet. Es war daher nach 1945 auch eine Entscheidung der Österreicher für Frieden und Konsens, für Partnerschaft und für soziale Sicherheit ... Hervorzuheben sind auch die im Unterschied zur ersten Jahrhunderthälfte geringe Streikhäufigkeit, damit die besonders niedrigen Transaktionskosten auf dem Arbeitsmarkt. Allerdings kann man dieses günstige soziale Klima nicht nur als Voraussetzung, sondern auch als Folge der erfolgreichen wirtschaftlichen Entwicklung verstehen. Die politische Zäsur des Jahres 1955 in Österreich ist deutlicher als die ökonomische. Der »Staatsvertrag« brachte den Abzug der Besatzungsmächte und die volle politische Souveränität des Landes. Verbunden damit war die Neutralität zwischen den zwei großen Blöcken. Politisch bedeutete der Staatsvertrag die Absicherung der Freiheit, wirtschaftlich wohl einen wichtigen psychologischen Einschnitt, der eine bereits eingeleitete Entwicklung beschleunigte. In Wirklichkeit aber waren sowohl die politischen als auch die ökonomischen Weichenstellungen schon früher erfolgt, mit der Einbindung Österreichs in das westliche Wirtschaftssystem, mit der Stabilisierung der Konsensdemokratie im Inneren und mit dem Weg ins marktwirtschaftliche Wirtschaftswunder. Die Neutralität brachte manche Vorteile in den wirtschaftlichen Beziehungen als Mittler zwischen den zwei großen politischen und wirtschaftlichen Blöcken. Die Nachteile der Lage am Rande des Eisernen Vorhangs und die damit verbundene einseitige Verlagerung der

Handelsströme in Richtung Westen vermochte sie nicht auszugleichen.

Die Kosten der Freiheit Österreichs beziehungsweise der Involvierung des Landes und seiner Bewohner in die nationalsozialistische Gewaltherrschaft und den Zweiten Weltkrieg lassen sich in Wirklichkeit nicht beziffern. Hans Seidel hat die Kosten, die Österreich aus der Besatzung, aus Reparationen und den finanziellen Auflagen des Staatsvertrags erwachsen sind, mit zusammen etwa 1,8 Milliarden Dollar beziffert. Dem stellt er die etwa 1,9 Milliarden Dollar Auslandshilfe, die Österreich in dieser Zeit erhalten hat, gegenüber.

Die »Kosten der Freiheit«

	in Mio. Dollar, zu Preisen von 1955
Belastungen insgesamt	1.830
Besatzungskosten[1]	740
Reparationen[2]	790
Kosten des Staatsvertrags[3]	300
Auslandshilfe	1.920

Quelle: Hans Seidel, Österreichs Wirtschaft und Wirtschaftspolitik nach dem Zweiten Weltkrieg (Wien 2005) 32.

1 An Besatzungskosten wurden nominell 7,3 Mrd. Schilling gezahlt. Dazu kam eine Ablöse von 390 Mio. Schilling für die »Banknotenleihe« der Sowjetunion von 600 Mio. Reichsmark aus dem Jahr 1945.

2 Davon entfielen etwa 350 Mio. Dollar auf Demontagen im Jahr 1945 und 440 Mio. Dollar auf Reparationen aus der laufenden Produktion.

3 Davon entfielen 280 Mio. Dollar auf die Ablöse für die SMV und die USIA-Betriebe (einschließlich Warenlager). 16 Mio. Dollar erhielten die westlichen Erdölfirmen als Entschädigung für den Verlust von Schürfrechten.

Die internationalen Verpflichtungen, die der Staatsvertrag mit sich brachte, erwiesen sich als viel leichter verkraftbar, als man gedacht hatte. Andererseits waren mit den vermögensrechtlichen Regelungen des Staatsvertrags ebenso wie mit der Schillingeröffnungsbilanz auch zusätzliche Absicherungen verbunden.

Das Ergreifen der Chance

Dass Österreichs wirtschaftliches Wachstum nach 1955 höher war als das der meisten Industriestaaten, mag mehrere Ursachen haben: der Nachholeffekt gegenüber dem geringen Wachstum der ersten Jahrhunderthälfte, die ausländischen Hilfslieferungen, das vorteilhafte soziale Klima, das hohe Bildungsniveau und das hervorragende Innovationsklima. Es gab den breiten Konsens der Bevölkerung in Richtung Ausweitung der Produktion, der Einkommen, der Ersparnisse.

Österreich hat gegenüber Westeuropa und den USA aufgeholt, den Abstand zu seinen östlichen Nachbarn vergrößert und es hat inzwischen auch Deutschland überholt. 1950 erreichte das österreichische Pro-Kopf-Einkommen etwa ein Drittel der Schweiz, im Jahr 2000 rund drei Viertel. Bewertet zu Kaufkraft-Paritäten lag Österreich sogar nur noch 10 Prozent zurück. Der Wachstumsrückstand gegenüber Deutschland, der vor dem Ersten Weltkrieg bezogen auf das heutige Territorium bereits sehr gering gewesen war, sich aber zwischen den beiden Weltkriegen sehr vergrößert hatte und nach dem Zweiten Weltkrieg vorerst weiterbestand, konnte aufgeholt werden. Die Tschechoslowakei als der potenziell erfolgreichste Nachfolgestaat der ehemaligen Habsburgermonarchie lag nach 1945 im Pro-Kopf-Einkommen ein Drittel bis 50 Prozent über Österreich, im Jahr 1990 hingegen ein Drittel bis 50 Prozent unter Österreich. Während die Tschechoslowakei durch die Vertreibung von etwa drei Millionen deutschsprachigen Einwohnern, durch die Nichtteilnahme am Marshallplan und die Einbindung in die kommunistische Planwirtschaft sehr rasch zurückfiel und auch Ungarn und Jugoslawien als weitere Nachbarstaaten keine Dynamik entwickelten, konnte Österreich die Chance ergreifen.

Die Wachstumsperiode der Fünfzigerjahre erstreckte sich in Österreich über zwei volle Konjunkturzyklen, von 1953 bis 1958 und von 1958 bis 1962. Sozialprodukt und Produktivität stiegen mit hohen Raten. Mit 6,1 Prozent Wirtschaftswachstum pro Jahr wurde Österreich damals innerhalb der europäischen OECD nur von der BRD übertroffen. Die Handelsströme expandierten außerordentlich stark. Aber erst gegen Ende der Fünfzigerjahre wurde Vollbeschäftigung erreicht. Das Arbeitskräfteangebot nahm zu, weil der Agrarsektor leicht Arbeitskräfte abgeben konnte.

In den meisten westeuropäischen Ländern folgten nach den »silbernen« Fünfzigerjahren

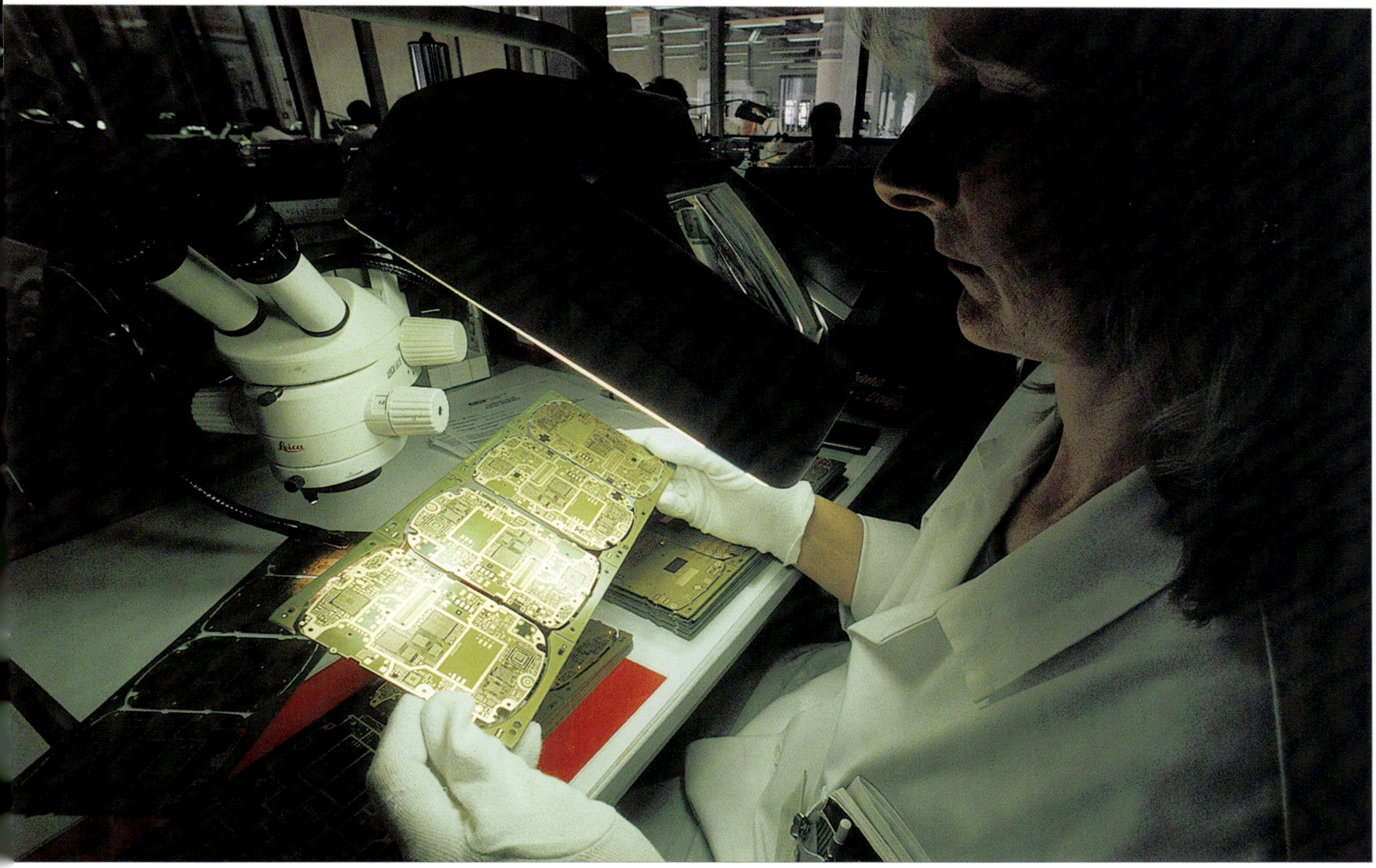

»goldene« Sechziger. Nur in Deutschland, Österreich und Italien brachten bereits die Fünfzigerjahre die höchsten Zuwächse. In den Sechzigerjahren verlangsamte sich das Wachstum und lag in der BRD und in Österreich unter dem westeuropäischen Durchschnitt. In Südeuropa hingegen begann in den Sechzigerjahren der Aufholprozess.

Der langfristige tendenzielle Gleichklang mit der westeuropäischen Entwicklung war für Österreich bestimmend: Nach dem Abschluss des Wiederaufbaus und den als Zeit des »Wirtschaftswunders« bezeichneten Fünfziger- und Sechzigerjahren erfolgte Anfang der Siebzigerjahre der Wechsel in eine neue, langsamere Wachstumsphase. Das »goldene Zeitalter« ging international mit einem dreifachen Schock zu Ende: der beschleunigten Inflation, dem Zusammenbruch des Bretton-Woods-Systems und der ersten Ölkrise.

Für Österreich waren diese makroökonomischen Verwerfungen kein wirklicher Schock. Die Krise schien am Land vorüberzugehen. Österreichs überdurchschnittliche Wachstumsperformance vor allem in den Siebzigerjahren, aber auch in späteren Phasen des Konjunkturabschwungs wird häufig auf die erfolgreiche Abstimmung unterschiedlicher Politikbereiche zu einem kohärenten System der makroökonomischen Steuerung zurückgeführt. Das System war demnach durch ein geglücktes Zusammenspiel von antizyklischer Fiskalpolitik (automatische Stabilisatoren im Sozial- und Steuersystem, öffentliche Investitionen und Indienstnahme der verstaatlichten Industrie), Inflationskontrolle durch die Hartwährungspolitik sowie eine hohe gesamtwirtschaftliche Reallohnflexibilität im Rahmen der Sozialpartnerschaft gekennzeichnet. Vollbeschäftigung und Wachstum galten als oberste politische Priorität.

Dass es Österreich die gesamten Siebzigerjahre

Auf höchstem Niveau: AT & S, Leoben, 2005. Optische Endinspektion der fertigen Leiterplatten bis zur Mitte der Achtzigerjahre gelang, seine Einkommensposition gegenüber dem EU-Durchschnitt zu verbessern, war das eigentliche Wunder. Dass die Krise in den Achtzigerjahren doch kam, war mehr hausgemacht als international bedingt. Die Ära der Vollbeschäftigung ging in Österreich 1981 zu Ende. Das Budgetdefizit explodierte. Die Bundesschuld stieg von 27 Prozent des BIP im Jahr 1981 auf 46,1 Prozent im Jahr 1987.

Die Krise der verstaatlichten Industrie setzte im Jahr 1986 ein und war dramatisch. Dass ihre gesamtwirtschaftlichen Auswirkungen abgefangen werden konnten, war einem kräftigen mittelbetrieblichen Sektor zu danken, der viele Lücken füllte. Zudem erwiesen sich nach erfolgter Privatisierung die meisten dieser Firmengruppen als sehr erfolgreich und konnten sich wieder als Flaggschiffe der österreichischen Industrie etablieren.

Von der Schuldenkrise Lateinamerikas in den frühen Achtzigerjahren war Österreich kaum betroffen. Auch die krisenhafte Entwicklung in Fernost konnte man aus angenehmer Entfernung betrachten. Und die zunehmende Brüchigkeit des Ostblocksystems und seiner Wirtschaft konnte mit großen Krediten vorerst überdeckt werden. Dass der Gegenschlag des Pendels in der Krise der Achtzigerjahre, die vor allem in der verstaatlichten Industrie akut wurde, gesamtwirtschaftlich schließlich eher glimpflich ausfiel, lag an einer politischen Entwicklung, nämlich der Ostöffnung, von der Österreich überdurchschnittlich profitieren konnte.

Die Zerschneidung Europas in zwei Blöcke hatte Österreich schwerer belastet als andere Länder. Durch die Lage am Eisernen Vorhang war Österreich in eine Randposition gedrängt, die sich nur in Einzelfällen als vorteilhaft erwies, in den überwiegenden Fällen das Land aber von seinen natürlichen Handels- und Wirtschaftspartnern abschnitt. Waren in der Zeit zwischen den beiden Weltkriegen und auch noch in den ersten Jahren nach 1945 die Nachbarländer Tschechoslowakei und Ungarn die wichtigsten Handelspartner, sowohl aus institutionellen als auch aus standortbezogenen Gründen, so änderte sich das nach 1949. Ab 1955 konnte Österreich zwar aus dem Status der Neutralität heraus manche Wirtschaftskontakte in den Osten knüpfen und gewisse Erfolge erzielen. Das änderte aber nichts an der grundlegenden Westorientierung des Außenhandels. Auch dass Österreich die Handelsbeziehungen mit Osteuropa durch großzügige Kreditgewährung anzukurbeln versuchte, konnte über die Probleme nicht hinweghelfen. 1988 erreichte der Handel mit den ehemaligen Nachfolgestaaten der Habsburgermonarchie einen Tiefpunkt.

Die Wende im Osten änderte alles. Die Umleitung der Handelsströme verlief dramatisch. Es kam zu einem Außenhandelsboom mit Osteuropa. Viele westeuropäische Firmen sahen sich veranlasst, die österreichischen Erfahrungen und seinen Vorsprung zu nutzen und über Österreich nach Osteuropa vorzustoßen. Österreich profitierte auch besonders von der westdeutschen Investitionswelle in die ostdeutsche Infrastruktur.

Als exportorientiertes Land betreibt Österreich mit rund 150 Ländern als Handelspartnern einen weit verzweigten und hoch differenzierten Außenhandel. Zwei Drittel des Außenhandels werden mit den Ländern der Europäischen Union abgewickelt. Von 1989 bis 1999 haben sich die österreichischen Warenexporte in die mittel- und osteuropäischen Länder auf 9,6 Milliarden Euro fast verdreifacht. Karl Aiginger und Michael Peneder weisen 1997 in ihrer Studie »Qualität und Defizite des Industriestandorts« auf die besonderen Vorteile der »Doppel-Integration« Österreichs durch den EU-Beitritt 1995 bei gleichzeitig rasch enger werdenden Handelsverflechtungen mit den ostmitteleuropäischen Ländern nach dem Fall des Eisernen Vorhangs hin. Seit dem Ende der Siebzigerjahre zählt Österreich zu den wohlhabendsten Staaten im Bereich der heutigen Europäischen Union. Das betrifft zahlreiche Kennzahlen zum all-

»Freiheit« der Konkurrenz: Isolde Joham, »Frage der Energie«, Öl, Acryl auf Leinen, 1982

gemeinen Lebensstandard und zur Lebensqualität, aber auch die Arbeitslosenquote und die Beschäftigungsquote, auch wenn manche Grundstrukturen der österreichischen Wirtschaft, etwa der hohe Grad des Staatseinflusses, der unterdurchschnittliche Grad der Verflechtung in die Weltwirtschaft, die geringe Ausstattung mit multinationalen Unternehmen, die Forschungsquote etc., keine derartige Dynamik erwarten ließen.

Im langfristigen Vergleich (1970 bis 2000) wuchs das reale BIP pro Kopf in Österreich um durchschnittlich 2,7 Prozent pro Jahr und damit stärker als im Durchschnitt der 15 EU-Staaten (+2,4 Prozent) beziehungsweise in Deutschland (+2,2 Prozent). Die Beschäftigung entwickelte sich in diesem Zeitraum mit +0,4 Prozent gleich wie in der EU, aber besser als in Deutschland (+0,3 Prozent). Das reale BIP entwickelt sich vor allem in Phasen der Rezession günstiger als in den EU-Ländern, was auf automatische Stabilisatoren durch das Sozial- und Steuersystem zurückgeführt wird. Trotz des nur durchschnittlichen Wachstums in den Achtziger- und Neunzigerjahren ist die österreichische Wirtschaft auch weiterhin durch überdurchschnittlich hohe Investitionsausgaben geprägt. Im Jahr 2000 betrug der Anteil der gesamten Bruttoanlageinvestitionen am BIP 23,8 Prozent gegenüber 20,8 Prozent in der EU.

Die Grundlagen eines eigenständigen österreichischen Modells der Makropolitik sind jedoch schrittweise abhanden gekommen. Zum einen ist nachfrageorientierte Makropolitik dann effektiver, wenn sich eine Ökonomie noch in der Aufholphase befindet und die Produktivitätsreserven (durch Technologieimport) nicht ausgeschöpft sind. Zum anderen wurden im Prozess der europäischen Integration die nationalen Handlungsspielräume vor allem in der Geld-, aber auch in der Fiskalpolitik zunehmend beschränkt. Die makropolitische Steuerung ist nun in weiten Bereichen eine Aufgabe der europäischen Politik mit entsprechend neuem Abstimmungs- und Koordinationsbedarf.

Österreich in einer globalen Wirtschaft

Wesentlich beruhen Österreichs Stabilität und sein Erfolg in der makroökonomischen Performance auf der traditionell großen Kontinuität der Arbeitnehmer-Arbeitgeber-Beziehungen, die in der österreichischen Institution der Sozialpartnerschaft eine sehr spezifische Ausprägung gefunden haben. Die institutionelle Einbindung der Sozialpartner in wichtige Entscheidungen der Wirtschaftspolitik und die daraus resultierende Mitverantwortung haben in der historischen Betrachtung zu einer keineswegs selbstverständlichen Bedachtnahme auf gesamtwirtschaftliche Entwicklungen beigetragen. Die Institution der Sozialpartnerschaft ist somit ein weiterer wesentlicher Teil zur Erklärung des Paradoxons: Sie hat erfolgreich zur Stabilität und Kontinuität der makroökonomischen Entwicklung beigetragen, wird aber auf der anderen Seite auch für das Fehlen von Strukturreformen verantwortlich gemacht.

Österreich zählt heute unter den westlichen Industrieländern zu den Staaten mit der ausgeglichensten Einkommensverteilung. Ähnlich ausgeglichen ist sie nur in den skandinavischen Staaten und in Belgien, ferner in einigen ehemals kommunistischen Ländern. Wesentlich größer sind die Unterschiede in Deutschland, Großbritannien, den USA, Russland oder gar in einigen afrikanischen oder lateinamerikanischen Staaten – bis hin zu den Spitzenreitern der Einkommensungleichheit wie Brasilien, Nicaragua, Swaziland, die Zentralafrikanische Republik oder Sierra Leone, das Land mit der den Statistiken der Weltbank zufolge ungleichsten Einkommensverteilung der Welt. Gleichmäßiger als in Österreich wären nach den Daten der Weltbank die Einkommen nur in der Slowakei und in Weißrussland verteilt. Auch wenn die österreichischen Statistiker sehr zurückhaltend sind, was Informationen und Daten zur Einkommens- und Vermögensverteilung angeht, und die Weltbank-Daten, was Österreich betrifft, etwas veraltet sind, steht doch außer Zweifel, dass die Einkommensverteilung in Österreich ausgeglichener ist als in England oder den USA, aber auch Deutschland.

Wie Österreich im internationalen Vergleich im Bereich von Bildung, Wissenschaft und Innovationsfähigkeit zu positionieren ist, darüber sind inzwischen heftige Diskussionen entbrannt. Generell wird dem österreichischen Bildungswesen ein hoher Standard attestiert. Vergleiche sind extrem schwierig. Und selbst die Zusammenhänge zwischen Bildungswesen, wissenschaftlicher Forschung und Wirtschaftswachstum sind eher unscharf. Weder sind Akademikerquoten gute Maßstäbe noch Ergebnisse der Forschung. Die Anstrengungen im Bereich des Bildungswesens waren insbesondere in den Sechzigerjahren hoch. Absolventenzahlen sagen noch wenig über die Qualität der Ausbildung aus. Ob Gesamtschulsysteme, wie sie in den nordischen Ländern aufgebaut wurden, oder eher pluralistische Systeme bessere Ergebnisse erbringen, bleibt eine offene Diskussion. Das Universitätsstudium wurde ausgebaut. Bisher ist es aber nicht gelungen, das weibliche Potenzial adäquat zu nutzen. Vergleichende Betrachtungen sind schwierig, doch wird

1

2

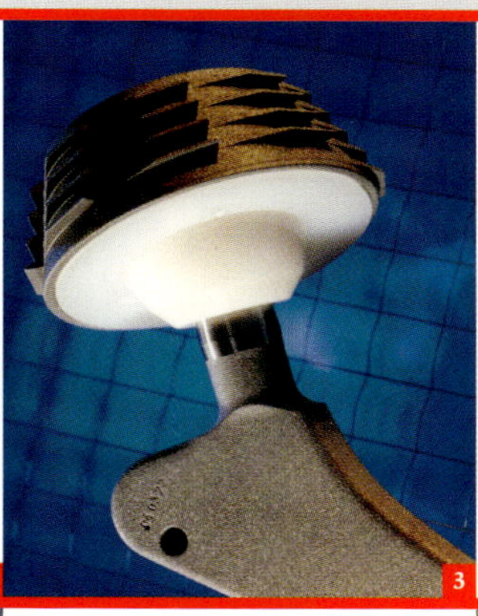
3

4

5

6

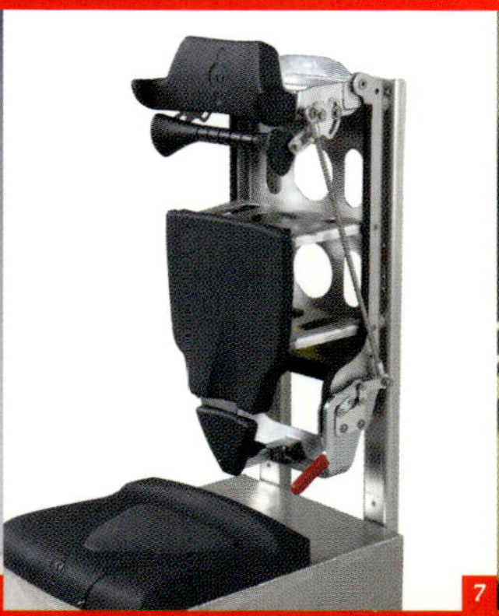
7

8

9

10

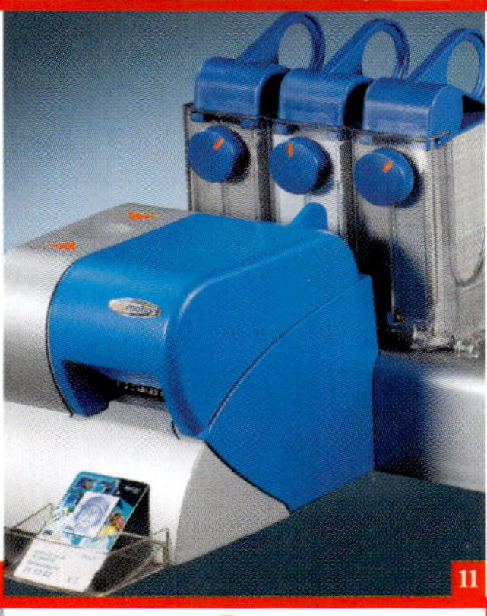
11

12 13

14

15

16

17

1 BMW-Motor aus dem Werk Steyr – 2 Motocross-Maschine von KTM – 3 Hüftgelenk von Böhler Edelstahl – 4 Minensuchgerät von Schiebel – 5 Ski-Doo von Bombardier-Rotax – 6 Sufag-Schneekanone – 7 Feuerwehrzubehör von Rosenbauer – 8 Infineon-Chip aus Villach – 9 Wienerberger-Planziegel – 10 »Silver Crystal«-Figurine von Swarovski – 11 Komponente einer manuellen Kassenstation von SkiData – 12 Manner-Schnitten – 13 Mozartkugel von Mirabell – 14 Gmundner Keramik – 15 Formstücke von Erne Fittings – 16 Energy Drink von Red Bull – 17 Original Sacher-Torte

generell die niedrige Akademikerquote Österreichs betont. Das von den Sozialpartnern mitgetragene duale Ausbildungssystem gilt international als Vorbild.
Wo sich Österreichs Wirtschaft recht grundlegend vom europäischen Umfeld unterscheidet, ist die Energiepolitik. Österreich hat durch seinen Reichtum an Biomasse und Wasserkraft zwar recht gute Voraussetzungen, einen nachhaltig wirkenden Beitrag zur Energieproblematik zu leisten. Durch den Verzicht auf Kernenergie ist allerdings im internationalen Vergleich dennoch eine relativ hohe Abhängigkeit von Öl und Gas gegeben.
Man hat Österreichs wirtschaftliche Entwicklung als Paradoxon bezeichnet. In zahlreichen Studien wird immer wieder auf das im Vergleich zu anderen Industrieländern in Österreich vorhandene Übergewicht traditioneller, bestenfalls in mittleren Technologiesegmenten tätiger Industriezweige hingewiesen, begleitet von einer im OECD-Vergleich relativ niedrigen Forschungs- und Entwicklungsquote, geringen Patentaktivitäten und einer österreichischen »Technologielücke«. Dennoch stellt sich die gesamtwirtschaftliche Entwicklung Österreichs im historischen Verlauf als günstig und überdurchschnittlich dar, vergleicht man verschiedene makroökonomische Indikatoren (Einkommensniveau, Beschäftigung und Wachstum) insbesondere mit den EU-Ländern sowie den wichtigsten Außenhandelspartnern Deutschland und Italien. Die Strukturprobleme der österreichischen Sachgütererzeugung bestehen in der großen Spezialisierung auf Branchen mit mittlerem bis niedrigem Technologieniveau. Die günstige Gesamtentwicklung zeigt jedoch, dass sich die Unternehmen innerhalb dieser Strukturen gut behaupten.

Das erweiterte Europa: Straßenmalerei

Gunter Damisch,
»Weltwegflimmern«
aus der Sammlung
Seibersdorf,
Öl auf Leinwand,
1999

Österreichische Besonderheiten und Anpassungsanreize

Traditionelle Stärken, die für die gute Performance in der Vergangenheit verantwortlich waren und die negativen Effekte aus dem fehlenden Strukturwandel kompensierten, liegen in der Marktlage: Neuere Studien belegen, dass Österreich hinsichtlich des Marktpotenzials zu den attraktivsten europäischen Standorten gehört. Ähnliche Maße für den Zugang zu Zuliefer- und Absatzmärkten weisen Österreich ebenfalls einen sehr guten Rang zu. Es profitiert von der hohen Wirtschaftskraft in Süddeutschland und Norditalien ebenso wie von der durch die Ostöffnung freigesetzten Dynamik der östlichen Nachbarländer.

Begünstigt durch ausländische Direktinvestitionen sowie eine anpassungsfähige mittelständische Unternehmensstruktur scheint Österreichs Sachgütererzeugung besonders gut in die europäischen Produktionsstrukturen eingebettet zu sein, sodass das Fehlen technologieorientierter Branchen in Österreich weitgehend durch Qualitätsverbesserungen innerhalb bestehender Strukturen kompensiert wird. Zurückzuführen ist das vor allem auf die überdurchschnittliche Innovationsaktivität von Kleinbetrieben.

Österreichische Unternehmen investieren, so kritisiert die wirtschafts- und technologiepolitische Diskussion, zu wenig in Forschung und Entwicklung. Die Ergebnisse eines vom WIFO (im Auftrag von Eurostat und in Kooperation mit dem Bundesministerium für wirtschaftliche Angelegenheiten) durchgeführten Community Innovation Survey (CIS) zeichneten allerdings ein anderes Bild. Sowohl der europäische Vergleich als auch der Vergleich mit früheren Erhebungen der Forschungs- und Entwicklungsausgaben fallen durchaus positiv aus. Innovationen gehörten im ausgehenden 20. Jahrhundert zu den ständigen Aktivitäten österreichischer Unternehmen des produzierenden Sektors. Rund 67 Prozent der antwortenden Unternehmen hatten zwischen 1994 und 1996 Produkt- und/oder Prozessinnovationen eingeführt. Damit lag die Innovationsneigung in Österreich deutlich über dem EU-Durchschnitt von 53 Prozent.

Für die Einführung von Innovationen wandten die österreichischen Unternehmen im produzierenden Sektor 1996 rund 46,5 Milliarden Schilling auf. Das entsprach knapp 2 Prozent des BIP und ist im internationalen Vergleich um 1 Prozent zu niedrig. Fast die Hälfte dazu trugen Unternehmen mit mehr als 500 Beschäftigten bei. Klein- und Mittelbetriebe (mit 10 bis 19 Beschäftigten) investierten 3,4 Milliarden Schilling in die Entwicklung neuer Produkte und Prozesse.

Die Wertschöpfung der österreichischen Industrie wuchs mit 5 Prozent p. a. im Zeitraum 1989 bis 1996 fast doppelt so stark wie im EU-Durchschnitt (2,7 Prozent). Am besten entwickelten sich die Industriezweige sonstige Maschinen, Kraftwagenteile, Karosserien und Aufbauten, Haushaltsgeräte sowie Elektrizitätsverteilungs- und -schalteinrichtungen. Der Wachstumsvorsprung kann im Wesentlichen auf Aufholprozesse und erfolgreichen Strukturwandel in Teilbereichen der österreichischen Industrie zurückgeführt werden. Die Produktivitätssteigerung fiel in Österreich mit 7,3 Prozent pro Jahr wesentlich größer aus als im europäischen Durchschnitt mit 4,7 Prozent. In mehr als zwei Dritteln der Industriezweige stieg die Produktivität in Österreich rascher als in Europa.

Die österreichische Wirtschaft hat einen erfolgreichen Aufholprozess durchlaufen, der vor allem von der Industrie getragen war. Die Grundstofflastigkeit, die in der Struktur der ersten Nachkriegszeit noch als Vorteil gesehen werden konnte, wurde erfolgreich überwunden. Österreich bewältigte trotz schwieriger politischer Bedingungen (die Lage am Eisernen Vorhang, eine fehlende Kapitalbasis, der lange behinderte Zugang zum EG-Markt, das Fehlen international agierender Großunternehmen und entsprechender Firmenzentralen, ein stark binnenorientiertes Bildungs- und Kultursystem) die Integration in die Weltwirtschaft.

Aus der Globalisierung der Wirtschaft und dem damit einhergehenden Standortwettbewerb, den wirtschaftlichen und politischen Integrationsprozessen in Europa, dem technologischen Wandel, aus dem Konsolidierungsbedarf der öffentlichen Haushalte, aber auch aus dem sich rasch verändernden Arbeitsmarkt in Österreich mit zunehmend ungünstiger werdendem Verhältnis zwischen erwerbstätiger und zu erhaltender Bevölkerung resultieren neue Herausforderungen an den Wandel der Industriestrukturen und die Organisation von Unternehmen.

Österreichs relative Einkommensposition im Vergleich zu den OECD-Staaten von 1950 bis 2000

	BIP/pro Kopf, real, zu Dollar-Kursen 1995, Österreich = 100					
	1950	**1960**	**1970**	**1980**	**1990**	**2000**
Australien	134	91	84	70	66	68
Belgien	129	95	99	96	93	92
Dänemark	202	149	149	123	115	115
Deutschland	100	116	114	105	103	97
Finnland	107	90	95	95	98	94
Frankreich	121	98	104	96	92	88
Griechenland	34	32	47	47	39	38
Großbritannien	122	88	76	64	66	67
Irland	72	51	50	49	55	83
Island	138	95	87	100	95	92
Italien	65	61	68	66	66	62
Japan		82	132	128	143	133
Kanada	123	86	81	76	71	70
Luxemburg	198	148	133	114	141	173
Neuseeland		101	82	62	56	54
Niederlande	140	111	109	95	90	93
Norwegen	139	104	99	106	104	117
Österreich	**100**	**100**	**100**	**100**	**100**	**100**
Portugal	30	24	33	33	36	38
Schweden	165	125	125	104	101	98
Schweiz	305	242	225	177	166	140
Spanien	51	43	54	49	50	53
Türkei	14	11	10	9	9	9
USA	166	118	107	94	95	95

Quellen: Felix Butschek, Vom Staatsvertrag zur Europäischen Union: österreichische Wirtschaftsgeschichte von 1955 bis zur Gegenwart (Wien 2004) 16 f; OECD; WIFO.

Streiks (in Minuten pro Jahr und Arbeitnehmer) im internationalen Vergleich, 1956 bis 2002

	1956/60	**1961/65**	**1965/69**	**1970/74**	**1975/79**	**1980/84**	**1985/89**	**1990/94**	**1995/99**	**2000/02**
Dänemark	31	68	20	209	40	52	117	11	145	25
Deutschland	8	5	3	28	25	26	1	9	2	2
Finnland	214	41	56	362	226	233	162	100	62	31
Frankreich	23	19	63	100	103	45	20	12	14	16
Großbritannien	53	36	81	301	246	233	86	18	10	15
Italien	77	177	599	725	730	450	137	110	37	70
Japan	0	0	53	81	39	7	3	1	1	0
Kanada	0	0	367	411	451	316	165	94	107	69
Niederlande	10	2	3	27	14	10	5	8	13	2
Norwegen	44	29	5	28	11	27	64	35	43	50
Österreich	**6**	**16**	**11**	**9**	**1**	**1**	**2**	**3**	**1**	**1**
Schweden	2	1	14	30	14	118	58	26	21	1
Schweiz	0	2	0	1	1	0	0	1	1	2
Spanien	0	0	18	62	691	315	310	235	75	132

Quelle: Wolfram Fischer, Wirtschaft, Gesellschaft und Staat in Europa 1914–1980, in: ders. (Hg.), Handbuch der europäischen Wirtschaftsgeschichte, Bd. 6 (Stuttgart 1987) 72 ff; Felix Butschek, Vom Staatsvertrag zur Europäischen Union: österreichische Wirtschaftsgeschichte von 1955 bis zur Gegenwart (Wien 2004) 34 f; eigene Umrechnung.

Struktur des Bruttoenergieverbrauchs in den Jahren 1973 und 2000 nach Ländern (EU bzw. OECD); Anteile der einzelnen Energieträger in Prozent

	Kohle		Öl		Gas		Kernenergie		Wasserkraft		Sonstige	
	1973	2000	1973	2000	1973	2000	1973	2000	1973	2000	1973	2000
Belgien	24,1	14,2	60,4	40,4	15,4	22,7	0,1	21,3	0,0	0,1	0,0	1,3
Dänemark	9,7	20,7	88,5	45,0	0,0	22,9	0,0	0,0	0,0	0,0	1,8	11,4
Deutschland	41,4	23,7	48,1	38,8	8,5	21,2	0,9	13,0	0,4	0,6	0,7	2,7
Finnland	12,2	15,7	64,7	30,4	0,0	10,7	0,0	18,2	4,3	3,9	18,8	21,0
Frankreich	16,5	5,7	70,3	33,2	7,7	13,4	2,2	41,1	2,3	2,2	1,0	4,4
Griechenland	17,0	32,5	77,8	56,1	0,0	6,1	0,0	0,0	1,6	1,2	3,6	4,1
Großbritannien	34,6	15,5	50,5	35,9	11,4	37,8	3,3	9,6	0,2	0,2	0,0	1,0
Irland	22,0	18,2	77,2	56,5	0,0	23,5	0,0	0,0	0,8	0,5	0,0	1,3
Italien	6,3	7,5	77,9	52,6	11,1	34,5	0,6	0,0	2,5	2,3	1,6	3,1
Luxemburg	56,2	3,9	38,6	73,3	5,1	21,0	0,0	0,0	0,1	0,3	0,0	1,5
Niederlande	4,6	10,8	49,4	38,5	45,5	46,8	0,5	1,4	0,0	0,0	0,0	2,5
Österreich	**17,8**	**12,5**	**56,3**	**41,1**	**15,2**	**22,7**	**0,0**	**0,0**	**7,4**	**12,6**	**3,3**	**11,1**
Portugal	7,0	15,5	75,5	63,4	0,0	8,3	0,0	0,0	8,7	4,0	8,8	8,8
Schweden	4,2	5,5	72,3	28,4	0,0	1,5	1,4	31,7	13,1	14,4	9,0	18,5
Spanien	17,2	16,8	73,0	52,1	1,8	12,2	3,3	13,0	4,7	2,0	0,0	3,9
Norwegen	5,8	4,0	53,9	33,1	0,0	13,3	0,0	0,0	40,3	44,7	0,0	4,9
Schweiz	1,6	0,9	76,2	46,8	0,8	8,9	8,2	25,4	12,0	11,7	1,2	6,3
Ungarn	37,5	16,2	38,9	28,0	19,8	39,3	0,0	14,9	0,1	0,1	3,7	1,5
Japan	17,9	17,9	77,9	50,5	1,5	12,4	0,8	16,0	1,8	1,4	0,1	1,8
USA	17,9	23,6	47,5	38,7	29,7	23,7	1,3	9,1	1,3	0,9	2,3	4,0

Quelle: Energiebericht der österreichischen Bundesregierung (2003) Anhang.

Struktur des Bruttoenergieverbrauchs in den Jahren 1973 und 2000 nach Ländern (EU bzw. OECD); Verbrauch in toe (Tonnen Rohöleinheiten) pro 1.000 US-Dollar BIP bzw. in toe pro Einwohner

	In toe/1.000 Dollar BIP			In toe/Kopf		
	1973	2000	% Veränd.	1973	2000	% Veränd.
OECD gesamt	0,2805	0,192	-31,6	4,1643	4,738	13,8
Japan	0,1236	0,0929	-24,8	2,9783	4,1342	38,8
Norwegen	0,2157	0,1503	-30,3	3,8162	5,704	49,5
Schweiz	0,0801	0,0792	-1,1	3,0622	3,7017	20,9
Ungarn	0,631	0,4555	-27,8	2,0596	2,4724	20,0
USA	0,4336	0,2559	-41,0	8,1932	8,3496	1,9
EU (15)	0,2145	0,1492	-30,4	3,3314	3,8584	15,8
Belgien	0,2656	0,1862	-29,9	4,7628	5,775	21,3
Dänemark	0,1544	0,0944	-38,9	3,9495	3,6449	-7,7
Deutschland	0,2147	0,1264	-41,1	4,2794	4,1335	-3,4
Finnland	0,2622	0,2002	-23,6	4,5748	6,404	40,0
Frankreich	0,1836	0,1465	-20,2	3,3052	4,2549	28,7
Griechenland	0,1461	0,2001	37,0	1,3837	2,6351	90,4
Großbritannien	0,2949	0,1784	-39,5	3,9258	3,8932	-0,8
Irland	0,2671	0,1371	-48,7	2,3396	3,8613	65,0
Italien	0,1987	0,1424	-28,3	2,3484	2,972	26,6
Luxemburg	0,5467	0,1495	-72,7	12,8344	8,3518	-34,9
Niederlande	0,2472	0,1525	-38,3	4,6468	4,7612	2,5
Österreich	**0,1564**	**0,107**	**-31,6**	**2,8636**	**3,5243**	**23,1**
Portugal	0,1253	0,1903	51,9	0,8372	2,46	193,8
Schweden	0,2364	0,1708	-27,7	4,8327	5,3524	10,8
Spanien	0,1495	0,1774	18,7	1,5049	3,1277	107,8

Quelle: Energiebericht der österreichischen Bundesregierung (2003) Anhang.

V. WIRTSCHAFTSWISSENSCHAFT IN ÖSTERREICH

Die Nationalökonomie hat nach dem Zweiten Weltkrieg ihren »nationalen« Charakter völlig eingebüßt. Das hat generelle Hintergründe und solche mit einem österreichspezifischen Akzent.

Das eine ist sowohl in der Globalisierung der Wirtschaft begründet, die eine »nationale« Wirtschaft und auch Wirtschaftspolitik immer weniger bedeutend macht, wie auch in der Globalisierung der Wissenschaft, insbesondere auch der Wirtschaftswissenschaft, die nationale oder regionale Beiträge immer weniger deutlich hervortreten lässt.

Das andere, das österreichspezifische Problem, liegt in der Auswanderung und Vertreibung zahlreicher Ökonomen aus Österreich in der ersten Hälfte des 20. Jahrhunderts. Bereits in der Zwischenkriegszeit schottete sich die Wirtschaftswissenschaft an den österreichischen Universitäten von der internationalen Entwicklung ab. Diese Tendenz setzte sich auch längere Zeit nach dem Krieg fort.

50-Jahr-Feier des Österreichischen Instituts für Wirtschaftsforschung, 1977: im Vordergrund Bundespräsident Rudolf Kirchschläger und der österreichische Nobelpreisträger Friedrich A. v. Hayek

Fast alle Vertreter der Österreichischen Schule waren emigriert und erhielten nach 1945 meist nur für kurze Zeit Gastprofessuren in Österreich.

Namhafte Vertreter der »Österreichischen Schule der Nationalökonomie« hatten schon in den Zwanziger- und Dreißigerjahren dem Land den Rücken gekehrt (Joseph Schumpeter, Friedrich August von Hayek), zahlreiche andere waren aus politischen und rassischen Gründen von den Nationalsozialisten vertrieben worden. In Wahrheit hat die Österreichische Schule der Nationalökonomie erst in den USA ihre Kraft und Wirkung erreicht, während es nur in Ausnahmefällen zu einer Rückkehr und Rückholaktion gekommen war.

Die im Lande verbliebenen Ökonomen waren teils durch den Nationalsozialismus belastet oder standen in der ständischen Tradition der christlichen Soziallehre und der Ganzheitslehre der Spann'schen Schule. So stellte sich die ökonomische Wissenschaft in Österreich in der Zeit nach dem Zweiten Weltkrieg sehr fragmentiert dar.

An der Wirtschaftsuniversität, der damaligen Hochschule für Welthandel, dominierte die ganzheitliche Schule. Teils waren es auch Ökonomen, die noch in der Tradition der Historischen Schule der Nationalökonomie standen. Ökonomische Lehrkanzeln gab es auch an den Universitäten im Zusammenhang mit der Juristenausbildung und den so genannten Staatswissenschaften. Häufig dominierten Juristen. Ein Beispiel ist Franz Nemschak (1907–1992), von der Ausbildung her Jurist und Wirtschaftsforscher, der von 1945 bis 1973 das Institut für Wirtschaftsforschung und in den Jahren von 1973 bis 1978 das Wiener Institut für internationale Wirtschaftsvergleiche leitete.

An der juridischen Fakultät der Universität Wien galt nach dem Krieg das Hauptaugenmerk der Ausbildung von Juristen, die Nationalökonomie spielte als Staatswissenschaft nur eine untergeordnete Rolle. Erst Mitte der

Friedrich A. v. Hayek (1899–1992), Nationalökonom und Sozialphilosoph, 1974 Nobelpreisträger für Wirtschaftswissenschaft, Gründer des Österreichischen Instituts für Konjunkturforschung (heute Österreichisches Institut für Wirtschaftsforschung)

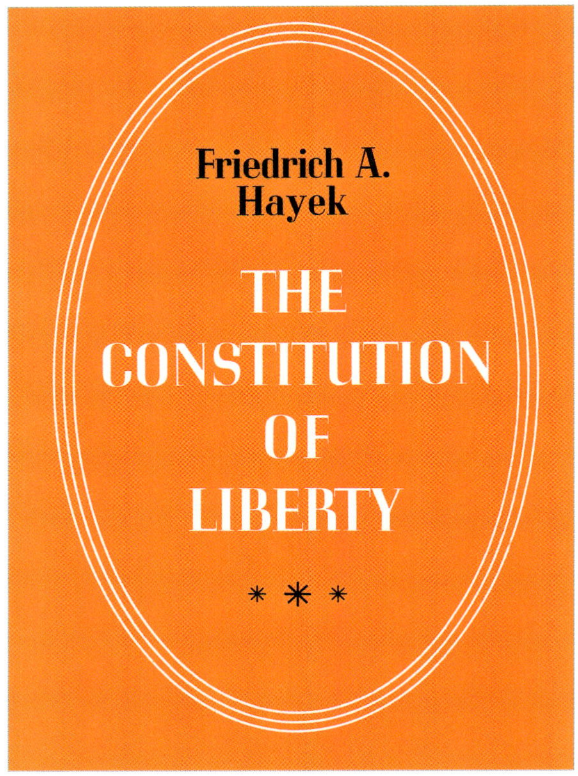

The Constitution of Liberty von Friedrich A. v. Hayek, 1960

Sechzigerjahre etablierte die Reform der Studienordnung eigene sozial- und wirtschaftswissenschaftliche Studienrichtungen und gab einer statistisch und ökonometrisch fundierten nationalökonomischen Ausbildung breiteren Raum. Ähnlich war es auch an den Universitäten Graz und Innsbruck.

Der bedeutendste in den Sechziger- und Siebzigerjahren noch lebende aus Österreich gebürtige Ökonom war Friedrich August von Hayek (1899–1992). Im Jahr 1960 hatte er als sein Spätwerk und Vermächtnis – damals an der University of Chicago tätig – die »Constitution of Liberty« (deutsch: »Die Verfassung der Freiheit«) veröffentlicht, in der er die Grundlagen einer freien Wirtschafts- und Gesellschaftsordnung beschreibt, in welche der Staat möglichst nicht eingreifen solle. In den Vierzigerjahren hatte er die Marktwirtschaft als sich selbst organisierendes System beschrieben, die zentrale Rolle von Wettbewerb, Wissen und Information betont und den Markt als Orientierung für künftige Technologien, Bedürfnisse, für wirtschaftliche Entwicklung und technischen Fortschritt dargestellt. Nach seiner Rückkehr aus den USA wirkte er 1962 bis 1968 in Freiburg im Breisgau. 1968 wurde er zu einer Gastprofessur nach Salzburg berufen, fand aber zu seiner Enttäuschung in Österreich keine große Resonanz und kehrte 1977 wieder nach Freiburg zurück. 1974 erhielt Hayek den Nobelpreis für Wirtschaftswissenschaften.
Kurt Rothschild (geb. 1914), der international wohl bekannteste derzeit noch lebende österreichische Nationalökonom, gehörte nach seiner Rückkehr aus der Emigration in den Jahren 1947 bis 1966 dem Institut für Wirtschaftsforschung als Wissenschafter an, wo er einen wesentlichen Teil seiner herausragenden wissenschaftlichen Leistungen erarbeitete. Auch anschließend in seiner Zeit als Mitbegründer, Professor und Rektor der Universität Linz und nach seiner Emeritierung blieb er dem WIFO stets persönlich eng verbunden.

Kurt Rothschilds Bekanntheit stützt sich auf seine Arbeiten über das Funktionieren der Arbeitsmärkte (»Theorie der Arbeitslosigkeit«, 1988), über Lohnbildung und Einkommensverteilung, Preisbildung auf oligopolistischen Märkten und zu internationalen Aspekten der Wirtschaftspolitik. Er lässt sich keiner ökonomischen »Schule« eindeutig zuordnen. Er kritisierte die neoklassischen Modellannahmen und trat für eine Pluralität der Paradigmen in den Sozial- und Wirtschaftswissenschaften ein. In den Neunzigerjahren schrieb er zu

Kurt Rothschild (geb. 1914)

Fragen der europäischen Integration und internationalen Kooperation. Vor allem stellte sich Kurt Rothschild gegen einäugige Ansätze und gegen die Beschränkung der Interessen der Ökonomen auf »rein« wirtschaftliche Zusammenhänge.
Rothschild trat für die Keynesianische Wirtschaftslehre und für den Wohlfahrtsstaat ein, als das Konzept in den Achtzigerjahren in die Kritik geriet. Unvollständiger Wettbewerb und Marktversagen waren Gegenstand der

Arbeiten sowohl von Kurt Rothschild als auch von Josef Steindl. Dessen theoretische Auseinandersetzung mit dem Zufallsprozess im Unternehmenswachstum (»Random Processes and the Growth of Firms«, 1964) und vor allem sein Buch »Maturity and Stagnation in American Capitalism« (2. Auflage 1976) fanden international viel Beachtung. Allerdings

Erich W. Streissler (geb. 1933)

blieb dem Autor damals die Anerkennung einer Habilitation versagt, da er seine Veröffentlichungen in Englisch geschrieben hatte.

Zu den unkonventionellen ökonomischen Denkern gehörte auch Egon Matzner. Er machte mit seinen Arbeiten über die Unterscheidung von Eigentums- und Entscheidungsverhältnissen die spätere Privatisierung der verstaatlichten Industrie auch für den sozialdemokratischen Partner in der Regierungskoalition akzeptabel.

Den wohl größten Einfluss unter den in Österreich lehrenden Ökonomen erlangte Erich Streissler (geb. 1933), der sich 1959 an der Universität Wien für Volkswirtschaftslehre habilitierte, 1962 zum Ordinarius für Statistik und Ökonometrie an der Universität Freiburg im Breisgau berufen wurde und 1968 an die Universität Wien zurückkehrte. Bekannt wurde er mit Arbeiten zur Wachstums- und Geldtheorie, zur Ökonomischen Theoriegeschichte und Ökonomischen Systemtheorie.

Erich Streissler ist ein profunder Kenner der Österreichischen Schule und vertritt selbst eine liberale Denkrichtung. So wie viele andere österreichische Ökonomen steht er dem neoklassischen Paradigma kritisch gegenüber. Streissler betont die Rolle der Institutionen und kritisiert das vereinfachende Konzept des »rationalen« Individuums. Er beschäftigte sich intensiv mit dem Phänomen der Sozialpartnerschaft und war auch immer wieder in der Politik und am Österreichischen Institut für Wirtschaftsforschung beratend tätig.

Auch der durch einen Flugzeugabsturz tragisch ums Leben gekommene Innsbrucker Finanzwissenschafter Clemens August Andreae (1929–1991) war als Berater österreichischer und deutscher Politiker bekannt geworden.

Mit der Etablierung eines eigenen Studiums der Volkswirtschaftslehre an insgesamt fünf Universitäten in Österreich begann auch die Öffnung der akademischen Forschung für die moderne Ökonomie. Neben der 1965 eröffneten Universität in Linz (an die Rothschild 1966 berufen wurde) sowie den Universitäten Wien, Graz und Innsbruck spielte die Wiener Hochschule für Welthandel, später Wirtschaftsuniversität Wien, eine wichtige Rolle bei der Ausbildung des Führungsnachwuchses in der Industrie. Aber auch die technischen Universitäten und die Universität Klagenfurt erhielten wirtschaftswissenschaftliche Institute und Lehrstühle. Der Kontakt zur empirischen Wirtschaftsforschung in Österreich und zur aktuellen wirtschaftspolitischen Diskussion gestaltete sich enger als in den Jahrzehnten zuvor. Dazu trugen Berufungen von Professoren bei, die am Österreichischen Institut für Wirtschaftsforschung gearbeitet hatten (Kurt Rothschild, Stephan Koren, Gunther Tichy, Kazimierz Laski) oder selbst

politisch tätig waren (Ewald Nowotny). Ein weiteres Beispiel für die Verbindung von moderner Theorie und Empirie sind auch die Arbeiten von Helmut Frisch (TU Wien) über die Problematik der Inflation, die in den Siebziger- und Achtzigerjahren für die Wirtschaftspolitik zentral war.
Eine geringe Rolle spielte in der österreichischen ökonomischen Forschung der ökonometrische Ansatz. Unter den Pionieren sind der in Klausenburg geborene und bis 1938 in Wien arbeitende Abraham Wald zu nennen, der trotz seines frühen Todes im Jahr 1950 entscheidenden Einfluss auf die Ökonometrie ausübte, dann der schon öfter genannte, aus Görlitz an der Neiße gebürtige Oskar Morgenstern und der Nürnberger Gerhard Tintner, der an der Universität Wien im Jahr 1929 promoviert hatte, nach einer USA-Karriere von 1973 bis 1978 den neu geschaffenen Lehrstuhl für Ökonometrie an der Technischen Universität Wien innehatte und vor allem durch ein frühes Ökonometrie-Lehrbuch (1952) Bedeutung erlangte. Ab der Mitte der Sechzigerjahre gab es an der Abteilung Ökonomie des Instituts für Höhere Studien kontinuierliche Aktivitäten auf dem Gebiet der Ökonometrie. Mit Erich Streissler und Helmut Frisch wurden die ersten der Ökonometrie gegenüber aufgeschlossenen Ordinarien ernannt und 1973 Tintner auf den ersten und bis heute einzigen Lehrstuhl für Ökonometrie berufen.
Ab den Achtzigerjahren begann sich die an den Universitäten betriebene Forschung stärker in den internationalen Diskurs zu integrieren. Veröffentlichungen in englischsprachigen Journalen und Berufungen ins Ausland gewannen an Bedeutung. Dadurch wurde der Kontakt der Universitäten zur Diskussion der Wirtschaftspolitik in Österreich geringer. Die Arbeitsteilung zwischen akademischer Forschung und empirischer Wirtschaftsforschung wurde wieder verstärkt. Jedenfalls kann man nicht von einer österreichischen akademisch-ökonomischen Forschung (und Lehre) sprechen, es ist vielmehr Forschung und Lehre in Österreich.
Zu den wichtigsten Zentren der wirtschaftswissenschaftlichen Forschung entwickelten sich aber die außeruniversitären Forschungs-

Clemens August Andreae (1929–1991)

Hans Seidel (ganz rechts) bei der Angelobung als Staatssekretär, 20. Januar 1981

institute. Wirtschaftswissenschaftliche Abteilungen etablierten sich bei den Kammern und Interessenvertretungen, wobei hier die wirtschaftswissenschaftliche Abteilung der Wiener Arbeiterkammer besondere Bedeutung erlangte. Aber auch in der Wiener Handelskammer gab es seit der Zwischenkriegszeit, als dort Ludwig Mises wirkte, eine Tradi-

Paul Lazarsfeld (1901–1976)

tion der wirtschaftswissenschaftlichen Analyse. Nach dem Krieg begann Reinhard Kamitz seine zweite Karriere bei der Wirtschaftskammer und konnte von dort erfolgreich in die Politik überwechseln.

Anschluss an die moderne Ökonomie fanden zunächst nur das Österreichische Institut für Wirtschaftsforschung und die wirtschaftswissenschaftliche Abteilung der Wiener Arbeiterkammer, wo rückkehrende Emigranten Arbeitsmöglichkeiten fanden (Kurt Rothschild, Josef Steindl, Eduard März, Philipp Rieger, Maria Szecsi, Peter Milford).
Die Forschungsarbeiten des WIFO beschäftigten sich damals vor allem mit praktischen Fragen der österreichischen Wirtschaftspolitik, wobei als selbstverständlich angenommen wurde, dass eine umfassende und oft sehr detaillierte Regulierung der Wirtschaft durch den Staat möglich und wünschenswert sei. Dieser Konsens wurde von niemandem in Frage gestellt.
Felix Butschek schreibt in der Laudatio auf Hans Seidel über das Wirtschaftsforschungsinstitut: »Wohl gründete sich der nationale wie internationale Ruf des WIFO in dieser Zeit auch darauf, dass in seinem Rahmen renommierte Ökonomen wie Kurt Rothschild und Josef Steindl tätig waren, aber den Stil des Hauses prägte Hans Seidel. ... Und dieses Niveau wurde deshalb erreicht, weil Hans Seidel eben zu den wenigen österreichischen Ökonomen jener Zeit zählte, welche auf der Höhe der internationalen wirtschaftstheoretischen Forschung standen. Die Früchte seiner Bemühungen ließen sich am Ruf des Instituts für Wirtschaftsforschung ablesen, welcher Paul Lazarsfeld bei Prüfung der sozialwissenschaftlichen Gegebenheiten in Österreich nach dem Kriege zu der Bemerkung veranlasste, das WIFO sei die einzige Einrichtung von internationalem Niveau.«
Die Etablierung post-gradualer Ausbildungsprogramme, wo selbstständige theoretische und angewandte Forschung nach angelsächsischem Vorbild eingeführt wurde, waren wichtige Schritte für die Öffnung Österreichs gegenüber der modernen Wirtschaftswissenschaft.

Das seit 1963 bestehende Institut für Höhere Studien (IHS) wurde zur Rückholung von durch die Nationalsozialisten vertriebenen Wissenschaftern gegründet. Treibende Kräfte waren zwei Auslandsösterreicher, der Soziologe Paul F. Lazarsfeld, der Hauptautor der berühmten Marienthal-Studie aus dem Jahr 1931 und Gründer und Leiter des Instituts für Angewandte Sozialforschung an der Universität Wien in den Jahren 1929 bis 1933, und der Ökonom Oskar Morgenstern, der wissenschaftliche Exzellenz mit großen Managementfähigkeiten vereinte. Lazarsfeld war 1933 aus Österreich in die USA emigriert, während Morgenstern, einer der Begründer der Spieltheorie und in den Dreißigerjahren Direktor des Österreichischen Instituts für Wirtschaftsforschung, 1938 aus Österreich vertrieben worden war. Die finanzielle Basis für das private, nicht gewinnorientierte Institut wurde von der US-amerikanischen Ford-Stiftung gelegt, Gründungsmitglieder waren das Unterrichtsministerium und die Stadt Wien. Daher wurde das Institut auch längere Zeit als »Ford-Institut« bezeichnet. Das Ziel waren postgraduelle Ausbildungslehrgänge und die Etablierung beziehungsweise Rückführung von inzwischen in den USA eingeführten und entwickelten Forschungsmethoden, die in Österreich durch den Faschismus vertrieben und verschüttet worden waren.

Auch das 1973 als unabhängiges Forschungsinstitut errichtete Wiener Institut für Internationale Wirtschaftsvergleiche (WIIW) widmete sich der Forschung: Seine primäre Zielsetzung war auf die mittel-, ostmittel- und südosteuropäischen Länder sowie China gerichtet, mit der Aufgabe, die Entwicklung der Volkswirtschaften in Zentral-, Ost- und Südosteuropa sowie die Wirtschaftsbeziehungen zwischen Ost und West zu analysieren und die Ergebnisse seiner Forschungsarbeit der Öffentlichkeit zur Verfügung zu stellen. Die Untersuchung wirtschaftlicher Transformations- und Integrationsprozesse und vergleichende Studien stehen heute im Mittelpunkt seiner Tätigkeit. Das WIIW trägt mit seiner Arbeit essenziell zur Ostexpertise des Standorts Wien bei.

Der Einfluss der wissenschaftlichen Forschung besteht in aller Regel in einer wissenschaftlichen Aktivität, die sich in Publikationen äußert und deren Wirkung innerhalb der Wissenschaft mit der Zahl der Zitierungen erfasst wird. Eine weitere Wirkungsmacht besteht in der akademischen Lehre, von wo aus das Wissen durch die Studierenden in die Praxis vermittelt wird. Ein Maßstab kann die Zahl der Studierenden und der Absolventen der jeweiligen akademischen Fächer sein. Die Nachfrage nach ökonomischem Wissen äußert sich an verschiedenen Orten, am deutlichsten aber bei der Ausbildung auf universitärem Niveau. Die Zahl der Studenten und

Oskar Morgenstern (1902–1977)

Absolventen in wirtschaftswissenschaftlichen Fächern ist dramatisch angestiegen, vor allem aber im Bereich der Betriebswirtschaftslehre, weniger dem der Volkswirtschaftslehre.

1955 zählte man an österreichischen Universitäten und Hochschulen 282 Studierende der Staatswissenschaften und 174 Studierende der Sozial- und Wirtschaftswissenschaften. Bis 1970 stieg diese Zahl auf 301 Studenten der Staatswissenschaften beziehungsweise 4.571 Studierende der Sozial- und Wirtschaftswissenschaften, darunter 870 Studierende der Volkswirtschaftslehre, 2.206 der Betriebswirtschaft und 756 der Handelswissenschaften. Im Jahr 2000 gab es in verschiedenen Diplomstudien der Sozial- und Wirt-

schaftswissenschaften insgesamt 48.591 Studierende, in den Doktoratsstudien 1.709 Studierende. Abschlüsse gab es 2.596 beziehungsweise 188.
Schließlich spielt für die Wirkung auch die Popularisierung ökonomischer Ideen in verschiedensten Formen (Zeitungsartikel, Vorträge, Fernsehauftritte) eine Rolle.

Eduard März
(1908–1987)

Egon Matzner
(1938–2003)

Dass Ökonomen zur Beratung herangezogen werden, ist unbestritten, deren Wirkung bleibt jedoch offen. Ökonomen wie auch Nichtökonomen als Einzelpersonen, aber auch Forschungsinstitute wie Think-Tanks, Stiftungen und marktliche Beratungsgesellschaften können ökonomische Ideen vorbringen.
Ökonomen sehen den Beitrag der Wirtschaftswissenschaft zur tatsächlichen wirtschaftlichen Performance sehr unterschiedlich: John Maynard Keynes' berühmte Feststellung, wonach es vor allem ökonomische Ideen seien, die die Welt regierten (»(T)he ideas of economists and political philosophers ... are more powerful than is commonly understood. Indeed the world is ruled by little else«), wurde von Hayek dahingehend ergänzt: »... economists have this great influence only in the long run and only indirectly«. Wie weit ganz gegensätzliche Aussagen, die den Beitrag der Ökonomie sehr gering ansetzen oder überhaupt für schädlich halten, eher als feuilletonistisch-anekdotische Überspitzung denn als fundierte Selbstkritik zu werten sind, sei dahingestellt. Die Überzeugung, dass der praktische wirtschaftspolitische Einfluss der Ökonomie mit zunehmender Mathematisierung gesunken ist, wird aber von zahlreichen Experten geteilt.

Im internationalen Vergleich zählt Österreich zu jenen Ländern, in denen Ökonomen relativ wenig in politischen Spitzenfunktionen vertreten waren. Vollblutpolitiker wie Bruno Kreisky oder Julius Raab hatten sich um ökonomische Theorie nie viel gekümmert: »Sie können vielleicht a ganz guater Professor sein, aber von Wirtschaftspolitik verstehen Sie nix«, soll Raab Franz Nemschak, dem Leiter des Wirtschaftsforschungsinstituts, einmal schulterklopfend erklärt haben, wie dieser als Zeitzeuge selbst erzählte.

Dokumentierbar ist der Einfluss, den Ökonomen unmittelbar auf den politischen Prozess ausüben, indem sie in der Exekutive, Legislative oder der Zentralbank Positionen einnehmen (das heißt nicht »nur« als Berater tätig sind). Unter den Ökonomieprofessoren, die Alexander van der Bellen, Dieter Lukesch und Ewald Nowotny. Abgesehen von einzelnen Ministern, die eine wirtschaftswissenschaftliche Ausbildung absolviert hatten, dominierten auch in den Finanz- und Wirtschaftsministerien die Juristen.

Die Transmission von der wissenschaftlichen Analyse zur wirtschaftspolitischen Umsetzung

Reinhard Kamitz (1907–1993)

Stephan Koren (1919–1988)

im Österreich der Nachkriegszeit auf dem Weg über hohe politische Ämter entsprechenden wirtschaftspolitischen Einfluss ausübten, sind zu nennen: Reinhard Kamitz als Finanzminister (1952–1960) und Präsident der Nationalbank (1960–1968), Stephan Koren, ebenfalls als Finanzminister (1968–1970) und Präsident der Nationalbank (1978–1988), ferner die Staatssekretäre Hans Seidel (geb. 1922, 1946–1980 Institut für Österreichische Wirtschaftsforschung, 1981–1983 Staatssekretär im Finanzministerium, 1984–1991 Direktor des Instituts für Höhere Studien) und Adolf Nussbaumer (1977–1982), Helmut Frisch als langjähriger Präsident des Staatsschuldenausschusses, als Abgeordnete zum Nationalrat war in den Sechziger- und Siebzigerjahren unmittelbarer als nachher. Beide Großparteien holten sich Experten aus der Wissenschaft.

Sachpolitik war das Schlagwort: Der 1963 geschaffene Beirat für Wirtschafts- und Sozialfragen, in welchen sowohl von Arbeiterkammer, ÖGB und Bundeswirtschaftskammer junge Fachleute nominiert worden waren – der stellvertretende Direktor der Wiener Arbeiterkammer Josef Staribacher oder der Leiter des Volkswirtschaftlichen Referats des ÖGB Heinz Kienzl, Wolfgang Schmitz und Alfred Klose von der Wirtschaftskammer –, signalisierte einen ganz neuen Politikstil. Dokumente des neuen, technokratischen und wirtschaftswissenschaftlich inspirierten Politikstils sind auch der »Koren-Plan« der damaligen ÖVP-Bundesregierung und das Wirtschaftsprogramm der SPÖ 1968.

Die wirtschaftspolitische Diskussion ab den Siebzigerjahren konzentrierte sich auf die Fragen makroökonomischer Steuerung. Die tatsächlich durchgeführte Politik, nämlich eine antizyklische Fiskalpolitik (Hinnahme zeitweise höherer Budgetdefizite), verbunden mit der Aufgabe einer selbstständigen Geldpolitik (Anbindung des Schillings an die Deutsche Mark), wurde im Nachhinein als »Austrokeynesianismus« (H. Seidel) systematisch begründet und von Hannes Androsch, Stephan Koren und Heinz Kienzl praktiziert. Auch hierbei gab es einen hohen Konsens zwischen den meisten Wirtschaftswissenschaftern.

Allen an den Diskussionen Beteiligten war freilich klar, dass eine solche Politik auf einer umfassenden Einkommenspolitik beruhen müsse, die wiederum entsprechende Institutionen voraussetzte. Die Interessenvertretungen der Unternehmer und der Arbeitnehmer waren in die Gestaltung der Geldpolitik eingebunden. Heinz Kienzl war Vermittler zwischen Währungspolitik und Einkommenspolitik. In den Achtzigerjahren prägten Ferdinand Lacina, Johannes Ditz und Josef Taus sowie Ewald Nowotny von Finanzministerium und Parlament aus die Formulierung der Wirtschaftspolitik, die teilweise Neuausrichtung der Steuer- und Budgetpolitik sowie den Kurs in der verstaatlichten Industrie und in den Banken. Franz Vranitzky hat maßgeblich zur Neuausrichtung in der verstaatlichten Industrie und zur Europa-Orientierung der SPÖ beigetragen.

Der lange anhaltende Grundkonsens über Strukturen einer brauchbaren Wirtschaftspolitik unter Wirtschaftswissenschaftern in Österreich ist mittlerweile aufgebrochen. Alle Forschungsrichtungen, alle wirtschaftspolitischen Diskussionen, die man außerhalb Österreichs findet, sind auch unter Wirtschaftswissenschaftern in Österreich zu finden.

Ende der Achtzigerjahre führten die zunehmende »Mathematisierung« der Ökonomie sowie die Betonung der Mikroökonomie zu einem Teilrückzug der Nationalökonomie aus der wirtschaftspolitischen Debatte. Die enge Verbindung zwischen den Akteuren der Wirtschaftspolitik und den Wirtschaftswissenschaftern, die einige Zeit in Österreich vorhanden war, ist nicht mehr in diesem Ausmaß gegeben. Überlegungen zu den Möglichkeiten und der Sinnhaftigkeit staatlicher Regulierung der Wirtschaft werden ebenso diskutiert wie etwa Fragen einer brauchbaren Wettbewerbspolitik oder der Gebühren für die Inanspruchnahme von Gesundheitsdiensten. Eine Leitidee, vergleichbar der des Austrokeynesianismus, gibt es heute nicht mehr.

Die Volkswirtschaftslehre entwickelt sich immer stärker zu einer Analyse formaler und selbst definierter Probleme. Diese werden nicht als Antwort auf die Herausforderungen der Realität gesehen, sondern richten sich nach den im bestehenden Wissenschaftsdiskurs üblichen intellektuellen Standards. Ein Anspruch auf wirtschaftspolitische Relevanz wird nicht mehr zwingend erhoben. Die gestellte Frage über den gesellschaftlichen Einfluss der Volkswirtschaftslehre ist der neuen und bisher unbeantworteten Frage gewichen, wie eine volkswirtschaftliche Lehre in einer globalen Welt der Märkte mit nationalen wirtschaftspolitischen Institutionen und Entscheidungsträgern überhaupt definiert werden kann.

VI. AUSBLICK

CEBIT Hannover 2005, Messehalle

Die kühne Trennung der Wirtschaft in eine rasch wachsende »New Economy« und eine stagnierende oder gar schrumpfende »Old Economy« der Neunzigerjahre hat sich als Trugschluss erwiesen. Manche der neuen Hochtechnologie- und Internet-fokussierten Firmen sind wieder verschwunden, andere sind in die Phase eines maßvollen Wachstums übergegangen. Auf der anderen Seite präsentieren sich einige Firmen im Bereich der traditionellen Industrien in neuem Glanz. Dies trifft insbesondere auf Österreich zu, wo zahlreiche Firmen eine Weltmarktnische gefunden haben, indem sie durch Innovation und Produktivität im Herstellprozess Wachstumschancen nützen. Dieser Weg zeichnet sich auch für die Zukunft als richtungsweisend ab. Die Dienstleistung wird die Sachgüterproduktion in Österreich nicht ersetzen können, aber ihren Anteil weiter erhöhen.

In den unmittelbar vor uns liegenden Jahrzehnten wird die Industrie ein wichtiger Innovations- und Wachstumsmotor bleiben. Es ist unwahrscheinlich, dass Österreich zum

Wahlstandort von Firmenhauptsitzen großer internationaler Konzerne oder ein bedeutender Finanzplatz wird und sich so ein attraktives neues Dienstleistungssegment erschließen kann. Es bleibt weiterhin die Aufgabe der Industrie, gut bezahlte Arbeitsplätze zur Verfügung zu stellen. Sie kann dies durch die fortgesetzte Konzentration auf weltmarktfähige Nischenbereiche erreichen, wo es möglich ist, relevante Weltmarktanteile zu halten und zu festigen.
Das Umfeld, in welchem die Industrie diese Aufgaben bewältigen muss, wird noch unruhiger werden, als dies ohnehin schon der Fall ist. Die Globalisierung wird die weltweite Jagd nach Marktanteilen intensivieren. Die Industrie steht vor der Aufgabe, ihre Innovations- und Entscheidungsprozess-Kräfte noch stärker mit Hilfe moderner Marketingkonzepte und Vertriebsorganisationen auf immer anspruchsvollere Kundenbedürfnisse auszurichten. Dabei werden sich die Rahmenbedingungen weiter dynamisieren. Schwerpunkte der Veränderung sind fortgesetzte Prozessautomatisation, branchenübergreifende Produktentwicklung, Stabilität des Finanzsystems und das Aufstreben Chinas zur Weltmacht.

Prozessautomatisation und branchenübergreifende Produktinnovation: Neben den neuen Branchen wie Informations-, Bio-, Gen- und Nanotechnologie setzen sich der Trend zur Verknüpfung von Elektronik und Mechanik bei der Produktionsherstellung und der Produktkonfiguration sowie die Prozessautomatisation und -flexibilisierung fort. In diesem neuen Sektor der Mechatronik hat Österreich heute schon sowohl in der Ausbildung als auch vom Produktverständnis eine international beachtete Position. Es wird wichtig sein, die Chance der Expansion wahrzunehmen, da der Arbeitsbedarf durch die Automatisation sinkt. Gleichzeitig steigen die Anforderungen an die Qualifikation. Dadurch werden die Tätigkeiten im Bereich Wartung und Prozessüberwachung hochwertiger.

Zukunftstechnologie von Siemens: Digitale Vernetzung von Produktion und Logistik

Die Globalisierung: Shanghai. Blick über den Hunangpu auf das Finanzzentrum und den Fernsehturm, 2000

Die Tendenz zur branchenübergreifenden Produktentwicklung beschleunigt sich. Einzelne Produkte zum Beispiel in den Bereichen Kommunikation, Datenverwaltung, Computerspiele und Bildverarbeitung können immer perfekter in ein einziges Produkt integriert werden. Ähnliches gilt bei funktionellen Nahrungsmitteln. Diese Veränderungen verstärken den Konkurrenzkampf erheblich und verändern das Bild von Siegern und Verlierern stetig. Neben dieser Tendenz, mit einem Produkt mehrere Kundenbedürfnisse zu befriedigen, flexibilisiert sich der Prozess der Produktherstellung immer mehr, sodass auf ein und derselben Produktionslinie mehrere kundenspezifische Produktversionen hergestellt werden können. Diese zunehmende Komplexität von Produkt und Herstellungsprozess erfordert eine steigende Forschungsorientierung. Dies betrifft sowohl die Höhe der Forschungsmittel als auch die Qualifikation der Fachkräfte, die in Forschung und Entwicklung tätig sind.

Stabilität des Finanzsystems: Das Banken- und Finanzsystem diente jahrhundertelang als Dienstleister für Handel, Gewerbe und später Industrie. In den letzten fünfzig Jahren begann es sich zunehmend zu verselbstständigen und bezeichnet sich heute selbstsicher als Finanzindustrie. Die Dimensionen der Finanzströme und Finanzanlageoptionen sind gewaltig und wurden immer spekulativer. Sie haben sich von der realen Welt von Handel und Industrie entkoppelt. Die täglichen Devisentransaktionen haben im zweiten Quartal 2005 das Volumen von 1.900 Milliarden Dollar erreicht, wovon nur rund 1,5 Prozent für die Bewältigung des weltweiten Exportvolumens notwendig sind.

Die Weltleitwährung Dollar leistet sich einen Notenumlauf, der doppelt so hoch ist wie die Bedürfnisse der USA selbst. Trotz der Verantwortung fordernden, aber auch Vorteil bringenden Position der USA, die Weltleitwährung beizustellen, leistete sich das Land im Jahr

2004 ein Zwillingsdefizit bei Staat und Leistungsbilanz von 3 beziehungsweise 6 Prozent des USA-Nationaleinkommens. Wie in den USA schon in den Neunzigerjahren gab es auch in der Eurozone seit der operativen Einführung des Euro im Jahr 2002 reichlich Liquidität und eine deutlich über dem nominalen Wirtschaftswachstum liegende Expansion der Geldmenge M3. Wegen des Preisdrucks durch die Globalisierung der Märkte führte dies zu höherer Inflation, schlug sich allerdings nicht im Konsumentenpreisindex, sondern in Aktien, Obligationen, Rohstoffen und vor allem Immobilien nieder. Neue spekulative Finanzinstrumente wie Hedge-Fonds sind entstanden, mit der Ausrichtung auf hohe Renditeziele. Ende März 2005 betrug das weltweit verwaltete Vermögen der Hedge-Fonds 1.006 Milliarden Dollar.

Navigationssatellitensystem »Galileo«: Ein Projekt der Europäischen Weltraumorganisation ESA und der Europäischen Union

Das Finanzsystem hat trotz all dieser neuen Limite setzenden Entwicklungen seine stabilisierende Aufgabe bisher gut bewältigt. Die Volatilität des Systems zeigt aber steigende Tendenz und es stellt sich zunehmend die Frage, ob im Ernstfall eines finanziellen Großschocks die Kontrolle erhalten werden kann. Für die Industrie bedeutet dies, vermehrt selbst für Stabilität und Krisenfestigkeit durch eine solide Finanzierung zu sorgen.

Aufstrebendes China: Der Aufstieg Asiens zum dritten großen Wirtschaftsblock neben Europa und den USA ist Faktum. Dabei spielt China als neue aufstrebende Macht eine besondere Rolle. Während sich Europa als Wirtschaftsmacht und Russland vor kurzem und teilweise auch in der Gegenwart als politisch-militärische Macht profilieren, zeigt China klare Aspirationen, Wirtschafts- und Militärmacht zu werden und damit das diesbezügliche Monopol der USA herauszufordern.

China hat in den 25 Jahren von 1979 bis 2004 ein durchschnittliches Wirtschaftswachstum von 9 Prozent erzielt. Es entwickelt sich sowohl im Low Tech als auch im High Tech zur Werkstatt der Welt. 2004 hat China mit einem Exportvolumen von 593 Milliarden Dollar Japan als drittgrößte Handelsmacht nach der EU und den USA abgelöst. Mit 42 Millionen Besuchern gelang es China im gleichen Jahr, Italien zu überholen und nach Frankreich, Spanien und den USA viertgrößte Touristikdestination zu werden.

Die neue wirtschaftliche Kraft des Landes zeigt sich auch im gewaltigen Aufbau der Währungsreserven. Diese werden voraussichtlich 2008 die Zahl von 1.000 Milliarden Dollar übersteigen, was etwa der Summe der Währungsreserven der restlichen Welt ohne Japan entspricht. Das große Reich der Mitte wird dadurch zum gewichtigen Mitspieler der globalen Zins- und Währungspolitik. Der Geldfluss nach China stammt nicht nur vom Export, sondern auch von den Investitionen in China. In den Jahren 2003 und 2004 haben die Direktinvestitionen in diesem Land die Marke von 50 Milliarden Dollar überschritten. China präsentiert sich immer mehr als Alternative für den Produktionsstandort, für den Konsumenten als Garant niedriger Produktpreise und für den Arbeiter als Bedrohung seines Arbeitsplatzes. Die daraus resultierenden Anpassungsprozesse für die Industrie in Europa und in Österreich stellen eine große Herausforderung dar.

Wie schon erwähnt wird die Industriegeschichte GmbH im Oktober 2030 den vierten Band herausgeben. Es stellt sich die Frage, ob 25 Jahre genügend Veränderung bringen werden um dieses Vorhaben zu rechtfertigen. Alle sechs Gesellschafter – zwei Historiker, zwei Medienexperten, ein Praktiker aus der Industrie und ein Entscheidungsträger aus dem öffentlich-privaten Finanzbereich – sind der Ansicht, dass die Veränderungen mit einer so hohen Geschwindigkeit erfolgen, dass dieser relativ kurze Berichtszeitraum gerechtfertigt ist. Die Umbrüche in der Industrie dürften in den 150 Jahren von Band I, den 100 Jahren von Band II, den 50 Jahren des vorliegenden Bandes III und den geplanten 25 Jahren von Band IV etwa gleich groß sein. Es wird spannend sein, zu sehen, wie Österreich die Chancen nutzen wird.

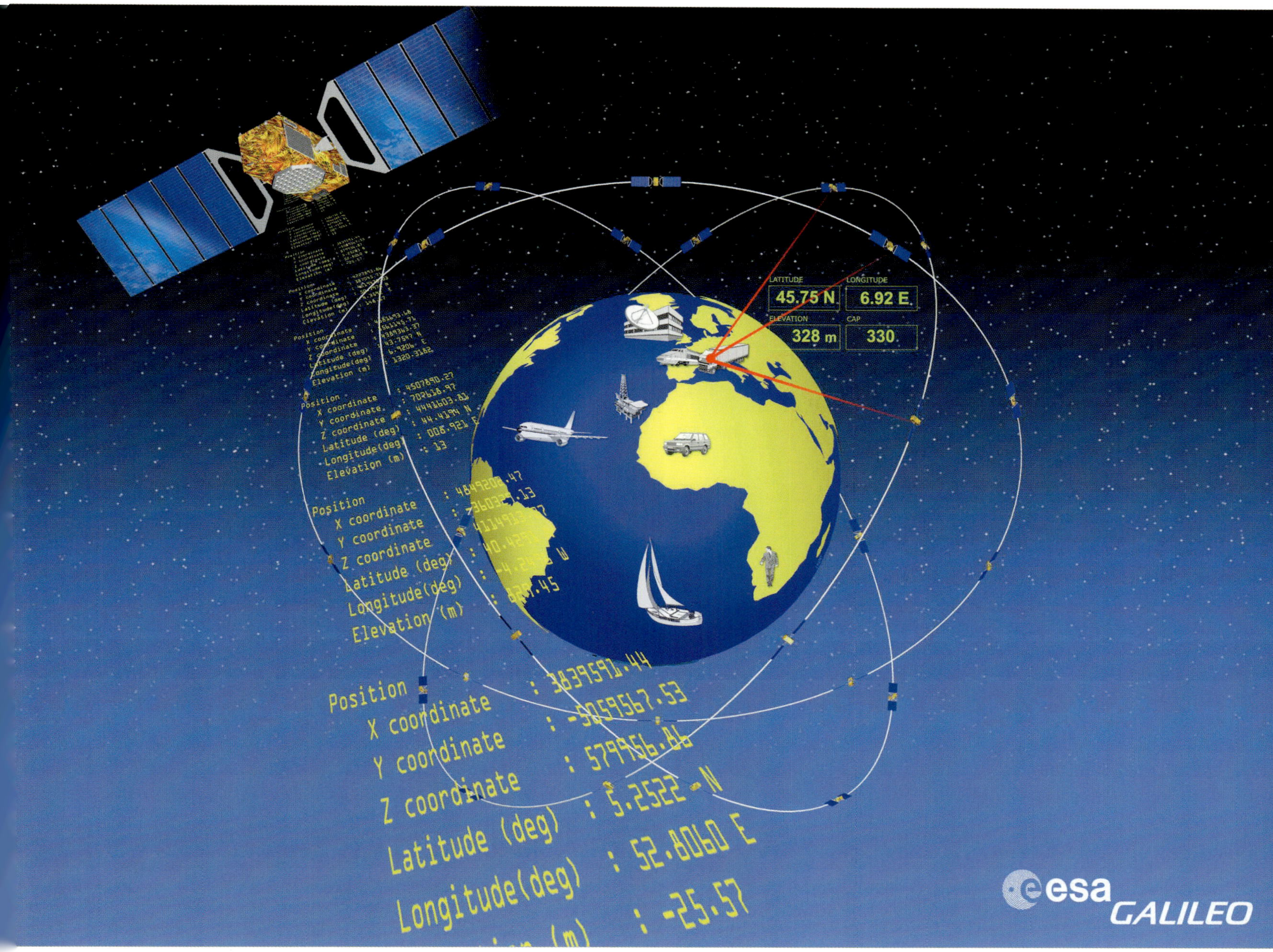
LATITUDE
45.75 N
LONGITUDE
6.92 E
ELEVATION
328 m
CAP
330
Position
X coordinate
Y coordinate
Z coordinate
Latitude (deg)
Longitude(deg)
esa
GALILEO

Literaturverzeichnis

125 Jahre Verein der österreichisch-ungarischen Papierfabrikanten. Festschrift (Wien 1997).

150 Jahre Eisenbahn in Österreich: Dokumentation des Internationalen Verkehrssymposiums Bad Ischl 1987 (hg. von Karl *Halbmayr,* Wien 1987).

50 Jahre Selbstbedienung, Dynamik im Handel. Sonderausgabe Oktober 1988.

Hanns *Abele*/Ewald *Nowotny*/Stefan *Schleicher*/Georg *Winckler* (Hg.), Handbuch der österreichischen Wirtschaftspolitik (Wien 1982).

Karl *Aiginger*, Die internationale Wettbewerbsfähigkeit Österreichs. Österreichische Strukturberichterstattung – Kernbericht 1986, Bände I bis III, WIFO (Wien 1987).

Karl *Aiginger*, Die österreichische Industrie auf dem Weg in die New Economy, in: W. *Clement* et al., Industrie 2000.

Karl Aiginger (Koordination), Perspektiven der Nahrungs- und Genussmittelerzeugung (Wien 1990).

Karl Aiginger, Von der Mitte aus, auf dem Weg nach vorne, Österreichs Wirtschaft in den 1980er und 1990er Jahren, in: Reinhard *Sieder*/Heinz *Steinert*/ Emmerich *Talos* (Hg.), Österreich 1945–1995. Gesellschaft, Politik, Kultur (Wien 1995).

Karl *Aiginger*, Die Wettbewerbsfähigkeit Österreichs in der erweiterten EU. Wirtschaftspolitische Blätter 1 (2004).

Karl Aiginger, Wirtschaftswachstum: Grundvoraussetzung für Wohlfahrtszuwachs – Spielräume zur Anhebung des Wachstumspfades. Wiso, Wirtschafts- und sozialpolitische Zeitschrift des Instituts für Sozial- und Wirtschaftswissenschaften 3 (2004).

Karl *Aiginger*/Traude *Nowak,* Historische Daten über die Entwicklung der österreichischen Industrie (Wien 2004).

Karl *Aiginger*/Michael *Peneder*, Qualität und Defizite des Industriestandorts Österreich (Wien 1997).

Karl *Aiginger*/Robert *Wieser*/Michael *Wüger*, Marktmacht im Lebensmitteleinzelhandel, WIFO-Monatsberichte 12/1999.

Helmut *Alexander*, Geschichte der Chemischen Industrie (Teil II), Diss. (Innsbruck 1995).

Gerold *Ambrosius*, Der Staat als Unternehmer (Göttingen 1984).

S. *Arndt*/H. *Handler*/D. *Salvatore* (Hg.), Eastern Enlargement: The Sooner, the Better? Bundesministerium für Wirtschaft und Arbeit (Wien 2000).

Karl *Ausch*, Erlebte Wirtschaftsgeschichte. Österreichs Wirtschaft seit 1945 (Wien 1963).

Karl *Bachinger*/Herbert *Matis*/Andreas *Resch*/Manfred *Zollinger*, Der lange Weg zum Wohlstand, in: Das neue Österreich (Wien 2005) 287–300.

Franz *Baldauf*, Arbeitsbedingungen in der österreichischen Industrie seit 1945. Diplomarbeit zur Erlangung des akademischen Grades eines Magisters der Sozial- und Wirtschaftswissenschaften, Johannes Kepler Universität Linz (Linz 1991).

F. *Baltzarek*/W. *Zipser,* Finanzierungsstrukturen und Kapitalmarkt in Österreich seit dem Ende der Monarchie. Festschrift für Erich Streissler (hg. von F. *Baltzarek*/F. *Butschek*/G. *Tichy*, Stuttgart 1998).

Bank Austria Creditanstalt AG Report, Nr. 4/2004. Berichte und Analysen zur Wirtschaftslage 10–12: Textilerzeugung – kein Ende der Restrukturierung.

Hermann *Bartmann*/Norbert *Schmidt*, Ende des Keynes'schen Interventionismus? Wirtschaft und Gesellschaft 3 (1988).

Ulrich *Beck* (Hg.), Die Zukunft von Arbeit und Demokratie (Frankfurt/Main 2000).

Elisabeth *Beer*/Brigitte *Ederer*/Wilhelmine *Goldmann*/ Roland *Lang*/Miron *Passweg*/Rudolf N. *Reitzner*, Wem gehört Österreichs Wirtschaft wirklich? (Wien 1991).

Beirat für Wirtschafts- und Sozialfragen, Wirtschaftsstandort Österreich (Wien 1994).

Beirat für Wirtschafts- und Sozialfragen, Beschäftigungspolitik (Wien 1997).

Daniel *Bell*, Die kulturellen Widersprüche des Kapitalismus (Frankfurt/Main 1991).

Fritz *Betz*/Johanna *Riegler*, Bilder der Arbeit im Spätkapitalismus. Zum strategischen Machtverhältnis von Arbeit, Selbst und Technologien (Wien 2003).

Peter *Bichler*, Menschen am Werk – 160 Jahre Berndorf Metallwarenfabrik (Berndorf 2003).

Gudrun *Biffl*, Theorie und Empirie des Arbeitsmarktes am Beispiel Österreich (Wien 1994).

Gudrun *Biffl*, Ausländische Arbeitskräfte auf dem österreichischen Arbeitsmarkt. WIFO-Monatsberichte 8/2002.

Gudrun *Biffl*, Der Bildungswandel in Österreich in den neunziger Jahren. WIFO-Monatsberichte 6/2002.

Gudrun *Biffl*, Die Entwicklung des Arbeitsvolumens und der Arbeitsproduktivität nach Branchen. WIFO-Monatsberichte 1/2001.

Joachim *Bischoff*, Der Kapitalismus des 21. Jahrhunderts. Systemkrise oder Rückkehr zur Prosperität? (Hamburg 1999).

Robert *Blaich*, Der rote Riese wankt ...: 1988 – Vision, 1995 – Realität. Die Entwicklung der Konsumgenossenschaften in Österreich (Edition Zeitgeschehen, Wien 1995).

Michael *Böheim*, Ökonomische Analyse der Wettbewerbssituation im österreichischen Lebensmitteleinzelhandel. WIFO-Monatsberichte 5/2002. Branchenbericht für die Fachverbände Maschinen & Metallwaren. Industriewissenschaftliches Institut (Wien 2004).

Branchenberichte der österreichischen Elektro- und Elektronikindustrie. Jahresbericht 2004 (hg. vom Fachverband der Elektro- und Elektronikindustrie (FEEI), Wien 2004)

Fritz *Breuss*, Benchmarks für den österreichischen Export, in: WIFO-Monatsberichte 2/1998.

Fritz *Breuss*, Österreichs Außenwirtschaft 1945–1982 (Wien 1983).

Fritz *Breuss*/Edith *Kitzmantel* (Hg.), Die Europäische Integration. Untersuchung der sektoralen Auswirkungen auf Österreich (Wien 1993).

Ernst *Bruckmüller*, Sozialgeschichte Österreichs (Wien 2001).

Ernst *Bruckmüller*, Das sozial- und wirtschaftspolitische System Österreichs. Historische Entwicklung und Bewertung in der Gegenwart, in: *Bundesarbeitskammer* (Hg.), 75 Jahre Kammern für Arbeiter und Angestellte (Wien 1995).

Alois *Brusatti*, Entwicklung der Wirtschaft und Wirtschaftspolitik, in: Erika *Weinzierl*/Kurt *Skalnik* (Hg.), Österreich. Die Zweite Republik, Bd. 1 (Graz 1972).

Alois *Brusatti*, Geschichte der Unilever Österreich (Wien 1985).

Bundeskammer der gewerblichen Wirtschaft (Hg.), Die längerfristige Entwicklung der Löhne und Gehälter in der österreichischen Industrie (Wien 1982).

Bundeskammer für Arbeiter und Angestellte (früher: *Österreichischer Arbeiterkammertag*) (Hg.), Wirtschafts- und sozialstatistisches Taschenbuch, 1961–2004.

Business Week, Speed up the sewing machines. As global import quotas expire, India's textile makers are ramping up furiously. 3. 5. 2004, 34.

Business Week, When quotas end, who gets the goodies? Wholesale apparel prices will plunge, but retailers may not pass on a lot of savings. 12. 7. 2004, 37.

Felix *Butschek*, Die österreichische Wirtschaft im 20. Jahrhundert (Wien 1985).

Felix *Butschek*, Statistische Reihen zur österreichischen Wirtschaftsgeschichte. Die österreichische Wirtschaft seit der industriellen Revolution (Wien 1993).

Felix *Butschek*, Vom Staatsvertrag zur EU. Österreichische Wirtschaftsgeschichte von 1955 bis zur Gegenwart (Wien 2004).

Felix Butschek, Vom Wirtschaftsforscher zum Wirtschaftshistoriker – Hans Seidel zum achtzigsten Geburtstag. WIFO-Monatsberichte 1/2003.

Josef *Christl*, Die Finanz- und Kreditpolitik der Ära Kreisky im Lichte des SPÖ-Wirtschaftsprogramms 1968, in: Fritz *Weber*/Theodor *Venus* (Hg.), Austro-Keynesianismus in Theorie und Praxis (Wien 1993).

Werner *Clement*/Karl *Socher* (Hg.), Stephan Koren 1919–1988. Wirtschaftsforscher und Wirtschaftspolitiker in Österreich (Wien 1989).

Manfred *Deistler*, Ökonometrie, in: Karl *Acham* (Hg.), Geschichte der österreichischen Humanwissenschaften, Bd. 3,2: Menschliches Verhalten und gesellschaftliche Institutionen: Wirtschaft, Politik und Recht (Wien 2000) 177–204.

Hermann *Eckert*, Struktur und Entwicklung von Lebensmittelketten in Oberösterreich. Univ. Linz, Diplomarbeit (Linz 1994).

Franz X. *Eder*/Peter *Eigner*/Andreas *Resch*/Andreas *Weigl*, Wien im 20. Jahrhundert. Wirtschaft, Bevölkerung, Konsum. Querschnitte 12 (Innsbruck u. a. 2003).

Brigitte *Ederer*/Markus *Marterbauer*, Sicherheit und Innovation. Wo steht Österreichs Wirtschaft im internationalen Vergleich?, in: Michael *Häupl* (Hg.), Wirtschaft für die Menschen, Alternativen zum Neoliberalismus im Zeitalter der Globalisierung (Wien 2003).

Sabine *Emerstorfer*, Die Entstehung und Entwicklung der Luftfahrt in Österreich am Beispiel der Austrian Airlines. Univ. Wien, Diplomarbeit (Wien 2002).

Energiebericht der Österreichischen Bundesregierung (Wien 2003).

Europäische Kommission GD XVI, Industriellenvereinigung Steiermark (Hg.), Die Entwicklung eines Clusters – Ein Praxisführer (Graz 1999).

Fachverband der Fahrzeugindustrie Österreichs (Hg.), Statistik-Jahrbuch 2004 (Wien 2004).

Fachverband der Fahrzeugindustrie Österreichs (Hg.), Ausgewählte Statistische Daten – 75 Jahre Fahrzeug Verband (Wien 1982).

Fachverband der österreichischen Holzindustrie (Hg.), Branchenberichte der Österreichischen Holzindustrie bis 2004/2005 (Wien 2005).

Fachverband der Textilindustrie Österreichs, Analyse Dezember 2004.

Theodor *Faulhaber*, Industrie in Österreich. Unser wichtigster Wirtschaftszweig, seine Geschichte, seine Struktur, seine Probleme, seine Chancen (Wien 1992).

Ulrike *Felber*/Elke *Krasny*/Christian *Rapp*, Smart Exports: Österreich auf den Weltausstellungen 1851–2000 (Wien 2000).

Martina Figl, Der technische Wandel und strukturelle Veränderungsprozesse in Unternehmen im Rahmen der industriellen Beziehungen in der österreichischen Motorenindustrie – dargestellt am Beispiel von BMW Steyr und General Motors in Wien-Aspern (Wien 1994).

Heinz *Fischer*, Die Kreisky-Jahre 1967–1983 (Wien 1993).

Heinz *Fischer* (Hg.), Österreich und die Währungsunion. Rechtswissenschaftliche und wirtschaftswissenschaftliche Betrachtungen zur Währungsunion (Wien 1998).

Wolfram *Fischer*, Wirtschaft, Gesellschaft und Staat in Europa 1914–1980, in: *ders.* (Hg.), Handbuch der europäischen Wirtschaftsgeschichte, Bd. 6 (Stuttgart 1987) 72 ff.

Marina *Fischer-Kowalski*/Heinz *Steinert*, Die Plagen der industriellen Lebensweise, in: Franz *Vranitzky* (Hg.), Themen der Zeit (Wien 1994).

Ewald *Francois*, Der Vorsorgestaat (Frankfurt/Main 1993).

Wolfgang *Franz*, Vollbeschäftigungsziel und Arbeitsmarktpolitik unter geänderten Bedingungen, in: Günther *Chaloupek*/Michael *Mesch* (Hg.), Der Wandel des wirtschaftspolitischen Leitbildes seit den siebziger Jahren (Wien 1993).

Erich *Fröschl*/Helge *Zoitl* (Hg.), Der österreichische Weg 1970–1985. Fünfzehn Jahre, die Österreich verändert haben (Wien 1986).

K. *Fuchs*, Einflussfaktoren der Industriefinanzierung und wichtige Veränderungen im Zeitverlauf. Unveröffentliches Manuskript (Wien 2005).

Heiner *Ganßmann*, Rheinische vs. atlantische Wohlfahrtsstaaten. Prokla, Zeitschrift für kritische Sozialwissenschaft 3 (2004).

Peter *Gerlich*/Edgar *Grande*/Wolfgang C. *Müller* (Hg.), Sozialpartnerschaft in der Krise. Leistungen und Grenzen des Neokorporatismus in Österreich (Graz 1985).

Hans *Glatz*/Hans *Moser*, Ausländische Direktinvestitionen und Industriepolitik. Wirtschaft und Gesellschaft 1 (1989).

Wilhelmine *Goldmann*, Industriepolitik in Österreich. Wirtschaft und Gesellschaft 1 (1990).

Wolfgang *Greif*/Gerlinde J. *Leitgeb*/Gerald *Wintersberger* (Hg.), Alternativen zum Neoliberalismus. Sozial ins 21. Jahrhundert (Wien 1999).

Oskar *Grünwald*/Ferdinand *Lacina*, Auslandskapital in der österreichischen Wirtschaft (Wien 1970).

A. *Guger*, »Economic Policy and Social Democracy: The Austrian Experience«. Oxford Review of Economic Policy (1998) 14(1), 40–59.

Gunter *Gutsmann*, Die Entwicklung der Chemischen Industrie in Österreich nach 1945 (Diss.) (Wien 1982).

Gerhard *Hammerer*/Martin *Putschek*, Industrienahe Dienstleistungen – Endbericht (Wien 1996).

Handbuch der österreichischen Energiewirtschaft (hg. von Ewald *Nowotny*, Wien 2004).

Ernst *Hanisch*, Der lange Schatten des Staates. Österreichische Gesellschaftsgeschichte im 20. Jahrhundert, Österreichische Geschichte, Bd. 9 (hg. von Herwig *Wolfram*, Wien 1994).

Johann *Hauf* (Hg.), Neue Arbeit. Die Zukunft der Solidarität. ÖBV-Aspekte (Wien 2001).

Robert *Hauptmann*, Die Old Economy am Weg in die New Economy (Wien 2001).

Eckhard *Heidling*/Manfred *Deiß*/Pamela *Meil*/Klaus *Schmierl*, Restrukturierung nationaler Interessenvertretung, in: Ulrich *Beck*/Christoph *Lau* (Hg.), Entgrenzung und Entscheidung: Was ist neu an der Theorie reflexiver Modernisierung? (Frankfurt/Main 2004).

Bärbel *Heinicke*, Nahrungs- und Genussmittelindustrie. Ifo-Institut für Wirtschaftsforschung, Struktur und Wachstum, Reihe Industrie, Heft 4 (Berlin 1964).

Maria *Hofstätter*, Wandel der Arbeitslandschaft nach Tätigkeiten, in: *Arbeitsgemeinschaft für wissenschaftliche Wirtschaftspolitik* (Hg.), Europäische Beschäftigungspolitik in der Arbeitswelt 2000 (Wien 1999).

Kurt *Horak*, ... glaubt an dieses Österreich! 50 Jahre ÖGB (Wien 1995).

Eleonora *Hostasch*, Arbeitsmarkt, Arbeitswelt und Beschäftigungspolitik der Zukunft, in: *Arbeitsgemeinschaft für wissenschaftliche Wirtschaftspolitik* (Hg.), Europäische Beschäftigungspolitik in der Arbeitswelt 2000 (Wien 1999).

Hugo *Hubacek*, Chemie, Ökologie und Umwelttechnik (Wien 2000).

G. *Hutschenreiter*/M. *Peneder*, »Austria's ›Technology Gap‹ in Foreign Trade«, Austrian Economic Quarterly (1997) 2(2), 75–86.

Industriewissenschaftliches Institut, Die Industrie Österreichs – Grundlagen für industrie-ökonomische Strukturdebatten. Band I: Strukturwandel in Österreich unter Berücksichtigung energieintensiver Wirtschaftszweige sowie Forschung, Technologie und Innovation (Wien 2004).

Institut für Gesellschaftspolitik (Hg.), Arbeiter und Angestellte im technischen Wandel. Studie über die Auswirkungen der technischen Entwicklung auf die Veränderungen der Qualifikationsstruktur und des Arbeitsinhaltes (Wien o. J.).

ITFM – Internationale Vereinigung der Textilindustrie, Trade in textiles beyond 2005 von Herwig M. Strolz, ICAC Plenary meeting 2003.

Michaela *Jurda*, Struktur, Entwicklung und Wettbewerbsfähigkeit der Maschinen- und Stahlbauindustrie in Österreich (Wien 1995).

Kammer für Arbeiter und Angestellte für Wien (Hg.), Wirtschafts- und sozialstatistische Handbücher 1958–1982.

Kammer für Arbeiter und Angestellte für Wien (Hg.), Fusionen und Übernahmen. Wettbewerbsberichte der AK Wien 1998–2004.

Kammer für Arbeiter und Angestellte für Wien. Die wirtschaftliche Lage der Textilindustrie. Branchenanalyse Textilindustrie Ausgabe 2003.

Gabriele Kamnig, Von der Grazer Waggonfabrik zur Siemens SGP GesmbH (Wien 1999).

Serguei *Kaniovski*, Kapitalnutzungskosten in Österreich. WIFO-Monatsberichte 5/2002.

Ethan B. *Kapstein*, Arbeiter und die Weltwirtschaft, in: Ulrich *Beck* (Hg.), Politik der Globalisierung (Frankfurt/Main 1998).

Ferdinand *Karlhofer*, »Wilde« Streiks in Österreich. Entstehungs- und Verlaufsbedingungen industrieller Konflikte in den siebziger Jahren (Wien 1983).

Eva Maria *Kaserer*, Die volkswirtschaftliche Bedeutung der österreichischen Auto- und Autozulieferindustrie (Wien 1997).

Heinz *Kienzl*, »Ich wär' auch lieber Archäologe als Nationalökonom geworden.« (Wien o. J.).

Marcel *Kirisits*, Atypische Beschäftigung. Missbrauch oder gewünschte Flexibilität? Wirtschaft und Gesellschaft 1 (2003).

Julia *Kleindinst*, Siemens in Österreich – Der Zukunft auf der Spur – Eine Unternehmensbiografie (Wien 2004).

Horst *Knapp*, »Big Bargain« und andere Beiträge aus vier Jahrzehnten (hg. von Anton *Kausel*, Wien 1996).

Franz *Koiner*, Hundert Jahre ADEG: Partnerschaft zum Erfolg (Wien 1995).

Martina *König*, Geschichte der Aluminiumindustrie in Österreich unter besonderer Berücksichtigung des Werkes Ranshofen (Wien 1994).

Konzernbetriebsrat der voestalpine AG (Hg.), »duvoestmir!« (Wien 2004).

Stephan *Koren*, Sozialisierungsideologie und Verstaatlichungsrealität in Österreich, in: Wilhelm *Weber* (Hg.), Die Verstaatlichung in Österreich (Berlin 1964).

Christoph *Kosicek*, Struktur, Entwicklung und Wettbewerbsfähigkeit der Holzindustrie in Österreich (Wien 1996).

Adolf *Kozlik*, Volkskapitalismus. Jenseits der Wirtschaftswunder (Wien 1968).

Kurt *Kratena*/Michael *Wagner*, »Oursourcing«, Wettbewerbsfähigkeit und Beschäftigung. Abbildung der Effekte in einem Sektormodell der österreichischen Sachgüterproduktion. WIFO-Monatsberichte 4/2001.

Nick *Kratzer*/Andreas *Boes*/Volker *Döhl*/Kira *Marrs*/ Dieter *Sauer*, Entgrenzung von Unternehmen und Arbeit – Grenzen der Entgrenzung, in: Ulrich *Beck*/ Christoph *Lau* (Hg.), Entgrenzung und Entscheidung: Was ist neu an der Theorie reflexiver Modernisierung? (Frankfurt/Main 2004).

Bruno *Kreisky*, Der Mensch im Mittelpunkt. Der Memoiren dritter Teil (hg. von Oliver *Rathkolb*/Johannes *Kunz*/Margit *Schmidt*, Wien 1996).

Bruno *Kreisky*, Im Strom der Politik. Der Memoiren zweiter Teil (Wien 1988).

Bruno *Kreisky* (Hg.), Zwanzig Millionen suchen Arbeit. Bericht der Kreisky-Kommission. Ein Programm für Vollbeschäftigung in den 90er Jahren (Wien 1989).

Robert *Kriechbaumer* (Hg.), Österreichische Nationalgeschichte nach 1945. Die Spiegel der Erinnerung: Die Sicht von innen, Band 1 (Wien 1998).

Friedhelm *Kröll*/Monika *Wammerl*, Angebetet und verworfen. Streitfrage »Arbeiterklasse«. Sozialstruktur und Lebensweisen in Österreich, Segmentierung der Lohnarbeit (Marburg 1992).

W. T. *Kroese*, The Textile Industry on the threshold of development decade II. A quarter of century of Textile History 1945–1970 (Spain 1971).

Oliver *Kühschelm*, Wahrzeichen des Konsums und der Nation – Meinl, Swarovski, Manner und Atomic als österreichische Gedächtnisorte (Wien 2002).

Heinz *D. Kurz*, Wert, Verteilung, Entwicklung und Konjunktur. Der Beitrag der Österreicher, in: Karl *Acham* (Hg.), Geschichte der österreichischen Humanwissenschaften, Bd. 3,2: Menschliches Verhalten und gesellschaftliche Institutionen: Wirtschaft, Politik und Recht (Wien 2000) 125–176.

Ferdinand *Lacina*, Austro-Keynesianismus, in: Fritz *Weber*/Theodor *Venus* (Hg.), Austro-Keynesianismus in Theorie und Praxis (Wien 1993).

Ferdinand *Lacina*, Gibt es einen Primat der Ökonomie für die Sozialdemokratie, in: Josef *Weidenholzer* (Hg.), Rekonstruktion der Sozialdemokratie (Linz 1987).

Ferdinand *Lacina*, Verstaatlichte: Auf neuem Kurs, in: Erich *Fröschl* (Hg.), Politik über den Tag hinaus (Wien 1996).

Edmond *Langer*, Die Verstaatlichungen in Österreich (Wien 1966).

Margareta *Lehrbaumer*, Womit kann ich dienen? Julius Meinl. Auf den Spuren einer großen Marke (Wien 2000).

H. *Leo*, Die Innovationsaktivitäten der österreichischen Wirtschaft. Band 1: Produzierender Sektor (Wien 1999).

Kai *Leichsenring*/Ernst *Zeiner*, Regulierung und Deregulierung am Beispiel arbeitsrechtlicher Normen, in: Emmerich *Talos* (Hg.), Der geforderte Wohlfahrtsstaat. Traditionen – Herausforderungen – Perspektiven.

Karl-Heinz *Leitner*, Von der Idee zum Markt: Die 50 besten Innovationen Österreichs (Wien 2003).

Wolfgang *Lueghammer*/Tobias *Pilz*/Herwig W. *Schneider*, Die Industrie Österreichs – Grundlagen für industrieökonomische Strategiedebatten. Studie des Industriewissenschaftlichen Institutes (Wien 2004).

Helene *Lunzer*, Der Kampf um die österreichische Luftfahrt 1945 bis 1955. Wirtschaftsuniversität Wien, Diplomarbeit (Wien 1993).

Angus *Maddison*, The World Economy. A Millennial Perspective (Paris 2001).

Matthias *Marschik*, Heldenbilder: Kulturgeschichte der österreichischen Aviatik. Publikationen zur österreichischen Kulturforschung 1 (Münster 2002).

Eduard *März*, Österreichs Wirtschaft zwischen Ost und West. Eine sozialistische Analyse (Wien 1965).

Franz *Mathis*, Big Business in Österreich I. Österreichische Großunternehmen in Kurzdarstellungen (Wien 1987).

Franz *Mathis*, Big Business in Österreich II. Wachstum und Eigentumsstruktur der österreichischen Großunternehmen im 19. und 20. Jahrhundert. Analyse und Interpretation (Wien 1990).

Franz *Mathis*, Die österreichische Wirtschaft. Grundlagen und Entwicklungen, in: Rolf *Steininger*/Michael *Gehler* (Hg.), Österreich im 20. Jahrhundert, Bd. 2: Vom Zweiten Weltkrieg bis zur Gegenwart (Wien 1997).

Egon *Matzner*, Etatismuskritik und die Frage nach Alternativen zum herkömmlichen Sozialstaat, in: Josef *Weidenholzer* (Hg.), Rekonstruktion der Sozialdemokratie (Linz 1987).

Franz-Michael *Mayer*, Holzindustrie im Wandel (Wien 2003).

Peter *Mayerhofer*/Gerhard *Palme*, De-Industrialisierung in Wien. Phänomen der Stadtentwicklung oder Ausdruck von Wettbewerbsschwächen? WIFO-Monatsberichte 8/1997.

Peter *Mayerhofer*/Gerhard *Palme*, Entwicklungschancen der EU-Erweiterung auf Branchenebene. WIFO-Monatsberichte 11/2001.

Michael *Mesch*, Die Branchenlohnstruktur in Österreich 1980–94. Daten und Auswertungen aufgrund der Einkommensstatistik der Sozialversicherung. Materialien zu Wirtschaft und Gesellschaft 81 (Wien 2002).

Michael *Mesch*, Vertikale und intraindustrielle Lohnstreuung in Österreich 1980–94. Daten und Auswertungen aufgrund der Einkommensstatistik der Sozialversicherung. Materialien zu Wirtschaft und Gesellschaft 85 (Wien 2003).

Michael *Mesch*, Vertikale und intraindustrielle Lohnstreuung in Österreich 1995–2000. Daten und Auswertungen aufgrund der Einkommensstatistik der Sozialversicherung. Materialien zu Wirtschaft und Gesellschaft 88 (Wien 2004).

Delia *Meth-Cohn*/Wolfgang C. *Müller*, Looking reality in the eye: the politics of privatization in Austria, in: Vincent *Wright* (Hg.), Privatization in Western Europe. Pressures, Problems and Paradoxes (London 1994).

Johannes *Mißlbeck*, Der Österreichische Gewerkschaftsbund. Analyse einer korporatistischen Gewerkschaft (Frankfurt/Main 1983).

Anton *Mölk*, Entwicklung der Selbstbedienung im österreichischen Lebensmittel-Einzelhandel. Hochschule für Welthandel Wien, Diplomarbeit (Wien 1974).

Hans P. *Mollenhauer*, Lebensmittelkonzerne und ihre Töchter in der Welt (Zürich 1984).

P. *Mooslechner*, Vom »ruinösen Wettbewerb« zur wettbewerbsfähigen Position auf einem um Osteuropa erweiterten Heimmarkt – Banken und Bankenpolitik in Österreich seit den Siebzigerjahren, erscheint in: Festschrift 125 Jahre Creditanstalt (Wien 2005).

Alfred *Morbek*/Lothar *Roitner*/Heinz *Raschka*/Alois *Brusatti* u. a., Festschrift – 75 Jahre Interessenvertretung der Elektroindustrie (hg. vom Fachverband der Elektro- und Elektronikindustrie (FEEI)).

Alois *Mosser*, Festschrift – 75jährige Wiederkehr der Gründung des Verbandes österreichischer Automobil-Industrieller (Wien 1982).

Wolfgang C. *Müller*/Vincent *Wright* (Hg.), The State in Western Europe. Retreat or Redefinition? (Ilford 1994).

Roland *Netzer*, Factory outlet centers: eine Situationsanalyse in Oberösterreich. Univ. Linz, Diplomarbeit (Linz 1998).

Neue Zürcher Zeitung, Schluss mit der wärmenden Zwangsjacke in Indiens Textilbranche, 3. 11. 2004, Nr. 257.

Neue Zürcher Zeitung, Der Textilprotektionismus am Ende, 16./17. 10. 2004, Nr. 242, 23.

Wolfgang *Neugebauer*, Von der Koalition zur Alleinregierung (1958–1978), in: Albrecht K. *Konecny* (Hg.), Modelle für die Zukunft. Die österreichische Sozialdemokratie und ihre Programme (Wien 1993).

Ewald *Nowotny*, Politische Aspekte der Vollbeschäftigung – heute, in: Gerhard *Fink*/Günther *Pöll*/Martin *Riese*, Economic Theory, Political Power and Social Justice. Festschrift für Kazimierz Laski (Wien 1987).

Ewald *Nowotny*, Sozialdemokratische Wirtschaftspolitik, die solidarische Leistungsgesellschaft (Wien 1992).

Ewald *Nowotny*/Herbert *Tieber* (Hg.), Perspektiven '90. Sozialdemokratische Wirtschaftspolitik – Eine Diskussion (Wien 1985).

Ewald *Nowotny*/Georg *Winckler* (Hg.), Grundzüge der Wirtschaftspolitik Österreichs (Wien 1994).

Österreichisches Bank-Archiv (8) 1977.

Herbert *Ostleitner*, Die Budgetpolitik des Austro-Keynesianismus, in: Fritz *Weber*/Theodor *Venus* (Hg.), Austro-Keynesianismus in Theorie und Praxis (Wien 1993).

Herbert *Ostleitner*, Die wirtschaftspolitischen Erfolge des Austro-Keynesianismus unter der Regierung Bruno Kreiskys, in: Werner *Gatty*/Gerhard *Schmid*/Maria *Steiner*/Doris *Wiesinger* (Hg.), Die Ära Kreisky. Österreich im Wandel 1970–1983.

Gerhard *Palme*, Auswirkungen der EU-Osterweiterung auf die österreichische Sachgüterproduktion. Ostöffnungseffekte beleben österreichische Industrie. WIFO-Monatsberichte 11/1998.

Gerhard *Palme*, Industrie prägt Wirtschaftsentwicklung in Oberösterreich. WIFO-Monatsberichte 12/1997.

Papier aus Österreich – das Fachmagazin der Papierwirtschaft; div. Jahrgänge und Jahresberichte bis 2005.

Miron *Passweg*, Privatisierung in Österreich, in: Arbeit & Wirtschaft (Okt. 2001).

Walter *Peissl*, Das »bessere« Proletariat. Angestellte im 20. Jahrhundert (Wien 1994).

M. *Peneder*, »The Austrian Paradox: ›Old‹ Structures but High Performance?« Austrian Economic Quarterly (1999) 4(4), 239–247.

Michael *Peneder*, Eine Neubetrachtung des »Österreich-Paradoxons«. WIFO-Monatsberichte 12/2001.

Michael *Peneder*, Industrial Structure and Aggregate Growth. WIFO Working Papers Nr. 182 (2002).

Michael *Peneder*/Karl *Aiginger*/Gernot *Hutschenreiter*/Markus *Marterbauer*, Structural Change and Economic Growth (Wien 2001) (Kurzfassung: »Strukturwandel und Wirtschaftswachstum. Die industriepolitische Bedeutung des österreichischen Struktur-Performance-Paradoxons«).

Michael *Peneder*/Michael *Pfaffermayr*, Weiterhin günstige Entwicklung von Cashflow und Eigenkapital. Die Selbstfinanzierungskraft der österreichischen Sachgüterproduktion im Jahr 2000. WIFO-Monatsberichte 3/2001.

Gerhard *Perhab*, Zur Entwicklung der verstaatlichten Industrie in Österreich – Historische, wirtschaftliche und soziale Aspekte (Linz 1987).

Claudia *Pichl*/Wilfried *Puwein*/Karl W. *Steininger*, Aus WIFO-Studien: Erneuerbare Energieträger in Österreichs Wirtschaft. Volkswirtschaftliche Evaluierung am Beispiel der Biomasse. WIFO-Monatsberichte 3/2000.

Florian *Pirker*, Die OMV AG (Wien 1998).

Wolfgang *Pollan*, Große Lohnunterschiede nach Branchen in der Industrie. WIFO-Monatsberichte 3/1997.

Wolfgang *Pollan*, Lohndrift und Lohnunterschiede in der Industrie seit 1981. WIFO-Monatsberichte 3/2001.

Michael *Porter*, Clusters and the new economics of competition, in: Harvard Business Review, Nov. 1998, 77–90.

Manfred *Prisching*, Neue Tendenzen im Bereich von Interessenvertretung und Sozialpartnerschaft: Auswirkungen auf Arbeitsmarkt-, Lohn- und Einkommenspolitik, in: Günther *Chaloupek*/Michael *Mesch* (Hg.), Der Wandel des wirtschaftspolitischen Leitbildes seit den siebziger Jahren (Wien 1993).

Regio Plan Consulting, Shopping Center – Top 100. Zentren in Oberösterreich (Wien 1995).

Regioplan-Branchenreport Lebensmittelhandel in Österreich 2001 (Wien 2001).

Peter *Rehling*, Die Entwicklung der industriellen Skiproduktion Österreichs seit 1945 (Wien 1994).

Andreas *Resch*, BÜRGES Förderungsbank. 40 Jahre Förderung österreichischer Klein- und Mittelbetriebe. Schriftenreihe der Österreichischen Gesellschaft für Unternehmensgeschichte, Band 1 (Wien 1996).

Andreas *Resch*, Der Finanzplatz Wien, in: *Institut für bankhistorische Forschung* (Hg.), Europäische Finanzplätze im Wettbewerb. 27. Symposium auf Einladung der Deutschen Bundesbank am 16. Juni 2004. Bankhistorisches Archiv, Beiheft 46 (Stuttgart 2005).

Andreas *Resch* (Hg.), Kartelle in Österreich (Wien 2003).

Andreas *Resch*, Phases of Competition Policy in Europe. Institute of European Studies (Berkeley 2005) (Paper 050401, http://repositories.cdlib.org/ies/050401).

Andreas *Resch*, Unternehmenskultur und Unternehmensentwicklung im Konzern der Allgemeinen Baugesellschaft A. Porr AG, in: Alois *Mosser* (Hg.), Corporate Identity und Geschichtsbewusstsein. Veröffentlichungen der Österreichischen Gesellschaft für Unternehmensgeschichte, Band 16 (Wien 1994) 43–73.

Peter *Rosner*/Alexander *van der Bellen*/Georg *Winckler*, Economic and Social Policy of the Vranitzky Era, in: Günter *Bischof*/Anton *Pelinka*/Ferdinand *Karlhofer* (Hg.), The Vranitzky Era in Austria (New Brunswick 1999).

Bruno *Roßmann*, Exportförderung in Österreich. Wirtschaft und Gesellschaft, 1/1982.

Kurt W. *Rothschild*, Austro-Keynesianismus aus ökonomischer Sicht, in: Fritz *Weber*/Theodor *Venus* (Hg.), Austro-Keynesianismus in Theorie und Praxis (Wien 1993).

Kurt W. *Rothschild*, Der Wechsel vom keynesianischen zum neoklassischen Paradigma in der neueren Wirtschaftspolitik. Versuch einer soziologisch-historischen Einordnung, in: Hans-Jürgen *Krupp*/Bernd *Rohwer*/Kurt *Rothschild*, Wege zur Vollbeschäftigung. Konzepte einer aktiven Bekämpfung der Arbeitslosigkeit (Freiburg 1986).

Andreas *Rudigier* (Hg.), Villa Falkenhorst. Bludenzer Geschichtsblätter 66 + 67. Geschichtsverein Bludenz (2002).

Robert *Samsinger*, Die wirtschaftliche Lage der österreichischen Nahrungs- und Genussmittelindustrie 1999–2002 (hg. von der *Kammer für Arbeiter und Angestellte Wien*).

Roman *Sandgruber*, Geschichte der österreichischen Land- und Forstwirtschaft im 20. Jahrhundert (gemeinsam mit Ernst *Bruckmüller*, Ernst *Hanisch* und Norbert *Weigel*), Bd. 1: Politik, Gesellschaft, Wirtschaft (Wien 2002).

Roman *Sandgruber*, Geschichte Österreichs, Bd. VI: Das 20. Jahrhundert (Wien 2003).

Roman *Sandgruber*, Der Handel in Oberösterreich. Tradition und Zukunft (gemeinsam mit Willibald *Katzinger*/Franz *Pisecky*/Erwin *Kerschbaummayr*, Linz 2002).

Roman *Sandgruber*, Ökonomie und Politik. Österreichische Wirtschaftsgeschichte vom Mittelalter bis zur Gegenwart. Österreichische Geschichte (hg. von Herwig *Wolfram*, Wien 1995).

Martin *Schenk*/Albert *Brandstätter*/Sibylle *Summer*, Reichtum in Österreich (Wien 1998).

Günther *Schmitt*, Die Krise der österreichischen Skiindustrie (Wien 1998).

Helmut *Schuster*, Die Nahversorgung der Konsumenten mit Lebensmitteln: Situation, Prognose, Vorschläge. Veröffentlichung des Institutes für Gesellschaftspolitische Grundlagenforschung 2 (Linz 1978).

Bernhard *Schwarz*, Beschäftigungspolitische Konzepte zwischen Ideologie und Pragmatismus, in: *Arbeitsgemeinschaft für wissenschaftliche Wirtschaftspolitik* (Hg.), Europäische Beschäftigungspolitik in der Arbeitswelt 2000 (Wien 1999).

Bernhard *Schwarz*, Strategien für neue Arbeitsformen – Muß die Globalisierung eine Falle sein?, in: Josef *Cap*/Heinz *Fischer* (Hg.), Rote Markierungen für das 21. Jahrhundert (Wien 1998).

Hans *Seidel*, Aufklärung und Wirtschaftsforschung. Hans Seidel zum 65. Geburtstag (Wien 1987).

Hans *Seidel*, Austro-Keynesianismus – revisited, in: Fritz *Weber*/Theodor *Venus* (Hg.), Austro-Keynesianismus in Theorie und Praxis (Wien 1993).

Hans *Seidel*, Österreichs Wirtschaft und Wirtschaftspolitik nach dem Zweiten Weltkrieg (Wien 2005).

Hans *Seidel*, Vom Kriegsende bis zum Staatsvertrag. Eine wirtschaftshistorische Betrachtung. WIFO-Monatsberichte 12/2004.

Selbstbedienung in Österreich. Institut für Verpackungswesen, WU (Wien 1978).

Richard *Sennett*, Verfall und Ende des öffentlichen Lebens. Die Tyrannei der Intimität (Frankfurt/Main 1986).

Hans *Seper*, 100 Jahre Steyr-Daimler-Puch AG 1864–1964 (Wien 1964).

Peter *Skalicky*, Standortvorteil Forschung und Entwicklung, in: Wolfgang *Streitenberger* (Hg.), Österreichs Zukunft ist Europa (Wien 1997).

Robert *Skidelsky*, Beyond the Welfare State (London 1997).

Sozialismus, Geschichte und Wirtschaft. Festschrift für Eduard März (Wien 1973).

Gerhard *Stadler*, Auswirkungen einer Teilnahme an der EG für die österreichische Industrie. Wirtschaft und Gesellschaft 1 (1988).

Standort und Markt. Dokumentation Einkaufszentren Österreich 1993. Darstellung und Analyse der Shopping-Center-Situation in Österreich (Felixdorf 1994).

J. *Stankovsky*, Freihandel der EG u. EFTA mit Ost-Mitteleuropa.. WIFO-Monatsberichte 7/1992, 373.

Wolfgang *Streeck*, Industrielle Beziehungen in einer internationalisierten Wirtschaft, in: Ulrich *Beck* (Hg.), Politik der Globalisierung (Frankfurt/Main 1998).

Erich *Streissler*, Kritische Bemerkungen zur These keynesianischer Ausgabenpolitik in der Ära Kreisky, in: Fritz *Weber*/Theodor *Venus* (Hg.), Austro-Keynesianismus in Theorie und Praxis (Wien 1993).

Erich W. *Streissler*, Wirtschaftliche Entscheidungstheorie als Angelpunkt der Österreichischen Schule der Nationalökonomie, in: Karl *Acham* (Hg.), Geschichte der österreichischen Humanwissenschaften, Bd. 3,2: Menschliches Verhalten und gesellschaftliche Institutionen: Wirtschaft, Politik und Recht (Wien 2000) 79–124.

Franz Summer, Das VOEST-Debakel (Wien 1987).

Hannes *Suppanz*/Michael *Wagner* (Hg.), Einkommensverteilung in Österreich – ein einführender Überblick (München–Wien 1981).

Viutus *Surholt*, Die Entwicklung der Elektroindustrie in Österreich nach dem 2. Weltkrieg (Wien 1984).

Josef *Taus*, Parteien und Wirtschaft, in: Erika *Weinzierl*/Kurt *Skalnik* (Hg.), Österreich. Die Zweite Republik, Bd. 1 (Graz 1972).

Franz *Theuermann*, Siemens – Von der Verstaatlichung bis zur Gründung der Siemens AG Österreich (Graz 1982).

Gunther *Tichy*, Drei Phasen des Strukturwandels im österreichischen Kreditapparat. Österreichisches Bank-Archiv 8 (1977).

Gunther *Tichy*, Neue Anforderungen an die Industrie- und Innovationspolitik, in: Karl *Aiginger* (Hg.), Weltwirtschaft und unternehmerische Strategien (Stuttgart 1986).

Claus *Tieber*/Heinz *Kommenda*/Albrecht K. *Konecny*, Die Realität der Utopie (Wien o. J.).

Herbert *Tieber*/Erich *Fröschl* (Hg.), Mut zur Hoffnung (Wien 1987).

Julian *Uher*, Entstehung und politische Durchsetzung des Wirtschaftsprogramms 1968, in: Fritz *Weber*/Theodor *Venus* (Hg.), Austro-Keynesianismus in Theorie und Praxis (Wien 1993).

Brigitte *Unger*, Social Partnership: Anything Left? The End of a Dinosaur or Just a Midlife Crisis?, in: Günter *Bischof*/Anton *Pelinka*/Ferdinand *Karlhofer* (Hg.), The Vranitzky Era in Austria (New Brunswick 1999).

Verein der Baumwollspinner und Weber Österreichs (Hg.), Festschrift »100 Jahre« (Wien 1975).

Verkehr in Zahlen, Ausgabe 2002 (hg. vom *Bundesministerium für Verkehr, Innovation und Technologie*, Wien 2002).

Ernst Eugen *Veselsky*, Zur Geschichte und Vorgeschichte des Wirtschaftsprogramms, in: Erich *Fröschl* (Hg.), Politik über den Tag hinaus (Wien 1996).

Karl Vodrazka, Betriebswirschaftslehre, in: Karl *Acham* (Hg.), Geschichte der österreichischen Humanwissenschaften, Bd. 3,2: Menschliches Verhalten und gesellschaftliche Institutionen: Wirtschaft, Politik und Recht (Wien 2000) 207–236.

Franz *Vranitzky*, Sozialverträglichkeit der Wirtschafts- und Währungsunion, in: Erich *Fröschl* (Hg.), Politik über den Tag hinaus (Wien 1996).

Evelyn *Walter*, Wirtschaftsfaktor Pharma- und Biotechnologieindustrie (Wien 2003).

Ewald *Walterskirchen*, Die Arbeit der Zukunft, in: Franz *Vranitzky* (Hg.), Themen der Zeit (Wien 1994).

Ulrich *Walwei*, Die Europäisierung der nationalen Arbeitsmärkte, in: Diether *Döring*, unter Mitarbeit von Erika *Metzger* (Hg.), Sozialstaat in der Globalisierung (Frankfurt/Main 1999).

Fritz *Weber* (Hg.), Nichts als Pragmatismus. Österreich zwischen Rekonstruktion und Restauration 1945–1966 (Wien 2000).

Klaus *Wettl*, Siemens AG – Die historische Entwicklung eines Weltkonzerns und Betriebsanalyse von der Siemens AG Österreich (Wien 1997).

Norbert *Wimmer*/Arno *Kahl*, Die öffentlichen Unternehmen im freien Markt. Strukturreformen, Europarechtliche Rahmenbedingungen (Wien 2001).

Waltraud *Winkler-Rieder*, Energiepolitik, in: Herbert *Dachs* et al., Handbuch des politischen Systems Österreichs. Die Zweite Republik, 3. Aufl. (Wien 1997) 619–627.

Wirtschaft und Politik. Festschrift für Fritz Klenner (Wien 1976).

Andreas *Wörgötter*, Der Wandel des wirtschaftspolitischen Leitbildes in Österreich seit den siebziger Jahren, in: Günther *Chaloupek*/Michael *Mesch* (Hg.), Der Wandel des wirtschaftspolitischen Leitbildes seit den siebziger Jahren (Wien 1993).

Bildnachweis

AFP: 109 – Agrana, Luftreportagen Hausmann, Wien: 258/259 – AK OÖ: 173 – akg-images: 134 (3x) – Andritz AG: 203 (Foto: Croce) – APA-IMAGES: 50 (Foto: Jindrich Foltin); 129, 137 (Foto: Günter Artinger); 152 (Foto: Herbert Pfarrhofer); 157 – Archiv Berndorf AG: 166 – Atelier Schwanzer: 307 – Audiovisual Library of the European Commission: 9 (Hintergrund); 316 – AVL List GmbH: 52 – BAWAG Foundation: 35; 186 – BILLA AG: 70 – BMW: 216; 315 – Böhler Edelstahl GmbH: 55; 315 – BPD: 8 (Eigentümer: Karl-von-Vogelsang-Institut); 17 (Eigentümer: Hopi Media) – BRP-Rotax: 295; 315 – Bundesheer: 81 (Foto: Peter Lechner); 212; 236/237 (Gz. 13088/20-1.4/01); 263 re. (Foto: Josef Hartl) – Gunter Damisch: 317 – Deutsche Messe AG, Hannover: 331 – Doka Industrie GmbH: 289 – Werksfoto Engel Austria GmbH: 159 – EPA: 107 (Foto: Patrice Lapoirie) – Erne Fittings GmbH: 315 – ESA: 335 (J. Huart) – EWE Küchen GmbH: 247 o. (2x) – Erste Bank Dokumentation: 46 – Flughafen Linz GesmbH: 112 – Fronius International GmbH: 48 – Funder Industrie Ges.m.b.H.: 243; 246 – Getzner, Mutter & Cie: 272 u., o. li. u. re.; 274 li. u. – Gewerkschaft Metall – Textil: 183 – Gmundner Keramik Manufaktur GmbH: 315 – Jacqueline Godany: 51 o. – Manuel Gorkiewicz: 205 – Greiner Packaging GmbH: 170 – Hotel Sacher Wien: 315 – Hundertwasser Archiv, Wien: 89 – IAEO: 13 (Foto: Dean Calma) – IMAGNO/Austrian Archives: 64 (2x), 77 (Fotos: Franz Hubmann); 79; 118 (Herbert Kofler, Wien); 123, 303, 304 (Fotos: Barbara Pflaum) – Infineon Technologies Austria AG: 171; 221; 315 – Interalpen Hotel Tyrol: 191 – IRONIMUS: 15; 40 – M. Kaindl Holzindustrie KG: 247 u. – Kraft Foods Österreich: 315 – KTM: 315 (Foto: Mitterbauer) – Kurier-Archiv: 12; 301 – Maria Lassnig: 225 – August Lechner, Architekturfotograf: 143 – Dionys Lehner: 277 li. u. – Rudolf Leiner GmbH: 63 – Lentos Kunstmuseum Linz: 6 (© VBK, Wien 2005); 299 – Lenzing AG: 236 (Foto: Wolfram Daubeck-Puza) – Linz Textil GmbH: 25; 278 li. o. (Foto: Bernhard Schinko) – Liz Lorraine: 201 – Walter Luttenberger: 287 – Magna Steyr Fahrzeugtechnik AG & Co KG: 213; 217 – Josef Manner & Comp. AG: 256 (2x); 315 – Miba AG: 45 – Mondi Business Paper: 279 – Maria Moser: 220 – Münze Österreich AG: 19 re. – Niederösterr. Landesmuseum: 194; 313 (Foto: Isolde Joham) – NÖ Lichtbildstelle: 276 mi. – Oesterreichische Nationalbank: 19 li.; 138/139 o.; 153 – ÖGB: 185 (bilderbank.at/A. Mascha); 293 (bilderbank.at/E. J.Wodicka) – ÖGB-Archiv: 124 – OMV AG: 167 (2x); 231; 233 – Oberösterreichisches Landesarchiv: 119; 126 – Österr. Industriegeschichte GmbH (Fotos: Gerhard Trumler): 14; 42/43; 47; 49; 58; 93; 103; 105; 110; 111; 151; 154; 155; 158; 162; 165; 169; 174; 177; 188; 202; 207; 209; 227; 229 u.; 244; 245; 250; 261; 266; 267; 269; 274 o., re. u.; 275 o. re./u.; 276 o./u.; 278 o. re./mi./u. li.; 283; 296; 305; 309; 311 – Österr. Industriellenvereinigung: 156, 163 (Fotos: Andi Bruckner); 200 u.; 229 o.; 249 u.; 282; 284 – Österr. Nationalbibliothek, Bildarchiv: 7; 12 o.; 36; 41; 42 li.; 65; 67; 68 (Foto: Albert Hilscher); 69, 140 und 142 (Fotos: Alfred Cermak); 78 (2x); 83; 88; 121, 196 und 325 re. (Fotos: Fritz Kern); 178; 179; 181; 182; 187 u.; 214; 215; 219 (2x); 300; 321; 322 li. (Foto: Interfoto); 325 li. (Foto: Palliardi), re.; 326; 327; 329 (2x) – Österr. Nationalbibliothek: 222 u. (Eumig-Lupe) – Österr. Zentralbibliothek für Physik: 175 u., 222 o. (Eumig-Lupe) – Panos pictures: 115 (Foto: Penny Tweedie); 333 (Foto: Mark Henley) – Wolfgang Payer: 72 – Plansee Holding AG: 51 u.; 53 – Plasser & Theurer: 102; 206 – RAG: 85 – Red Bull: 84 (Foto: Jürgen Skarwan); 164/165 (Foto: Capilitan/Sutton); 315 – Riedel Glas Austria: 98; 99 – Rosenbauer International AG: 208; 315 – RZB: 148 (Foto: Kurt Keinrath) – Salzburg Airport W. A. Mozart: 82 – Sandoz GmbH: 240; 241 – Sattler AG: 268 – Sanochemia Pharmazeutica AG: 59 – Christian Schepe: 275 li. o. – Schiebel Elektronische Geräte GmbH: 315 – Semperit AG Holding: 239 – SEZ AG (Villach, operativer Hauptsitz der internationalen SEZ-Gruppe): 60 – Siemens AG Österreich: 61 (Foto: Siemens Medical Solutions); 332 – SKIDATA AG: 57; 315 – Sparkasse OÖ: 144 – Stiftung Bruno Kreisky Archiv: 127 – Sufag: 297; 315 – D. Swarovski & Co.: 188/189; 315 – Telekom Austria: 193 – TIGERWERK GmbH & Co. KG: 235 – TIME Magazine © 2005 Time Inc. Reprinted by permission: 113 – Trecolore Architects: 106 u. – Gerhard Trumler: 38; 39; 90; 187 o.; 197; 198; 200 o.; 242; 251; 255; 281 – ueberreuter print und digimedia gmbh: 175 o. – ullstein bild: 133, 228 – Universität Wien, Institut für Volkswirtschaftslehre: 324 – Umdasch Shop-Concept GmbH: 71 – UPM-Kymmene Austria GmbH: 280 (Foto: Helfried P. Daume) – VA Tech Hydro: 211 – VAI: 54 und 199 (Künstler: Erwin Kastner, Stadt Haag) – Verbund AG: 91 – Verein Vorarlberger Wirtschaftsarchiv: 95; 232; 252 (Grafik: Ingeborg Kolbeck); 253; 262 (2x); 263 li. – Viennaslide: 73; 74; 75 (Foto: Harald A. Jahn); 254 – Vilanek, Johann: 285, 290 (Fotos: Wilhelm Albrecht, Innsbruck) – Villa Falkenhorst: 277 o.; mi. re.; re. u. – voestalpine AG: 168 – Voith Turbo: 204 – Votava: 116; 117 – Wiener Stadt- und Landesbibliothek, Plakatsammlung: 87; 101 (Erich Sokol Privatstiftung); 125; 135; 139 u.; 149; 218; 223; 257; 260; 286; 294; 298 – Wienerberger Ziegelindustrie GmbH: 292; 315 – Wirtschaftskammer Österreich: 106 o. (Foto: Wolfgang Thaler, © Bild Fassade: Herbert Brandl) – Wirtschaftsuniversität Wien: 323 (Foto: Schuster-Merlicek) – Wittmann Möbelwerkstätten: 249 o. – WZB: 328 re. (Foto: Johann Klinger) – ZIMA Projekt Baugesellschaft mbH: 272/273 (Fotos 272 mi., re. mi., 273: Ignacio Martinez) – Eumig-Lupe, Werkszeitschrift der Firma Eumig (Wien 1964): 222 u.; (Wien 1965): 175 u., 222 o. – Sozialismus, Geschichte und Wirtschaft: Festschrift für Eduard März (Wien 1973), Vorsatzbild: 328 li.

Bildnachweis Faltblatt auf Seite 30 und 31

Obere Bildreihe (Persönlichkeiten, von links nach rechts):
Nr. 1, 2, 3, 6, 8, 13: akg-images; Nr. 4, 5, 7, 9, 10, 12, 14: ullstein bild; Nr. 11: Apple Computer, Inc. (Foto: Moshe Brakha)

Mittlere Bildreihe (Produktionsentwicklung in der Elektroindustrie, von links nach rechts)
Österr. Nationalbibliothek, Bildarchiv; Infineon Technologies Austria AG

Untere Bildreihe (Bundeskanzler, von links nach rechts)
Nr. 1: ÖstA/AVA, Nr. 102, Foto: Bundespressedienst; Nr. 2: Österr. Nationalbibliothek, Bildarchiv, Nr. 3: ÖstA/AVA, Nr. 104, Foto: Simonis; Nr. 4: Bundesheer; Nr. 5: ÖstA/AVA, Nr. 106, Foto: Haslinger & Fuchs; Nr. 6: ÖstA/AVA, Nr. 108, Foto: Haslinger; Nr. 7: ÖstA/AVA, Nr. 120, Foto: Haslinger; Nr. 8: Bundeskanzleramt

Die Bilder auf Seite 21 und 27 wurden von Christian Ludwig Attersee als Auftragswerke für Band III der Österreichischen Industriegeschichte angefertigt.

Wir haben uns bemüht, alle Inhaber von Bildrechten ausfindig zu machen. Sollten dennoch Urheberrechte verletzt worden sein, wird der Verlag nach Anmeldung berechtigter Ansprüche diese entgelten.